기억과 인식

일본은 아시아·태평양전쟁을
어떻게 기억하고 인식하는가

記憶と認識の中のアジア・太平洋戦争
－岩波講座アジア・太平洋戦争 戦後篇 －

기획 히토쓰바시대학 대학원 언어사회연구과 한국학연구센터

히토쓰바시대학(一橋大學) 대학원 언어사회연구과 한국학연구센터는 일본 지역 한국학의 '새로운 리더'를 추구한다는 기치 아래 2016년 12월 1일 설립되었다. 센터는 한국 사회와 아시아 공동체의 연결고리를 학제적으로 탐색하면서 새로운 한국학 연구의 방향성을 모색하고, '체험·기억·공생'이라는 키워드를 통해 아시아 공동체의 미래상을 전망한다. 특히 역사적으로 다양한 층위가 얽혀 있는 한국과 일본의 관계망과 그 속의 분절 지점을 포착하여 양국 상호인식의 형성 과정을 역사적으로 재조명하고, 미래지향적인 아시아 공동체의 지적 토대를 마련하고자 한다.

현재 센터에서는 '국제학술대회'를 비롯해 '한국근현대사를 읽는 연구모임', '한국학포럼', '근현대인물사연구회', '식민지 체험과 기억을 읽는 모임', '저작비평회', '국제교류세미나', '문화강좌', '체험과 기억의 동아시아 근대' 등 다양한 연구 활동을 추진하고 있다.

편자

나리타 류이치成田龍一, 니혼여자대학 명예교수

요시다 유타카吉田裕, 히토쓰바시대학 명예교수

집필자

하라 기미에原貴美惠, 워털루대학 교수

곤노 히데하루今野日出晴, 이와테대학 교수

스즈키 가쓰오鈴木勝雄, 도쿄국립근대미술관 주임연구원

도베 히데아키戶邉秀明, 도쿄경제대학 교수

마루카와 데쓰시丸川哲史, 메이지대학 교수

이와사키 미노루岩崎稔, 도쿄외국어대학 교수

오사 시즈에長志珠絵, 고베대학 교수

우쓰미 아이코内海愛子, 게이센여학원대학 명예교수

○ 이 번역서는 2016년 대한민국 교육부와 한국학중앙연구원(한국학진흥사업단)을 통해
   해외한국학중핵대학육성사업의 지원을 받아 수행된 연구임(AKS-2016-OLU-2250001).

기억과 인식

일본은 아시아·태평양전쟁을 어떻게 기억하고 인식하는가

記憶と認識の中のアジア・太平洋戦争
― 岩波講座 アジア・太平洋戦争 戦後篇 ―

히토쓰바시대학
한국학연구센터
번역총서

02

나리타 류이치
요시다 유타카
엮음

히토쓰바시대학
한국학연구센터
기획·옮김

어문학사

I 문제의 관점視座 — '전쟁론'과 '전후론'

II 전쟁을 전하고, 전쟁을 계승한다

역사교육 속의 아시아·태평양전쟁 — 전쟁체험을 쓴다는 의미

코메모레이션의 행방 — 전쟁의 기억과 미술관

III 끝나지 않은 전쟁

IV 화해는 가능한가

일러두기

1. 일본어 원서 제목은 일본어로만 표기하고, 번역서가 있을 경우에는 한글 제목을 함께 쓴다.

2. 일본어를 포함한 외국어 고유명사는 각 절에서 한 번만 원어와 한자를 병기하고 이후 생략한다.

3. 책 제목은 모두 미주 처리하나 성과 연도, 페이지만 표기할 경우에는 [ ] 안에 간단하게 표기한다.

4. 일본어 한자는 한국어 한자로 바꿔 표기하나 가타카나, 히라가나 표기의 경우 그대로 한다.

5. 본문 중에 인용된 저서는 한국어 번역을 표기하고 미주에서 원서 표기한다.

6. 원서에서 ( )에서 설명한 내용은 미주에 표기한다.

7. 일본어 단어의 경우, 원칙적으로 일본식 발음의 한국어 표기법에 따르지만, 이해를 돕기 위해서 한국식 한자어로 발음하는 경우도 있다.

8. 참고·참조문헌의 원서 표기는 일본한자 그대로의 원어로 표기한다.

9. 굵은 글씨는 저자의 결점을 대신한 것이다.

10. 저자주는 숫자로 표기하여 미주로 두며, 역자주는 별표(*)로 표기하여 각주로 둔다.

I

문제의 관점視座
— '전쟁론'과 '전후론'

현대사회 속의 전쟁상과 전후상

나리타 류이치成田龍一

머리말

2005년의 '전후 60년'을 고찰하는 시도의 일환으로 『이와나미강좌 아시아·태평양전쟁』 전8권[1]을 간행한 지 벌써 10년이 흘렀다. 패전으로부터 60년이 지나 '전쟁'과 '전후'를 역사화하려는 노력이었으나 그 이후의 10년도 끊임없이 격동하는 시간이었다. 2008년, 리먼 쇼크로부터 '정권교체'를 거쳐 동일본대지진(2011)이 일어나는 등, 어느 것 하나 '전후'의 한 획을 긋지 않는 것이 없을 정도의 중요한 사건이 연이어 일어났다. 그리고 그 연장선상에 현재의 정권이 탄생했다.

이러한 사태를 염두에 두고 새로 『이와나미 강좌 아시아·태평양전쟁』 '전후戰後편'으로 『일본은 아시아·태평양전쟁을 어떻게 기억하고 인식하는가』를 간행하게 됐다. 2015년, '지금'에 대해 새로운 의문을 던지며 전쟁상과 전후상을 고찰하고자 하는 노력이다. 최근 10년 사이에 일어난 일 중에서 먼저 언급해 둘 점은 2015년 현재의 (오키나와沖繩를 포함해) 동아시아의 상황이 매우 험악하다는 것이다.『이와나미 강좌 동아시아 근현대통사』전10권[2]이 간행됐고 이어 동남아시아로까지 시야를 넓혀 식민지를 깊이 있게 다룬 저작이 간행되기는 했으나(예를 들면 고토 겐이치『동남아시아에서 본 근현대일본』[3] 등), 정치·외교 면에서는 '역사인식'에 초점을 둔 격렬한 대립과 대항이 이제까지 이상으로 드러나고 있다.[4]

일본 국내를 살펴보면, 2005년 '혐 한류'의 등장을 시작으로 현재 '헤이트 스피치(혐오발언)'가 나타나기에 이르렀다. 역사수정주의가 식민지인식에까지 영향을 미치면서 '전쟁책임', '전후책임'에 대한 논의가 '식민지책임'으로 확대된 것에 대한 새로운 국면이기도 하다(여기에 관해서는 나는 '제국 책임'을 제기한 적도 있다. 「'제국 책임'이라는 것 - '병합' 100년을 계기로 생각해 본다」).[5]

두 번째로, 전후와 전쟁에 대해 논하는 새로운 세대가 등장했다는 점을 들 수 있다. 바꿔 말하면 전쟁상戰爭像을 제공하는 이가 전쟁경험자(=당사자)(A)에서 전쟁경험이 없는 이들로 자리를 바꿔 다수 등장한 것은 이미 오래지만 그 안에도 구분이 생겼다.

문예평론가 사이토 미나코斎藤美奈子는 "부모의 전쟁경험을 1차적 정보로 들"은 '전후 제1세대'(B)와, "학교교육이나 미디어를 통해서 재편된 전쟁밖에 모르"는 '전후 제2세대'(C)를 지적했다.[6] 사이토는 전자를 1945-60년대 출생, 후자를 1970년대 이후 출생한 이들로 나누고, 1970년을 분할선이라고 했는데 타당한 견해인 듯하다.

이러한 사이토의 분할은 기억론의 영역에서, 알라이다 아스만의 『상기의 공간-문화적 기억의 형태와 변천』[7]이나 얀 아스만의 『기억의 문화』[8]에서 언급한 '커뮤니케이션 기억'에서 '문화적 기억'으로 전환된다는 논의와 겹치는 점이 있다. '커뮤니케이션 기억'은 일상에서 사람들이 서로 행동하면서 생기는 것으로 동시대 사람들과 공유하는 데에 반해, '문화적 기억'은 미디어를 통해서 형성되며 구속력이 있고 종종 제도화한다고 한다.[9]

그리고 세 번째는 '전후'의 무화無化와 정체라는, 상반된 사태를 만들어 내고 있다는 것을 지적할 수 있다. 최근에 와서는 전쟁에 관련해서 '조부모의 전쟁'이 그려지는 일이 많으며, 화자(C)의 입장에서 본다면 전쟁 당사자(A)와의 관계가 주제로 그려진다. 1953년 출생(B)한 만화가 고바야시 요시노리小林よしのり[10]가 이미 제기한 논의인데 전쟁상 속에 이러한 내용이 담겨있다. 예를 들어 2013년에 제작된 전쟁영화, 햐쿠타 나오키 원작의 『영원의 제로』[11]나 나카지마 교코 원작, 야마다 요지山田洋次 감독의 『작은 집』[12] 등에서 이러한 전쟁상을 엿볼 수 있다.

이야기의 현재 시점을 2004년으로 잡은 『영원의 0』의 경우, 햐쿠타 자신은 (B)세대이지만 주인공을 (C)로 설정하고 '사하쿠 겐타로'(26세)와 누나인 '게이코'(30세)가 조부인 '미야베 규조'(1919, 출생)의 발자취를 쫓는 구성이다. 전쟁을 그릴 때 조부모-손자를 축으로 하는 것은 부모, 즉 '전후'에서 이루어져야 할 전쟁해석을 제거하는 것이며 없는 것으로 만드는 것, 그 자체이다. (B)와 (C)사이의 중간 세대인 나카지마 교코의『작은 집』역시 '전후'를 뛰어넘어 고모할머니에 대한 이야기이다. '전후'에서 있어야 할 전쟁해석이 아닌 조부모 세대 – 손자 세대의 관계 속에서 전쟁상을 만들어 내며 부모 세대의 움직임을 삭제시킨다는 점이 특징적이다. 이것은 현 정권이 '전후 체제로부터의 탈피'를 소리 높여 주장하는 것과 표리 관계에 있다.

　그러나 한편으로 패전으로부터 70년이라는 시간이 지났음에도 여전히 '전후'라는 시간이 언급되고 있다는 것도 간과해서는 안 될 현상이다. 정치적으로 좌파·우파와 상관없이 '전후 70년'에 대해서 말하는 것이 그 극치(!)라고 할 것이다. '총괄 전후 70주년'을 어떤 매체보다 빨리 특집으로 다룬 잡지『레키시쓰』(2015년 1월)에서는, "더 이상 사죄는 필요없다!"며 뻔뻔스럽게, 전후 역사학에 커다란 영향을 미친 하버드 노만을 비판[13]하고 점령기에 일어난 일들을 '전후'로 상정한다. 이를 바탕으로 '전후'(=점령)가 여전히 사고의 틀을 '구속'하는 '주박'이라고 인식하며 전후의 사고와 과정 그 자체를 일거에 제거하려 한다. 반대로 현상 비판의 근거로 '전후'를 옹호하는 움직임도 있어, 없어져 버린 전후와 스쳐 지나가려 하지 않는 '전후'가 공존하고 있다.

　이럴 때 중요한 것은 전후상戰後像을 둘러싼 정공이 아닌 '전후'에 대한 새로운 역사상을 만드는 것이며, 전후를 통한 전후상의 검토,

전후 과정을 포함한 전쟁상과 전후상의 인식 – 서술을 실천하는 것이
리라. 초점으로 삼아야 할 것은 전후라는 가치이며 전후를 베끼는 것
이 아닌 '전후'를 역사화하는 것이다. '전후 50년' – 1995년에는 가토
덴요의 『패전후론』[14]을 둘러싼 '역사인식 논쟁'이라 불리는 논쟁이
이루어졌다. 이것이 전후를 역사화하고자 했던 시도의 첫걸음이었으
나 여전히 그 걸음은 계속되고 있다.

1. '전후' 과정과 전쟁상의 고찰

1)

전쟁에 관련된 전후상을 검토하려 할 때 인식의 전환을 가져온 저
작으로써 사토 다쿠미 『8월 15일의 신화 – 종전기념일의 미디어학』[15]
과 사토 다쿠미·손안석편 『동아시아의 종전기념일 – 패배와 승리의
사이』[16]가 있다.

사토는 전후 과정 속에서 형성된 전후 의식과 전쟁 총괄의 정치성
에 주목했다. 전후의 원점으로 보는 〈종전〉의 날'에 대해 고찰하고
거기에 응축된 전후에서 일어난 작위에 대해서 논한다. 글로벌 스탠
더드의 관점에서 패전일은 항복문서에 조인한 1945년 9월 2일이어
야 하지만, 일본에서는 8월 15일로 정해진 것이 어떤 전후사적인 의
미 – 정치성을 지니는지 검토했다. 즉, 사토는 8월 15일을 '종전'으로

삼은 것은 '미디어가 창조한 '종전'의 기억'일 뿐이며, 8월 15일을 축으로 하는 '종전 보도'가 1955년을 계기로 확립됐다고 한다. 그리고 '항복기념일'에서 '종전기념일'로 바뀌게 된 과정을 전후 과정 속에서 검증하고 '8월 15일의 신화'를 밝혔다.

사토는 본토 점령이 끝난 뒤인 1950년대 중반의 미디어(신문, 라디오)에서 이루어진 "종전기념일' 편성'과 1955년이라는 '기억의 전환점'에 대해서 살폈다. 그리고 '종전 10주년'인 이 해를 경계로 그 이후의 9월 2일자 신문 지면에서 '항복'의 흔적이 사라졌다고 한다. 그리고 1963년에 각의결정된 '8월 15일 전국 전몰자 추도식' 이후로 국가가 주도하는 추도식이 연례행사가 된 것에 대해서는 논했다.

한편 사토는 '기억을 역사화하기 위한 결정적인 미디어'로써의 역사교과서를 분석하며 '종전의 기술 '형식''에 대해 고찰했다. 초등학교, 중학교, 고등학교의 역사교과서 기술을 '8월 14일 수락', '8월 15일 방송', '8월 15일 종전', '9월 2일 조인', '8월 종전'의 틀로 분류하고 고등학교 역사교과서의 기술이 '9월 2일 조인'과 '8월 15일 방송'으로 거의 절반을 차지하며 채택률을 더해서 생각해 보더라도 '9월 2일'의 '조인=종전'파가 '압도적으로 우세'했다고 논했다. 더불어 아시아의 이웃 국가들의 역사교과서에서는 '9월 2일 종전'설이 채용되고 있다는 사실도 지적했다.

사토의 논의는 '9·2 항복기념일의 망각'이라는 관점에서 이루어졌으며 그 요점은 진보파의 '8·15 혁명'과 보수파의 '8·15 신화'가 더불어 '표리관계에 있으면서도 서로에 기대어 편리한 종전사관'을 형

성했다는 사실을 비판적으로 고찰했다. '기억의 1955년 체제'를 지적
하면서 동시에 비판도 했다. 더불어 사토가 실천한 것은 '그날'이 아
닌, "'그날'에 대한 이야기'를 분석하는 것이며 이러한 분석이야말로
앞으로 중요해질 것이라고도 했다.

  사토는 이렇게 전후 속에서 전쟁 총괄 방식을 검토하는 것이 지금
은 반드시 해야만 하는 일이 됐다는 사실을 '종전기념일'의 '신화'를
해체함으로써 보여 주었다. 그러면서 거기에 드러난 전후의 전후성
을 자각하라고 부추기고 있다. 이미 요시다 유타카의 『일본인의 전쟁
관』[17]과 유이 다이자부로의 『미일전쟁관의 상극』[18]에서 그 선구적인
시도가 있었으나 사토를 포함한 논저들은 ①전쟁상의 재구성이라는
방향이 아닌, ②'전쟁관'에 주목해, ③전후 과정에서의 '추이'와 '상
극'에 관심을 기울였다. 그리고 거기에 ④'전후'의 작위를 표출해 내
고, 그 검증을 통해서 전후의 전후성을 해명해 전후의 역사화를 꾀했
다고 할 수 있다.
  방법적으로는 전후 과정을 편입시킴으로써 전쟁상과 전후상을 더
욱 입체적으로 고찰하는 자세이다. 사토가 1950년대에 만들어진 '신
화'를 도려낸 데에 대해 요시다는 1950년대에 전쟁책임을 둘러싸고
'대외적 자세'와 '국내적 취급'을 구분해서 사용하는 '더블 스탠더드'
를 성립시킨 것에 대해서 논했다. 일본이 대외적으로는 샌프란시스
코 강화조약 11조의 도쿄재판을 수락한다고 하면서도 국내적으로는
전쟁책임 문제를 사실상 '부정'하고 있다고 요시다는 지적했다.

전쟁관의 이중구조를 통시적으로 그려 낸 것이 요시다가 내놓은 논의의 특징이나 유이는 미국과 일본의 전쟁관을 비교해서 공간적으로 확대했다. 이들 모두 1995년을 하나의 획으로 삼아 전후 과정을 그 사이에 끼워 넣는 전쟁관을 고찰했다.

이러한 움직임은 후쿠마 요시아키의 『'반전'의 미디어사 — 전후 일본에서의 세론과 여론의 팽팽한 세력』[19]을 비롯해 일련의 저작에서도 자각적으로 이루어졌다. 후쿠마는 전후 과정에서의 전쟁상 창출과 정착을 살폈고 그 후로 간행한 저작군, 『순국과 반역 – '특공'에 대한 이야기로써의 전후사』[20], 『'전쟁체험'의 전후사 – 세대·교양·이데올로기』[21], 『초토의 기억 – 오키나와·히로시마·나가사키에 비친 전후』[22] 등에는 모두 '전후' 과정이 들어있다.

그 중 한 권인 『'반전'의 미디어사「反戰」のメディア史』에서 후쿠다는 반전을 주제로 하는 '텍스트가 어떻게 사회적으로 수용돼 왔는가'에 대해 살폈다. '텍스트 내용'이 아닌 '텍스트를 둘러싼 이야기'의 분석을 방법으로 하고 『미얀마의 하프하프ビルマの竪琴』, 『24개의 눈동자二十四の瞳』에서부터 『들어라, 와다쓰미의 목소리きけわだつみのこえ』, 『히메유리의 탑ひめゆりの塔』, 더불어 『나가사키의 종長崎の鐘』, 『원폭의 아이原爆の子』, 『검은 비黒い雨』 등 서적과 영화를 아우른 작품들을 고찰했다.

후쿠다는, 점령기 – 점령이 끝난 후 – 1960년대 – 1980년대로 시기에 따라 내셔널리티('반전 내셔널리티')가 변용되는 것을 배경으로 이들 텍스트들이 전쟁을 어떻게 정형화하며 그려내는지를 검증하고 이를 통해서, 전후가 창출해 낸 '전쟁상'을 고찰했다. 원폭에 대한 이야기에서 "'피폭'을 이야기하는 내셔널적인 욕망'을 표출해 내는 등 다양한 역학을 통해 전쟁상이 이야기된다는 사실에 대해서 논했다.

　논의에서는 "'반전'이 어떻게 생각하면 내셔널리즘과는 극심하게 대립하고 있는 것처럼 보이지만 거기에는 전후 일본에서 그때마다 상황에 맞는 내셔널리티가 인지된다'는 점에 대하여 '오키나와', '원폭', '전선/후방' 등의 대상을 직접 다루며 각각의 경우를 제시했다. 정확히 고쳐 말하면 '반전'에 대한 이야기와 내셔널적인 욕망의 '접합 방식'은 시대 상황에 따라, 다루는 대상마다 다르며, "'이야기' 자체가 이야기되는 방식'의 추이를 시기와 장르에 따라 살폈다.

　미디어론으로써, "'반전'에 담긴' 다양한 정치학이나 가능성을 분석하지만, "'반전 이야기'가 지닌 위상의 차이' – '공시성'에 주목하고, '여론public opinion'과 '세론populra sentiments'이 '서로 맞선다는 것'에 관심을 가지게 돼(이 구별은 사토 다쿠미의 개념을 원용), '남자 와다쓰미'를 통해서 '여론'을 읽어내고, '여자 와다쓰미'에게서 '세론'을 인지해 냈다.

　후쿠마의 전쟁 이야기에 내재한 두 가지 국면은 '외향'과 '내향', '더블 스탠더드' 등 지금까지 지적돼 온 것과 접점을 함께하고 있다. 가해성/피해성의 요소를 더해 '피해의 '심정=세론''과 '가해의 '논리=여론''을 구성하기도 했다.

　후쿠마가 미디어론을 언급하며 역사사회학을 전면에 내세웠을 때,

요시다 유타카의 『병사들의 전후사』[23]와 나리타의 『'전쟁경험'의 전후사 - 이야기되는 체험/증언/기억』[24]에서는 역사학의 입장에서 전후 과정을 포함한 전쟁상을 그려내려 했다. 이미 『이와나미 강좌 아시아·태평양전쟁』에서 제시한 시점이지만 양쪽 사이에는 수법의 차이가 존재한다.

요시다는 전쟁 중의 집단, 인간관계가 '전후'에 어떤 식으로 변화해 갔는지 의문을 제기했다. 『병사들의 전후사』는 병사들의 양상을 정치와 사회에서 벌어진 사건과의 상관관계 속에서 서술한 저작이다. 요시다는 전쟁 이전과의 연속성과 단절성으로 시선을 돌려 과거의 군대에서 계승된 것이 무엇인지 관심을 기울이며 그 당시 병사들의 '전후'와도 마주했다. 그러나 1970 - 80년대에 전우회 등 군인단체가 전성기를 거쳐 1990년대 이후 '종언의 시대'에 이르러서는 '군인단체 활동이 정체'하게 됐다. 또한, 이들 병사들에게 변화가 나타나기 시작했다고 하면서 "증언이 어떤 종류의 '유언'적인 성격"을 띠게 됐다고 말하기도 했다.

이때 요시다가 중시한 것은 '세대'와 '조직'이다. '전중파戰中派'가 형성돼(1956년 무렵, 이 단어가 정착했다고 한다) '다이쇼大正(1912 - 26) 출생' 자들이 거의 그 중심을 이루는데 고도 성장기에 이들 전중파가 '사회의 중견층'이 됐다고 한다. 한편, '조직'과 관련해서 전우회의 경우를 보면, 고도 성장기에 생활의 안정을 배경으로 '전사한 전우의 '위령'과 살아남은 이들 사이의 '친목''이 모임의 중심이 됐는데 같은 연차인 병사들이 모인 활동도 있었고 이들을 통합하는 형태로 연대 단위의 대규모 전우회 구성이 시도되기도 했다. 전우회는 봉납 사업, 위령제, 위령비 건립, 부대사部隊史 간행(1982년 절정), 유골 수집 사업 등을 벌이지만 여기에서도 활동에 관심을 가지지 않는다거나 저항감을 품은 이들이 있었다는 사실을 지적했다.

요시다의 서술에서 엿볼 수 있는 사실은 시간의 추이에 따라 과거 병사였던 이들이 가진 (전쟁에 대한) 리얼리티와 (전쟁을 축으로 하는) 아이덴티티 등이 변용돼 간다는 점이다. 고급장교들은 미처 알지 못했고 하사관 이하의 병사들은 시간이 지남에 따라 그러한 생각을 변용시켜갔다. 또한, 그들은 결코 단단한 결속력을 지니지 못했으며 다양한 생각을 가지고 있었다. 이렇게 요시다는 전중파를 축에 놓고 "과거에 병사였다는 이들에게서 우리가 어떤 이미지인가를 떠올릴 정도로 그들의 역사인식이 보수적이었던 것은 아니었다. 오히려 그들은 전쟁의 역사를 기억하며 그것과 마주하면서 전쟁의 가해성·침략성에 대해 깊이 인식해 가던 세대였다. 동시에 그들은 그들의 전우를 '난사難死'로 몰아넣은 일본 군인을 중심으로 한 국가 지도자에 대해서도 늘 강한 분노를 품고 있었던 세대이기도 했다"고 분석하고 '깊은 응어리'를 지니고 그것에 대해 고뇌하면서 전후사를 살아왔던 그들의 궤적을 그려냈다.

요시다의 시선은 이들 전쟁을 치르며 청춘을 보낸 병사들을 향했다. 이들이 전쟁 경험을 총괄할 때 서로 다르게 나타나는 것은 전후에 겪은 경험의 차이와도 연동돼 있다고 할 수 있다. 그래서 요시다는 전시와 전후를 더불어 생각하면서 의문을 제기하는 수법으로 『병사들의 전후사』를 저술했다. 이것을 전후 관점에서 보면 전시를 통해서 아이덴티티를 형성해 온 '전후'의 역사적 위상을 논의 과정 속에 끼어 넣은 것이다. 요시다의 저작에서 일본에 대한 점령 정책(군인 연금 중지, 공직 추방, 위령제 규제)과 병사 출신자들의 '전후'가 하나의 초점 속에서 무게 있게 그려진 것은 이러한 것들이 존재했기 때문이라고 할 수 있다.

바꿔 말하면, 전쟁으로 말미암아 생긴 모순이 '전후'에 생긴 모순과 어떤 식으로 병립해 가면서 이들 병사들에게 영향을 주었는지에 대한 고찰이며, 이것이 곧 냉전체제의 구조를 해명하는 길이다. 요시다는 "그들이 안고 가지 않으면 안됐던 고유한 어려움"에 접근했으나 반대로 생각하면 전쟁터에서 청춘을 보낸 이들에게 식민지의식, 혹은 점령의식이 결여돼 있었다는 것을 해명하는 것 역시도 과제로 주어지게 된다.

이러한 과정 속에서 병사들이 '경험'한 내부에 들어가 보고 그 '경험'을 담았던 작품을 그때마다의 상황 속에서 읽어내고 현재의 시점에서 평가하는 실천이 이루어지게 된 것이다.

최근 들어 식민지로부터의 귀환이나 억류가 폭넓게 관심을 불러일으키고 있는 것도 이러한 실천과 관계된 것이리라. 하야시 에이이치의 『잔류 일본병 - 아시아에서 살아남은 1만 명의 전후』[25]에서는 이것을 대상=테마화해서 황군 일본병사와 인도네시아의 관계를 살피며 '잔류 일본병'에 대해서 고찰하고자 했다. 현지 - 아시아 사회의 관계 속에서 '잔류 일본병'의 전후사를 그리기 위해 하야시는 프랑스령

인도차이나, 네덜란드령 동인도, 영국령 버마·말레이, 태국, 중국, 필리핀, 소련 등에 잔류한 1만 명의 '잔류 일본병'의 사례를 대량으로 수집해 그것을 유형화하고자 했다. 전쟁 이후 아시아에서는 식민지 해방을 위한 민족운동이 일어나지만 지역에 따라 상황이 다르다. 어떤 이유, 수단, 연유로 일본인 병사들이 잔류하게 됐으며, 일본군 내부에서 그들이 어떤 계층에 있었는지에 따라서 그 지역사회나 독립전쟁에 관여하는 방식이 크게 달랐다. 그로 인해 그들은 저마다의 인생을 파란만장하게 보내게 됐다. 하야시는 그들이 잔류를 결단한 이유에 주목하여 군인(장교·헌병·하사관, 병사)이었는지, 군속이었는지 등을 고려하며 '다양한 상황 아래에서의 결단'을 서술했다.

　나는 인물 – 병사의 전시 – 전후에 주목하며 고찰하는 대신, 일어난 사건을 총괄하면서 관련된 계보를 살폈다. 전쟁 경험은 모든 의미에서 그 사람의 인생을 규정하기 때문에 전쟁에 대해 논하는 것은 스스로의 아이덴티티를 확인하는 작업이기도 하며, 전쟁과 어떻게 마주하는가, 전쟁을 어떻게 받아들이는가에 따라 전후의 '주체'가 형성된다. 이것은 직접적으로는 전쟁 중에 살았고 전쟁을 경험한 세대만이 아니라 전후에 성장한 세대에게도 해당된다. '주체'를 형성할 때, 전쟁을 빼놓아서는 안 되는 세대와 시기가 존재하며 그 속에서 전쟁을 축으로 쉽사리 양보할 수 없는 주장이 이루어져 왔다.

　동시에 전쟁과 관련된 영역은 같은 세대나 그 이후 세대, 혹은 다른 나라 사람들 등 '타자'와의 관계가 포함된 영역이기도 하다. 전쟁을 논할 때, 사회의 존재가치를 찾아내서 국가의 근간과 관련 맺으려는 논의도 적지 않다. 이 점에서는 경험의 내용과 함께 논의 방식이 문제가 될 것이다.

전쟁 경험의 역사적 의미 규정과 관련해 대항과 대립이 보이는 것은 이러한 이유 때문이며 넓은 의미에서 '정치'가 모습을 드러내는 장소가 되기도 한다. 게다가 전쟁을 둘러싼 논의는 그때마다의 상황에 따라 논점이 환기되고 새로이 창출되기도 한다. 이러한 점들로부터 나는 당사자(A)가 기록한 전쟁과 제국 – 식민지 경험에 대한 기술을 단서로, '아시아·태평양전쟁'을 논하는 방식을 탐구해 거기에서 전쟁 및 식민지에 대한 역사인식에 대해 고찰해 봤다. 즉, 누가 어떤 시기에 어떤 형태로 '전쟁'과 식민지를 논했는가. 또한, 그럴 때 '전쟁'이란 무엇을 내용으로 하며 누구를 향해서 어떻게 이야기됐는가. 그 추이, 그리고 기록된 것을 단서로 해서 고찰했다.

변화의 추이를 추적한다는 것은 화자의 상황, 청자의 환경을 고찰하는 것으로 이어지며 이야기하는 행위 그 자체가 하나의 전후사를 형성한다는 인식이다. 그렇기 때문에 제목을 『'전쟁경험'의 전후사』라고 한 것이다. 여기에서 검토한 것은 전쟁 경험자가 경험을 공유하는 전제로 이야기하는(혹은 이야기할 수 있는) 상황에서 경험자가 소수파가 되는 변천 과정이다. 그리고 총력전으로써의 '아시아·태평양전쟁'이 한국전쟁에서부터 베트남전쟁, 혹은 걸프전쟁이나 이라크전쟁 등 '전후'에 일어난 전쟁 속에서 환기된다는 것, 더 나아가 전쟁 자체의 변화를 볼 수 있다는 것을 자각하는 과정 속에서 진행된다는 것이다.[26]

사카하라 도쿠시의『난징사건 논쟁사 – 일본인은 사실을 어떻게 인식해 왔나』[27]에서는 난징사건이 전후 시기에 어떤 식으로 상기되었으며, 그것이 어떤 논점과 논쟁을 낳았는지에 대해서 서술했다. 과거라면 난징사건 연구사 속에서 언급됐겠으나 사카하라는 그것을 시대 상황과 함께 논함으로써 전후사에서 일어난 사건에 대한 인식의 (대항을 포함한) 추이를 그려냈다. 전쟁 고찰에 전후 의식이 투영됐다는 사실을 의식함으로써 학설사學說史가 전쟁 인식의 역사서술로도 여겨질 수 있다.

이러한 시점에서 보면, 전후 문학에도 새로운 의미를 부여할 수 있다.『컬렉션 전쟁×문학』[28]은 편집위원[29] 모두가 '전후 출생' – (B)세대다. 전쟁문학은 '전쟁'이라는 사건을 대상으로 거기에서 드러나는 다양한 현상을 그려내는 동시에 여러 역학 속에서 그것을 어떻게 읽어내야 할지의 문제도 발생시킨다.

이 시리즈에서는 (α)러일전쟁까지의 작품[30], (β)아시아·태평양전쟁 이후의 작품[31], (γ)전쟁 중 세대 작가들의 작품[32]을 다루면서 동시에 새로운 작가 세대가 등장한다는 사실을 염두에 두고 있다.

즉, (δ)전후세대 작품Ⅰ(부모가 전쟁 경험자)의 작품(상황의 함수로서의 전쟁 – 오쿠이즈미 히카루奧泉光)이나 (ε)전후세대 작가Ⅱ(조부모가 전쟁 경험자)들의 작품을 적극적으로 수록했다.

이때 독자도 마찬가지로 (A)전쟁 경험자(당사자 의식을 가진 이), (B)부모가 전쟁을 경험한 이, (C)조부모가 전쟁을 경험한 이들이며, 작품과 세대가 조합해 가는 가운데 전쟁문학이 쓰이고 읽혀졌다.[33]

2)

이러한 상황 속에서 '전후'의 전쟁 해석이 팽팽히 대립하게 됐다. 미야자키 하야오宮崎駿의 애니메이션 영화 『바람이 분다』(2013)에 대해서 구체적으로 논해 보자.[34]

미야자키가 쓴 영화 『바람이 분다』의 「기획서 비행기와 아름다운 꿈」에서는 제목이 호리 다쓰오의 소설에서 유래했다고 밝히면서 "실재한 호리코시 지로堀越二郎와 동시대에 태어난 문학가 호리 다쓰오를 뒤섞어 한 사람의 주인공 '지로'를 만들어 냈다"고 했다. 동시대 사람인 엔지니어 호리코시 지로(1903년 출생)와 호리 다쓰오(1904년 출생)를 하나로 묶어서 호리코시의 인생을 호리의 작품 틀 속에서 그려 낸 것은 미야자키 특유의 착상이었다. 그리고 미야자키는 호리 다쓰오의 문학 세계에 섬세하게 접근했다.

그러나 이 두 사람을 묶어내는 틀, 즉 주인공 '지로'를 조형하면서 미야자키는 그를 순수한 인물로 설정하고 '지로'는 '자신의 꿈'에 '충실하게' '곧바로 나아간' 인물로 만들어 냈다(「기획서」). 이것은 호리 다쓰오의 「바람이 분다」 해석과 관련된 논점을 품고 있다. 돌아가는 듯하지만 호리의 「바람이 분다」에 대해 먼저 생각해 보자.

호리 다쓰오 「바람이 분다」의 제1장에 해당하는 부분이 쓰인 것은 1937년 1월이다. 반년 후에는 중일전쟁이 본격화·전면화하며 전시 상태에 들어가는 그런 시기에 호리는 「바람이 분다」를 집필한다. 소설가인 '나'의 시점으로 결핵을 앓는 약혼자와의 생활을 그리고 있는데 영화 『바람이 분다』는 이 큰 틀을 원용했다.

호리는 「바람이 분다」 속에서 ① 전쟁 중에 (전사가 아닌) '죽음'을 그리며, 각각 별개의 죽음 – 죽음의 등가성과 개별성을 논했다. 그리고 호리는 그것을 반전시켜 ② 「바람이 분다」를, '생'을 기록한 작품으로 만들어 냈다. 이 점에서 ③ 「바람이 분다」는 '자기재생'에 관한 이야기가 되고 '인간성을 회생시키는 것' – '살아가려고 하는 것'이 근저에 있는 작품이 된다고 할 수 있다.

미야자키는 이러한 죽음 – 삶의 이야기인 「바람이 분다」를 염두에 두고 그것을 영화의 큰 틀로 삼았다. 제로기라는 죽음의 병기와 관련된 일을 하는 '지로'와 결핵에 걸려 죽음을 앞둔 '나오코'를 그려내면서도 '살아야지'라는 메시지를 보내고 있다. 미야자키는 호리가 만들어 낸 세계를 똑똑히 응시하면서 영화 『바람이 분다』에서는 '지로'와 '나오코'의 순수한 사랑을 아름답게 그렸다.

그것을 보여 주려는 듯 영화 속에서 두 사람은 한결같다. '지로'는 비행기를 통해 미를 추구하는데 그 속에서 '아름다운 꿈'을 순수하게 추구한다. 한편, '나오코'는 세간의 때가 묻지 않은 마음으로, 순수하게 '지로'를 연모하는 여성으로 그려졌다.

그러나 여기에서 주목해야 할 것은 호리 다쓰오의 「바람이 분다」가 두 사람의 '순수'한 사랑을 주제로 한 듯 보이지만, 실재로는 그 사실을 거부하고 있다는 점이다. 「바람이 분다」에서 소설가인 '나'는 불현듯 '병상에 누워 있는 여 주인공의 서글픈 죽음'을 '꾸미기' 시작한다. '자신들의 사랑을 더욱 순수한 그 무엇으로 만들어 보고자' 한다. 그러나 그 순간, '나는 마치 꿈에서 깬 듯 뭐라 형용할 수 없는 공포와 수치심에 휩싸인다'. '순수'한 이야기가 얼마나 '나'=남성이라는 강자가 제멋대로 만들어 낸 생각인지, 이야기에서 멀찍이 뒤로 물러서게 된다. 호리의 강인한 정신, 흔들림 없는 독자적인 세계를 느낄 수 있는 부분이면서 그것이 얼마나 철저히 픽션으로 만들어 냈는지가 확연히 드러나는 부분이기도 하다.

　이렇게 호리 자신 때문에 「바람이 분다」의 '순수'한 이야기는 부정된다. 그리고 그것을 또다시 확인한 것이 전후에 호리 다쓰오를 읽는 방식이었다. 가토 슈이치加藤周一의 세이킨파[35] 비판이 그 대표적인 논평이다.[36]

　그러나 미야자키는 호리의 작품 중에 특히 「바람이 분다」에서 '순수'를 읽어내려 했다. 미야자키는 자신의 작품을 "완전한 픽션으로 1930년대의 청춘을 그린 이색적인 작품"(「기획서」)이라고 했다. 전쟁 중인 그때, 전쟁에 맞서지 않고 별이나 제비꽃을 노래한 세이킨파가 추구하는 방향 속에 호리코시-호리의 접합점이 녹아들어 있다. 즉, 이 두 사람을 세이킨파와 겹쳐서 그리면서 그들의 행동 모두가 긍정적으로 묘사되고 만다. 영화 『바람이 분다』에서 '지로'의 목적은 결코 의문시 되지 않고('꿈'에서는 그것을 부정할 방법이 없다), '지로'가 '꿈'을 향해 돌진하는 과정이 묘사됐다.

　'살아야지.'라는 메시지는 호리 다쓰오에게서 완벽하게 추출된다. 그러나 그 생-자기재생은 호리가 결코 '순수'하게 추구할 수 있는 것이 아니었다. '순수'라는 지향이 가진 교활함을 호리는 자각하고 있었고 '살아야지.'라는 결의는 (영화에서 그려진 것과 같이) '결과'(=사후)

가 판명된 후에 드러나는 것이 아니라 사건의 중심에서 발견돼 자각되는 것이 호리의 주장이었다. '살아야지.'라는 의지는 호리에게는 순수함을 지키는 것이 아니라 반대로 세속을 받아들이는 것이다.

영화 『바람이 분다』의 개봉 전후로 미야자키는 많은 인터뷰에 응했는데 스튜디오 지브리에서 발행하는 잡지 『넷푸熱風』(2013.7)에서도 미야자키의 글이 실렸다. '헌법개정'을 특집으로 다룬 이 호에서 미야자키는 (아시아·태평양전쟁에 대해서) "정말 어리석은 전쟁을 했다"는 "실감"을 가지고 있고 "한심한 전쟁이었다"는 의식을 가지고 있다고 말했다. 그리고 부친의 '전쟁책임'과 관련해서 다툼이 일기도 했는데 "징병제도라는 건 최악이다"라고 단언했다.

이러한 전쟁의식은 헌법개정에 "당연히 반대"라고 단언하는 태도와 겹친다. 전쟁 전의 일본에 대해서는 '위안부' 문제를 포함해서 "제대로 사죄하고 배상해야 한다"는 자세도 마찬가지로 지니고 있다(미야자키 하야오 담화 「헌법을 바꾼다는 것은 당치도 않은 일」). 『넷푸』의 같은 호에는 그 밖에도 스즈키 도시오鈴木敏夫의 「9조를 세계에 전하자」, 나카가와 리에코中川李枝子의 「전쟁은 무서워」, 다카하타 이사오高畑勲의 「60년 평화의 크기」의 담화도 함께 실려 있어, 마치 반전과 호헌을 주장하는 모음집이라도 펴낸 듯하다.

미야자키가 영화의 외부에서 이러한 움직임을 보이는 것은 담화 내용도 그렇지만, 『바람이 분다』를 잘못 보지 말아 주기를 바라는 배려 때문일 것이다. 이러한 부분이 미야자키가 전후파 – 전후 지식인이라는 것을 충분히 발휘하고 있다는 느낌을 주는 부분이기도 하다.

미야자키와 스튜디오 지브리는 전후 정신을 체현하겠다고 표명하고 있는데 『아사히신문』(2013.7.20) 인터뷰에서는 "물론, 호리코시 지로도 한 사람의 일본 국민으로 전쟁책임을 지고 있으나 한 사람의 기술자가 역사 전체를 책임질 필요는 없다"고 말했다. 이 인터뷰에서 비행기를 "아름답게도 저주받은 꿈"으로 표현하고 시대 안에서는 그 누구도 사태의 선악을 판단할 수가 없다고 했다.

　그러나 미야자키의 이 발언은 (영화의) 내부에서 세이킨파로 분한 호리코시를, (영화의) 외부에서도 역시 같은 문맥 속에서 논해 '이중의 세이킨화化'를 작동시키고 말았다. 이로써 영화의 외부가 아닌 내부가 다시 문제가 되며 세이킨파의 해석에 근거하고 있는 영화 『바람이 분다』도 문제가 될 것이다. 과거에 소설 「바람이 분다」를 주머니에 숨기고 특공기에 탔던 세대가 있었다[37] – 영화 속 '지로'는 이러한 모습과 겹쳐져 보인다.

　초점으로 삼아야 할 것은 여기에 대해서 어떻게 생각해야 하는가에 있다. 달리 말하면 지금 호리 다쓰오를 어떻게 읽을 것인가라는 문제이기도 하다. 영화 『바람이 분다』에서 미야자키는 정면에서 이것에 대해 문제제기를 하고 있다. 또한, 작품의 외부에서 보조선을 그었다. 그리고 핵심인 작품 내부의 해석은 '지로', '나오코'를 세이킨파로 그리면서, 이를 위해 전쟁에 대해 의문을 제기하지도 않는다. 단지, 자신의 '꿈', '순수한 사랑'을 추구하는 두 사람의 인생을 그린다. '전후'에 대한 호리 다쓰오의 해석을 미야자키의 『바람이 분다』에서는 거치지 않았다.

호리 다쓰오를 세이킨파와 겹쳐 보지 말고 새로운 해석을 제시하는 것이 '전후'의 과정과 '전후'의 해석을 포함한 호리의 이해일 것이다. 전후의 정신은 세이킨파에 대한 비판에서 출발했다는 재확인이 영화『바람이 분다』에서는 필요했을 것이다. 여기에서도 전후에 대한 세이킨파 비판 – 호리 다쓰오와 세이킨파를 분리하는 듯한 호리의 해석은 무효한 것이 됐다.

2. 젊은이들의 전쟁상과 전후 인식

1)

'전후' 작가로서 (C)가 대두하기 시작했다는 것은 최근 10년 사이의 큰 특징이다. '전후 제2세대'(C)인 정치학자 시라이 사토시白井聰는 1977년에 태어났다. 화제를 모은 『영속패전론 – 전후일본의 핵심』[38]에서 시라이는 (마루야마 마사오丸山眞男가 말하는) 〈일본적 무책임〉, 〈무책임의 체계〉에 주목하고, "'전후'='평화와 번영'이라는 이야기'를 비판적으로 재검증하고 여기에 내재하는 '전쟁과 쇠퇴로 전화할 가능성'을 확실히 지켜봐야 한다고 했다.

시라이가 검토의 중심축으로 삼은 것은 '미일관계의 본질'이다. 패전의 귀결로 '대미종속구조'가 영속되면서 패전 그 자체를 은폐=부인하려는 역사인식 구조가 생겼다. 양자는 상호보완적 구조를 가지

며 시라이는 이 '영속패전'이 ''전후'의 근본 체제'가 됐다고 한다. 이
것이 냉전구조가 영속패전의 동위선상에 존재하는 것을 의미한다.
시라이는 더불어 "전후 일본이 안고 있는 '모순(비틀림)'"을 지적하며
그것이 지금은 "유지 불가능한 것이 됐다"고 언급했다.

　패전에 대해 '천황에게 면죄부'를 준 것은 미국 측의 '사정' 때문이
었다. 그러나 그것이 '패전이 의미하는 바를 망각'하게 하는 역사인
식의 결여를 초래했다. 시라이는 "영속패전을 둘러싼 정부와 사회구
조는 전쟁 전의 천황제 구조와 매우 비슷하다"며 (도요시타 나라히코豊下
楢彦의 소견을 원용하며) 이 '새로운 국체'에 대해 쇼와천황이 매우 능동
적이었음을 함께 지적했다.

　소설 『도쿄 프리즌』[39]의 저자 아카사카 마리赤坂眞理도 거의 비슷
한 역사인식을 가지고 있다. 아카사카는 1964년에 태어났으며 (B)와
(C)의 경계에 위치하나 저자와 겹쳐지는 등장인물인 16살 '마리'가
미국의 고등학교에 유학했을 때, 쇼와천황의 '전쟁책임'에 관해 토론
했던 체험을 적었다.

　『도쿄 프리즌』은 1980년의 미국과 2010년의 일본이 겹쳐지며, 시
간이 숨겨진 채 이야기가 진행된다. 미국에서 주인공 '마리'는 일본
과 미국의 관계 – '천황의 항복'에 대해 보고하라는 요구를 받는다. 마
리는 '현대일본사'에 대해서는 배운 적이 없을뿐더러 그렇게나 '단도
직입적이며 진실'한 표현을 들어 본 적이 없어서 "우리나라 어른들
은 진실을 말하지 않았다"는 생각에 사로잡힌다. 이때 주제가 쇼와천
황의 전쟁책임에 대한 고찰로 바뀌며 '다시 시작'하는 형태로 마리는

재학습을 하게 된다. '옥음玉音방송'*을 영문 번역하고 (조서 등 일본이
낸 문서의) '주어'와 문맥을 밝히는 작업을 비롯해 패전 때 실제로 이루
어진 해석과 해석의 윤리적 가능성 등을 제시하는 한편 마리는, 맥아
더가 천황을 재판에 올리지 않을 것을 미리 예정하고 있음을 알게 된
다. 패전 당시의 쇼와천황과 미국의 관계에 주목한 이 소설은 (참고문
헌으로 직접 제시되지는 않았으나) 존 다우어의 『패배를 껴안고』[40]로부터
많은 영향을 받은 소설이 됐다.

　아카사카는 쇼와천황의 '전쟁책임'과 관련한 토론 수업을 통해서
'천황의 항복'에 관해 기술했다. 토론은 '리허설'과 '본방'의 2부로 구
성하고, 미리 부정하는 입장과 긍정하는 입장으로 나눠 교대로 논의
를 진행하면서 결론이나 옳고 그름을 명백하게 제시하지는 않았다.
마리에게는 결론·인식의 획득이 아니라, 입장에 따른 논리의 정합성
이 문제시되는 국면에 초점을 맞추는 것이 중요했다. 무엇보다 일본
인을 대표하는 마리가 미국인과 마주하고, 더 나아가서는 마리에게
쇼와천황이 빙의하는 장면이 묘사되는 등 문제가 단순하지는 않다.

　여기에 제시한 것은 새로운 세대의 '전후' 해석과 전후 역사상이
다. 선행세대 (A) (B)가 내향적인 자세를 지녀 불문시 했던 것이, 세
계라는 외부에서는 통용되지 않는다는 점을 주장의 출발점으로 삼
아 '전후'의 시작–패전이라는 그 자체의 모습에 착안해, 〈지금〉으로
이어지는 구조적 사태–사태의 구조를 찾아내는 시도이다. 시라이나

---

* 일본이 항복했다는 사실을 알리는 천황의 육성방송

아카사카가 논점으로 삼은 것은 패전 – 점령하에서 쇼와천황과 미국의 관계이며 한 걸음 나아가 점령과 민주주의의 관계였다.

역사학자인 요시미 요시아키吉見義明(B)가 '패전 체험·점령기 체험'의 의미에 대해서 고려할 때도 마찬가지로 민주주의 – '데모크라시'를 축으로 삼았다.[41] 그러나 요시미는 민주주의를 '주체적으로 획득했다'는 관점에서 전후사를 서술한 것에 지나지 않는다. 점령하에서 '평화와 자유와 민주주의의 의식'이 형성되고 1950년대를 거치며 '진전'해, 60년 안보전투로 '발전'한다는 인식이다. 이에 대해 (C)세대인 시라이나 아카사카는 마찬가지로 패전 – 점령을 '원점'으로 삼으면서도 그러한 구조가 현재의 틀을 만들었다는 입장이다. 요시미가 전후의 원점에서 가능성을 찾는 데 반해 시라이나 아카사카는 지금에 이르기까지의 구조=장해를 발견해 나갔다.

2)

1985년에 태어나 (C)로서는 좀 젊은 편인 후루이치 노리토시古市憲壽의 『아무도 전쟁을 가르쳐 주지 않았다』[42]에서는 전쟁을 둘러싼 '사실 그 자체'가 아닌 "전쟁을 남기는 방식'의 차이'에 관심을 보였다. 도발적인 제목인 『아무도 전쟁을 가르쳐 주지 않았다』는 아리조나 메모리얼*과 난징대학살기념관을 방문하면서 시작된다. '전쟁박물관'은 '뛰어난 정치적 장소'이며 '추도 시설'로써 '국가로서의 이야

---

* 　진주만 아리조나 기념관

기'를 제공하는 역할을 하며 더불어 '즐거움'을 더해 준다고 한다.

전쟁 전시와 전쟁박물관에 대한 인식은 히로시마의 평화기념자료관에서의 인상이기도 하다. ─ "안이하게 원폭투하를 드라마틱한 이야기로 만들지 말고, 단지 세계평화의 실현과 핵무기 근절을 바랄 뿐이다. 무엇에 비할 데 없는 정론이지만 지나치게 정론스러워서 솔직히 재미가 없다". 평화기념자료관은 "디즈니랜드와 같은 요소가 적다"는 인식이 지배적이다. 또한, '피폭자들의 사진'은 '압도적인 비참함'을 전하며 많은 방문자들의 가슴을 울리지만 그것은 '사진의 힘'일 뿐 '박물관의 힘'은 아니다. "이야기"는 없고 원폭이 "대단히 두려운 것"이며 히로시마 거리에 "임팩트"를 부여했다는 사실은 이해했으나 "그 이상은 잘 모르겠다"고 기술했다. 전쟁박물관을 '전쟁' 이상의 '박물관'이라는 문맥에서 파악하면서 박물관 고유의 엔터테인먼트적인 요소를 요구한다. 후루이치의 논의는 전쟁박물관에서 주저 없이 '즐거움'을 주장한다는 점에서 선행 세대와 다른 점을 보인다. 전쟁박물관의 '즐거움'이란 '박물관 설계 단계에서의 '즐거움''과 '전쟁 자체의 '즐거움''을 가르키며, 후자 '전쟁의 '즐거움''을 어떻게 전할 것인지가 '중요한 문제'가 된다.

이것은 입장성立場性을 명시하지 않은 전시에 대한 비판이기도 하다. 후루이치는 일본에는 '국가가 엮어낸 전쟁의 역사'를 이야기하는 박물관이 없다고 한다. 국립역사민족박물관의 현대사 전시를 언급하며 '무미건조한 내용'이며 '엔터테인먼트성이 거의 제로'라고 했다. "최근의 연구 식견을 수용하면서도 우익이나 좌익 그 어느 쪽의 신경도 거슬리지 않으려는, 어디까지나 무난하게 전쟁을 표현하려는 자세"를 비판한다. "국가가 전쟁에 대해서 이야기할 수 없는 일본이라는 나라를 상징하는 것과 같은 전시"라고 하면서 "우리는 아직 전쟁의 가해자가 되지도, 피해자가 되지도 못하고 있다"고 했다.

초점 중 하나는 선행 세대 (A) (B)의 전쟁 해석과의 단절에 있다. 후루이치에게는 '전후'에 이루어져 왔던 전쟁 해석에 대한 반발이 저류에 존재한다. 그는 '전후'가 스스로의 입장성을 회피해 왔다고 하면서 그것을 비판했다. 이것은 전후의 전쟁관이 일본 전역에 골고루 퍼지며 체제화하고 전쟁의 형태가 변경됐기 때문에 후루이치는 새로운 전쟁관을 희구하는 것이기도 하다.

원래 후루이치에게는 '그 전쟁'(=아시아·태평양전쟁)은 멀리 존재했다. 세키가하라 전투*까지 끌어와서 아시아·태평양전쟁을 논하며 "그 전쟁을 어디까지 특권화할 수 있는 것일까. 그 전쟁은 우리의 역사 속에서 얼마나 특별하며 얼마나 특별하지 않은가"라고 자문한다. 국민국가의 인식이 동요하는 가운데 '국민군'을 대신하며 주식회사가 만들어 낸 용병들의 존재, 즉 '전쟁의 민영화'를 그 하나의 증거로 들고 있다. 전쟁터와 전쟁터가 아닌 곳의 경계가 애매해지고 있다는 사실, '전쟁에서 사람이 없어지고 있다는 사실', 그리고 '전사자가 발생하지 않는 '평화롭고 인도적인 전쟁'(!)'이 출현하는 등의 현상 속에서, 후루이치는 전쟁의 형태 변화를 지적하며 아시아·태평양전쟁

---

* 도쿠가와 이에야스 패권을 장악해 막부를 세우는 기반이 된 전투

을 전쟁의 모델로 삼을 것을 포기했다.

　새로운 상황인식 속에서 (A) (B) 세대가 그때까지의 전쟁 인식과 지혜 – 전쟁상에서 불필요한 부분들을 버려 왔다는 사실이 엿보인다. 그리고 (총력전이 아닌) '작은 전쟁'에 상상력을 발휘해 보자고 한다. "결국, 지난 전쟁 때문에 이 나라의 모든 것이 변해 버렸다기보다는 우리는 그 전쟁에서부터 아무것도 변하지 않은 것이 아니냐는 기분까지도 든다." 이것은 '전후'를 없었던 것으로 만들려는 노력과 함께 전시 – 전후의 관계가 크게 변용하는 〈지금〉의 해석으로 연결될 수 있다. '전후'의 배후에 전쟁체험이 있었다는 것, 그러나 '그 전쟁'으로부터 70년 가깝게 지나서 '커다란 기억'으로 재구축하기가 어려울 뿐만 아니라 너무 낡은 것이라 '지금 오랫동안 지속된 '평화체험''에서 사상이나 정치를 엮어내자고 주장했다.[43]

　이와 함께 계급, 연령, 성별, 소재 등을 통해 드러나는 '그 전쟁'의 모습이 서로 다르다고 하면서 "키맨은 미국이다" – "국제적으로는 미국이 준비해 놓은 스토리를 수용했을 터인데 국내에서는 전쟁에 관한 다양한 이야기가 오가는 상황이 벌어졌다"고 하면서 '더블 스탠더드'를 언급하며 그것이 "전후 일본의 기본 방침"이 돼 가고 있다고 했다. 역사가인 요시다 유카타, 다카오카 히로유키高岡裕之, 이치노세 도시야一ノ瀬俊也 등의 저서를 주에 제시하고는 있으나 후루이치에게서 시라이나 아카사카와 겹치는 인식을 엿볼 수 있다.

　후루이치의 주장은 "아무도 전쟁을 알 수가 없었으며 가르칠 수도 없었던 것이 아닌가"라는 점으로 모여진다. '전후'를 없었던 것으로 만든다는 것이 "우리는 전쟁을 모른다. 거기에서부터 시작할 수밖에 없다"는 입장을 확인시킨다.

관련된 주장의 배후에 있는 후루이치의 현상 인식은 『절망의 나라에 사는 행복한 젊은이들』[44]에서도 잘 드러난다. 전쟁인식과 대립적인 위치에서 후루이치 등을 '불행한 젊은이들'이라는 틀에 가두는 어른들에 대한 반발로, "실제 젊은이가 매일하는 생활을 생각했을 때, 그들, 아니 우리는 정말 불행한 것인가"라고 의문을 제기한다. 실제, 후루이치도 언급한 바와 같이 현대 젊은이의 '생활만족도', '행복도'는 최근 40년 사이 가장 높다는 사실이 각종 조사에서 밝혀졌다.

'행복의 조건'을 (미래의 문제인) '경제제적인 문제'와 (현재의 문제인) '승인의 문제'로 표출시키고, 후루이치는 "내 상상력이 미치는 범위"는 "기껏해야 '자신'과 '자신의 주변' 정도"라고 단언한다. 동시에 "'자신'이었을지도 모른다고 상상할 수 있는 범위에서 '자신'이나 '누군가'에 대해서는 책임, 동정, 선망 모두를 품고 있다"고 덧붙였다. 그리고 "따분한 후기 근대를 살아가는 우리를 지탱하는 발밑에는 지금도 전쟁을 이웃하고 있는 '근대'가 계속되고 있으며 동시에 '근대'의 틀을 뛰어넘는 '전쟁'의 위협도 확장되고 있다"면서 "한 사람 한 사람이 더욱 행복하게 살 수 있다면 '일본'은 지켜내야 하겠지만 그렇지 않다면 '일본'에 집착할 필요는 없다"고 했다.

윗세대가 보면 젊은이의 '보수화'로 보이는 후루이치의 발언이겠지만 본고의 문맥 속에서는 '전후'에서 이루어졌던 일들이 상대화하면서 보류됐다는 것을 의미한다.[45]

　이러한 상황 속에서 전쟁문학도 새로운 양상을 보이고 있다. 다카하시 히로키의 『손가락 뼈』[46]에는 이것을 보여 주는 한 편이 실려 있다. 다카하시는 1979년에 태어난 (C)세대로 전쟁문학을 하고 있다. 『손가락 뼈』는 1942년 전쟁 중의 뉴기니를 배경으로 스물한 살인 일등병 '나'가 부상을 당해 야전병원에 누워 있으며 겪는 일들을 그렸다.

　'일인용 참호' 안에서 '백인 병사'를 사살한 '나'와 동급생으로 같은 연대에 있는 '후지키', '후루야', 그리고 야전병원에서 만난 같은 일등병이며 동갑인 '사나다', 연필화를 잘 그리는 '시미즈' 등과의 교류가 그려진다. 사나다는 '가나카' 마을에서 '일본어교실'을 하면서 현지 주민과 접촉하고 있었다. 그러나 사나다와 시미즈가 말라리아 등의 풍토병으로 연달아 죽고, 이윽고 걸을 수 있는 사람만 '전진'하는 참상이 묘사된다. 다카하시는 여기에서 '냄새'에 대해서도 언급했다.

　제목은 전투에서 전사하기도 하고 야전병원에서 거의 날마다 죽어가는 '전우'들의 손가락을 위생병이 잘라냈던 것에서 유래한다. "인간의 죽음은 일상이었다", "인간이 가진 욕망을 완전히 잃었다"고 다카하시는 말하며 전쟁이 전투이기도 하지만 동시에 '기아'이며 "우리는 누군가와 싸우는 것도 아닌데 한 사람, 또 한 사람 쓰러지며 허무하게 죽어간다. 그것이 전쟁이다"라고 했다.

　전쟁문학이라고 하면 (A)세대는 오직 자신들의 경험을 그려내고, (B)세대는 부모가 경험한 전쟁경험을 어떻게 수용했는지를 묘사한다. 이때 (C)세대는 기억으로서의 전쟁을 그려내는 게 전부였지만 다카하시는 전쟁 서술을 통해서 스스로가 수용한 전쟁경험을 그려냈다. 그러나 전쟁을 그려야 한다는 필연성은 희박했고 여기에서 그려지는 전쟁은 멀리 배경으로 존재하는 것이기도 했다.

다카하시는 당시의 『사진주보』나 지도뿐만 아니라 이후의 회고록-전기戰記, 평화기념전시자료관에서 병사나 억류자, 귀환자에게서 청취해 기록한 '고생 체험 수기'인 「평화의 초석」을 '주요 참고문헌' 중에 포함시켰다. 실제로 소설 속에는 너무 추운 나머지 소총을 태워 버리는 병사에게, 자신도 그런 모닥불에 몸을 녹인 지휘관이 그 사실을 발설하지 말라고 위협하는 에피소드가 「군인 군속 단기 재직자들이 말로 전하는 고생(병사편)」 제14권의 '남방(뉴기니)' 편에 수록돼 있다.

그러나 다카하시가 문헌을 통해서 얻을 수 있었던 것은 에피소드에 그친다. 게다가 다카하시의 서법은 불리한 작법이기도 했다. (A)세대가 그렸다면 그것이 무엇이든 '경험'-'증언'의 틀 속에서 수용될 수 있으나 (역사학연구라면 어찌 되었든지) (C)세대가 전쟁소설로 그것을 내놓을 때에는 온갖 각도에서 비판할 태세가 갖춰져 있었다. 다카하시의 방법은 이미 고도코로 세이지古處誠二(1970, (C)세대)가 시도했던 것인데 그때까지 당사자가 써왔던 전쟁소설을 당사자가 아닌 입장에서 그려 낸 것이기도 해서 '전쟁을 모르는 세대의 전쟁문학'으로 평가됐다.[47]

3. '전후'를 끼워 넣은 전쟁상의 서술

1)

'전후'를 염두에 두고 〈지금〉이 떠안고 있는 변용을 끼워 넣은 새로운 논의에 대한 시도는 어떤 식으로 가능할까. 이러한 의문을 풀어내려고 할 때 「닛폰의 소설3ニッポンの小說三」으로 간행된 다카하시 겐이치로(B)의 『'그 전쟁'에서 '이 전쟁'으로』[48]에서는 다양한 노력을 기울였다. ① 대상으로 하는 작품군에 대한 주의와 관심, ② 문제점 지적, ③ 그때의 논의 방식을 다카하시는 배려해 (A)세대와 관련된 노마 히로시(「어두운 그림暗い繪」), 다케다 다이준武田泰淳(「심판審判」), 다무라 다이지로田村泰次郎(「메뚜기蝗」) 등의 작품, 그리고 이타미 만사쿠伊丹万作의 「전쟁 책임자의 문제戰爭責任者の問題」 등과 함께 (C)세대인 아카사카의 『사랑과 폭력의 전후와 그 후愛と暴力の戰後とその後』, 후루이치의 『아무도 전쟁을 가르쳐 주지 않았다』도 언급했다. 또한, 베트남 전쟁을 다룬 소설인 바오 닌의 『전쟁의 슬픔戰爭の悲しみ』도 논하며 전쟁문학의 시야를 넓혔다. 다카하시는 현대 작품은 교 마치코今日マチ子 『cocoon』을 다루며 만화판과 연극판 사이의 차이에 대해서까지 언급하며 자신의 전쟁문학론을 전개했다. (A)와 (C)세대의 발언 양쪽을 동시에 다루며 논점을 엮어내려고 했던 다카하시의 노력이 엿보인다.

다카하시는 다수의 논점을 내놓았으나 (A)세대의 '전쟁문학'은 ① 전후문학의 중심을 차지하며 작가들이 "'전쟁'에서 가져온 것"에 대해 이야기한 것으로, ② 그것은 '강한 메시지'를 전달했으나 '유통기한'이 존재했다. ③ 그럼에도 그 "전쟁'에 관한 말'이 현재에 그대로 '지진피해'나 '쓰나미'에서 쓰이고 있다고 한다. 그리고 ④ (A)세대의 저자들은 '이야기해야 할 말을 가지지 않은 사람들의 '대리인''이라고도 했다. "21세기의 시점에서는 그들〔(A)세대〕가 하는 일의 많은 부분이 무참하게 보일지도 모른다. 그러나 적어도 그들은 그들이 본 것을 되도록 성실하게 전하려 했다."

본고에서 언급한 (B)와 (C)의 차이에 대해 다카하시도 자각적이었다. 그리고 다카하시는 '진정한 전쟁 이야기'가 얻을 수 없는 것이라는 사실 – 이야기하는 언어가 탄생하는 순간부터 '진정한 전쟁 이야기'가 붕괴돼 간다는 것을 함께 이야기했다.[49]

다카하시의 노력은 전쟁사회학의 시도와 접점을 공유하는 부분이 있다. 후쿠마 요시아키·노가미 겐野上元·아라라기 신조蘭信三·이시하라 슌石原俊 편『전쟁사회학의 구상』[50]에서는 세대와 전문분야를 아우르기도 하고 엇나가게도 하면서 전쟁사회학의 과제와 방법에 접근하려 했다.『전쟁사회학의 구상』에서는 '전쟁'을 주제로 연구해 온 연구자를 인터뷰했는데 모리오카 기요미森岡清美(1920년대 출생), 다카하시 사부로高橋三郎(1930년대 출생), 아오키 히데오青木秀男(1940년대 출생), 요시다 유타카(1950년대 출생)에게서 연구 이력을 듣는 데에 제1부를 할애했다. 대체로 (B)를 축으로 (C)가 더해지는 구성이지만 (B)의 성과를 학습하려 했다.

　역사가로서 이러한 인식을 방법으로 삼은 것은 야카비 오사무屋
嘉比收였다. 야카비 오사무의『오키나와전, 미군점령사를 다시 배운
다』[51]에서는「어떻게 기억을 계승하는가」를 부제로 (A)세대가 경험
한 기억을 매개로 연구에 가담했다.

　'오키나와전, 미군점령사'에 대해 논하는 관점, '다시 배우'는 방
법 – '오키나와전에 대해 말하는 어투'와 관련한 야카비의 지적은 흥
미롭다. 즉, 오이카와전을 경험한 이들은 '1인칭단수', '현재형'으로
오키나와전에 대해서 말하며 경험하지 않은 이들은 '3인칭', '과거형'
으로 기술한다는 것이다. 여기에서도 오키나와전이 직접 경험한 이
들에게는 결코 과거의 일이 아니라는 사실을 보여 준다.

　오키나와전의 경험자는 '전쟁체험의 핵심'을 지니고 있으며 그것
을 근간으로 오키나와의 현재 상황과 마주하려 하지만, 야카비는 그
것을 '기억의 연쇄, 회상'이라고 했다. 그리고 그 '기억의 연쇄'를 '우
리'는 어떤 식으로 자신의 것으로 만들어낼 것인가라는 문제의식으
로 일관하고 있다 – "우리는 동시대에 일어난 사건에서부터 오키나와
전이나 미군점령하의 사건으로 이어지는 기억의 연쇄를 어떻게 되살
릴 수 있는가."

　야카비는 여기에서 〈당사자성〉개념을 가져왔다. (B)세대로 '전후'
에 태어난 야카비는 오키나와전을 직접 경험하지 않았다. 그러나 그
러한 자신의 위치를 자각하면서 경험자와의 '공동작업'을 통해서 오
키나와전을 수용해 자기 것으로 만드는 것을 〈당사자성〉이라고 했
다. 그 속에서 추구해야 할 것은 어떻게 〈당사자성〉을 획득하느냐 하

는 점이다.

　"전후세대는 체험자가 될 수는 없으나 체험자와 공동작업을 거듭" 함으로써 〈당사자성〉을 획득할 수 있다고 야카비는 말한다. 그것은 그때까지의 '문제를 재구성'하는 것이며 오키나와전에 대한 기억을 '나눠 가지자'고 제기하는 것이다. 더불어 전후세대가 직접 경험자에게서 오키나와전에 대한 경험을 '듣는 입장'인 동시에 '전하는 입장'을 가진 이중성을 자각한 것이기도 했다.

　여기에서의 〈당사자성〉이라는 개념은 동시에 오키나와에 대한 것이기도 하다. 오키나와 출신이기도 한 야카비는 '오키나와 사람'을 출신이 아닌 '다양한 정의를 모은 다발'이라고 했다. 가령 오키나와전을 경험한 사람을 '오키나와 사람'이라고 규정한다면 야카비도 '오키나와 사람'은 아니다. 야카비는 관련된 배제성을 회피하고 반대로 '우리'가 '오키나와전에 대한 체험을 나눠 가지면서 〈당사자성〉을 획득'하고 '어떤 오키나와 사람이 될 것인가'라는 점을 과제로 삼았다.

　여기에서 야카비는 오키나와전에 대한 경험을 오키나와가 독점한다거나 반대로 본토 사람이 오키나와에 그것을 맡긴다거나 강요한다거나 하는 것을 극도로 경계하고 있다고도 할 수 있다 - "출신과 상관없이 오키나와전에 대한 인식은 폭넓게 개방돼 있으므로 그것을 어떤 식으로 인지할 것이냐는 비체험자인 우리 자신의 문제라는 의미이다."

　이렇게 야카비는 오키나와전에 대한 경험을 이어받고 그 경험을 인식할 수 있도록 개방시키는 것 - 오키나와전을 주체적으로 받아들여 그것을 '나눠 가지자'고 문제제기하고 실천하고 있다. 야카비는 논의를 새로이 (전쟁경험을) '듣는 것'과 '전하는 것'으로 정리하고 그 것을 〈당사자성〉의 내실이라고 파악했다.

야카비의 자세는 무엇보다도 오키나와전에 대한 발언이 오키나와 의 〈지금〉 상황 속에서의 발언이라는 사실에 민감해진다. 예를 들어 '집단자결'의 논의와 관련해 1970년 전후에는 공동체론과 복귀운동 문제가 함께 논의되는 경우가 적지 않았다고 한다. 공동체가 개인을 압살한다는 견해다. 그러나 복귀 이후 공동체는 '크게 변용해 공동 화'하고 있다. 이때 21세기에 오키나와전의 기억을 계승한다는 문맥 에서 '집단자결'을 고찰하기 위해서는 "'공동체'와 개인의 관계라는 문제의식'을 염두에 두면서도 공동체와 복귀문제에 관한 논점은 '일 단 미뤄두고', '젊은 세대'가 '집단자결'을 통해 어떤 목소리를 들을 수 있는가에 대한 고찰을 과제로 삼으려 했다.

이러한 영역을 역사인식이라고 했을 때, 야카비의 역사인식은 병 사와 주민의 관계 속에서 파악할 수 있으며 구체적으로는 일본군 병 사와 오키나와 주민 사이의 관계 속에서 오키나와전을 고려했다. 또 한, '중첩하는 전쟁터와 점령과 부흥'이라는 인식을 제시하고 '전쟁 터' – '점령' – '부흥'의 3자를 제각각의 것으로 생각하지 않았다. 전쟁 을 전투에 한정하는 것이 아니라 점령과 부흥까지를 일련의 과정으 로 본다. 그리고 이러한 오키나와전에 대한 고찰에서 도출된 인식은 결코 예외적인 것이 아니라고 했다.

2)

원폭을 둘러싼 서술도 새로운 움직임을 보이고 있다. 말할 필요도 없으나 2011년 3월 11일 동일본대지진 때문에 일어난 후쿠시마 제1 원전사고가 원폭의 표상에도 영향을 미치고 있다. 원폭과 함께 원전에 대해 관심이 쏠리기 시작했고 핵에너지로 파악되던 원전이었으나 서서히 영화나 만화 등 대중문화에서도 핵 표상으로서 관심의 대상이 되기 시작했다. 「'핵'의 전후 정신사」라는 부제를 단 가와무라 미나토의 『원전과 원폭』[52]이나 야마모토 아키히로의 『핵과 일본인』[53] 등을 비롯한 저작이 출판된 것도 이러한 움직임 속에서이다.

이러한 상황 속에서 요시무라 가즈마吉村和眞·후쿠마 요시아키 편저『「맨발의 겐」이 있던 풍경』[54], 『「맨발의 겐」을 읽다』[55]에서 「맨발의 겐」을 다시 읽어보자는 제안도 전쟁 – 원폭에 관련된 작품을 읽는 실천으로 이어졌다.

피폭자인 나카자와 게이지中澤啓治의 자전적 만화인 「맨발의 겐」은 "원폭만화의 경전"(후쿠마 요시아키)이라고 할 만한 작품으로 많은 아동·학생에게 읽혔겠지만 지금까지 그것이 어떻게 읽혀졌는지에 대해서나 작품 분석은 (구로코 가즈오黑古一夫의 논고를 제외하면) 본격적으로 이루어지지 않아, 『「맨발의 겐」이 있던 풍경』은 그 선구적인 저서가 됐다. 서지 사항이 복잡한 「맨발의 겐」에 대해 『「맨발의 겐」이 있던 풍경』에서는 우선 그 사실부터 설명한다. 『주간소년점프週間少年ジャンプ』에서 연재가 시작된 것이 1973년이고 첫 단행본 간행(4권)이 1975년이었다. 어떠한 배경으로, 어디에 게재됐고, 어떤 식으로 읽혀졌는

가. 그리고 어떤 식으로 읽을 수 있는지에 대해서 『「맨발의 겐」이 있던 풍경』에서는 역사적 시점으로 분석했다.

『「맨발의 겐」을 읽다』에서는 지자체장이 도서관에서 「맨발의 겐」을 열람 금지시키도록 명령한 것을 발단으로 그에 대한 정치적인 저항이 일어났고, 그것을 계기로 쓰인 느낌이 강하기는 하나 「맨발의 겐」을 텍스트로 삼아 독해하는 방법을 제시하고 있다.

자전적 요소가 강한 「맨발의 겐」에서 나카자와는 '리얼리티'를 추구하며 이야기 대부분을 전후 과정에 담고 있다. 그리고 강렬한 반미의식을 감추려 하지 않았으며 그것이 이 작품의 한 특징이 됐다. 후쿠마는 여기에서 "기존의 원폭 표상에 대한 불쾌감을 역전시켰다"는 점을 밝혀냈다. 이러한 후쿠마의 이해에 대해 「총력특집 『맨발의 겐』 용서할 수 없다!」를 게재한 『세이론正論』(2013.1)은 작품을 이데올로기의 측면에서 재단한 것으로, 그 이상의 아무 의미도 없다.

한편, 우부키 사토루의 『히로시마 전후사』[56]에서는 정책과 운동을 축으로 히로시마에 초점을 맞춰 원폭과 관련한 움직임이 전후에 어떻게 전개되었는가를 그렸다. 부제는 「피폭체험은 어떻게 받아들여져 왔는가」이며 세로축을 시간 축으로 두고 전달하는 시간적인 추이를 기술했다. 가로축에는 정부와 히로시마 시 등 행정, 각종 조직·단체, 미디어에서 이루어지는 활동 내용이 기술됐다.

세로축에서는 일본사회의 '원폭피해자'와의 접촉으로 시작해 점령하에서의 보도 규제, 그 뒤의 원자·수소폭탄 금지운동 개시와 전개 과정을 거쳐 '피폭체험'을 둘러싼 새로운 움직임이 일어나는 등을 일단락으로 삼고, 그 뒤로 '피폭체험'의 국제화와 역사화를 도모하는 오늘날까지의 흐름을 추적했다.

한편, 가로축에서는 '피폭체험'을 전해야 한다는 의미에서 피폭이 신체에 미치는 영향을 조사하고 사망자에 대한 추모·위령에서부터 평화제·평화집회를 개최, 혹은 원폭위령비나 평화기념공원 설치, 원폭 유적 지정, 원폭 피해 조사·연구에서 영화나 문학에서의 표현까지 폭넓게 이루어지고 있는 활동을 기술했다. 또한, 평화교육이나 원폭 보도로까지 논의를 폭을 넓혔다. 이것은 자료와 관계된 문제와도 겹치는 것으로 체험기나 구호활동 기록 등 '원폭수기' 간행에 대해서도 소개했다.

이러한 세로축과 가로축이 함께 이루어짐으로써 피폭자들의 관련 운동 개시와 함께 구호활동도 조직화했다. 정치적 이유로 운동이 분열되는 일이 있어도 (혹은 그러한 사태에 직면했기 때문에) '원폭수기'는 끊임없이 나오고 있다는 등의 정책과 운동, 구원 - 보도 - 조사의 상호 관련성이 기술됐다.[57]

맺음말

전쟁상과 전후상을 제공하고 총괄하는 움직임이 다시 시작되고 있

다. 그 속에서 두 가지 저작을 마지막으로 소개하고자 한다. 첫 번째
는 이시다 다케시의 『다시금 〈전쟁 전〉 - 군대체험자의 반성과 앞으
로』[58]이다. 이시다는 "위험하다 - 이러다가 또 〈전쟁 전〉 상황이 돼 버
리는 게 아닌가"라고 첫머리에 쓰고 있다. 2015년 상황에 강한 위기
의식을 느끼며 전쟁 전에 자신이 '좌익 문학소년'에서 '애국청년'이
되고 황국사관을 수용해 버린 사실을 솔직히 이야기한다. 이시다의
생각은, '애국청년' - '군국청년'이 된 데에 있지 않으며, 현재 상황에
서 유효하다고 생각했던 사조가 역효과를 내면서 (미키 기요시三木清, 로
야마 마사미치蠟山正道 등을 다루며 쇼와연구회에 대해 언급하듯이) '기존의 사
실을 이론적으로 정당화'하는 역할을 해 버렸다는 사실, '권력의 윤
리적 정당화 논리'를 제출한 사실에서 찾아볼 수 있다. "언어와 현실
사이에 보인 커다란 차이"를 이시다는 논했다.

  그러나 현재 상황 속에서 정세가 '전쟁 전' 상황이라서 비판한다는
식의 말투는 (A) (B)세대의 경우는 어찌 됐든 (C)세대에게는 통하지
않을 것이다. 그리고 현 정권이 '전후'를 부정적으로 파악하는 것뿐
만 아니라 그것을 글로벌라이제이션을 따라가는 방향에서 '탈각'하
려 한다는 것을 간과할 수도 있다는 식의 말투가 돼 버린다. 현재 시
간을 논하는 새로운 논의방법이 요구된다는 것으로, 여기에서는 이
시다가 지닌 '회한'에 다시 주목해 보고자 한다.

  '회한'은 전후의 큰 요소가 됐다. 즉, 전후 사상은 ① '회한 공동체'
를 축으로 ② '회한 공동체'에 대한 비판과 ③ 그 구조 자체의 퇴장이
라는 양상을 지닌다. '회한'이 공동체를 형성했다는 점에 전후의 강

점과 약점이 함께 존재했을 것이다[나리타, 「'회한'이 유발한 사상」, 『세카이』, 2015.8].

마루야마 마사오는 '회한 공동체'가 전쟁경험을 축으로 하고 있기 때문에 '풍화'하기 어렵다는 점도 덧붙였다. 전쟁경험에 집착하면서도 전쟁경험 때문에 지식인의 공동체 지속에도 우려가 있을 수 있다고 했다. 그러나 지금은 원전사고 이후에 원전건설에 반대하지 않았다는 사실에 대한 '회한'이 나오는 것처럼, 사태는 '회한'을 결집 지점으로 삼고 있다. 이러한 관점을 포함해 새로운 전쟁상 만들기가 요구될 것이다.

그런데 전쟁 때의 경험이나 전후 과정을 엮어 내며 서술하려 할 때 전후 시간과 공간 역시도 균일하지 않다는 점이 자명해진다. 이것은 '역사의 균열'에 대한 인식이기도 하다. 지금 또 다른 하나, 언급해 두고자 하는 책은 이러한 '역사의 균열'에 착안한 니시카와 나가오西川長夫(A)가 젊은 세대의 연구자와 편찬한 『전후사 재고-'역사의 균열'을 인식하다』[59]이다. 「'역사의 균열'을 인식하자」(부제)는 목적으로 이러한 관점에서 전후사 그 자체를 점검하고 고쳐 쓰겠다는 장대한 의도를 지녔다. 14명의 집필자 중 5명이 1980년대 출생, 4명이 70년대 출생으로 '전후 제2세대'(C)인 집필자가 공동 참여했다.

총론에 해당하는 제1부(니시카와·가토 지카코加藤千香子)와 현장에서 이루어진 보고를 전하는 제4부 사이에 전후사 서술이 끼어 있다(제2부·제3부). 제1부에서 니시카와의 논의는 사학사史學史 속에 파고들어 '전후 역사학'을 검토했다. 아미노 요시히코網野善彦를 도출해내는 매개

로 삼는 사학사 고찰은 '전후' 사고를 시야에 넣고 그것을 검토하면
서 새로운 전후상을 제공하려는 시도를 했다. 니시카와에게서는 '역
사의 균열'은 시점이기도 하고 대상이기도 하며 방법이 되기도 한다
는 시선이 엿보인다.

　이러한 시도에서는 다시 어떤 대상을 선정할지가 중요해진다. 여
기에서 다룬 역사적 사항은 '귀환', '점령', '한국전쟁', '55년 체제',
'베트남전쟁', '고도성장', '오키나와 반환'이 거의 시간적 순서로 나
열됐다. 그러한 나열이 타당성을 지니기도 하지만 서술의 특징으로
는 각 논자가 연구사에 구애되지 않고 있다는 점을 들 수 있다. 새로
이 〈지금〉과의 관계에서 논의하는 논고가 많다. 이것은 세세한 논의
에 말려들지 않는다는 점과 함께 지금까지의 논점을 어떻게 파악하
고 그것이 어떻게 전개되는지에 대해서는 언급하지 않는다는 것이
다. 전후에 이루어진 전후론 검증이 제1부를 제외하면 언급되지 않
았다. 이 점은 미완으로 끝났다고도 할 수 있으나 새로운 시도를 하
겠다는 알림이기도 하다. 이러한 움직임이 계속되면서 새로운 역사
인식을 할 수 있는 방향으로 나아갈 것이다.

　전후 일본에서는 전쟁경험이 증언되고 기억의 영역과 방법으로 다
뤄져 왔으나 지금은 역사화되려 한다. 역사화의 전야인 지금, 전쟁의
역사상은 전후의 역사화를 동반해야만 한다. 이러한 부분에 힘을 쏟
지 않으면 안 될 것이다.

유은경 옮김

대항하는 역사인식

요시다 유타카吉田裕

머리말

신자유주의 시대에는 역사인식에 어떠한 역학이 작용하는 것일까? 신자유주의는 개인의 자유·자율·자기책임, 효율성과 경쟁의 원리를 최상의 가치로 삼기 때문에 "19세기 이후 사회·공공권·공동성을 제거하고 국가와 개인의 이원 시스템으로 전환하려고" 했다.[1] 다시 말하면 "불평등에 대한 불만을 현재라는 단순한 차원에서만 문제시 하려는데 지나지 않고 가까운 과거에 대해서는 어떠한 언급도 회피한다." 이를 위한 전제조건이 '기억의 소거'이다[시부야, 2003년]. 때로는 과거를 되돌아보는 경우도 있지만 노구치 유키오[2]로 대표되는 주장과 같이 역사는 규제완화와 구조개혁을 정당화하기 위한 도구로써

만 유용한 것이었다. 노구치의 표현을 빌리면 "역사가 먼저가 아니라 미래가 먼저이다. 역사연구는 미래비전에 종속한다"는 것이다.

한편, 신자유주의적 개혁을 진전시키려면 신보수주의적 역사인식이 불가피해진다. 왜냐하면 신자유주의적 개혁은 사회적 격차를 확대시키기 때문에 중간층의 몰락이 가져오는 사회불안, 경쟁에서 진 '패자'의 좌절감과 우울, 전망이 보이지 않아 끊임없이 감도는 폐색감으로 가족과 지역, 사회가 무너져 간다는 것을 광범위한 지역의 국민들이 실감하게 되기 때문이다. 그것이 새로운 사회적 통합의 핵으로써 신보수주의적인 역사인식, 단적으로 말하면 '역사·전통·문화'로의 회귀를 초래한다. 그리고 신자유주의적인 개혁을 통해 모순이 드러나고 그 속에서 현재는 후자의 역학이 도드라지는 듯이 느껴지게 된다.

동시에 '전후 70년'인 올해는 일본인과 일본정부에게 역사인식에 대해 날카로운 질문을 되던질 수 있는 해이기도 하다. 그러나 '전후 50년'과 비교해 국제나 국내 정세 모두 크게 변화했다. 본고에서는 신자유주의 문제와의 관련 속에서 전쟁책임과 식민지책임의 문제를 둘러싸고 역사인식이 대립하는 모습을 구체적으로 밝히려 한다.

1. 대두하는 내셔널리즘

지속되는 평화주의

일본인이 지닌 의식의 특징을 표현하는 말로 '지속과 변화'가 있다. 지속의 측면에서는 일본의 뿌리 깊은 평화주의를 지적할 수 있다. NHK가 2014년 7월에 실시한 '평화관에 대한 여론조사2014'[3]에서, 집단적 자위권의 각의결정에 대한 혹독한 평가, 헌법9조에 대한 높은 평가가 두드러진다. 게다가 "앞으로도 일본의 평화를 지키기 위해서 지금 가장 중시해야 하는 것은 무엇이라고 생각합니까?"라는 질문에 대해서는 '무력을 배경으로 한 억제력'=9.4%, '무력에 의존하지 않는 외교'=53.4%라는 결과가 나왔다. 그리고 "당신은 일본의 평화를 지키기 위해 세계 속에 일본의 입장을 어떻게 어필하는 것이 중요하다고 생각합니까?"라는 질문에 대해서는 '전쟁 포기를 내걸고 있다는 사실을 세계에 호소한다'=27.0%, '경제 등의 교류를 통해 세계 각국과의 관계를 강화한다'=26.8%, '해외의 분쟁해결 등 평화유지활동으로 세계에 공헌한다'=21.1%, '자위를 위한 방위력을 강화한다'=12.5%였다. 또한 다소 의외이기는 한데, "일본이 앞으로 아시아 각국과의 협조와 미일동맹 중 어디에 더 중점을 두어야 한다고 생각합니까?"라는 질문에 대해서는 '미일동맹에 중점을 두어야 한다'가 12.8%, '아시아 각국과의 협조에 중점을 두어야 한다'가 43.9%였다.

또한, 국제 비교에서 두드러진 것은 국가에 대해 군사적으로 공헌해야 한다는 의식이 매우 희박했다는 점이다. 1995년부터 2008년에 걸쳐 이루어진 국제적인 여론조사에서는 "당신은 자진해서 자국을 위해 싸우겠습니까?"라는 질문에 '예'라고 답한 일본인의 비율은 24.6%였고(2005년 조사), 조사대상이 된 90개 나라와 지역 중에서 '단연코 최하위'였다.[4] 최근 여론조사에서도 이와 같은 결과가 나온 것을 보면 전후의 일본이 상대적으로 비군사적인 정치문화를 구축해 왔다고 할 수 있을 것이다.

내셔널리즘을 둘러싼 동향

한편으로 내셔널리즘의 복귀 또는 대두라는 새로운 변화도 잘 지켜볼 필요가 있다. 2008년 1월에 요미우리신문사가 실시한 여론조사에 의하면, 일본국민이라는 것을 '매우 자랑스럽게 생각한다'고 답한 사람의 비율은 54.8%, '조금은 자랑스럽게 생각한다'고 답한 사람은 37.9%로 총 92.7%에 달한다(그림1). 이에 비해서 1980년 3월 조사에서는 '매우'=54.4%, '조금은'=34.5%(합계88.9%), 1986년 1월 조사에서는 '매우'=51.2%, '조금은'=39.9%(합계 91.1%), 1995

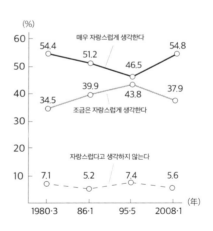

| 그림 1 | 일본국민이라는 것을 자랑스럽게 생각하는가 (요미우리신문 여론조사 『요미우리신문』2008년 1월 25일자)

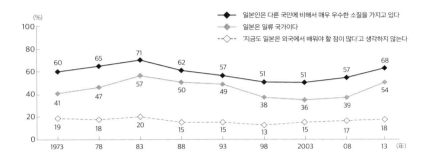

| **그림2** | 일본에 대한 자신 (NHK 제9회 '일본인의 의식' 조사 2013)

년 5월 조사에서는 '매우'=46.5%, '조금은'=43.8%(합계 90.3%)이고, '매우' 단독으로도, '매우', '조금은'의 합계로도 2008년 1월 조사가 최고치였다. 여기에서는 1995년 이후 2008년까지의 시기에 큰 변화가 있었다는 사실에 주목하고자 한다.

　그리고 요미우리신문사의 2008년 조사에서는 '일본이란 나라와 국민에 대해서 자랑스럽게 생각하는 점'의 구체적 내용도 복수응답으로 질문했다. '역사, 문화, 전통'이 가장 높은 71.6%를 차지해 같은 질문을 한 1986년 조사와 비교하면 19포인트나 증가했다. 일본국민들 사이에서 역사, 문화, 전통으로 회귀하고자 하는 의식이 있다는 것은 확실한 것 같다.

　또 하나, NHK에서 실시한 '일본인의 의식' 조사를 살펴보자. 2013년 조사의 결과가 최근 발표되어 단행본으로도 정리돼 나왔다.[5] 그림2는 '일본인은 다른 국민에 비해서 매우 우수한 소질을 가지고 있다', '일본은 일류국가이다', "지금도 일본은 외국에서 배워야 할 점이 많다'고 생각하지 않는다'는 질문 항목에 '그렇게 생각한다'고 답한 사람의 비율이다. '일본에 대한 자신감'이 80년대 전반에 최고조에 이른 후, 일관되게 떨어지고 있는데도 21세기가 되면서 확실히 회복하고 있는 것을 확인할 수 있다. 『현대일본인의 의식구조(제8판)』(주5)에서는 1998년을 계기로 일본인 사이에서, '전통이탈'에서 '전통지향'으로의 전환이 시작됐고 그 후에도 '전통지향' 의식이 강해지고 있다는 점을 지적한 후에 요시미 슌야吉見俊哉의 논고[요시미, 2009년]를 원용하면서 다음과 같은 결론을 내렸다.

이렇게 세계화가 진행되는 와중에 일본사회는 동질성을 잃었고 하나라고 여겨왔던 '일본' 혹은 '일본인'이란 무엇인지가 문제시되고 있다고 한다. 요시미의 논고를 근거로 생각해 볼 때, '일본인의 의식' 조사결과에 나타난 '전통이탈'의 방향에서 '전통지향'으로의 회귀라는 경향은 '동질성을 잃어가는 미증유의 위기시대'에 위기를 느낀 사람들이 보수파의 움직임에 영향을 받아 '전통'에서 답을 구한 것이라고 생각할 수도 있지 않을까.

천황관의 변화

2013년의 '일본인의 의식' 조사에서 나타난 또 하나의 큰 변화가 천황관에 대한 것이다(그림3). 1988년, 쇼와昭和 천황 서거 전년의 조사를 보면 "천황에 대해서 현재 어떤 느낌을 가지고 있습니까?"라는 질문에 47%의 사람이 '특별히 아무 느낌도 없다'고 답했다. 그리고

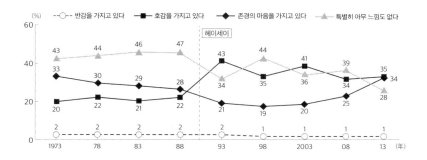

| **그림3** | 천황에 대한 감정 (NHK 제9회 '일본인의 의식' 조사 2013)

'존경의 마음을 가지고 있다'가 28%, '호감을 가지고 있다'는 22%, '반감을 가지고 있다'는 2%였다. 주목할 필요가 있는 것은 '무관심 층'이 상당히 많다는 사실이다. 쇼와 천황의 만년에는 재위 50년 기념식전과 재위 60년 기념식전이 있었는데 이것도 모두 무관심층에게 흥미를 불러일으켜 천황·황실에 대한 관심을 환기시키는 것이 목적이었다.

그런데 헤이세이平成[*]가 시작되면서 뚜렷한 형식을 갖추어 나온 것이 '개방적인 황실'의 노선이다. 경비의 간소화, 환경·복지·황실외교의 중시, '약자'를 향한 의식적인 시선, '기원'이라는 말이 상징하는, 전쟁과 재해 희생자에 대한 위령과 추도행위의 중시 등이 그 구체적인 내용이다. 또 황실 자체가 '남녀평등'을 체현하는 것이 중시되면서 황후의 존재감이 커지기도 했다. 시대상황에 맞춘 이러한 노선 전

---

[*]   1989년 – 2019년

환의 결과, 처음에는 '친밀감' 증대, '존경'·'무관심' 감소라는 예상된 결과가 위의 여론조사에서도 나왔다. 그런데 그림3에서 알 수 있는 것처럼 2008년 조사할 무렵부터 '존경'이 증가하고 '호감'이 감소했으며, 2013년 조사에서는 양쪽이 엎치락뒤치락하며 비슷해졌다. 솔직히 말해서 이것은 필자가 예측하지 못했던 변화이다.

다만 자세한 사정을 살펴보면 황실에 대한 '지지'라는 것이 꽤 '약한 지지'일 가능성이 있다. NHK가 2009년 10~11월에 실시한 '즉위 20년 황실에 관한 의식조사'에서는, 황실에 대해 '매우 관심이 많다'가 19%, '다소 관심이 있다'가 51%, '그다지 관심이 없다'가 25%, '전혀 관심이 없다'가 5%였다.[6] 또 앞서 언급한 요미우리신문사의 2008년 조사에서는 '일본이란 나라와 국민에 대해서 자랑스럽게 생각하는 점'의 구체적인 내용을 복수응답으로 질문했는데 '천황제'는 12.0%로 최하위였다. 적어도 천황·황실은 현대 일본의 내셔널리즘의 중심부에 위치하고 있다고는 말할 수 없을 것 같다.

게다가 황실지상주의자와 아키히토明仁 천황·미치코美智子 황후[*] 사이에는 모순도 존재한다. 2013년 10월 20일, 황후의 생일에 궁중기자회가 한 질문에 황후는 자유민권운동기의 민간헌법초안, 이쓰카이치헌법초안五日市憲法草案[**]에 대해 언급하며 "19세기말 일본에서 서민들 사이에는 이미 민권의식이 자라고 있었고 그것을 기록한 것이다. 전 세계적으로도 보기 드문 문화유산이 아닐까"라고 답했다. 천황도

---

[*] 헤이세이 천황과 황후
[**] 일본 헌법이 만들어지기 전인 메이지시대 초기에 민간에서 만들어진 헌법

같은 해 12월 18일 천황탄생일을 앞둔 기자회견에서 지금까지의 인생에서 "가장 인상에 남는 것은 과거의 전쟁입니다"라고 말한 후에 "전쟁 이후 연합국 군대의 점령하에 있던 일본이 평화와 민주주의를 지켜야만 할 소중한 것으로 여겨, 일본국헌법을 만들고 여러 가지 개혁을 통해 오늘날의 일본을 만들었습니다"라고 발언했다. 여기에서는 점령개혁과 일본국헌법이 긍정적으로 인식됐다는 점이 포인트일 것이다. 이러한 일련의 발언을 궁내청* 비판이라는 형태로 간접적으로 비판한 것이 아베 신조安倍晋三 총리와 가까운 야기 히데쓰구八木秀次이다. 야기는 다음과 같이 지적했다.[7]

   폐하가 일본국헌법의 가치관을 높게 평가하시는 것을 알 수 있다. 내가 여기에서 지적해 두고 싶은 것은 두 분 폐하의 발언이 아베 내각이 진행하려는 헌법개정에 대한 우려의 표명인 것처럼 국민이 인식할 수 있다는 것이다. 왜 이때인 것일까? 예민한 문제라는 것을 감안하지 않은 궁내청이 위태롭게 느껴진다.

다른 하나는 전몰자에 대한 위령·추도의 문제이다. 천황·황후는 2005년 6월에 위령·추도를 위해 사이판 섬을 방문했다. 이때 출발 직전에 천황이 낭독한 '말씀'에서는 일본군 병사의 희생자뿐만 아니라 미군 병사, 일본의 민간인, '사이판 도민'의 희생자까지 언급하고

---

* 황실과 천황 관련의 일을 하는 국가 관청

"이번에 외국 땅에서, 다시금 과거의 대전으로 목숨을 잃은 모든 사람들을 추도하고 유족이 걸어온 고난의 길을 추모하며 세계 평화를 기원하고자 합니다"라고 했다(『마이니치신문』2005.6.28). 또한 이때 미리 발표하지는 않았지만 한국인 희생자의 위령탑에도 예를 표했다. 여기에서는 야스쿠니 신사에서 하는 것과 같은 식의 위령·추도와는 확실히 달랐다. 왜냐하면 야스쿠니 신사는 일본의 군인·군속 전사자를 위령·추도하는 것이 기본이고 민간인과 외국인 전쟁희생자의 존재는 무시되고 있기 때문이다. 확실히 하기 위해 천황·황후의 파라오 방문(2015년 4월)에 대해서도 살펴보자. 파라오 방문 때 낭독한 천황의 '말씀'에서는 일본군의 전사자뿐만 아니라 미군 전사자에 대해서도 언급한다. 그러나 현지의 전쟁 희생자에 관해서는 "지독한 전쟁의 재앙을 체험한", "파라오 사람들"이라는 표현만을 남겼다. 역사학자인 후루카와 다카히사古川隆久가 언급한 것처럼, 사이판 방문 때와 비교하면 명확함이 결여돼 있다(『마이니치신문』2015.4.9). 물론 만찬회 '인사'에서까지 파라오의 전쟁희생자에 대해 언급하지 않을 수는 없었겠지만, 종전기념일 총리의 기념사에서 외국인에 대한 가해를 언급하려고 하지 않은 아베 총리와 다르다는 것을 드러내지 않으려는 배려로도 읽을 수 있다. 당시의 정권으로부터 자립성·독자성을 유지하기에는 스스로 한계가 있다는 것이리라.

배외주의의 대두

동시에 역사인식문제와 영토문제 등을 계기로 나타난 반한·반중 내셔널리즘의 고양을 배경으로 한 '재특회在特会(재일특권을 허용하지 않는 시민 모임)'와 헤이트 스피치(혐오발언)에서 볼 수 있는 극단적인 배외주의가 일부에서 대두해 전후 평화운동 속에서 평화를 선도하는 역할을 맡아 왔다고 여겨져 온 여성에게도 이러한 사상이 지속적으로 침투되고 있다[기타하라·박, 2014년]. '재특회'에 관한 최신 연구를 보면, 재특회의 주된 구성원이 전부 저학력·비정규직 노동자층인 것은 아니고(고학력·화이트칼라 등을 포함), 이민문제를 쟁점으로 하는 유럽의 극우정당과 달리 역사수정주의와 깊게 관련돼 있다[히구치, 2014년]. 이 점은 와타나베 오사무渡邊治편『아베정권론』[와타나베, 2007년]이 제1차 아베정권을 분석한 내용이기는 하나 그 최대 지지기반이 '글로벌 기업을 위주로 한 경기회복의 수혜자'인 '대도시 시민 상류층'이라고 한 것도 유의할 필요가 있다. '재특회' 등의 배외주의 그룹이 이러한 지지기반의 가장 오른쪽에 자리하고 있다고 생각한다.

또한, 출판계에서도 노골적으로 중국과 한국에 대한 적의를 드러내는 '혐중·혐한 서적'이 크게 유행하고 있다. 한편, 다케다 쓰네야스의『일본은 어째서 세계에서 가장 인기가 있는가』[8]로 대표되는 '일본 예찬 서적'도 붐이 일고 있다(「일본 예찬 서적이 붐을 이루는 이유」『마이니치신문』2015.2.25 석간). 또한, '일본문화를 외국인이 칭찬하거나 해외에서 일본인이 활약하는 모습을 소개하는 등의 TV 프로그램'도 늘고 있다(「일본을 칭찬하는 TV 프로그램이 늘고 있는 이유는?」『마이니치신문』2015.3.13).

'혐중·혐한 서적'에 대한 서점 설문조사에서도 한 서점 직원은 다음과 같이 기술했다[헤이트 스피치와 배외주의에 가담하지 않는 출판관계자 모임, 2014년].

내 견해로는 다케다 쓰네야스의 『일본은 어째서 세계에서 가장 인기가 있는가?』〔중략〕이것이 오랫동안 베스트셀러를 유지하고 있는 것이 그 복선으로써 중요하다고 느낍니다. 즉, '일본긍정론'의 자기애가 보급되면서 당당히 '혐중·혐한'을 표명할 수 있게 됐다고 생각합니다.

'혐중·혐한 서적'과 '일본 예찬 서적'은 표리관계에 있다는 것이리라. 앞서 언급한 「일본 예찬 서적이 붐을 이루는 이유」에서, 문화인류학자 후나비키 다케오船曳建夫는 일본의 근현대사에서 '일본 예찬 서적'과 같은 책이 유행하는 시대에는 그 배경에 일본인이 정체성에 불안을 느끼고 있다는 점, 이번에는 그것이 서양이 아닌 중국과 한국을 의식해서 일어났다는 점에 있다고 지적했다. 덧붙여 다케다는 앞에서 언급한 『일본은 어째서 세계에서 가장 인기가 있는가?』에서 "일본의 근저에는 항상 천황이 있다. 일본문명은 천황을 중심으로 성장하고 발전해 왔다는 것이 부정할 수 없는 사실"이라고 주장했다.

이상과 같이 배외주의의 대두가 매우 심각한 문제이기는 하지만, 한·중·일 3국 사이에서 내셔널리즘이 제어장치 없는 '악순환' 사태에까지는 이르지 않았다고 생각한다. 여론은 지금까지는 냉정을 유지하고 있다고 할 수 있다. NHK가 2013년에 실시한 국제 비교조사

'국가에 대한 귀속의식'을 보면, "생활만족도와 연수입이 낮은 층에
서는 일본에 정착해서 사는 외국인에게 배타적인 생각을 가진 사람
이 많은 경향을 보인다"고 한다. 그러나 '자기 나라가 잘못했으면 지
지해서는 안 된다'는 사람이 53%로 '지지해야 한다'는 17%를 크게
웃도는 등, 일본에 정착해서 사는 외국인에 대한 태도도 전체적으로
는 관대하다.[9]

2. 역사인식문제의 현 상황

역사수정주의에 내포된 모순

근래에 두드러지게 나타는 특징으로는 역사인식문제가 미국으로
도 파급하고 있다는 것을 지적할 수 있다. 즉 식민지지배와 아시아·
태평양전쟁을 둘러싼 역사인식의 대립이 일·중 사이, 한·일 사이만
이 아니라 일본과 유럽·미국, 특히 미·일 사이에도 파급된 것이다.
이것은 뒤에서 논하겠으나 2007년 7월 미국 하원의 '위안부' 문제결
의를 기점으로 일어난 변화이기는 하지만 앞 시대의 역사로는 고이
즈미 준이치로小泉純一郎 총리의 야스쿠니 신사 참배문제로까지 거슬
러 올라갈 수 있다. 이미 알려진 바와 같이 고이즈미 총리는 2001년
부터 2006년에 걸쳐 매년 야스쿠니 신사에 참배했다. 주목해야 할 점
은 고이즈미 정권 말기인 2005년 무렵부터 전 주일대사나 부시 정

권에서 대일정책을 담당한 지일知日파 외교관이 야스쿠니 신사 부속의 유슈칸遊就館의 전시내용을 문제 삼게 됐다는 것이다. 특히 비판의 대상이 된 것은 미국과 일본 사이에 전쟁이 시작된 원인이 루스벨트 대통령의 음모에 있다는 내용의 전시와 미국 주도의 도쿄재판을 비판하는 내용의 전시였다(『마이니치신문』2006.1.30). 미국의 비판을 받고 2007년 1월 야스쿠니 신사 측은 유슈칸의 전시 내용을 부분적이긴 하지만 변경했다(『산케이신문』2007.1.3). 이것이 일본의 역사인식문제가 유럽과 미국으로 파급되는 과거의 역사적 사실이다.

2007년은 역사인식문제가 유럽과 미국으로 파급된 획기적인 해가 됐다. 7월 미국 하원 결의를 비롯해서 네덜란드 하원, 캐나다 하원, EU의회 등에서 '위안부' 문제에 대한 일본정부의 사죄와 보상을 요구하는 결의가 이어졌다. 이 해의 '종전기념일'에『요미우리신문』의 특집기사(2007.8.15)의 표제가「미·일 전쟁인식의 차이 어떻게 해결할까」였다는 점은 매우 인상적이다. 그리고 이 문제가 유럽과 미국으로 파급되는 결정적인 계기가 된 것이 2013년 12월 26일 아베신조 총리의 야스쿠니 참배였다. 총리의 참배에 대해 미국의 오바마 정권이 '실망했다'는 이례적인 성명을 발표했기 때문이다. 또한 러시아와 EU로부터도 비판의 소리가 높았다. 덧붙여 같은 해 10월 3일 일본 방문 중인 미국의 케리 국무장관과 헤겔 국방장관은 아시아·태평양전쟁의 일본인 전몰자 유골을 보관한 지도리가후치千鳥ヶ淵 전몰자 묘원을 방문하고 헌화했다. 2013년 10월 4일자『아사히신문』에서는 두 사람이 먼저 방문한 곳이 이 묘원이었던 점은 '이례적'으로 이곳

을 "미국정부의 각료가 방문하는 것은 처음"이라고 보도했지만 분명
히 아베 총리의 야스쿠니 신사참배를 견제하려는 메시지였다.

　여기에서 주목하고자 하는 것은 90년대 후반부터 대두해 온 '역사
수정주의'가 안고 있는 근본적인 모순이다. 그들의 주장은 '전후 체
제의 탈각'을 내건 아베 총리의 정치적 신조와도 서로 잘 어울린다.
그렇지만 도쿄재판은 확실히 미국 주도의 재판이었고 '도쿄재판사
관'과 '자학사관'을 극복해야 한다는 그들의 주장을 잘 살펴보면 미
국 비판으로 이어질 수밖에 없다. 이 모순을 야스쿠니 신사를 지원해
온 문화인 중 한 사람인 오하라 야스오大原康男는 이미 다음과 같이
지적했다.[10]

　　오늘날 '도쿄재판사관'이라는 것은 중국과 한국·북한이 한결같이 원용
　　하고 있습니다만, 이것은 원래 미국사관이고 미국 내에서는 이러한 사고방
　　식이 뿌리 깊게 자리하고 있다는 것을 우리는 제대로 인식해야 합니다. 한
　　편 한반도와 대만을 둘러싼 일본의 안전보장과 관련해서는 반드시 미일동
　　맹을 강화해야 할 필요가 있습니다. 이러한 의미에서 일본이 사실 어려운
　　환경에 놓여 있으며 심리적으로는 일종의 딜레마 상황에 있다고 할 수 있
　　습니다.

'도쿄재판사관'의 극복론은 결국에는 도쿄재판을 주도한 미국 비
판으로 이어지며 그것이 미·일 안보체제의 기반을 뒤흔들 수도 있
다. 즉, 오바마 정권이 아베 총리의 야스쿠니 참배를 비판한 것은 야

스쿠니 신사 문제, 더불어 역사인식문제가 정치적인 쟁점이 되면서 동아시아의 국제정세가 불안정해지고 나아가서는 미국의 안전보장에 마이너스 요인이 된다는 비판에 입각한 것이다. 덧붙여 그 후 조지프 나이 전 국방차관보가 도쿄 도내의 심포지엄에서 고노담화를 재검토하려는 움직임을 비판하고 야스쿠니 신사를 대신할 국립추도시설에 찬성하는 의견을 표했다(『아사히신문』2014.10.31).

　이렇게 미국의 비판은 총리의 야스쿠니 참배를 강력히 지지하는 세력이 안고 있는 모순을 드러내는 결과로 나타났다. 사실 아베 내각을 지지하는 강고한 모체의 하나인 '일본회의'의 기관지 『일본의 숨결日本の息吹』을 보면 미국의 비판에 곤혹스러워하며 동요하고 있는 상황을 읽을 수 있다. 그러나 다른 한편에서 대미자립론(미·일안보체제로부터의 이탈론)과 자주방위론이 대두하고 있는 것도 간과할 수 없다. 예를 들어 문예평론가인 오가와 에이타로小川榮太郎는 "한·중·미가 노골적으로 일본을 포위하려 한다"고 하면서 "독립국가로서 자국의 운명을 자국에서 선택할 수 있는 나라로 되돌아가는 것, 단적으로 말하면 자주방위국가"라고 주장했다.[11] 그리고 '친미 보수'로 알려진 외교평론가 다쿠보 다다에田久保忠衛까지도 미국의 대중국정책이 유화적이라며 "오바마 정권이 일본 등의 동맹국은 물론 중국에도 동시에 호의적인 입장을 취한다면 일본은 각오를 하나 할 필요가 있을 것이다. 미국과 중국 사이에서 일본이 갈 길은 자립 이외에는 없다"고 분명히 밝혔다(「미·중 사이에 서 있는 일본의 각오」(주11). 더구나 다쿠보는 2014년 1월에 야스쿠니 신사에서 개최된 '영령 위령 현창 공부 모임'에서는 "미일동맹은 아시아의 안전판으로 작용하기 때문에 〔미국이〕 **역사인식을 변화시켜** 앞으로도 지속해 가야 한다는 견해를 보였다."[12] 이 글에서는 야스쿠니 신사 문제는 보수파·우파를 분열시키는 계기가 될 수도 있다는 점을 주목하고자 한다.

역사수정주의의 상징·혼미한 야스쿠니 신사

야스쿠니 신사를 둘러싼 문제에 대해서 조금 더 자세히 논하고자 한다. 야스쿠니 신사와 그것을 지지하는 세력은 지금 한창 혼미한 상태에 있기 때문이다. 애당초 일본유족회, 신사 본청 등의 우파 세력은 그때까지 추진해 온 야스쿠니 신사의 '국가호지国家護持'(국영화)를 야당의 반대와 일본국헌법이 정한 정교분리의 원칙이라는 두꺼운 벽에 가로막혀 단념했다. 이에 1970년대 중반에는 종전기념일인 8월 15일에 총리가 야스쿠니 신사에 공식 참배할 것을 요구하기에 이른다. 총리가 공식 참배함으로써 과거의 전쟁을 정당화하면서 동시에 신사에 준準공적인 성격을 부여하려 한 것이다. 그리고 1985년의 종전기념일에는 당시 나카소네 야스히로中曽根康弘 총리가 전후 처음으로 공식 참배를 했지만 한국과 중국이 격렬하게 반발하고 나서자 계속적인 참배를 단념했다.

이후 1996년 7월 29일의 하시모토 류타로橋本龍太郎 총리의 참배를 제외하면 총리의 참배는 중단됐으나 그것을 다시 시작한 것이 고이즈미 준이치로小泉純一郎총리였다. 그는 2001년부터 2006년에 걸쳐 매년 한 번은 꼭 야스쿠니 신사에 참배했다. 고이즈미 총리의 참배에 대해 총리 참배가 위헌이라는 소송이 각지에서 일어났고 이들 소송에 대응할 수 없는 상황에 처하자 처음에는 명확히 공사의 구별을 하지 않았던 고이즈미 총리도 2004년 4월 7일 기자회견에서 사적 참배라고 분명히 밝혔다(『마이니치신문』2004.4.8). 게다가 민주당의 이와쿠니 데쓴도岩國哲人 중의원의원의 질문주의서*에 대한 고이즈미 내각의 정부답변서(2005.6.14)에서는 고이즈미 총리의 참배가 '공식적인 것이 아니라 사적인 개인의 입장으로 한 것'이라고 밝혔다. 또한, 쇼와 천황이 그때까지 해 왔던 참배도 '사적인 개인의 입장에서 한 것'이라고 명확히 밝혔다. 천황의 '고신파이御親拝'**로 완결되는 '야스쿠니의 사상'이라는 측면에서 보면 천황의 참배를 사적인 것으로 격하시킨 큰 후퇴였다. 한편 고이즈미 총리는 매년 종전기념일에 총리 인사말에서 아시아에 가한 가해 문제를 반드시 언급하고 사죄와 반성의 뜻을 표명해서 우파 세력의 반발을 사기도 했다.

덧붙이면 총리의 참배가 정치 문제화할수록 천황은 참배하기 힘들어진다는 관계성에 주목할 필요가 있다. 쇼와 천황은 전쟁이 끝난 이후 강화조약이 발효된 뒤에 7번 야스쿠니 신사에 참배했는데 1975년 11월의 참배를 마지막으로 참배를 하지 않았다. 아키히토 헤이세이 천황은 한 번도 참배하지 않았다. 이 문제에 대해서 궁내청

---

* 국회의원이 내각에 질문할 때 작성하는 문서로 내각은 응답 의무와 답변에 대한 각의결정의 의무가 있다.
** 천황이 직접 참배하는 것을 일컫는다.

이 "논의가 분분한 곳에는 갈 수 없다"고 설명하고 있듯이(『아사히신문』 2001.8.15), 참배는 천황의 '정치에 관여하지 않는다'는 명분에 명백히 저촉하기 때문이다. 천황의 '고신파이'를 강력히 요구했던 고바야시 요시노리小林よしのり는 이러한 모순이 있음을 알고 다음과 같이 주장했다.[13]

　더욱이 아베 신조는 자신의 '핵심 지지층'에게 인기를 얻으려 참배하고 센카쿠尖閣(중국명:다오위다오)를 둘러싸고 악화한 중·일관계의 긴장을 최고조로 만들었다. 이러한 총리 참배라면 안 하는 것이 훨씬 낫다. 총리가 매년 야스쿠니 신사에 참배해서 그것을 정착시키고 다음 천황 폐하의 고신파이를 실현시키겠고 기대하는 측면이 있을지도 모르지만 먼저 그것은 불가능하다. 가령 총리의 참배가 일반화하더라도 그때마다 한·중과의 국제관계가 악화한다면 천황 폐하는 결코 고신파이를 하지 않을 것이다.

우파의 현실주의화

　이러한 상황에서 '일본회의'로 대표되는 우파 세력은 점차 현실주의적이 되어 간다. 다음으로 이 점에 대해 살펴보자. '일본회의'는 매년 8월 15일에 야스쿠니 신사에서 '영령에 답하는 모임'과 함께 '전몰자추도 중앙국민집회'를 개최한다. 이 집회에서는 종전기념일에 총리가 공식 참배할 것을 요구하는 성명을 채택하는 것이 일반적이었다. 그런데 고이즈미 내각의 후쿠다 야스오福田康夫 내각관방장관의 사적 간담회, '추도·평화기원을 위한 기념비 등 시설이 어떤 모습이어야 하는지 생각하는 간담회'에서, 2002년 12월 24일에 "종교적 성격을 띠지 않는 항구적인 국립시설이 필요하다"는 보고서를 제출하자 운동의 중점은 야스쿠니 신사의 존재 의의가 의문시될 수 있는 그러한 항구적 시설의 건설 저지로 이행한다.

2003년 8월 15일에 개최된 '전몰자추도 중앙국민집회'에서 채택된 성명에서는 "새로운 추도시설 건설구상을 한시바삐 포기하고 총리의 야스쿠니 신사 참배 정착화, 8월 15일 참배의 실현을 또다시 강력히 요구한다"고 해서 '공식참배'가 단순한 참배로 격하됐다(『일본의 숨결』 2003년 9월호). 이어서 2004년 8월 15일에 개최된 위의 집회 성명에서는 '공식 참배'가 총리의 '최대의 책무'라고 하면서도 국립 추도시설 구상은 계속 반대했다. 그러면서 "총리의 야스쿠니 참배 정착화, 특히 8월 15일 및 춘추예대제春秋例大祭 참배를 강력히 요구한다"는 내용으로 바뀌었다. 당면한 요구로는 '공식'이 전년에 이어서 빠지면서 '춘추예대제' 참배가 새롭게 등장한 점에 주목하려 한다(『일본의 숨결』 2004년 10월호). 이 무렵부터 정치쟁점화하기 십상인 종전기념일의 참배 실현 요구를 포기하고 오카자키 히사히코岡崎久彦의 「야스쿠니 신사-자연스러운 모습으로 복귀하라」(『일본의 숨결』2004년 8월호)와 같은 주장처럼 야스쿠니 신사 최대의 제사인 춘추예대제의 참배를 요구하는 쪽이 자연스럽다는 주장이 나타났기 때문이다(단, 오카자키는 어디까지나 '공식참배'를 요구하고 있다).

고이즈미 내각이 퇴진한 후 총리 참배는 다시 중단됐지만 이미 기술한 대로 2013년 12월 아베 총리가 야스쿠니 신사에 참배했다.
이 참배의 특징으로는 다음을 지적할 수 있다. 첫 번째로 다음 해
인 2014년 1월 29일 중의원에서 아베 총리는 "개인적으로 참배했다.
헌화대를 공금으로 지출하지 않았다"고 답변한 것처럼(『아사히신문』
2014.1.30), 사적 참배라는 고이즈미 내각의 노선을 계승했다. 두 번째
로 아베 총리가 '두 번 고개 숙이고 두 번 박수 치고 한 번 고개 숙이
는' 신도식 참배작법으로 참배했다는 것이다(『요미우리신문』 2013.12.27).
나카소네 총리가 공식 참배할 때도, 고이즈미 총리가 사적으로 참배
할 때도, 참배의 방식에서는 한 번 예를 올리는 것에 그쳐 신도식의
참배작법을 일부러 피해 왔다. 신도식의 참배작법으로 참배하면 헌
법의 정교분리 원칙과의 모순이 바로 드러나기 때문이다.

　그런데 왜 아베 총리는 신도식 참배작법을 선택한 것일까? 자신의
정치적 신조에 충실하기 위해라든지, 아니면 충실하다는 것을 연출
하기 위해서라는 해석도 가능하지만, 여기에 와서 공식 참배를 최종
적으로 포기했다고도 읽을 수 있다. 왜냐하면 민주당의 노다 요시히
코野田圭彦 중의원의원의 질문주의서質問主意書*에 대한 고이즈미 내각
의 정부답변서(2005.10.25)에서는 몇 개의 조건을 붙여서 공식 참배를
반드시 위헌이라고 할 수 없다고 했다. 그러나 그 조건의 하나로 "신
도의식을 따르지 않고 추도행위에 맞는 방식으로 추도의 뜻을 밝힘
으로써 종교적인 목적이 아니라는 것이 겉으로도 분명히 드러난다"

---

* 국회에서 국회의원이 질문할 때 그 내용을 알기 쉽게 표현한 문서

는 내용을 밝혔기 때문이다.

앞으로 총리의 참배는 어디까지나 사적인 참배로 자리하고 참배일
도 일부러 종전기념일을 제외하는 방향으로 나아갈 가능성이 높다.
2014년 8월 15일에 개최된 전몰자추도 중앙국민집회 성명에서도 야
스쿠니 신사가 '일본의 전몰자 위령·현창의 중심 시설'인 것을 강조
하면서 "아베 총리가 잠시 중단됐던 야스쿠니 신사 참배를 작년 말에
부활한 것을 높게 평가한다"며 아베 총리에게 "총리의 야스쿠니 신사
참배를 반드시 이어갈 것"만을 요구했다(『일본의 숨결』2014년 10월호). 또
한 야스쿠니 신사의 사보 『야스쿠니』를 보면 야스쿠니 신사 측도 일
본회의의 움직임에 거의 동조하고 있다는 것을 알 수 있다.

그렇다면 A급전범을 다른 신사로 나눠 안치하는 것이 가능할까?
2014년 10월에는 후쿠오카 현 유족연합회(고가 마코토古賀誠 회장)가 유
족회로는 처음으로 A급전범을 나눠 안치하자는 요구 결의를 채택했
다(『아사히신문』2014.10.28). 그러나 야스쿠니 신사와 그 지지세력이 '도
쿄재판사관'을 극복해야 한다는 데에 집착하는 이상 신사를 나누는
일은 있을 수 없다. 한편 고이즈미 총리 이후 역대 정권에서 무종교
식의 국립추도시설의 건설을 보류해 왔다고는 하지만 많은 국민이
이러한 시설 건설을 지지하고 있다. 이러한 상황을 고려할 때 야스쿠
니 신사 측은 A급전범을 다른 신사로 나눠 종교색을 흐리는 등의 타
협은 배제하고 추도시설이라는 야스쿠니의 정통성을 그 '역사와 전
통' 속에서 추구하면서 독자적인 색깔을 드러낼 수밖에 없을 것이다.
만일을 위해 여론조사를 살펴보자. 아사히신문사가 2014년 1월에 실

시한 무종교식 국립추도시설 건설론의 찬반을 묻는 여론조사에서, 찬성이 50%, 반대가 29%였다(『아사히신문』2014.1.28).

이상과 같은 과정을 고려하면, 야스쿠니 신사가 '국가호지'(국영화)나 총리의 공식 참배를 요구하지 않고 하나의 종교법인으로 그 직분을 다하는 길을 선택한 것처럼 보인다. 그러나 공적인 성격을 부정하면 정부의 지원이 불가능해진다. 반대로 말하면 현행 헌법하에서 야스쿠니 신사에 무슨 형태로든지 공적인 성격을 부여하려 한다면 신사의 종교적 성격을 될수록 엷게 할 수밖에 없다. 그렇지만 신사 측은 이러한 노선은 명확히 거부하고 있다.

여기에서 큰 문제로 부상한 것은 재정문제이다. 1990년대 후반 무렵부터 전우회와 군인 단체가 잇달아 해산하고 유족회도 급속히 고령화하고 있다.[14] 이것 때문에 위령제와 봉납금이 대폭 감소해 야스쿠니 신사의 재정기반은 급속히 약해지고 있다. 이미 2006년 시점에서, 1985년에 약 32억 엔이었던 신사의 연간수입은 그 절반 수준으로 떨어졌고 직원의 구조조정을 진행하고 있는 상황이다(『아사히신문』 2006.8.12). 그리고 공통 씨족신을 모시는 일족이 없는 야스쿠니 신사를 재정적으로 지원해 온 '숭경봉찬회崇敬奉贊會'(1998년 설립) 회원 수 감소 추세도 그치지 않고 있다. 2014년도 정례총회의 회무보고에서는 2014년도 말에 회원 수는 6만 4996명으로 2013년도 말과 비교해 1311명이 감소하였다(『야스쿠니』 제78호, 2014년 설립). 또한 전성기 때의 회원 수는 2002년도 말에 9만 3000명이었다. 이것이 무엇을 의미하는지는 확실할 것이다.

이상과 같이 야스쿠니 신사를 지지하는 세력은 이미 야스쿠니에
공적인 성격을 부여하기를 사실상 포기하고 종교상, 제사상의 '야스
쿠니다움'을 지킨다는 지점으로까지 후퇴하고 있는 것은 아닐까. 야
스쿠니 신사에 참배하는 사람의 수가 근래에 대폭 증가하고 있는 사
실에는 주의할 필요가 있지만, 야스쿠니 신사를 지지하는 보수파가
직면한 모순의 심각성에도 관심을 가질 필요가 있을 것이다.

3. '전후 70년'과 일본사회

역사인식문제의 전제

이 장에서는 역사를 거슬러 올라가 일본의 전후사 속의 역사인식
문제를 어떻게 규정할 수 있는지 다시 생각해 보자. 이 문제에서 전
제가 되는 것은 다음 두 가지이다. 첫 번째로는 냉전시대의 미·일관
계에서 역사인식 문제와 안전보장 문제는 기본적으로는 분리됐었다
는 점이다. 마이크 모치즈키Mike Mochizuki는 다음과 같이 지적했다[모
치즈키, 2011년].

냉전시대의 미·일관계에서는 역사인식이 안전보장과 결합해 문제된 적
은 비교적 없었다. 일본과 아시아 이웃 각국의 역사문제에서의 화해를, 미
국이 나서서 추진해야 할 설득력 있는 이유가 전혀 없었다. 두 나라 사이의

0

안전보장동맹이 일본이 재군비할 수 있는 싹을 잘라 '병 뚜껑을 닫아버린
다'는 실질적인 측면이 있었다. 그래서 안전보장을 둘러싼 긴장이 고조되지
않도록 지역 내에서 화해할 필요가 있다는 생각을 잊고 있었다. 게다가 일
본과 아시아 각국 사이에 제대로 된 화해가 없었기 때문에 미국이 입안한
'허브·앤드·스포크˙'라는 전략구상은 아시아 각국의 지지를 받았다. 그래서
미국의 정권담당자도 동아시아 각국의 상호관계를 안정시키는 것보다 미
국과 이 지역의 주요국 사이의 양국관계를 넓히는 쪽이 바람직하다고 생각
했다. 일본의 방위정책이 자국의 방위에 머물러 있는 한, 일본이 다른 아시
아 각국과의 관계 안정을 위해 '안전보장의 재확인'을 '역사 화해의 재확인'
으로 보완해야 할 이유는 없었다.

헌법개정이나 해외에서 미군과 자위대가 공동작전을 벌이는 일이
현실에서 일어난다면 위의 전제 자체가 무너지게 될 것이다.
　두 번째로 1952년 4월에 발효한 샌프란시스코 강화조약 자체가 큰
문제를 안고 있다는 점이다. 우선 무엇보다도 샌프란시스코 강화조
약이 전 세계가 냉전체계로 변해 가는 상황 속에서 이루어진 '관대한
강화'였다는 점을 지적할 수 있다. 이 조약은 교전 각국에 배상의 청
구권을 인정하면서도 조약의 어디에도 일본 측에 전쟁책임이 있다는
것을 명기하지 않았다. 제11조에서 일본정부가 도쿄재판 (및 BC급 전범
재판) 판결을 수락했다는 점을 확인하고 있을 뿐이다. 더욱이 조약 원

˙　중심거점을 두고 각 지점으로 분산시키는 방식

문의 'accepts the judgments'를 처음에는 외무성이 '판결을 수락한다'
고 해석했으나 뒤에 '재판을 수락한다'고 해석해 다양한 해석을 허용
하는 여지를 남겼다[하타노, 2011년]. 그리고 조약을 조인할 때 주요 참
전국은 미국의 압력 때문에 배상청구권을 포기했다. 미국은 일본의
전쟁책임을 명확히 하는 것보다 일본을 동서냉전 체제에서 서쪽 진
영으로 끌어들이는 것을 중시해서 일본의 경제부흥을 최우선 과제로
삼은 것이다. 더욱이 일본이 일으킨 침략전쟁의 최대 희생자였던 중
국을 대표하는 정권은 강화회의에 초청받지 못했고, 한국정부의 초
청요구는 거부됐다. 또한 샌프란시스코 강화조약에서는 식민지지배
의 책임이 불문에 부쳐졌다. 이 점에서는 샌프란시스코 강화조약보
다는 전쟁책임을 명확히 하려 했던 이탈리아 강화조약도 마찬가지였
다[오타, 2011년]. 이러한 상황 속에서 일본에서는 전쟁책임 문제 또는
역사인식 문제를 둘러싼 이중 잣대(더블 스탠더드)가 생겨났다. "구체적
으로 말하면, 대외적으로는 강화조약 제11조에서 도쿄재판의 판결을
수락하는 형태로 필요 최소한의 전쟁책임을 인정하면서 미국의 동맹
자라는 지위를 얻는다. 하지만 국내에서는 전쟁책임 문제를 사실상
부정하거나 불문에 부치는 식으로 대외적인 자세와 대내적인 취급
을 의식적이든 무의식적이든 구분하는 식의 문제처리 방식이 그것이
다"[요시다, 2005년]. 그리고 마이크 모치즈키가 지적했듯이 역사 화해
문제에 미국이 그다지 관심이 없었다는 것이 이러한 이중잣대(더블 스
탠더드)를 유지할 수 있게 했다.

덧붙이면 외무성 홈페이지에 공개된 '역사문제 Q&A'에서 "극동국

제군사재판〔도쿄재판의 정식명칭〕을 일본정부는 어떻게 생각하고 있습니까"라는 문제를 제시했는데 "이 재판에 대해서는 여러 논의가 있다는 사실은 알고 있습니다만, 우리나라는 샌프란시스코 평화조약 제11조를 통해 극동국제군사재판소의 재판을 수락했고 **나라와 나라의 관계에서는** 이 재판에 대해 이의를 제기할 만한 입장이 아니라고 생각합니다"라는 답변을 달았다(http://www.mofa.go.jp/mofaj/area/taisen/qa/2015년 5월 16일 열람). 국내외의 시선을 의식해 미묘하게 균형을 유지하려 한 것을 알 수 있다.

일본정부의 궤도수정과 역사수정주의의 대두

1982년 '침략'을 '진출'로, 3.1 독립운동을 '폭동'으로 고친 문부성의 교과서검정 결과가 보도되자 아시아 각국에서 일본을 향한 거센 비판의 목소리가 쏟아져 나왔다. 이어서 1985년 8월 15일에는 나카소네 총리가 전쟁 이후 처음으로 야스쿠니 신사를 공식 참배하자 일본에 대한 비판은 더욱 심해졌다. 이 무렵부터 일본군의 전쟁범죄를 부정하고 과거의 침략전쟁을 정당화하려는 각료의 문제발언, 이른바 '망언'이 쏟아져 나오고 이것이 아시아 각국, 특히 중국, 한국이 일본에 대한 불신감을 갖게 된 결정적인 계기가 되었다. 이러한 상황 속에서 일본정부도 이윽고 기존 노선의 궤도를 수정하게 된다. 일본정부는 아시아 각국의 보상요구에는 응하지 않으면서 점차적으로 침략전쟁과 식민지지배에 반성하는 뜻을 표하게 된 것이다. 다음의 다섯 가지 대응이 중요하다.

1 미야자와 기이치宮澤喜一 내각관방장관 담화(1982.8.26)= 아시아 각국
  으로부터의 비판을 받아들여 역사교과서의 시정을 약속한다. 이를
  근거로 교과서검정 기준이 개정되고 '국제이해와 국제협조의 견지'
  를 중시하는 '근린 각국 조항'이 신설되었다.

2 고토다 마사하루後藤田正晴 내각관방장관 담화(1986.8.14)= 근린 각국의
  국민감정을 배려해서 8월 15일의 공식 참배는 '삼가할 것'을 표명했
  다. A급전범에게 함께 제를 올리는 것도 부정적으로 언급한다.

3 고노 요헤이河野洋平 내각관방장관 담화(1993.8.4)= 위안소 설치·운영
  에 군이 관여했고 본인의 의사에 반하는 징집이 있었다고 인정하고
  '사죄와 반성의 마음'을 표명했다.

4 호소카와 모리히로細川護熙 총리가 기자회견에서 "과거의 대전을 [중
  략] 침략전쟁이라고 인식하고 있다"고 발언했다(1993.8.10). 이 해의 종
  전기념일 인사말에서 호소카와 총리는 총리 인사말로는 처음으로
  아시아와 세계의 전쟁희생자에 대해 애도의 뜻을 표현했다. 1994년
  이후의 총리 인사말에서는 아시아에 대한 가해 사실을 반드시 언급
  하게 됐다.[15] 단, 2013년 아베 총리의 인사말부터는 이 언급이 사라
  진다.

5 무라야마 도미이치村山富市 총리 담화(1995.8.15)= '식민지지배와 침략'
  의 역사에 대한 반성과 사죄를 표명한다.

이러한 궤도수정의 배경에는 냉전 종식, 아시아 각국의 국제적 지위 상승과 민주화와 더불어 미·일 안보체제를 강화하면서 일본이 대국으로 성장하기 위해서는 역사인식 문제가 장애가 된다는 판단이 일본정부와 재계 사이에 퍼져 나갔다는 것을 지적할 수 있다[요시다 2005년]. 또한 이 즈음부터 과거의 전쟁을 침략전쟁이라고 생각하는 사람이 여론조사에서도 과반수를 넘게 되었다. 국민의식의 측면에서도 변화가 나타나기 시작한 것이다.

그런데 1990년대 중반 무렵부터 1997년 1월 '새로운 역사교과서를 만드는 모임'의 설립이 상징하는 것처럼 역사수정주의가 대두하기 시작한다. 이러한 변화의 배경으로 다음의 두 가지가 중요하다.

첫 번째로는 냉전으로 장기간에 걸쳐 전쟁책임·전후 처리 문제가 봉인돼 왔기 때문에 냉전의 종식으로 겨우 일본인이 과거역사와 마주하기 시작하게 된, 그 시기에 하필이면 전쟁의 직접적인 당사자가 아닌 전후에 태어난 세대가 다수파가 된 것이다. 역사교육도 불충분했고 직접적으로는 전쟁과 식민지지배의 역사를 체험하지도 않았으면서 반성과 속죄의 주체가 되어야 했던 전후 출생자가, 아시아 각국의 비판에 당혹감과 반발감을 가지게 됐다는 것은 어떤 면에서는 당연하다고 할 수 있을 것이다.

두 번째로, 일본정부와 일본사회가 전쟁책임과 전후 처리 문제를 마주하게 된 1980-90년이 일본이 대국화한 시기와 겹쳐진다는 것이다. 이 시기에 일본은 아시아에서의 정치적 리더십을 확립하고 그것을 위한 정치적 장애를 제거하려는 전략적인 문맥에서 전쟁책임과 전후 처리 문제가 초점이 됐다. 즉, 이러한 국제관계라는 큰 요인에서 규정된 것이었던 만큼 국내적 논의가 축적되기는 매우 불충분했다. 그 결과 아시아 각국으로부터 '비판' 받고 '단죄' 받는 데에 대한 반발과 당혹감을 속으로만 키운 사람들이 실제로는 많아졌다고 생각된다. 그것이 역사수정주의의 반격을 가능케 한 토양이 되지는 않았을까.

역사인식 문제와 안전보장 문제의 연계

'도쿄재판사관'의 극복을 큰소리로 주장하는 역사수정주의가 일종의 '반미' 논리를 내포하고 있다는 것은 이미 언급했다. 다시 주목할 필요가 있는 것은 역사인식 문제가 미국에 파급되기 시작할 무렵부터 이 문제가 안전보장문제=미·일안보조약과 연계하기 시작한 것이다. 2008년 10월, 무라야마 총리의 담화를 사실상 부정하는 내용의 논문을 발표해서 항공막료장*에서 경질된 다모가미 도시오田母神俊雄는 경질된 뒤에 "그러나 재일미군을 조금씩 줄이고, 그것을 대신할 부분을 일본이 메워 나가는 방향으로 나아가야 할 것이다. 현재 '재일미군 주둔경비를 위한 방위성의 예산' 등 미군에게 드는 경비의 절반이라도 자위대 강화를 위해 쓰면 된다. 자신 나라에 다른 나라 군대가 주둔하는 것을 부끄럽다고 생각해야 한다"고 했다.[16] 역사인식

---

* 공군참모총장에 해당

과 안전보장 문제의 연계는 동아시아에서 '역사 화해' 문제가 얼마나 중요한지 새로이 부각시켰다.

그러나 돌이켜 생각해 보면, 미·일 사이에서는 '역사 화해'가 실현 됐다고 할 수 있을까? '전후 70주년 아베 총리담화'를 작성하기 위해 설치된 총리의 사적자문기관 '21세기구상간담회'의 제4회 의사요지 議事要旨를 보면, 2015년 4월 22일에 개최된 간담회에서 구보 후미아 키久保文明 도쿄대 법학부 교수는 보류를 전제로 하면서, "미·일 양쪽 이 모두에게 〔화해에 관한〕 지난 실적에 대해서 기본적으로는 자랑스 럽게 말할 수 있을 것으로 여긴다"고 보고했다(http://www.kantei.go.jp/ jp/singi/21c_koso/dai4/gijiyousi.pdf 2015년 5월 16일 열람). 과연 그럴까? 오히 려 구보의 완곡한 표현이야말로 미·일의 '역사 화해'가 불안정하다 는 것을 보여 주는 듯하다. 조금 더 구체적으로 생각해 보자. 2009년 5월 필리핀전에서 일본군의 포로가 됐던 미군병사의 회합에서 후지 사키 이치로藤崎一郎 주미대사가 일본군의 전쟁범죄, '죽음의 바탄 행 진'에 대해 일본정부로서는 처음으로 사죄했다. 사실상 봉인되어 온 미·일 사이의 역사인식 문제에 외무성이 한 걸음 내딛은 대응을 한 것은 2007년 7월 미 하원에서 '위안부' 문제의 사죄 요구결의가 크게 충격을 줬기 때문이라고 한다(『마이니치신문』2009.6.22). 그리고 '전후 체 제'의 탈각과 '도쿄재판사관'의 극복을 자신들의 이데올로기로 내면 화하고 있는 아베 내각이 역사인식 문제에서는 미·일관계를 불안정 하게 만들고 있는 시기이기 때문에 다시금 미·일의 '역사 화해' 주장 이 나오는 것으로 생각한다. 레이제이 아키히코冷泉彰彦는 미·일동맹

파탄의 가능성까지 언급하면서 다음과 같이 지적했다[레이제이, 2015
년].

> 일본의 '친미보수파'는 그들의 이데올로기 속에 '반미'를 내포하고 있다.
> 특히 제2차 세계대전의 전후 처리, 강화조약으로서의 '도쿄재판'에 관해서
> 는 전쟁범죄자의 명예회복을, 또한 전후 개혁의 축이 된 신헌법에 대해서
> 는 개정을 주장하고 있는 점이 미국이 주도한 전후 국제질서의 기본이념과
> 충돌할 위험이 있다.

그러한 위기를 회피하기 위해 레이제이가 주장한 것이 '역사 화해'
를 위한 '상호 헌화 외교'이다. 즉, 5월 마지막 월요일의 메모리얼 데
이(전몰장병 추도기념일)에 하와이의 전함 아리조나 기념관에서 미·일
정상이 공동으로 헌화하고 가능하다면 그것을 8월 6일 히로시마 평
화 기념식전에서도 마찬가지로 이어간다는 구상이다. 사실 2015년
4 - 5월 아베 총리가 미국을 방문했을 즈음, 일본 총리로서는 처음으
로 하와이·진주만을 방문하고 '전몰자를 위령'하자는 안이 정부관계
자 사이에서 검토됐다고 한다(『마이니치신문』2015.1.14).

'전후 70년'을 둘러싼 국민의식

다음으로 일본국민의 의식에 대해 살펴보자. 일본에서는 1980~90
년대에 만주사변 이후에 일어난 일련의 전쟁을 침략전쟁이라고 보

는 사람이 절반을 넘어섰다. 아사히신문사가 2013년 11-12월에 '20 대는 지금'을 살펴보는 여론조사를 했다. 여기에서 주어진 "1945년에 끝난", "이 전쟁은 아시아를 침략하는 전쟁이었다고 생각합니까? 침략전쟁이 아니었다고 생각합니까?"라는 질문에 '침략전쟁이었다'가 20대에서 45%, 30대 이상에서는 55%, '침략전쟁이 아니었다'는 20대에서 33%, 30대 이상에서 26%의 응답이 나왔다(『아사히신문』2013.12.29). 기존에 이루어진 이런 종류의 여론조사와 비교해, 침략전쟁이 아니었다고 보는 사람이 상당히 늘었다는 사실에 주의할 필요가 있다. 침략전쟁이었다고 생각하는 사람이 거의 절반이었다.

그런데 질문 방식에 따라 응답에 상당한 차이가 발생한다는 점도 간과해서는 안 된다. 예를 들면 2014년 2-3월에 아사히신문사가 실시한 여론조사에서는, "1945년에 끝난 일본의 전쟁에 대해 당신의 생각에 가까운 것은 다음 중 무엇입니까"라는 질문에 대한 응답에서는 '아시아를 침략했으므로 좋지 않았다'가 37%, '일본이 피해를 입었으므로 좋지 않았다'가 12%, '당시의 국제정세를 생각하면 어쩔 수 없었다'가 42%였다(『아사히신문』2014.4.7). '어쩔 수 없었다'는 형태로 소극적으로 시인하는 사람이 많았다는 것을 알 수 있는데, 여기에서 침략전쟁이라고 단정하는 것을 주저하거나 반발하는 마음을 읽을 수 있다. 1980년대 이전을 논외로 하면 '어쩔 수 없었다'는 주장이 증가한 것이 21세기가 되면서 등장한 새로운 현상이다[요시다·모리, 2007년].

이번에는 '식민지지배와 침략'의 역사에 대해서 '통절한 반성'과 '사과'의 뜻을 표명한 1995년 무라야마 총리담화에 대한 평가를 살펴보자. 마이니치신문사가 2015년 1월에 실시한 여론조사에서는, 담화를 '계승해야 한다'고 답한 사람이 50%에 이르고, '계승하지 않아도 된다'가 34%를 웃돌았다(『마이니치신문』2015.1.19). 이 조사는 계승할 것인지 그렇지 않은지 중에서 양자택일하게 했다. 한편 마이니치신문사와 사이타마埼玉대학이 공동조사한 '일본의 여론 2014'(삼자택일)에서는 담화를 '계승해야 한다'가 26%, '철회해야 한다'가 21%, '어느 쪽도 아니다'가 49%였다(『마이니치신문』2014.12.25). '어느 쪽도 아니다'가 많다는 점이 눈에 띈다.

이러한 변화를 새삼 분명히 보여준 것이 2015년 3월부터 4월에 걸쳐 아사히신문사에서 실시한 여론조사 결과이다. 이 조사에서는 1995년의 무라야마 총리담화와 이를 거의 그대로 계승한 2005년의 고이즈미 총리담화에 대해서 "〔일본〕정부는 전후 50년과 60년에 식민지지배나 침략으로 아시아의 많은 분들에게 큰 고통을 줬다며 '통절한 반성'과 '진심 어린 사과'라는 표현을 넣은 담화를 발표했습니다. 이것이 타당했다고 생각하십니까. 타당하지 않았다고 생각하십니까"라는 질문 항목을 설정했다. 응답은 '타당했다'가 74%, '타당하지 않았다'가 13%였다. 이에 대해서 "일본의 정치인이 전쟁 등으로 피해를 준 나라에게 앞으로도 계속해서 사죄의 메시지를 전달해야 한다고 생각하십니까. 그럴 필요가 없다고 생각하십니까"라는 질문에 대한 응답은 '계속 전달해야 한다'가 46%, '계속 전달할 필요는 없다'가 42%로 팽팽하게 나왔다. 또 "일본이 일으킨 전쟁이 어떤 전쟁이었다고 생각하십니까. 침략전쟁이었다고 생각하십니까. 자위전쟁이었다고 생각하십니까. 두 측면이 모두 있었다고 생각하십니까"라는 질문에 대한 응답은 '침략전쟁이었다'가 30%, '자위전쟁이었다'가 6%, "두 측면이 모두 있었다"가 46%, '잘 모르겠다'가 15%였다(『아사히신문』2015.4.18). 자위전쟁이었다고 생각하는 사람이 소수파라는 사실에 유의할 필요가 있으나 침략전쟁과 자위전쟁 두 측면이 모두 있었다고 생각하는 사람이 가장 많다는 점, 반성이나 사죄의 필요성을 인정하면서도 더 이상의 반성이나 사죄는 불필요하다고 생각하는 사람의 비율이 높게 나타났다는 점을 알 수 있다.

맺음말

이상과 같은 의식의 변화를 가져온 한 가지 배경에는 전쟁을 체험한 세대가 사라지고 있다는 현실이 있다. 제20대 항공막료장을 지낸 스즈키 아키오鈴木昭雄는 안보대학(방위대학의 전신) 시절의 기억을 다음과 같이 기술했다.[17] 군인이었던 사람 중에서조차 패전이라는 현실에 모종의 아픔을 가진 사람들이 존재했다는 것을 보여 주는 에피소드는 전후 일본의 평화주의의 저변이 확대된 것을 느끼게 한다.

특히 일본군 출신의 지도관은 패전이라는 부담감 때문인지 일본군 시절의 일은 거의 입에 담지 않았습니다. 〔중략〕 부담감을 느낀 또 하나의 사례라고 말해도 좋을지는 모르겠으나 인상 깊이 남아 있는 말이 있습니다. 정확히는 기억이 나지 않는데 아마도 "패배한 나라의 군대가 정상적으로 사회에 복귀하는 데 백 년이 걸린다. 긴 시간이다. 당신들이 속한 시대에는 오지 않는다. 그래도 지금부터 하나하나 신뢰를 쌓아가지 않으면 백 년이 지나도 오지 않을 것"이라는 내용이었습니다.

그러한 시대가 끝나가는 지금 역사학에는 무엇이 요구되는가. 첫째로 처참한 전쟁터의 생생한 현실을 상상해 낼 수 있는 능력을 키우는 것을 중시해야 한다. 남양南洋·트루크 제도에서 종군 경험을 한 하이쿠 시인 가네코 도타金子兜太가 거듭 강조하는 것이 '죽음의 현장'에 대한 상상력이다. 이와 관련하여 전쟁사 연구자인 다나카 히로미田中宏巳는 다음과 같이 지적했다[다나카, 2009년].

일본에서는 전쟁을 시작하기까지의 경위와 종전 및 그 후의 점령정책에 관한 연구가 활발해서 정치사나 근대사 연구자가 상당히 많은 성과를 냈다. 하지만 전쟁이 시작되고 나서 끝나기까지, 즉 몸통에 해당하는 부분인 전쟁 그 자체를 다루는 연구자는 적다. 전쟁을 대상으로 하는 것은 '전쟁사'이고 그것은 정치학이나 역사학을 전공하는 연구자가 할 일이 아니라고 생각하는지는 몰라도, 그러한 연구에 손을 대려고도 하지 않는다.

나 자신의 문제로 관심을 맞춰보면, 역사학에서 '전훈戰訓' 연구 같은 기존의 전쟁사 연구와는 달라야 한다는 점을 항상 의식하면서 전

쟁터를 '주제화'해야 한다는 요구가 강해진다.[18]

　둘째로는 전쟁체험의 계승이라는 문제이다. 아카자와 시로赤澤史朗는 냉전이 끝난 후 활발해진 일본에 대한 아시아의 비판이, 국민국가라는 틀을 전제로 한 전후 일본의 평화주의에 '외부'로부터의 시점을 추가했다는 점에서 큰 의의가 있다고 하면서도 그것이 "전후 평화주의의 기초가 된 전쟁체험론의 계보와 단절되는 계기 또한 있었다"고 지적했다.[19] 중요한 지적이다. 다른 한편으로 하야시 히로후미林博史는 전후 일본사회에서 큰 영향력을 미친 '전쟁=악'론(절대평화주의라고 해도 좋을 것이다)이 적극적인 의의가 있기는 하지만 거기에서 침략전쟁이라는 인식이나 전쟁범죄를 저지른 개인의 책임을 추궁한다는 생각이 드러나기 어렵다고 하면서 전후 평화주의가 지닌 한계를 날카롭게 지적했다[하야시, 2008년].

　그 후 아카자와 시로는 최근의 논고인 「'전쟁체험'에 대하여」[20]에서 하야시의 지적에 동의하며 '전쟁체험'에 관한 회상이나 기록의 특징을 새롭게 정리해서 "'전쟁체험'의 회상과 운동은 **아마도 많은 경우에** 전후 일본의 정신변혁을 지탱하는 원점으로 존재했다"고 하면서 다음과 같이 말했다. 혹시나 해서 덧붙이자면 아카자와의 주장은, '전쟁체험'이 민중에게도 전쟁책임이 있다는 생각과 연결되기 어려우며 종종 지금은 평화로운 시대라고 하는 전적인 현실긍정에 도달할 가능성이 있음을 인식한 상태에서 하는 말이다.

　'전쟁체험'이 전후의 가치관 전환에서 출발해서 과거의 기억을 재편성하는 것인 이상, 그 원점은 일본 대중이 전후에 자주적으로 창출해 낸 것이었다. 남겨진 우리에게 가능한 것은 이 '전쟁체험'의 의미를 묻고 거기에서 모종의 정신변혁의 가능성이나 반대로 문제점을 발견하는 것이리라. 만약 '전쟁체험'의 세대 간 계승이라는 게 있다면 이상과 같은 '전쟁체험'의 재검토를 빼놓고는 계승이 불가능하지 않을까 싶다.

하야시의 지적을 염두에 두면서, 오늘날의 상황을 바탕으로 '전쟁체험'과 그것을 둘러싼 다양한 논의를 재검토할 필요가 있을 것이다.

셋째로는 최근 주목받고 있는 식민지주의의 문제이다. 나가하라 요코永原陽子는 「'전후 일본'의 '전후책임'론을 생각한다」[21]에서, 식민지지배 문제를 시야에 두지 않은 독일의 '과거극복'론을 '참고한' 전후 일본의 '전후책임론'이 식민지주의라는 시점을 의식하지 않았다는 점, 전쟁 상황에서의 식민지주의 문제에 관심을 집중시키다 보니 전쟁 이전 시대와 '식민지주의·후後'에 대한 관심이 적었다는 점을 지적했다. 일본사 연구자 입장에서는 독일의 '과거극복'론과 일본의 '전후책임'론 사이에 뚜렷한 인과관계가 있다고 생각되지는 않는다. 일본에서의 '전후책임'론은 전후세대의 책임에 대해서 어떻게 생각해야 하는가라는 문맥 속에서 부상한 개념이기 때문이다. 하지만 나가하라가 강조한 식민지주의라는 시점이 희박하다는 문제점은 부정할 수 없다. 앞서 말했듯이 아카자와 시로는 「'전쟁체험'에 대하여」에서 '전쟁체험'의 특징을 정리했는데, 거기에는 식민지주의의 문제가 끼어들 여지가 없는 구조가 존재하는 것 같다. 식민지주의라는 시점이 결핍됐다는 시각에서 다시금 사학사史學史와 전후사를 재검토할 필요가 있을 것이다. 분명 상황은 좋지 않지만 자신의 '자리'에서 문제를 재인식하는 수밖에 없다.

서민정 옮김

계속되는 샌프란시스코 체제
― 정치·안전보장·영토

하라 기미에原貴美惠

제2차 세계대전 이후 대일 평화조약은 1951년 9월 8일에 49개국 간에 조인되어 이듬해인 52년 4월 28일에 발효되었다. 강화회의와 조약의 조인식이 거행된 곳이 미국 샌프란시스코였기 때문에 그 지명을 따서 '샌프란시스코 평화조약', 혹은 '샌프란시스코 강화조약'으로 널리 알려진 이 전후 조정으로 일본은 주권을 회복하고 국제사회로 복귀했다. 포츠담선언을 수락(1945년 8월 14일)하고 항복문서를 조인(같은 해 9월 2일)한 지 이미 6년 남짓이 지나 냉전의 대립이 격심해지는 상황을 배경으로 체결된 이 조약은, 아시아·태평양지역에서 전후 국제질서를 크게 결정지은 다국간 합의였다. 이 시기에 체결된 몇몇 안전보장 결정과 더불어 소위 '샌프란시스코 체제'의 기초를 닦은 것이 이 조약이었다. 샌프란시스코 체제는 지역에서 미국의 군사적 존재감과 압도적 영향력을 보장하고 일본에게는 민주주의와 경제적 번영을 가져다 주었다. 그러나 이 체제는 동아시아 국가들이나 사람들 사이에 여기저기 균열을 남겼고 오랜 시간에 걸쳐 대립구조가 이어지는 대가를 함께 감수하게 했다. 1945년 종전 이후 70년, 샌프란시스코 평화조약 조인·발효로부터 60년 남짓, '포스트 냉전'이라 불리는 시대가 된 지도 벌써 20여 년이 지났다. 하지만 동아시아에는 이러한 균열이나 대립구조가 여전히 뿌리깊게 남아 있으며 일본과 이웃 국가들 사이의 관계 역시도 예외는 아니다. 본고는 샌프란시스코 체제가 그 성립에서 현재에 이르기까지 이 지역과 어떤 관계 속에서 유지돼 왔는지, 그 의미를 재고찰하고자 한다.[1]

1. 냉전과 샌프란시스코 체제

냉전의 출현은 미·소관계의 성격에서 보면 협조에서 대립으로, 아시아·태평양 국제질서 관점에서는 얄타 구상이 샌프란시스코 체제로 변용되는 과정이었다. 유럽에서는 1945년 2월에 미국과 영국, 소련의 정상이 크림반도의 얄타에서 만나 세계대전 이후의 국제질서 구축과 관련된 결정을 한다. 또한, 동구권의 공산화와 동서 독일의 분단이라는 일련의 동서 긴장이 변천을 거쳐 냉전구조의 기초가 된다. 이 얄타 체제는 1975년 헬싱키선언에서 국제적으로 현 상황을 유지하고자 하는 승인을 얻지만 80년대 말부터 90년대 초반에 걸쳐 동구권의 민주화, 동서 독일의 통일, 발트 삼국의 독립 등의 변화를 거쳐 소련해제와 함께 붕괴를 맞게 된다. 1985년 12월, 소련의 미하일 고르바쵸프 최고회의의장 겸 공산당서기장과 미국의 조지 H 부시 대통령이 몰타 섬에서 냉전 종결을 선언했을 때 '얄타에서 몰타로'라는 표현이 미디어에 자주 쓰였는데 '얄타 체제의 붕괴'와 '냉전의 종언'은 동의어로 쓰이는 경향도 있다.

한편 아시아·태평양 지역에서는 '얄타 구상'이란 것이 존재는 했어도 냉전구조에서 얄타 체제는 실제로 성립되지 않았다. 분명히 얄타에서도 소련이 극동에서 벌어지는 전쟁에 나서게 하려고 일본 조처에 관련된 비밀협정이 오갔다. 그러나 미국이 중심이 되어 1951년 샌프란시스코에서 대일 평화조약이 조인됐을 때에는 얄타에서 내린 결정은 왜곡돼 있었다. 유라시아 대륙의 대서양 쪽에서 시작된 냉전이 격렬해지는 와중에 태평양 쪽 지역은 원래 계획된 것과는 다른 진로를 가게 된 것이었다.

냉전은 유라시아 대륙의 대서양 쪽과 태평양 쪽이 서로 다른 성질을 띠고 있었다. 유럽이나 미국·소련 사이에는 실제로 전투가 이루어지지 않는, 말 그대로 '차가운 전쟁'이었던 데 비해, 아시아에서 냉전은 '뜨거웠고' 더 복잡해졌다. 대전 이후에 일본이 퇴각하자 과거 식민지에서 해방·독립운동이 일어났고 그 물결은 새로운 국가통합 원리를 쟁점으로 한 내전으로 발전했다. 여기에 강대국의 세력다툼과 간섭이 파고 들었다. 자본주의냐 사회주의냐 하는 체제적 선택을 둘러싸고 미국과 소련이라는 강대국이 직접 전쟁의 불길에 휩싸이는 대신 아시아가 전쟁터가 된 것이다. 유럽의 독일처럼 조선, 중국, 그리고 그 뒤에는 베트남이 분단국가가 되는 한편 패전국 일본은 분단을 면했고, 또한 잔존하는 식민지주의와 대두하는 내셔널리즘이 특히 동남아시아에서의 냉전을 더욱 복잡하게 만들었다.

미·소 냉전이나 유럽의 냉전연구와 마찬가지로 아시아·태평양을 다룬 냉전연구에서도 그 기원이나 책임 등의 역사 논의는 다양하게 이루어졌다. 그러나 '팍스 아메리카나'*나 '미국의 호수'[Dower, 1971년] 등의 조어가 보여 주듯 이 지역의 전후 질서는 주로 미국 주도로 형성됐다는 점은 널리 합의를 본 내용이다. 이를 크게 결정지은 국제조약이 1951년에 샌프란시스코에서 조인된 대일 평화조약이다. 같은 시기에 체결된 몇몇 안전보장조약과 더불어 '샌프란시스코 체제'의 기초가 된 것이 이 조약이었다. 샌프란시스코 체제는 현재의 일본 영역에 한정된 것이긴 하나, 소위 '요시다吉田 독트린'에 나타난 것처럼 단순히 당시 일본이 취한 정치·외교 방침에만 기반한 것은 아니었다. 이는 과거 일본이 지배세력을 넓혔던 지역, 동아시아·태평양의 거의 전 지역에 걸친 냉전체제였으며, 조약 기초起草를 주도한 미국의 전략적인 이해와 지역의 정치적 다양성을 충분히 반영한 것이었다.

여기서 다시 아시아·태평양 지역의 냉전에 대해 정리해 보고자 한

* 미국 중심의 평화

다. 냉전에는 일반적으로 (1) 공산주의 대 비공산주의라는 다른 이데
올로기에 입각한 사회체제 간의 대립, (2) 그에 따른 군사개발이나
안전보장동맹 등의 군사적 대립, 더욱이 (3) 대립의 전초적인 의미에
서의 지역분쟁이 존재한다는 특징이 있었다. 이를 바탕으로 생각해
보면 첫째, 사회체제 간 대립에서는, 이 지역에서 냉전체제는 중국이
공산권의 중심적인 존재로 대두했다는 점에서 유럽과 미국의 미·소
양극체제와는 차이가 있었다. 두 번째, 군사적 대립에서는 유럽과 미
국의 북대서양조약기구(NATO) 대 바르샤바조약기구라는 다국간 동
맹체제와는 달리, 미국이 개별 동맹국과 맺은 안전보장조약을 축으
로 한 체제를 특징으로 한다. 세 번째, 지역분쟁은 주로 제2차 세계
대전에서 연합국에 대항한 나라들을 어떻게 처리할 것인지를 둘러싼
문제로 나타났는데 이는 유럽보다 동아시아에서 두드러진다. 유럽에
서는 독일이 유일한 분단국가였던 반면에 강대국의 대립은 아시아·
태평양 지역에서 몇 가지 냉전의 전초나 이웃국가 간의 균열을 만들
어 냈다.

1) 체제 간 대립 — 중화인민공화국의 출현과 '봉쇄' 정책

미·소, 미·일, 그리고 미·중이라는 주요국 사이의 관계는 세계대
전 중과 그 이후에는 적과 아군으로 역전됐다. 전쟁이 종결되고 공통
의 적이 없어지자 미·소 사이의 전시협력체제는 아주 간단히 무너져
없어졌고 냉전이라는 상황이 찾아왔다. 미국에게 일본은 점령하에서

는 적국이었다가 그 뒤에는 중요한 동맹국으로 바뀌지만 반면에 함께 동맹국으로 일본과 전쟁한 중국은 본토가 공산화되자 지역의 '위협'으로 돌변하게 된다.

1945년 2월 얄타회담에서 연합국 사이의 협조에 기반한 전후 국제질서 구축이 모색됐을 때의 '중국'은 장제스蔣介石가 이끄는 중화민국을 뜻했다. 당시 국민당과 공산당 사이의 대립은 이미 시작됐으나 영·미와 마찬가지로 소련도 중국의 합법정부로서 중화민국을 지지했다. 8월에 일본이 포츠담선언을 수락하면서 대만은 장제스를 최고사령관으로 하는 중화민국하에서 대만 성으로 중국에 편입되었다[와카바야시, 1992년, 36 - 37쪽].[2] 그러나 그 뒤 몇 년 사이에 중국 정세가 크게 변화했다. 통일전선을 결성해서 항일전을 벌이던 국민당과 공산당 사이에서는 일본이 항복한 후 바로 대립이 표면화되어 내전이 재연됐다. 1949년까지 계속된 대립의 결과로 공산당은 대륙에서 주도권을 잡았고 장제스가 이끄는 국민당정권은 대만으로 도망쳤다. 그리고 그해 10월에는 베이징北京에서 중화인민공화국이 수립하고 1950년 초순에는 국민당과 공산당 정부가 대만 해협을 끼고 대치하는 상황이 벌어졌다.

1947년 유럽을 중심 무대로 냉전이 격화되던 상황에서 미국의 트루먼 대통령은 공산주의 '봉쇄' 정책을 공식적으로 선언했다. 처음에 이 정책은 유럽에만 적용되어 베이징에 공산주의 정권이 수립된 후에도 중국 문제에는 개입하지 않는다는 방침이었다.[3] 1949년 12월 23일자로 대통령 승인을 받은 국가안전보장회의의 정책문서 NSC 48·1

에서는 티토가 이끄는 유고슬라비아가 그랬던 것처럼 중국도 최종적으로 소련에서 이탈해 갈 것이라고 예상했다.[4] 이 시점에서는 대일 강화회의에 베이징의 중국정부를 초대하는 것도 고려됐다[하라, 2005년, 92쪽]. 그러나 그 후 몇 개월 사이에 상황은 엄청나게 변했다. 1950년 2월 14일에 중·소 우호동맹 상호원조조약이 체결되었고, 6월 25일에 한국전쟁이 발발했다. 중국은 유고슬라비아가 선택한 노선이 아니라 소련과의 관계를 강화해 나간 것이다. 군사력을 발판으로 공산주의 세력이 확대되는 것을 목격한 트루먼 대통령은 중국에 대해 비개입 방침 포기를 선언하고 전면적으로 한반도와 중국의 내전에 개입했다. 미국과 그 밖의 15개국으로 구성된 유엔군의 한국전쟁 참전은 당시에 소련이 유엔 안보리이사회를 보이콧하던 참이라 거부권을 행사할 수 없었고, 그래서 무난하게 실현됐다. 이와 동시에 미국은 대만 해협에 제7함대를 파견하고, 유엔을 시작으로 공식석상에서 대만의 국민당정권을 지지하기 시작했다. 이후 미국의 중국에 대한 정책은 '봉쇄'로 바뀌고 대만 해협을 경계로 중국이 분단된 상태라는 것도 확정적인 것이 됐다.

대일 강화회의에서 중국 대표권에 대해서는 연합국 사이에서도 입장이 갈렸다. 그 중에서도 두드러졌던 것이 평화조약 공동기초국이 될 미국과 영국의 입장 차이였다. 영국은 베이징에 공산정권이 수립되자 곧바로 이를 승인하고 중화인민공화국이 중국을 대표해야 한다는 입장을 취했다. 이에 반해 미국은 대만의 중화민국 정부가 조인국이 되어야 한다고 주장했고 필리핀도 이에 동조했다. 한편 중화민국을 지지하던 여러 나라 중에서도 호주, 뉴질랜드, 캐나다 등은 설령 중화민국 정부가 중국의 합법정부로 인정받더라도 중국을 대표할 힘은 없을 것이라는 관점을 견지했다.[5]

미국은 중국과 전면 전쟁을 할 의도는 없었지만 한반도에서 자발적으로 철수할 생각도 없었다. 중국과의 정전합의를 준비하고는 있었으나 대만이나 유엔에서 중국대표권의 문제에 대해 대가를 치르면서까지 교섭할 생각도 없었다. 대만이 공산당 정부 통치하에 들어가면 다음은 인접한 오키나와沖繩나 일본본토가 정치, 군사 면에서 위험해질 수 있기 때문이었다[호소야, 1984년, 131쪽]. 결국 몇 개월에 걸친 영국과의 절충 끝에 미래의 중국관계에 대해서는 일본이 직접 선택하고, 대만의 장래에 대해서는 평화조약에서 결정하지 않고 양쪽 중국정부를 모두 강화회의에 초청하지 않는다는 합의가 이루어졌다[호소야, 1984년, 281쪽].[6] 소련은 대부분의 예상을 깨고 강화회의에 대표단을 보내면서 자국의 수정안 채용과 더불어 중화인민공화국의 출석을 강력히 요구했지만 받아들여지지는 않았다. 결국 일본은 강화회의 후에 미국의 요청을 받아들여 1952년 4월 샌프란시스코 강화조약 비준과 때를 같이해 중화민국 정부와 화일 평화조약을 맺는다.

2) 군사적 대립 — '샌프란시스코 동맹체제'의 발족

세계대전 중 얄타 구상에서는 일본이 전쟁 이후로 약해져서 당분간 국제 정치의 중심에서 벗어난 '주변'국이 되어 재생되어야 할 적국으로 간주됐다. 실제로 전쟁 이후 초기에 도입된 무장해제를 시작으로 대일 점령정책은 얄타 구상을 충분히 반영한 것이었다. 그러나 냉전 격화라는 상황 속에서 미국의 정책은 크게 바뀌었다. 1949년 4월 자유주의 진영의 여러 나라들은 북대서양조약기구NATO를 조직하는데, 미국은 아시아·태평양 지역에서도 같은 집단적 안전보장기구의 설립을 시도했다[호소야, 1984년, 181쪽]. 샌프란시스코 강화회의 전에는 태평양협정Pacific Pact 안이 제창됐다[간, 1992년, 244 - 250쪽. 호소야, 1984년, 149 - 155쪽, 181 - 192쪽]. 미국에게 집단안보구상은 공산주의 봉쇄를 주된 목적으로 삼게 됐고 아시아·태평양지역에서는 여기에 점령체제에서 풀려난 일본을 어떻게 방위해야 하는가의 과제도 포함되어 있었다. 이에 반해 지역의 다른 동맹국에게는 집단안보라는 것이 두 개의 위협, 즉 공산주의와 일본으로부터 어떻게 지역의 안전을 보장하는가라는 관점에 기반했다. 미국은 관여정책적인 입장에서, 집단안보체제 속에서 타국과 협력시킴으로써 일본 군국주의 부활을 가장 효과적으로 방지할 수 있다고 설파하며 일본의 참가를 정당화하려 했다. 그러나 이러한 주장은 일본의 침공에 피해를 입었던 이 지역의 많은 나라에게는 전혀 설득력을 얻지 못했다. 더욱이 걸림돌은 일본만이 아니었다. 동서 냉전대립이라는 배경 속에서도 정치·역사·문화적 차이, 인종편견 등의 이유로 아시아·태평양지역의 국제관계는 집단안보기구로 이어질 수 있는 기반이 부족했다는 점이 절충의 과정 속에서 분명해졌다[하라, 2005년, 210 - 211쪽].

　미국은 결국 이 지역에서 집단안전보장 구상을 단념하고 미국과

지역 각국과의 2개국, 또는 3개국 사이의 안전보장 틀을 구축하기로
했다. 1951년 7월에 발표된 대일 평화조약안 제5조 c항에서는 연합
국이 "일본이 주권국으로서 유엔헌장에 게재된 개별적 자위권과 집
단적 자위권을 가지며 집단적 안전보장에 관한 약속을 자발적으로
체결할 수 있다는 내용을 승인했다"고 규정했다. 소련은 이 안을 "평
화조약이 아닌 극동에서의 새로운 전쟁 준비를 위한 조약"이라며 격
렬히 비난했다.[7] 하지만 그 뒤로도 이 초안이 수정되는 일은 없었다.

　샌프란시스코 강화회의에 앞서 1951년 8월 30일에 미국은 필리핀
과 상호방위조약을, 9월 1일에는 호주, 뉴질랜드와 3국간안전보장조
약ANZUS을 체결하였다. 그리고 대일 평화조약이 조인된 날인 9월 8
일, 미·일 안전보장조약이 체결되어 이로써 '샌프란시스코 동맹체
제'가 발족했다. 미국은 마찬가지로 2개국 사이의 안전보장동맹을
1953년에는 한국과, 1954년에는 대만, 1961년에 태국과 체결해 허브
앤드 스포크Hub-and-spoke 형 동맹체제를 확립하고 이 지역에서의 존
재 기반을 더욱 강화했다.

3) 지역 분쟁 — '전후 해결되지 못한 제 문제'

　전후 아시아·태평양 지역에서는 과거 연합국과 대립했던 국가들
의 전후 처리에서부터 몇 가지 냉전의 전초가 나타났다. 한반도와 대
만 해협 문제에서 보이는 분단국가 문제를 비롯해서, 북방영토, 다케
시마(독도), 센가쿠尖閣(중국명: 댜오위다오), 남사 군도 등 영토에서의 주

권회복, 나아가서는 오키나와의 지위나 기지와 관련된 문제 등도 모두 과거의 대일본제국의 영토 처리 과정에서 파생됐다.

지역 분쟁에 대해서는 소위 '포스트 냉전'의 관점에서는 거대한 냉전의 구조체가 무너져 내리며 돌출한 문제로 이전에는 눈에 띄지 않는다고 여겨지는 경향이 있었다. 분명히 이러한 관점은 냉전 이전부터 역사적으로 깊숙하게 자리한 반목이 다시 불거져 나온, 유럽의 유고슬라비아 문제나 중동, 아프리카의 민족·종교분쟁 등에는 들어맞는다. 그렇지만 앞에서 열거한 문제는 아시아·태평양 지역에서는 냉전구조의 틀 자체를 구성하던 중요한 요소였다. 현재는 각각 개별 문제로 취급되기 십상이지만 모두 전쟁 이후에 일본의 영토 처리 문제, 특히 1951년 샌프란시스코 평화조약이라는 기반을 공유하는 것들이다.

평화조약의 제2장 '영역'과 관련된 항목에서는 지시마千島 열도부터 남극, 미크로네시아부터 남사 군도에 걸친 광대한 영역을 어떻게 처리할지를 규정하고 있지만 개별 처리 영토의 엄밀한 범위나 최종적으로 귀속될 곳이 어디인지는 명기하지 않은 애매한 내용이었다. 여기에는 몇 가지 전쟁 이후에 해결했어야 할 '미해결 문제들'이 발생할 요소가 포함되어 있었다. 이 영토 조항은 일본의 영토포기를 규정한 제2조와 미국의 오키나와, 아마미奄美, 오가사와라小笠原 군도 등의 소유를 보장한 제3조로 되어 있었다. 이 중에 제2조의 첫 3항, 즉 조선과 대만, 지시마 처리는 세계대전 가운데 진행된 연합국 합의로 어디로 귀속시킬지 명백했(지만 명기하지 않았)던 것, 그리고 나머지는 어디로 귀속시킬지 명백하지 않은 것으로 나뉘어져 있었다. 제3조에 있는 영토 관련 조문은 일본이 영토를 포기한다고 명기하지는 않았으나 그렇다고 일본 주권을 인정하는 것도 아니었다. 모든 영토가 앞으로 어디로 귀속될지 정해지지 않았던 것이다[하라, 2005년, 143쪽].

조약 제2조 a항에는 일본이 '조선'을 포기한다는 내용과 독립을 승인한다는 내용이 명기돼 있다. 그러나 분단된 한반도에 이미 조선민주주의인민공화국(북한)과 대한민국(한국)이라는 두 국가가 성립됐다는 사실은 전혀 언급되지 않았다. 당시는 물론 현재까지도 '조선'이라는 국가는 존재하지 않는다. b항에서 처리된 대만 귀속에 관련해서는 당시 중국 본토를 지배한 중화인민공화국과 대만을 지배한 중화민국 중 어느 쪽이 정당한 중국정부인지, 동맹국 사이에도 통일된 견해는 없었다. 결국 강화회의에도 조선과 중국의 어느 정부도 초청받지 못했다. 평화조약 제7장 제25조에는 조약에 "서명하고 이를 비준"하지 않은 모든 나라에 대해 "어떠한 권리, 권원 또는 이익도" 부여할 수 있다고 봐서는 안 된다고 쓰여 있다. 제2조 c항은 소련이 점령한 지시마·남사할린南樺太에 관한 것인데, 소련은 강화회의에는 참가했으나 조약에 서명하기는 거부했으므로 이 또한 일본이 포기한 이들 영토에 대해 어떠한 권리도 가질 수 없는 셈이 됐다.

샌프란시스코 평화조약

제2장 영역

제2조

(a) 일본국은 조선 독립을 승인하고 제주도, 거문도와 울릉도를 포함한 조선에 대한 모든 권리, 권한과 청구권을 포기한다.

(b) 일본국은 대만과 평후澎湖 제도에 대한 모든 권리, 권한과 청구권을 포기한다.

(c) 일본국은 지시마 열도는 물론 일본국이 1905년 9월 5일 포츠머스 조약의 결과로 주권을 획득한 사할린 일부와 이에 근접한 제도에 대한 모든 권리, 권한과 청구권을 포기한다.

(d) 일본국은 국제연맹 위임통치제도에 관련한 모든 권리, 권한과 청구권를 포기하며, 이전에 일본국의 위임통치를 받던 태평양의 각 섬에 신탁통치제도가 영향을 미치는 1947년 4월 2일의 국제연합 안전보장이사회 행동을 수락한다.

(e) 일본국은 일본국민의 활동을 통해서 얻었든 그 밖에 다른 경로로 얻었든 남극지역의 모든 부분에 대한 권리 혹은 권한 또는 모든 부분에 관한 이익에 대해서도 모든 청구권을 포기한다.

(f) 일본국은 신남(남사南沙) 군도 및 서사 군도에 대한 모든 권리, 권한과 청구권을 포기한다.

제3조

일본국은 북위 29도 이남의 남서 제도(류큐 제도와 다이토 제도를 포함), 소

후암媚婦岩 남쪽의 남방 제도(오가사와라 군도, 니시노시마와 화산열도를 포함), 그리고 오키노토리沖の鳥 섬과 미나미토리南鳥 섬에 대해 합중국이 그 유일한 시정권자라는 신탁통치제도 아래에 두기로 하는 국제연합에 대해 어떠한 제안을 하더라도 동의한다. 이러한 제안이 행해지고 또한 가결되기까지 합중국은 영해를 포함한 이들 제도 영역과 주민에 대해 행정, 입법과 사법상의 권력 전부와 일부를 행사할 권리를 가지도록 한다.

관련된 연합국에 남은 전후 대일 처리와 관련된 공문서, 특히 평화조약의 기초 작성에 주요 역할을 한 미국의 조약 초안은 각각의 문제들이 미해결로 남겨진 과정이나 경위를 알 수 있는 귀중한 자료이다. 조약 표기가 애매한 것은 그 내용을 신중하게 검토하고 거듭 개정한 결과인데, 이는 냉전이 격화하는 와중에서 미국의 아시아 전략이 변화한 것과 깊은 관련이 있다. 그리고 많은 문제를 의도적으로 미해결 상태로 남겨 놓는 등, 조약의 중요한 내용들이 이러한 자료의 검토를 통해서 드러났다.

미국에서 작성된 많은 수의 조약 초안에는 이 시기 미국의 아시아 정책이 시시각각으로 변화해 가는 양상이 짙게 반영돼 있다. 전후 초기, 미국의 초안에는 연합국 사이에 협조를, 과거에 적국이었던 일본에게는 징벌적이면서도 엄중한 평화를 요구하는 내용을 담고 있는 것이 특징이었다. 카이로선언(1943년 12월), 얄타합의(1945년 2월), 포츠담선언(1945년 7월)과 같이 전쟁 중에 이루어진 합의가 반드시 일관된 것은 아니었으나 미국의 초안은 대체적으로 이들을 답습하는 내용으로 이루어졌다. 즉 일본은 카이로선언에 명문화한 영토불확장의 원칙에 준해 '폭력과 탐욕'으로 탈취한 모든 영토에서 내쫓고, 얄타합의에 따라 남사할린은 물론 지시마도 소련에 양도했으며,[8] 포츠담선언에서 제시한 것처럼 그 주권이 미치는 범위는 혼슈本州, 홋카이도北海道, 규슈九州, 시코쿠四国와 동맹 각국에서 정한 각 섬들로 한정한다고 했다.

초기의 초안은 장대하며 상세하게 기술돼 영토 조항에서는 전후 일본의 새 국경선이 위도·경도를 이용해 매우 분명히 기재되어 그 영역을 표시한 지도까지 첨부돼 있다. 그리고 국경선 가까이에 위치한 개별적인 작은 섬들의 이름과 그것이 어디로 귀속되는지도 밝혔다. 전체적으로 초기의 초안은 '미래에 다툼을 남기지 않을 것'을 특히 배려해서 준비됐다. 당시의 평화조약이 그대로 채용됐다면 동아시아의 국제관계는 그 이후로 매우 다른 전개를 보였을 것이다. 하지만 현실에서는 그렇게 되지 않았다.

냉전이 격화하면서 미국의 아시아 전략에서 일본의 중요성이 커지자 일본의 방위와 '서방 쪽에 설 국가'의 확보, 그리고 친미정권 수립이 중요 과제가 됐다. 중국 본토와 한반도 북부에 공산 정권이 수립된 뒤인 1950년 1월에는 미국의 서태평양 방위선, 이른바 애치슨 라인이 발표됐다. 거기에서 일본과 필리핀은 그 선 안쪽에, 한편 '상실'할 것을 각오했던 대만과 한반도는 그 바깥에 놓여 있었다. 그러나

1950년 6월에 한국전쟁이 발발하자 미국은 정책을 뒤집어 한반도와 중국의 내전에 개입하고 그 이듬해에는 전쟁 상황이 교착상태에 빠진다. 그러는 사이에 존 F 덜레스가 주도해서 다듬은 초안 내용은 초기의 것과는 여러모로 달라져 그 내용은 '심플'해졌고 각각의 문제는 애매하게 기술됐다. 여기에는 연합국 사이에서 전쟁 중에 이루어진 합의는 애매하게 표기되든지 때에 따라서는 무시됐다.

체결된 평화조약에는 일본이 '대만', '조선', '지시마·남사할린' 등의 영토를 포기한다고 규정했으나 초기의 초안에서 보이듯 그 속에서 처리되는 영토의 정확한 범위나 전후의 새로운 국경선에 대한 규정은 없어졌다. 한·일 사이에서 분쟁이 된, 한국에서는 '독도'로 알려진 다케시마는 초기의 초안에서는 'Takeshima'와 'Liancourt Rocks'로 표기돼 조선('Korea')과 함께 일본이 포기할 영토에 포함시켰다. 그러나 1949년 말에 작성된 초안에서는 귀속될 곳이 변경되어 그대로 일본에 남아, 1950년에 초안이 '심플'해진 뒤로는 이 섬에 대한 언급은 사라진다. 대만이나 지시마·남사할린에 대해서 처음에는 '중국'이나 '소련'으로 귀속될 국가가 제각각 쓰여 있었다. 하지만 이들도 한국 전쟁 발발 후에 먼저 '중국'이, 그리고 최종적으로는 '소련'까지 조문에서 사라져, 처리돼야 할 모든 영토가 어디로 귀속되는지 미정으로 남게 된다[하라, 2005년, 1-3장].

조약 제2조 d항에서 처리된 과거 일본위임통치령(미크로네시아)과 제3조에서 처리된 오키나와는 미국이 세계대전이 진행되던 때부터 그 군사적 가치를 주목하고 있었다. 단지, 처음에는 주로 일본을 적으로 의식해 자국방위와 국제평화의 목적에서 군사기지 설치와 유지를 상정했으나 대전 이후에는 소련과 중국의 위협을 의식한 지역 전방에 전개할 기지로 그 사용 목적이 바뀌었다. 미크로네시아는 미국의 핵실험이나 수소폭탄 실험의 장으로도 사용됐다. 미국은 그 절대적인 영향력과 교묘한 교섭술을 발휘하여, 미크로네시아를 유엔의 신탁통치라는 이름으로, 오키나와는 앞으로 미국이 신탁통치안을 제출하기까지의 잠정조치로, 이들 영토를 자국이 독점 지배하는 데 성공하였다.

오키나와에 대해서는 덜레스가 강화회의에서 일본이 그 잠재 주권을 가진다는 미국의 견해를 구두로 표시했다. 그러나 그로부터 5년 후에는 일·소 평화조약 교섭에 개입하여 타결이 가능해진 북방영토 문제와 관련시키며 오키나와 주권의 행방은 조건에 따라 변할 수 있다는 취지의 '협박'을 했다. 원래 일본과 중국의 영토문제는 이러한 오키나와 관련된 것이었다. 장제스의 중화민국정부는 일찍이 독립된 왕국(류큐왕조)이었던 이들 섬에 대해 대전이 벌어지는 와중에도 여러 기회에 걸쳐 일본의 포기를 요구하며 중국에 '회복'시켜야 한다는 의사까지 표명했다. 서방 측에 남았다 해도 '상실'의 위험성이 있었던 한국과 동구권으로 넘어간 '조선'* 사이에 논란의 여지가 있는 독도를 남긴 것처럼, '상실'의 위험성을 지닌 대만과 '중국' 사이에도 오키나와라는 영토문제를 남긴 것이다.

---

* 북한

대만과 조선은 한국전쟁 발발로 미국이 개입함으로써 완전한 공산화를 면했다. 결과적으로 한반도는 38도선으로, 중국은 대만 해협으로 분단된 채로 '봉쇄 라인'이 고정됐다. 한반도 38도선과 대만 해협은 일본 방위의 관점에서는 조선과는 독도를, 중국과는 오키나와·센카쿠를 놓고 분쟁의 여지를 남겼는데 여기에 하나 더 더해져 이중의 쐐기가 됐다고도 볼 수도 있을 것이다.

한편, 중국에 대한 방침이라는 관점에서는 센카쿠·오키나와, 남사·서사 제도 문제는 대만 문제와 더불어 중국을 '봉쇄'하는 쐐기 역할을 한다. 조약 제2조 f항에서 처리된 남사·서사 제도는 애치슨 라인의 서남단에 위치해서 미국의 동남아시아 전략에서 주축이 되는 필리핀 확보와 방위를 위한 쐐기 역할을 한다고 볼 수 있다. 남사·서사 제도는 모두 근거가 얼마나 확실한지의 차는 있으나 대전 중에 미국무성에서 중국 귀속을 검토했던 곳들이다. 그럼에도 평화조약에서 어디로 귀속할지 미정으로 남은 것은 귀속 근거가 불충분했다기보다 이 섬 모두 공산화한 중국의 손에 넘기지 않겠다는 의지를 확실히 하는 것이 가장 중요한 포인트였기 때문이다[하라, 2005년, 6장]. 이들 영토에 대해서는 전쟁 전에도 주권을 둘러싼 분쟁이 존재했으나 당사국도 문제의 성격도 그때와는 달랐다. 즉 대전이 일어나기 전에는 (일본, 프랑스, 영국이 벌이는) 식민지 획득경쟁의 전초였으나 (대 중국) 냉전의 전초로 다시 태어난 것이다.

미국은 영토문제가 지닌 정신적 효과도 계산했다. 즉 일본 영토일지도 모르는 섬들을 다른 나라가 점령하고 있다는 것에 일본인이 부정적 감정을 가질 수 있었고, 한편으로는 미국이 이러한 상황에 동정적 태도를 보임으로써 일본인에게 호감을 얻을 수 있다는 효과였다.[9] 실제로 미국의 냉전전략은 영토에만 국한된 것이 아니라 강화조약에 근거해 일본을 처리하는 과정의 도처에 반영돼 있었다. 일본을 친미 경향으로 만들려면 소련이나 공산당 중국이 미국과 일본이 서로에게 등 돌리기를 노려 제시할 강화조건보다 자유롭고 매력적인 것을 제시해야만 한다고 생각해 조약안의 내용도 당초의 징벌적이며 엄격한 것에서 '관대한' 것으로 바뀌어 갔다.[10] 이로써 영토주권이나 국경에 관한 문제뿐만 아니라 전쟁책임이나 역사인식과 같은 문제에서도 이웃 국가와의 사이에 화근을 남기게 된다.

샌프란시스코 강화조약은 제11조에서 "일본국은 극동국제군사재판소와 일본국내, 국외의 다른 연합국 전쟁범죄법정 재판을 수락"한다는 뜻을 명기했다. 그러나 이른바 '도쿄재판'은 종군위안부 문제나 난징대학살 등에서 보이는 민중에 대한 전쟁범죄가 경시됐고, 주요 전쟁범죄인이나 몇 가지 전쟁범죄는 또다시 법정에 설 위기에서 면죄부를 줬다[도타니, 2008년, 2쪽]. '역코스'*라 불리는 미국의 이러한 대일정책 전환은 점령기간 중에 전범으로 처벌되거나 공직에서 추방이 결정된 재계의 거물이나 보수파 정치인의 복귀를 촉진시켰다. 그들 다수에게 면죄와 석방이 주어진 대신에, 일본의 공산화 방지와 '친미 보수' 세력 확대를 위해 일했고, 그 속에서 때로는 미국의 원조를 받

---

* 역사적 진행방행에 역행하는 일

아가며 전후 장기보수정권의 기반 구축에 공헌했다.

2. 데탕트와 샌프란시스코 체제의 변용

1) 미·중·소의 3극 구조와 중국 '관여' 정책

냉전은 아시아·태평양 쪽에서는 유럽의 2극 구조와는 달리 중·소 대립을 배경으로 미·중·소 3극 구조로 전개되었다. 중국은 한국전쟁에 개입한 이래로 미국의 '봉쇄' 정책 대상이 되었으나 1964년 핵무기 개발 이후로는 아시아·태평양 지역 냉전에서의 핵심적인 위치를 차지하게 된다. 핵무기 출현이 제2차 세계대전 이후 국제관계의 본질을 바꿔 냉전 최대 요인이 되었던 점을 생각해 보면 미·중 사이의 대립도 역시 직접 전쟁을 벌이지는 않는 문자 그대로의 '냉전'으로 전개되었다고 할 수 있다.

냉전은 1950년에는 '해빙', 70년대에는 '데탕트'라 불리는 긴장완화 시기와 그 후의 긴장재연이라는 패턴이 반복됐다. 두 시기 모두 긴장완화 때 공통되는 특징으로 (1) 미국의 상대적 영향력 저하가 그 배경에 있었다. 그리고 (2) 냉전대립 구조 자체는 잔존하고 있었다는 점을 들 수 있다. 아시아·태평양 지역에서 극적인 구조변화가 일어나는 것은 1970년대였다.

1960년대 말 미국은 질질 끌어 온 베트남전쟁이 수렁에 빠져 재정·정치적으로 곤경에 처하자 그 상황을 어떻게든 타개해야 할 실정이었다. 1969년에 발족한 닉슨 정권은 '대립에서 대화로'를 슬로건으로 소련과 중국 양쪽에 접근하여 동서냉전 개선에 나섰다. 미국은 베트남전쟁의 화해공작이 자국에게 유리하게 실현될 수 있도록 중·소가 서로에게 등을 돌리도록 해서 양 대국에게서 양보를 이끌어 내다 유화정책에 착수해 스스로가 솔선해서 만든 냉전의 틀을 바꿔 나갔다.

데탕트는 유럽에서 얄타체제의 승인과 안정화라는 형태를 띠고 발전했다. 1972년에 유럽 전체의 안전보장을 협의하는 '헬싱키 프로세스'가 시작되었고, 1973년에 동서 독일이 유엔에 가입, 1975년에는 유럽의 국경불가침과 안전보장·경제협력을 약속한 헬싱키선언을 채택하여 유럽 안전보장협력회의(CSCE)가 성립된다. 이는 오랫동안 소련이 바라던 얄타체제와 그 전후 정치적 상황, 즉 유럽에게는 전후의 국경을 국제적으로 승인한 것이었다.

한편, 아시아·태평양에서는 새로운 힘의 균형이 형성되었다. 1971년, 기존의 중화민국을 대신하여 중화인민공화국이 유엔 안전보장이사회 상임이사국이 됐다. 중국과의 화해에 나선 닉슨 대통령은 1972년에 방중을 실현시키지만 실제로 미국과 중화인민공화국 사이에 정식 국교가 수립되는 것은 1979년이다. 그 사이 일본은 1972년에 다나카 가쿠에이田中角榮 총리가 베이징을 방문하여 국교정상화의 길을 열었다. 1970년대에는 그 밖에도 캐나다, 오스트레일리아, 뉴질랜드 등 다른 서방 각국도 차례로 중화인민공화국과 국교를 체결한다. 그 결과로 이들 나라는 대만의 중화민국과는 단교를 하게 된다.

　1970년대에 중국과의 화해를 위한 일련의 움직임은 미국이 이제껏 국제시민권이 없었던 중국에게 운전대를 맡길 것을 합법적으로 승인한 것이며, 그것은 곧 중국이 갖는 지역에서의 힘을 승인하면서 '관여' 정책으로 이행한 것이었다. 이는 가치관을 공유하지 않는 강대국 사이의 화해였고 1950년 영국의 승인이나 1933년 미국이 소련을 승인한 것과 유사한데 이는 중·소 대립이라는 배경이 있었기에 가능했다. 그러나 중국에 대한 정책이 '봉쇄'에서 '관여'로 바뀌어도 중국은 여전히 '위협'이었고 대만은 지켜야 할 서방의 동맹임에 변함이 없었다. 때문에 미국은 1979년에 정식으로 미·중 국교가 수립된 후에도 대만관계법을 성립시켜서 대만 안전을 계속 보장하게 된 것이었다.

　미국은 1973년에 베트남 북쪽의 공산주의정권과 평화협정을 맺고 베트남에서 미군을 철수시킨다. 이것은 미국 건국 이래 첫 패배였다. 그 후 1975년 4월에 남베트남 수도인 사이공이 북베트남의 손에 넘어갔고 라오스, 캄보디아에도 공산주의 세력이 정권을 획득하며 인도차이나 반도는 완전히 공산화되었다.

2) 괌독트린과 미군 재편성

　이 시기에 보이는 미국의 정책 전환에는 소련이 미국과 군사균형(Military Parity)을 이루겠다고 인식한 것도 한몫 거들었다. 소련은 쿠바 위기 이래로 군비증강을 진행해 미국의 압도적 우위성은 무너졌다.

군비 확대 경쟁과 베트남전쟁 등으로 피폐해져 있던 미국과 소련의 군사 관련 대화는 1969년에 전략병기제한 교섭이라는 형태로 시작되어 그 제1라운드(SALT·I)는 1972년에 조약이 체결되었고 핵무기의 양적제한이 실시되는 결실을 맺었다.[11]

아시아·태평양 지역에서는 1969년 7월 닉슨 대통령이 이른바 '괌 독트린'을 발표했다.[12] 그 내용은 베트남에서 미군 철수, 아시아에서 미군기지 축소정비, 그리고 미국의 동맹국 각각이 자위능력를 확대하도록 촉진하는 것이었다. 그 중에서도 일본이 아시아의 평화적 발전에 더 큰 책임을 짊어질 지위에 있다고 인식했다.[13] 눈부신 경제발전을 이뤄 서방 제2의 경제대국으로까지 성장한 일본에게는 그 경제성장에 걸맞는 더 많은 공헌이 요구됐다.

샌프란시스코 평화조약 제3조를 바탕으로 미국 시정 아래에 놓인 영토는 신탁통치를 받지 않고 70년대 초기까지 모두 일본에 반환되었다. 우선 1953년 12월에 남서 군도 중에서도 류큐 제도 북쪽에 있는 아마미 군도가 반환되었고, 1968년 6월에는 오가사와라 제도 등 남방 제도가 반환되었다. 그리고 1972년 마지막으로 오키나와(류큐제도 및 다이토 제도)가 반환되었다. 하지만 반환과 함께 미·일 안전보장조약과 그에 관련된 결정이 오키나와에도 적용되기 때문에 미군의 주둔과 기지 등을 둘러싼 '오키나와 문제'도 현재형으로 남게 됐다.

이 시기 미크로네시아 섬들에 대한 미국의 정책도 변화되어 미래의 탈 신탁통치화를 향한 구체적인 작업이 시작되고 있었다. 그 배경에는 유엔을 중심으로 전개된 독립운동뿐만 아니라 아시아에서 미군

기지가 정비축소되면서 미크로네시아의 전략적 중요성이 증대했다
는 면이 있다. 게다가 미사일 등 군사기술이 진보하면서 주된 방위
선이 미크로네시아까지 밀려나도 큰 문제는 없었다[고바야시, 1994년,
132쪽].

처음에 미국정부는 신탁통치령 전부에 자치권을 줘서 미국 영토의
일부가 되도록 하는 형태를 제안했었으나 미크로네시아 측은 주권
을 지니는 형태의 관계를 희망했다. 미크로네시아를 해방시켜야 한
다는 압력이 커져가고, 자국의 전략적인 이해가 틈을 보이자, 미국은
북 마리아나 제도로 초점을 좁혀, 미국과 더 긴밀해지도록 하는 정책
을 시행했다. 결국 거듭된 교섭과 주민투표 결과, 북 마리아나 제도
는 1975년에 다른 미크로네시아 신탁통치령에서 분리해 자치령(커먼
웰스)으로 미국에 귀속될 것이 결정됐다. 한편 남은 지역은 그로부터
10년 가까운 교섭을 거쳐 미국과 자유연합협정을 맺었다. 이 협정에
서 미국이 재정지원을 하는 대가로 군사·안전보장상의 모든 권한은
미국에 위탁했다. 소련은 미국에 많은 군사 권익을 남기는 이러한 결
정을 '신 식민지통합'이라고 비난하며 유엔안전보장이사회에서 거부
권을 계속 행사했기 때문에 신탁통치종료 결의가결(1990년 12월)까지
는 더욱 시간을 요하게 된다[하라, 2005년, 제4장].

3) 동서긴장완화와 영토문제
1950년대의 '해빙', 70년대의 데탕트 시기에는 전쟁 이후의 일본에

대한 영토처리로 인해서 파생된 문제, 특히 일·소와 중·일 사이의
영토문제에서 주목할 만한 변화가 일어났다. 1950년대 일·소 교섭
중에 일본은 북방영토정책의 초점을 이른바 '4도' 반환'으로 정하게
되었고, 1970년대 초에는 중·일 사이의 영토문제 초점이 센카쿠로
옮겨졌다. 앞서 시사한 바대로 이전에는 더 넓은 범위가 대상이었다.
즉 일·소 사이에는 소련이 점거해 샌프란시스코 평화조약에서 어디
로 귀속해야 할지 정해지지 않은 남사할린·지시마 등의 영토, 그리
고 중·일 사이에는 미국 시정 아래에 있으며 중화민국이 '회복'을 요
구하던 오키나와이다. 북방4도와 센카쿠 열도라는 특정 영역이 일·
소와 중·일 사이의 분쟁으로 굳어진 데에는 몇 가지 이유가 있었다.
특히 샌프란시스코 평화조약이 성립되는 과정에서 보여준 것처럼 미
국이 중요한 역할을 했다.

　일·소 교섭에 미국이 개입한 것은 '덜레스의 위협'으로 잘 알려져
있다. 1956년 8월, 일본 측 전권대사인 시게미쓰 마모루重光葵 외무상
이 소련에 두 개의 섬을 반환하라는 요청을 수락하고 평화조약을 체
결하려 하자, 당시 미 국무장관이었던 덜레스가 만약 소련에 양보해
서 구나시리토國後島·에토로후토擇捉島**를 포기한다면 오키나와를 반
환하지 않겠다고 경고한 것이다. 일·소 평화조약 체결은 일본과 중
국 공산당정권 사이의 국교정상화로의 길을 열어주는 것이었다. 또
일·소 사이에 북방영토문제가 해결되면 다음은 미국에게 오키나와

---

*　현재 러시아가 실효 지배하는 일본 북쪽에 위치한 4개의 섬
**　문제가 되는 나머지 두 개 섬은 시코탄토色丹島, 하보마이齒舞群島군도

를 반환하라고 압력해 올 것이다. 미국은 양쪽 다 받아들일 수 없었다. 미국정부가 일본의 4도반환론을 지지한 것은 소련이 그것을 수용할 리가 없다고 해석했기 때문이지 4개 섬이 지시마 열도에 포함되지 않기 때문은 아니었다. 덜레스가 노린 것은 어느 섬이든 일·소 화해를 저지할 수 있으면 됐다. 4도반환론은 냉전을 배경으로 일본과 소련 간에 박은 '쐐기'와 다름없었다[Haral, 1997년].

　1950년대 중반의 일·소 교섭은 일본 국내적으로는 자유민주당(자민당)의 장기정권, 이른바 '55년 체제'가 확립된 시기와 겹쳐서 이루어진다. 55년 체제는 냉전이 일본 정치에 반영된 것이다. 당시 세력을 늘려가던 사회주의 정당에 대항하기 위해 보수가 합동으로 자유민주당을 세웠는데 이때 정쟁의 대상이 되었던 것이 소련에 대한 교섭정책이었다. 민주당의 하토야마 이치로鳩山一郎 총리는 미국에 협조할 것을 최우선 정책으로 하는 요시다 시게루 전 총리가 이끄는 자유당에 양보했고, 4도반환론이 새로운 여당인 자유민주당의 정책이 되었다. 그럼에도 56년 하토야마 총리가 소련을 방문해 조인된 일·소 공동선언에서는 평화조약 체결 후에 하보마이齒舞·시코탄色丹을 일본에 '인도할' 것을 약속했고 이 합의는 양국 국회에서 비준됐다. 그러나 4도반환론은 그 후 냉전을 배경으로 자민당 정권하에서 나라의 정책규범으로 정착되어 간다[Haral, 1997년, 2장].

　센카쿠 열도 문제는 1960년대 후반 이후 오키나와 반환문제와 더불어 표면화했다. 마침 이 시기에 센카쿠 열도 주변의 자원가치가 주목받았고 더욱이 자원 내셔널리즘이 고양되던 시기와도 겹쳤기 때문에 섬의 주권은 한층 중요성을 띤 문제가 되었다. 미·일 사이에 오키나와 반환의 움직임과 함께 베이징·타이페이台北의 두 중국정부가 센카쿠 열도의 주권을 주장하기 시작해 분쟁은 가열된다. 센카쿠 열도를 놓고 두 중국정부가 내놓은 주장은 센카쿠는 대만의 일부라는 것인데, 전후 20년 이상 "센카쿠는 오키나와의 일부가 아니었다, 대만과 함께 포기하라"라는 주장은 없었다. 그래서 일본 입장에서 보면 '갑자기 나타난 문제'였다.[14]

오키나와 반환에 즈음해서 미국이 센카쿠 열도 문제를 놓고 취한 태도는 주목할 만하다. 72년 반환을 앞두고 미국정부 내에서는 '센카쿠는 오키나와의 일부'라고 명확히 인지하고 있었다. 그러나 닉슨 정권은 "오키나와와 함께 센카쿠 열도의 시정권은 일본에 반환하더라도 주권 문제에 관해서는 입장을 밝히지 않는다"는 방침을 취하고 분쟁을 일본과 두 중국정부 사이에 남겨 놨다. 국무성 통신문에 빈번히 나오는 설명은 미국이 "사이에 끼어 난처해지지 않도록"이라는 것이었다.[15] 당사자 누구의 입장도 지지하지 않으면서 이 지역을 이웃 국가 사이의 영토분쟁으로 남겨 놓는 것은 미국 국익에 합치하는 것이었다. 특히 오키나와 근방에 분쟁이 일어나면 미군의 오키나와 주둔은 더욱 정당화할 수 있다. 닉슨 정권은 일본정부용으로는 '중국을 위협'하는 데 협조하는 방법으로, 화해교섭 중인 중국에는 일본 군국주의 부활을 두려워하는 마음을 교묘히 이용해서 '일본으로부터 방위'한다는 명목으로 미군의 오키나와 주둔을 인정하게 하는데 성공했다[하라, 2005년, 276-280쪽]. 1950년대 '해빙'기에 일본의 4도반환론과 더불어 북방영토문제라는 쐐기가 일·소 사이에 고착된 것과 마찬가지로 이 시기에는 센카쿠 열도 문제라는 또 하나의 쐐기가 중·일 사이에 고착된 것이다.

남사 군도 분쟁과 관련해서는 전쟁 이후에 그 일부에 대해 수없이 관심을 보여 온 필리핀이 1971년 7월 공식적으로 주권을 주장하기 시작했다. 1970년대 후반부터는 말레이시아가 이 분쟁에 합세했고, 1980년대에 들어서면 브루네이도 배타적 경제수역을 선언하며 분쟁에 가세했다[Valencia, 1997년, 8쪽]. 중국과 어깨를 나란히 하는 주요 분쟁 당사국인 베트남은 샌프란시스코 강화조약에서 사이공의 남베트남 정부가 남사·서사 군도 양쪽 주권을 주장했다. 다른 한 쪽인 북베트남 정부는 당시에는 이 주권분쟁에서 침묵을 지켰지만 1958년 이후에는 중국의 주장을 지지했다[우라노, 1997년, 983쪽]. 그런데 미군이 베트남에서 철수하자 통일베트남(베트남 사회주의공화국) 정부는 기존의 정부방침을 뒤집고 남베트남의 주장을 이어받아 중국과 대립하게 된다.

3. 오늘날 샌프란시스코 체제가 갖는 의미

1980년대 말에서 90년대 초반이 되면 세계 각지에서 '냉전의 종식'을 부르짖는 목소리가 나오고 중·소도 미·소도 화해를 한다. 미·소 간이나 유럽에서 보이는 역사적인 '냉전의 종식'에 이어서 아시아·

태평양 지역에서도 대화와 경제관계 발전 등을 통해 긴장완화의 분
위기가 두드러지게 나타났다. 그러나 이 지역에서 일어난 변화는 동
구 각국의 민주화나 공산주의정권 붕괴, 나아가서는 동서를 나누는
벽이 완전히 붕괴한 유럽·미국만큼 근본적인 것이 아니어서 주된 대
립구조는 계속 유지됐다. 소련은 붕괴했으나 중국이나 북한, 베트남
에서는 공산주의·사회주의정권이 붕괴되지 않았다. 1991년 동서 독
일이 유엔에 동시가입한 지 18년 후에 남·북한 두 개의 국가가 유엔
에 동시가입한 것은 비슷해 보이나 독일은 이미 1990년에 통일을 이
뤘고 남·북한은 그렇지 못했다. 북한은 그 후 정권 존속을 위해 핵이
나 미사일 개발 등 온갖 수단을 동원해 미국과 이웃나라로부터 협력
과 (정권유지의) 보증을 받으려고 노력하고 있고, 중국 공산당정권도
소련의 경험을 반면교사로 삼아 정권지도부의 입장을 위협할 수 있
는 민주화에는 단호히 저항해 왔다. 그리고 이 두 나라 모두 미국과
그 지역동맹국에게는 위협적인 존재라는 사실에는 변함이 없다. 중
국은 1970년대 말부터 경제개혁 노선을 진행하여 자본주의경제를 도
입해 왔다. 이렇게 경제체제 면에서는 냉전대립구조가 해소됐다고
할 수 있을지 모른다. 하지만 정치안전보장 면에서의 대립구조는 뿌
리 깊게 남아 있다.

　유럽에서는 1990년대에 바르샤바조약기구가 소멸되었고, 북대서
양조약기구(NATO)는 냉전의 성격이 사라져 동유럽의 구 공산권에까
지 확대됐다. 그러나 동아시아·태평양 지역에서는 미국과 2개국 간
의 동맹을 축으로 하는 기존의 '샌프란시스코 동맹체제'는 존속되고

있으며 여기에 북한이나 중국이 포함될 징후는 없다. 1990년대에는 미국이 뉴질랜드의 비핵정책에 대항하여 안전보장확약을 정지시켰기 때문에 앤저스(ANZUS)*는 타당성이 결여됐으나 2개국 간(미국·호주, 호주·뉴질랜드)의 안보관계는 여전히 존재한다.

미국은 한때 이 지역에서도 냉전종결을 시사하는 전략을 내놓은 적이 있다. 몰타에서 미·소 냉전종결이 선언된 이후, 1990년과 1992년에 나온 동아시아전략보고(East Asian Strategy Report)에서는 이 지역에서 미군의 대대적 철수와 병력삭감을 분명히 기술했다. 그래서 필리핀에서는 철수가 이루어지지만 이를 끝낸 단계에서 북한의 핵개발 의혹이 부상해 그 다음 단계로 예정됐던, 주로 한국에서의 철수계획은 동결됐다. 그리고 1995년 조지프 나이Joseph Nye 국방차관보를 중심으로 정리한 전략보고서에서는 아시아·태평양 지역에 10만 명 규모의 전방지역을 마련하고 기존 동맹관계가 변함없다고 재확인했다. 그 결과 이후에도 미군이 갖는 그 지역에서의 존재감은 지속됐다.

중·소와 중·러 사이에서는 1980년대 말부터 국경확정 작업이 진행됐고 2000년대에 쌍방이 양보하는 형태로 양국 국경문제가 완전히 해소됐다. 그러나 일본과 관련한 영토 처리에서 파생된 분쟁은, 북방영토, 센카쿠, 독도, 남사·서사 제도를 둘러싼 영토문제나 한반도, 대만 해협문제, 나아가서는 오키나와 기지문제 중 무엇 하나 근본적인 해결에 이르지 못하고 오늘날에 이르렀다.

---

* 태평양의 안전보장조약의 하나

　기본적인 대립구조를 남긴 채로 긴장완화가 이루어졌다는 의미에
서는, 1980년대 말부터 1990년대 초반의 동아시아에서 나타난 국제
관계의 긴장완화는 '냉전의 종언'보다는 오히려 1970년대 '데탕트'에
가까울 것이다. 70년대 데탕트의 시기, 세계 신문잡지의 논조는 흡사
냉전이 끝난 것처럼 인식했고 새로운 국제관계의 질서를 모색하는
경향이 있었다. 근본적인 이데올로기나 정치적 대립구조의 존재는
인정하면서도 군축, 동서 간의 벽을 넘어선 경제·문화교류 등의 발
전으로 볼 수 있는 대폭적인 긴장완화가 그러한 인식을 떠받치고 있
었다. 마찬가지로 90년대가 되어서도 전 세계, 특히 동아시아에서 두
드러지게 보이는 군사에서 경제로의 중대한 변화를 보고 냉전은 끝
났다고 인식해 이 지역에서 미군을 철수하라고 요구하는 목소리도
높아졌다.[16]

　분명 경제적으로 국가 간의 의존도는 높아졌다. 이것이 전쟁 이후
의 세계에서 주목해야 할 국제관계의 특징일 것이며, 국제관계에서
경제가 담당하는 역할은 더욱 중요해졌다. 이웃 국가 간의 경제·문
화적 결속은 높아졌으며 세계화나 지역주의 경향과 같은 이른바 '포
스트 냉전의 파도'가 이 지역으로 밀려든 것도 사실이다. 경제가 흡
착제가 되어 지역협력이 촉진되고 태평양경제협력회의(PECC), 아시
아·태평양경제협력회의(APEC), 동남아시아국가연합(ASEAN)을 축으
로 한 아세안지역포럼(ARF)이나 아세안+3(한·중·일), 더욱이 동아시
아서밋(EAS) 등, 여러 지역, 다국 간 협력이나 대화의 틀이 만들어졌
다. 그러나 유럽연합(EU)과 같은 지역통합을 목표로 하는 근본적인

변동은 아직 보이지 않는다. 불신이나 반목의 근본적인 원인이 정치적으로 해소되지 않아서 지역공동체를 만드는 데에 큰 장애가 되고 있기 때문이다.

1994년에 시작된 ARF은 지역의 정치와 안전보장을 대상으로 하는 대화의 틀로 1975년에 발족한 유럽안전보장협력회의(CSCE)와 유사한 부분이 있다. CSCE가 발족하면서 나온 헬싱키선언에서는 유럽의 정치적 당면문제, 즉 전쟁 이후의 국경을 국제적으로 승인했다. 그러나 동아시아에서 아직까지 영토 주권이나 국경선을 둘러싼 분쟁이 계속되고 있는 상황은 이 지역의 정치·안전보장을 위한 대화가 1970년대 데탕트 수준에도 못 미치고 있음을 시사하는지도 모른다. 70년대의 데탕트는 소련이 미국과의 군사 균형을 이루려는 인식이 뒷받침되기도 했지만, 근래 중국이 군사력 증강에 힘쓰는 경향도 과거 소련의 모습을 방불케 한다.

과거 데탕트에서는 국제관계의 초점이 정치, 군사적 요인에서 경제, 또는 다른 요인으로 바뀌더라도 잔존하는 대립구조를 부정하지는 않았다. 기본적인 대립구조를 남긴 채로 이룬 긴장완화는 그 뒤에 다시금 동서관계의 악화를 가져왔고, 동아시아에서는 이와 비슷한 현상이 이제껏 몇 번이나 나타났다. 천안문사건 이후의 미·중대립, 한반도, 그리고 일본과 이웃 국가, 중국과 이웃 국가, 더욱이 중국과 대만 관계에서도 긴장과 완화가 반복되고 있다. 여기에는 여전히 끝나지 않는 '과거청산' 문제가 지역에 불안정 요인으로 계속 작용하고 있다. 게다가 그러한 상황에서 미군의 존재감은 통합·정비 등을

반복하며 유지되고 있고, 이에 관련해 오키나와의 기지문제와 같은
과제도 풀리지 않은 채 계속되는 상황은 지역 대립구조가 '냉전시대'
와 그다지 다르지 않음을 보여 준다. 21세기 초반 '포스트 냉전'의 새
로운 파도가 세계적인 규모로 확장되는 가운데 동아시아의 근린국가
사이의 관계는 경제, 문화 면에서 진전되고 있으나, 역사가 정치를
분단시킨 상황은 지속되고 있다. 유럽에서 얄타체제가 붕괴된 지 20
년 남짓, 아시아·태평양 지역에서 샌프란시스코 체제는 변용해 가면
서 붕괴하는 일 없이 아직 유지되고 있다. 이 지역에서 '냉전의 종언'
은 역사가 아닌 오히려 '미래의 과제'일 것이다.

맺음말

19세기 말 유럽 열강의 식민지화가 진척되는 사이, 아시아에서 유
일하게 제국주의 열강 대열에 들어간 일본은 진출·확대를 이어가며
아시아·태평양전쟁의 길로 나아갔고 그 결과 결국은 그때까지 획득
한 세력권 대부분을 상실했다. 그러나 과거청산을 마치고 '전후'로
들어서기 전에 일본과 아시아·태평양 지역 전체가 냉전이라는 새로
운 대립에 휘말렸고 그 속에서 처리해야 할 수많은 전후 처리가 애매
하게 마무리됐다. '관대한' 강화조약을 통해서 주권을 회복한 일본은
미국과의 안전보장체제를 기본 축으로 그 그늘에서 세계 제2위의 경

제대국으로까지 비약 성장했다. 철저히 '전수專守방위'만 하고 해외파병을 금하는 헌법9조는 굳건히 지켜져 전쟁체험에 기초한 평화주의의 사상은 국민에게 침투됐다. 그러나 20세기 말부터 21세기 초반에 걸친 이른바 '포스트 냉전'의 글로벌한 국제환경 변화 속에서 일본외교는 큰 벽에 부딪쳤다. 일본의 정부개발원조(ODA)는 90년대에는 세계 제1의 자리까지 차지했으나 걸프전을 계기로 노선전환이 강요됐고 자국 경제의 틀을 넘은 국제공헌이 요구되었다. 일본에게 미국이 일차적인 중요성을 가진다는 데에는 변함이 없었지만 '보통국가'*로 이행하고자 하는 모색이 시작됐고 더불어 정치적인 영향력이나 발신력을 확대하려는 움직임도 보이게 됐다. 2005년 성립 60주년을 맞은 유엔은 그 해를 계기로 활발히 개혁의 움직임을 보였고 그 속에서 일본은 안전보장이사회 상임이사국 진입을 외교목표로 세워 총력을 기울여 활동을 전개했지만 결국 그 시도는 좌절로 끝났다.

각국의 속내가 얽힌 다양한 요인이 장애물이 되어 일본의 안보리 진입을 막아섰다. 그 중에서도 돌출된 것이 다름 아닌 동아시아 근린 국가들의 반대였다. 그 배경에는 '과거청산', '부정적인 유산' 문제가 있다. 영토문제나 역사해석문제, 특히 고이즈미 총리가 취임한 이래 공약으로 이행한 야스쿠니 신사참배 등은 종전 60주년이기도 했던 2005년에 동아시아 각지에서 식을 줄 모르는 반일 내셔널리즘이 다시 타오르게 했다. 2005년은 일본이, 청일전쟁 뒤에 체결된 시모노세

---

* 다른 나라들처럼 군대를 지닌 국가

키下關조약(1895)으로 대만을 탈취한 지 110년, 러일전쟁 뒤에 체결된
포츠머스조약(1905)으로 남사할린을 탈취한 지 100년, 그리고 제2차
한일협정으로 한국을 보호국화한 지도 100년에 해당한다. 이웃 국가
에서 보자면 굴욕적인 역사가 시작되고 그로부터 해방되는 두 커다
란 전환점이 겹친 해였다. 이 해에 고이즈미 총리가 야스쿠니 신사
를 참배하고 시마네島根 현은 ‘다케시마의 날’ 조례를 제정했다. 게다
가 일본정부가 유엔안보리 상임이사국 진입을 노리는 과정은 ‘과거
를 반성하지 않는 일본’의 모습을 각인시켰다. 한국은 일본과 1965년
에 국교가 정상화했으나 그 뒤에도 해소되지 않던 반일 내셔널리즘
이 이때 다시 불타올랐고 뿌리깊은 대립구조가 수면 위로 떠올랐다.
이 해는 한국과 일본 사이에 국교정상화 40주년을 기념한 ‘한일우정
의 해’이기도 했으나 전 해인 2004년의 축구 월드컵 공동개최나 ‘겨
울연가’ 붐 등으로 고조되던 한일관계는 급속하게 냉각됐다. 신·구
가 교차하는 국제관계의 조류 속에서 일본의 외교가 떠안은 모순이
드러난 이 해로부터 10년, 일본과 근린국가들의 관계는 개선되기는
커녕 더욱 악화했다. 2012년 한국 이명박 대통령이 독도에 상륙해서
일본을 견제했고, 이듬해 취임한 박근혜 대통령은 위안부문제 ‘해결’
을 일본에게 집요하게 요구했으며 한·일 2개국 간의 정상회담은 아
직 실현되지 못했다는 비정상적 사태가 이어졌다. 중·일관계도 상황
은 유사하다. 2012년 일본이 센카쿠 열도 국유화를 발표하여 중국의
반감을 샀고, 이듬해에는 중국이 전투기의 긴급발진(scramble) 기준이
되는 방공식별권을 센카쿠 열도 주변영역에 설치하자 두 나라 사이

의 긴장은 더욱 높아졌다. 중국과 한국은 역사문제 면에서 독립운동가 안중근기념관을 하얼빈에 설립했다. 한국과 중국에서 항일·반일 내셔널리즘이 고양되는 한편 일본에서는 '혐한'·'혐중'이라는 단어가 근래에 들어 자주 눈에 띄게 됐다.

러시아와는 2006년에 북방영토 근해에서 총격사건이 일어나 사망자가 나왔다. 2010년에는 메드베데프 대통령이 러시아 정상으로는 처음으로 북방영토를 방문하여 대일 강경자세를 보였지만 푸틴 대통령은 '2개 섬' 반환으로 타결을 보려하고 있다. 하지만 2014년 이래 크림 반도 병합이나 동 우크라이나 문제와 관련해 일본이 서방의 대러 제재에 동참하자 러·일 교섭도 막혀 버렸다. 그 동안 북방영토에는 대규모 투자가 이루어져 '러시아화'가 착실히 진행되고 있다. 한·중·일·러라는 4개국의 틀에서 보면, 반세기 이상이나 앞서 만들어진 애치슨 라인 때문에 일본이 이 지역에서 정치적으로 고립되고 있다는 느낌을 지울 수 없다.

문제 중 하나는 세계대전이 끝난 후에 전후 처리가 제대로 이루어지지 않았다는 점에 있다. 여기에서 파생된 '해결되지 않은 많은 문제들'이 장애가 되어 이 지역 국가들이 아직도 악순환에서 벗어나지 못하고 있다. 최근 일본과 이웃나라의 관계에서 보듯이 아무리 좋은 방향으로 관계개선이 이루어졌더라도 이러한 불씨가 남아 있다면 또 다시 대립이 부상해서 격렬해지고 여론몰이로까지 갈 위험성은 항상 있다. 신뢰양성이나 예방외교도 중요하지만 이러한 문제를 해결하지 않으면 이 지역에 안정을 가져오기는 힘들다.

'해결되지 않은 많은 문제들' 중에서도 눈에 보이는(tangible) 영토분쟁과 같은 문제는 과거 부정적인 역사에 대한 기억과 결부되어 이웃 나라와의 관계를 악화시키는 요인이 되어 왔다. 기본적으로 현재의 국경을 바꾼다는 것은 전쟁 없이는 매우 어렵다. 그렇다고 전쟁을 하는 것은 모든 나라가 피하고 싶어하는 옵션이다. 헬싱키합의는 국경을 둘러싸고 전쟁을 반복해 온 유럽의 역사가 경험 속에서 짜낸 지혜이기도 했다. 돌이켜 보면 그 헬싱키합의를 통해서 세계대전 이후의 최종적인 국경선이 확정된 것은 아니었다. 그로부터 15–16년 뒤인 1990년대 초에 독일통일이나 발트 삼국 독립, 최근 우크라이나 상황에서 보는 것처럼 국경은 다시 움직이고 있다. 그러나 정치적 현황과 국경 상황에 공통 인식이나 합의가 있다는 것은 지역 평화와 안정에 기여한다. 냉전시대의 유럽공동체(EC)는 그 이후에 유럽연합(EU)으로 진화했고 유럽안전보장협력회의(CSCE)는 유럽안전보장협력기구(OSCE)라는 지역적 안전보장조직으로서는 세계 최대의 국제기구로 발전했다. 아시아는 유럽과는 같지 않다. 유럽 모델이 완벽한 것은 아니다. 그러나 주권국가·국민국가 개념이나 근대의 국제관계 틀이 유럽에서 전파됐듯이 이를 극복하는 지혜도 공유하고 응용할 수 있을 것이다.[17] 아시아·태평양 지역에 안정을 가져오고 평화적인 지역 커뮤니티를 만들기 위해서는 유럽의 경험에서 배울 것이 많다고 생각된다.

　미국이라는 강대국 한 나라의 지배가 뚜렷했던 시대는 이미 지났고 세계 속에서 동아시아를 향한 시선이 집중하는 곳은 이미 중국으로 옮겨져 일본의 존재감은 흐려져 가는 인상을 지울 수 없다. 앞으로 일본이 이 지역에서 고립을 피하고 외교 선택지를 넓혀 가기 위해서는 이웃나라와의 현안을 해결하고 '쐐기'나 '균열'을 제거하여 더욱 건설적인 관계를 구축해 나가야 한다. 이를 위해서는 당사국으로서 일본이 안고 있는 문제는 물론 대일 평화조약 때문에 파생한 '해결되지 않은 많은 문제들'을 해결하는 데에 솔선해서 임할 가치는 충분하다고 생각된다.

1990년대 일·소와 일·러 사이에서는 북방영토문제를 해결할 수 있는 기회가 열려 있었다. 그러나 당시 두 나라 사이에서 제시된 해결을 위한 제안은 모두 서로 수용할 수 있을 만한 것은 아니었다고 한다[도고, 2011년]. 일본은 물론 현재 동아시아의 정치 환경이 그렇게 바람직한 것은 아닐지도 모른다. 그러나 많은 국제분쟁이 그러한 것처럼 기회는 다시 찾아올 것이다. 그때를 기다리며 정부관계자뿐만 아니라 학술, 보도, 지식인이라 불리는 사람들이 국경을 초월해서 지혜를 모아 협력하고 서로 수용 가능한 해결안을 준비해 놓는 것은 가능할 것이다.

장윤걸 옮김

II

전쟁을 전하고, 전쟁을 계승한다

역사교육 속의 아시아·태평양전쟁
— 전쟁체험을 쓴다는 의미

머리말

『새로운 헌법에 대한 이야기』[1]의 '6 전쟁포기'는 "여러분 중에는 지난 전쟁에 아버지나 형을 보내야 했던 사람도 많을 것입니다. 무사히 돌아오셨습니까? 그렇지 않으면 결국 돌아오지 못했습니까"라고 전쟁을 체험한 학생들에게 물으면서 시작한다.

가가와香川대학 부속 사카이데坂出초등학교의 오카노 게이岡野啓(1928년생)[2]는 1959년 시점에서 6년 만에 초등학교 6학년 학생을 받고 '그때'의 아이들과 '요즘 아이들'을 비교하면서 흥미진진한 지적을 했다.[3] '그때' 아이들은 '태평양전쟁이 시작되기 전에 태어난 아이들'이며 그들이 초등학교 6학년이 됐을 때(1951, 52년 무렵?)에 '전쟁에 대한 기억'이라는 작문을 쓰게 했다. 작문에는 "귀환선 안에서의 경험이나 유치원에서 돌아오는 길의 방공호 안에서 떨었던 기억" 등이 생생하게 쓰여 있어, "체험이 스며 있었다." 그리고 그 아이들에 대한 '실태조사'(숫자는 명수)를 해 보면 '아버지가 전사한 사람 4, 친척이 전사한 사람 9, 아버지나 형이 출정한 사람 12, 자기 집이 불탄 사람 3, 해외에서 귀환한 사람 6, 아버지가 징용된 사람 1'이라는 상황이 드러났다. 이것을 통해 이 시기에 전쟁터에서 돌아온 교사들을 포함해 전쟁체험이 무겁게 학교를 뒤덮고 있었다는 것을 알 수 있다.

　그러나 그 한편으로 오카노는 '종전' 무렵에 태어난 '요즘 아이들'은 "전쟁을 자신들의 것으로 받아들이는 세대는", "더 이상 아니"며, "전쟁의 피해"에 대해 이야기해도 "그건 (다른 이들의) 이야기일 뿐 내 일은 아니다"라고 했다. 비참한 전쟁이 있었던 세계와 현실 속 자기들의 세계와는 "격차가 있어서 연속성이 없다"고 했다. 당연하지만 '전쟁체험의 풍화'라는 사태는 먼저 교실이라는 공간에서 일어나고 있었다. 전후 10년 정도 지나자 초등학교 교실에서는 교사를 제외하면 전쟁체험자는 모두 사라진다. 1955년에 중학교 교사가 된 엔주 가즈오槐一男(1929년생)는 학생들에게 '나의 역사'를 써보게 했다. 그 무렵에는 전쟁체험을 하지 않았더라도 "부모가 이야기하는 전쟁에 대한 이야기에 강렬한 인상을 받았다"며 아직은 전쟁에 관해 '나의 역사'에 서술했었다. 그러나 1960년 무렵을 경계로 '나의 역사'는 "전쟁 중, 전쟁 후에 고통스러웠던 것을 생각하면 지금 생활은……"이라는 '고도경제성장'을 바탕으로 한 글이 많아진다고 한다.[4] 어쨌든 '전쟁체험의 풍화'에 가장 빨리 직면해 그것에 대응하지 않으면 안 됐던 것은 학교 안의 교사들이었다[곤노, 2011년, 124쪽].

　본고에서는 이러한 '전쟁체험의 풍화'에 저항해 혹은, '전쟁체험의 계승'이라는 과제에 대해 구체적인 교육운동으로, 혹은 교육 실천으로써, 무엇인가를 해보려 했던 몇 가지 시도를 제시하면서 전쟁체험을 기술한다는 것이 무엇을 의미하는지 생각해 보고자 한다. 그것은 후쿠시마 아리유키福島在行가 「전후 일본의 역사교육운동 속에서 '전쟁체험'의 '계승'을 둘러싼 논의」를 검토하고 '전쟁체험'에 대해서 앞으로 어떻게 이야기해야 하는지 전망해 보려 했던 것을 전제로 하고 있다[후쿠시마, 2008년]. 후쿠시마의 논의는 시사하는 바가 크지만, 역사교육자협회(이하, 역교협)의 월간지 『역사지리교육歷史地理敎育』을 대상으로 검토하고 있기 때문에 거기에서의 논의와 운동이 어떤 식으로 확장되는가를 동시대 상황으로 확실시하기 어려운 면이 있다. 그래서 본고에서는 '전쟁체험의 계승'이라는 과제에 대해 자각적으로 교육운동과 교육실천을 하고 있는 역교협 이외의 민간 교육연구단체나 개인까지도 검토 대상으로 삼고 특히 일본교직원조합(이하 일교조)의 교육연구운동을 중심으로 교육연구전국집회보고서(이하 교연 레포트)나 '전쟁체험 기록' 등을 축으로 하면서 고찰을 더하고자 한다.[5] 다케우치 히사아키竹內久顯는 일교조 조직률이 1950년대에는 80%를 넘었고, 60년대 중반까지는 60%를 넘은 것, 민간교육 연구단체의 많은 부분도 인적으로 겹치는 부분이 많다는 등을 이유로 "평화교육의 이론과 실천을 정리하는 것은 일교조에서 한 것을 참조하는 것이 유효하다"고 했다.[6] 그것은 '전쟁체험의 계승'에 초점을 맞춘 본고의 문제 관심 면에서도 같은 의미를 가진다.

1. '전쟁교육' 기록운동 – 지하수로서의 홋포 성교육

1) 『야마가타의 교육 — 학교백서와 전쟁교육의 기록』

일교조를 중심으로 하는 평화교육운동을 축으로 평화교육의 특질을 탐구한 것이 후지이 도시히코藤井敏彦이다. 후지이는 일본의 평화교육이 갖는 특질을 "전쟁체험의 계승과 평화헌법의 옹호를 중핵으로 삼아 왔다는 점에 있다"[7]고 하며 평화교육에서의 '전쟁체험의 계승'이라는 과제의 중요성에 대해서 명시했다. 그리고 1951년에 "한국전쟁과 일본의 재군비 개시에 평화의 위기를 느꼈던 교사들은 '제자를 또다시 전쟁터에 보내지 말라'라는 슬로건을 내세우며 전국적인 교육연구운동을 시작했다"고 한다. 또한 히로시마의 소년소녀 체험수기 『원폭의 아이』[8]를 계기로 원폭을 중심으로 하는 평화교육이 '순식간에 불붙는데', 이에 대해 '정부는 평화운동과 민주화 운동에 대결하는 자세를 강화해' 공선제公選制교육위원회를 임명제로 바꾸고, 교과서 검정을 강화하는 등, 교육행정을 중앙집권화한다. 이것이 전쟁과 원폭 피해에 관한 기술이 큰 폭으로 줄어드는 결과를 가져와 "1955년 전후부터 십수 년 동안에 이르는 수난과 정체의 시기를 맞

았다"고 평가했다.[9] 이러한 측면을 부정할 수는 없으나 '수난과 정체'
의 시기에 중핵으로 삼았어야 할 '전쟁체험'이 어떤 식으로 의미부여
되며 실천적으로 조직돼 갔는지, 그 의의와 과제가 충분히 검토됐다
고 하기 어렵다.

여기에서 1957년 학교백서운동과 '전쟁교육'을 기록하는 시도에
주목하고자 한다. 전국적으로도 큰 영향을 미친 것이 '학교백서와 전
쟁교육의 기록'이라는 부제를 단『야마가타의 교육』[10]이었다.[11] 사토
미 미노루里見實는 이 '전쟁교육의 기록'이 큰 파문을 불러 일으켜 59
년에는 사이타마埼玉, 후쿠이福井, 구마모토熊本, 후쿠시마福島 등에서
연이어 교사의 전쟁체험이 기록됐다며 그 영향이 얼마나 컸는지를
기술했다.[12] 동시대 연구자인 이가라시 아키라五十嵐顯는 잡지『교육』
에『야마가타의 교육』에서 3편을 골라 소개했는데[13] 그것이 "전쟁교
육의 체험을 아이들 입장에서 반성하며 선생님의 체험으로 회고, 반
성하고" 있다는 것에 "매우 신선한 감동"을 받았기 때문이다. "전쟁
교육의 반성과 회고는 바로 전후 교육자의 책임, 혹은 임무의 문제와
관련된다", 원래는 "전쟁 직후 즉시, 그리고 끈기 있게 이루어졌어야
했으나 이루어지지 않은 중요한 일이었다"는 인식이 그 바탕에 있다.
"전쟁책임에 있어서 교육(실천·이론)의 문제를 생각하는 것이 교육학
의 문제에서 중요하다"는 문제의식은 확실히 존재했다.

『야마가타의 교육』을 교훈으로 몇 곳의 교원조합 기관지에서 같
은 취지의 특집이 다뤄져 전쟁 중의 교육을 되돌아보고 그 책임이 자
신들에게 있다고 생각하자는 시도가 있었다.『시즈오카靜岡의 교육』

(시즈오카 현 교직원조합, 1959)에서도 '전쟁교육의 기록'이 특집으로 다뤄져 이토 노보루伊藤昇(『아사히신문』 논술위원)가 "야마가타 현의 선생님들이 2년 전에 '패전의 날'의 고통스러웠던 기억을 써 온 글을 읽었다"면서 "인간의 세계에서 '진실'이라는 것에 이렇게까지 강렬한 충격을 받은 적은 없었다"고 했다. 『야마가타의 교육』이 그 시기의 교사들이 쓴 '전쟁체험의 기록'의 기점이 됐다는데[14] 그러면 어떻게 이러한 시도가 선구적으로 실현될 수 있었는지 그 의미, 그 조건을 되짚어 보자는 요구가 있을 것이다. 더불어 영향을 검토할 필요도 생길 것이다.

『야마가타의 교육』은 전 4부의 구성으로 '머리말'에 따르면 "제1부 '학교백서'는 얼마나 빈약한 교육인가를, 제2부 '교육비와 법률'에서는 교육에서 법의 지지기반이 얼마나 미비한지를 제3부 '전쟁과 교육'에서는 전쟁이 아이들과 교사에게 얼마나 큰 슬픔과 깊은 상처를 주었는지를, 제4부 '도덕교육과 교사'에서는 진정한 교육은 무엇의 지반이 돼야 하는지"를 기술했다. 제3부에는 '전쟁교육의 기록'으로 45편의 수기가 실렸다. 개구리 해부 시간에 "불쌍해"라며 울음을 터트리는 아동의 머리를 때리며 교사가 "개고리(개구리의 방언) 한 마리에 엉엉 울고불고. 이제라도 어른이 되면 백 명이든 이백 명이든 되놈(중국인)들을 죽어야 한다"라고 혼내는 모습이 기술돼, 전쟁교육의 실태를 고발했다. 또한, 중견 교사라는 입장에서 "일본 남자로 태어나 이번 성전에 참가하지 않는 사람은 평생의 수치", "가장 먼저 육군 항공병, 둘째로 만몽개척 의용군, 여기에도 가지 못하는 사람은 산업전사든지 농병대에 지원해야 한다"고 고무했다는 사실을 고백했다. 제자가 전사한 사실을 떠올리며 "이 얼마나 씻을 수 없는 죄를 지은 교사였나"라며 되뇌었다.[15] 현의 교직문교부장인 겐모치 세이이치劍持淸一(1915년생)는 '학교백서'에 '전쟁교육의 기록'을 넣게 된 경위에 대해 다음과 같이 말했다. "(1957년) 7월에 요네자와米澤 지부 청년부의 1박 연구회에서", "가장 열정적으로 논의된 것이 교육의 전쟁책임이었다……학생을 팔굉일우*라는 기치 아래 이리저리로 끌고 다닌 교사들이 같은 교탁에서 아첨하는 웃음을 흘리며 지금까지도 민주교육(?)을 담당하는 이로 나서고 있다는 사실에" 젊은 교사들의 응어리는 여전히 풀리지 않았다. 그리고 "우리들 자신도 언제든 사임하고 그게 어디든 다시 학교로 돌아가는 그런 교사가 되고 있는 것은 아닐까"라는 의식 속에서 "전쟁 전이나 전시 상황에서 너무 쉽게 지나쳐 온 교육 기만을 엄격하게 추궁"하지 않고는 "교육이나 교사의 양심이 확립될 수는 없다고 생각한다"는 생각으로 '전쟁교육의 기록'을 써 나가는 것을 "제18회 정기대회(사가에寒河江대회)에서 결정"했다[겐모치, 1960년생, 36쪽].[16] 겐모치가 『야마가타의 교육』의 '후기'에서 쓴 것과 같이 "전시교육에 대한 후회를 다시 반복하지 않도록 교사 자신의 상처에 대해 언급하며", "이 아픔이 가시지 않은 지금", "무엇을 해야 하는가"를 "진지하게 생각한" 결과가 이러한 제기였다. 그리고 이러한 야마가타에서 한 제기가 전국적인 운동으로 이어졌다.

1957년 6월 5일부터 와카야마和歌山시에서 열린 일교조 제15회 정

---

* 온 천하가 한 집안이라는 뜻으로 일제가 침략전쟁을 합리화하기 위해 내건 구호

기대회는 "교연 활동과 조합 활동을 통일하자고 다시 논의가 됐으며 야마가타에서 제기된 내용에 수정을 더해", 통일을 가능하게 하는 조건이 "새롭게 규정돼 그 이후 추진 활동에 있어서의 요점이 됐다." 그리고 "학교백서 운동을 전국 각지에서 전개할 것"을 진지하게 논의하고 "야마가타에서 수정 의견으로 백서 작성의 기본적 관점을 '교사의 노동조건, 교육환경, 아동생활의 학력 실태'를 중심으로 하자는 내용이 제시돼" 가결됐다. 또한, "전쟁에 대한 반성을 기록으로 남길 것을 강조하고 그것도 결정"했다. 그러한 제안은 "전 조합원이 전쟁 전에 당시의 정치권력에 영합하고 굴종했기 때문에 아이들을 불행에 빠뜨렸고, 그러한 교육을 받은 당사자로서 분노와 슬픔을 '전쟁과 교육에 대한 반성의 기록'으로 정리하고 제자들을 다시는 전쟁터에 보내지 않는 우리들의 굳건한 결의로 이것을 국민들에게 호소한다"[17]고 했다.

이렇게 '전쟁과 교육에 대한 반성의 기록'을 작성하자는 야마가타에서의 제기는 학교백서 운동과 연동하면서 전국적으로 이루어지게 된다. 예를 들면 『사이타마의 교육』(사이타마현 교원조합, 1959)에서는 '전쟁과 교육의 기록'을 부제로 하고 군사교련 등 스스로가 소국민으로서 받은 전쟁교육의 실제와 함께 교사로서 폭력을 휘둘렀던 사실을 고백하는 수기 등, '양심의 가책'에 괴로워하는 교사의 모습이 기록돼 있다.[18] 『히로시마廣島교육』(히로시마 현 교직원조합, 제97호, 1959)에서는 '평화와 교육의 접점'을 특집으로 다루면서 원폭 피해와 히로시마 평화운동의 추이가 기록됐고 이와 함께 만몽 개척의용군이라는 이름으로 우치하라内原 훈련소에 제자들 보낸 교사의 기록이 실렸는데 그것

은 '자기 자신이 더 소중하다'는 자기 보호의 자세를 창피하게 여기
는 것이었다(46-47쪽). 『시즈오카의 교육』(전술)에서는 '전쟁교육의 기
록'을 특집으로 다루고 가와니시 겐타로河西賢太郎가 우치하라 훈련소
에 견학을 가서 만몽 개척의용군의 지원자 모집에 열광적으로 힘을
쏟으면서 자기 자신도 만주로 건너가 결국은 영양실조 등으로 몇 명
이나 되는 제자의 생명을 잃게 되는 비통한 체험을 기록했다. 가와니
시는 "자신이 저지른 죄의 크기"를 가슴에 되뇌며 "몇 명인가의 아이
들을 죽인 교육"의 의미를 살폈다. 전쟁책임에 대한 교육(실천·이론)의
문제가 당사자의 언어로 기록된 것이다.[19]

이후에 호시노 야스사부로星野安三郎는 와카야마 대회에 대해 언급
하며 "'전쟁과 교육에 대한 반성기록 운동'이 운동 방침으로 채택돼
실천됐으나 오늘날 지역 주민의 손으로 이루어진 전쟁체험의 발굴과
기록 운동은 그 연장선상에 있는 것"[20]이라고 주장했다. 현재까지 이
어질 수 있는 그런 운동으로써의 의의가 제시됐다.

2) 『교육 훗포 ― 학교백서와 전쟁교육의 기록』

야마가타의 '전쟁교육의 기록'은 제일 앞에 소개된 '대중의 한 사
람으로서'(고세키 다로小關太郎)를 제외하면 '아이들의 슬픔', '청춘은 어
디로', '천황교' 등 여섯 가지 주제로 정리됐고 '전쟁책임'이라는 주제
에는 8편이 수록됐다. 사토 히로시佐藤廣(신조新庄중학교, 1930년생)는 4,
50대의 교사가 전쟁 중에 자기 반에서 육군유년학교에 몇 명을 집어

넣었는지 서로 자랑하는 사람들에 대해 의문을 던지며 "전쟁 중에 중
견 교사로 활약하고 전쟁에 가장 열심이었던 사람들, 파쇼 교육에 아
무런 의문도 가지지 않고 강행했고, 전후에 가장 먼저 민주교육을 부
르짖었던 사람들"을 날카롭게 고발했다. 전술한 "젊은 교사들의 웅
어리"를 명료하게 밝혔는데 이러한 것을 '전후책임'이라는 주제로 정
리한 것은 역시 주목할 만하다. '전후책임'이라는 단어는 오누마 야
스아키大沼保昭에 따르면 50년대 전반에 극히 소수의 크리스트교도들
이 처음으로 사용한다. 그 다음에 다케이 데루오武井昭夫와 요시모토
다카아키吉本隆明가 50년대 중반에 문학가의 전쟁책임 문제를 논하
면서 사용했고, 1970년대부터 시민운동에서는 아시아로부터의 시선
을 의식해서 사용하기 시작했다고 한다.[21] 확실히 요시모토 다카아키
는 '문학가의 전쟁책임'을 논하면서 전쟁 시기의 체험을 어떤 식으로
되뇌어 자기 내부의 문제로 삼아 전후 10년 남짓을 걸어왔는가에 대
해서 논하며 '전후책임 문제'를 제기했다.[22] 이러한 논의를 바탕으로
한 '전후책임'의 주제화였다. 그리고 전술한 오세키 다로(호쿠부北部중
학교, 1919년생)의 수기에 무나카타 세이야宗像誠也의 '학자의 자기비판'
이 인용됐다. 여기에서 무나카타의 글은 「교육과학의 과학성」[23]을 가
리키는데 무나카타는 오쿠마 노부유키大熊信行의 『국가악』[24]을 언급
하며 오쿠마의 지적과 같이 지식인·문화인·학자·예술가의 전쟁책
임에 대해 자기비판이 아직 충분하게 끝나지 않았다고 했다. 그리고
요시모토의 '문학가의 전쟁책임'을 참조하며 "전쟁책임에 대해 자기
비판이 철저하게 이루어지지 않았다고 한다면 전후 민주주의도 결국

은 배급된 민주주의에 그칠 것"이라고 했다. 그리고 "그렇기 때문에 전쟁책임은 전후책임이 되는 것"이라고 명쾌하게 주장했다. 무나카타는 전쟁책임 문제를 추궁하는 것이 주체 형성 문제라는 것을 인식했다. 그래서 '배급된 민주주의'가 되지 않으려면 일찍이 '자신이 추락해 갔던 과정'을 분석하고 자기비판을 통해서 그것을 이뤄내려 했다.[25] 이러한 의미에서 『야마가타의 교육』은 교사 자신의 전쟁책임·전후책임에 대해 문제를 제기한 것이다.

　다음으로 주목해야 할 것은 『야마가타의 교육』과 같은 날(1958년 1월 20일)에 발행된 또 한 권의 잡지이다. 「학교백서와 전쟁교육의 기록」이라는 『야마가타의 교육』과 같은 부제로 잡지 내용도 전부 같기 때문에 표지만 바꾼 것으로 보인다. 이 잡지의 제목은 『교육홋포敎育北方』(제4호)이다. 즉, 발행자들의 입장에서 보자면 전쟁교육을 기록하는 것은 『야마가타의 교육』만이 아니라 동시에 『교육홋포』에서 해야 할 일이기도 했다는 의미이다. 『교육홋포』는 1957년 8월에 창간한 「야마가타 현 교조 문교부기관지」[26]이며 동시에 「서클 기관지」[27]로 의식됐으나 그 명칭에서도 알 수 있듯이 전쟁 전의 홋포 성교육 운동을 계승하는 것이었다.[28] 기타가와 겐조北河賢三는 스토 가쓰조須藤克三에게 초점을 맞춰 아동문화운동과 생활작문·생활기록운동이 연동해서 전개된 이 시기의 야마가타 현 교육문화운동을 성실히 묘사했다. 그 속에서 야마가타 현 교조가 1954년의 정기대회에서 서클 육성을 운동방침으로 내세운 일, 겐모치가 문교부장에 취임해 아동문화연구회에 참가하면서 양자의 연결고리가 튼튼해져서 현교조와 아동문화연구회가 공동주최하는 아동문화연구협의회가 열리게 됐다는 등을 밝혔다[기타카와, 2014년, 123쪽]. 사실 1954년의 '제13회 정기대회의안'에서는 '2, 서클을 육성하자'는 내용을 제기했고 "곧 집단이 되고 문제해결을 위한 큰 힘이 될 것"이라고 호소했다. 이것을 집필한 것도 겐모치였다[야나기사와, 2012년, 121쪽]. 또한, 1955년의 아동문화연구협의회에서 "서클 경험을 나눠 가지"고, '이동문집 전람회와 작문교육을 이야기하는 모임'에서는 "현교조 문교부장[겐모치]이 문집을 넣은 배낭가방을 매고 스토 가쓰조, 아키호 미쓰요시秋保光吉 두 사람이 문집을 손에 들고 강연하며 다녔다"[겐모치, 1960, 24쪽]고 한다. 이러한 적극적인 활동 속에서 1955년 교육연구집회는 "서클에 소속된 교사가 대량으로 교육연구활동에 참가해, "질적으로 전환"[29] 했다. 그리고 1956, 7년의 "야마가타 현 서클·생활기록운동의 피크"[기타가와 2014, 126쪽]를 맞았다. 그런 의미에서 겐모치야말로 조합운동과 교육문화운동과의 연결점에 서서 사람들을 이어 줬다고 해도 좋을 것이다.

　이상에서처럼 먼저 '전쟁교육의 기록'이 야마가타에서 선구적으로 제기될 수 있었던 이유를 정리해 보면, 전쟁에 가담한 교사들의 응어리, 불신감에 전쟁책임·전후책임론이 이론적인 형태를 부여했다는 점을 들 수 있다. 그리고 생활기록운동·서클운동이 현교조의 문교활동과 연대하는 과정에서 그것을 자기 자신의 문제로 받아들여 스스로의 체험을 기술했다는 것, 바로『야마가타의 교육』과『교육훗포』가 하나가 되어「학교백서와 전쟁교육의 기록」을 준비하고 만들어 낸 것이다.

3) '전쟁교육의 기록'을 기술한다는 의미

『야마가타의 교육』을 기점으로 하는 '전쟁교육의 기록' 운동은 전국적으로 전개됐다. 그리고 현 내부에서도 계속해서 활동이 이어졌다. 그 중 하나로 야마가타 현 교원조합최상지부청년부편『전부 목소리를 내서 – 전쟁교육의 기록 특집호』[30]가 있다. 이 중에서도 유독 눈에 띄는 기록이 나가야마 이치로永山一郎(가나야마金山초등학교, 1934년생) 「독과 교훈 – 나의 전쟁체험과 전후 체험」이 그것이다.

교사의 아들로 산골 마을 분교에서 교육을 받은 '나'는 '우등생이어야 했다'고 한다. 물고기 잡기나 다른 놀이 중 어느 하나도 마을 아이들보다 뒤떨어진 '나'는 학업에서 상위권 우등생으로 있는 것으로 마을 아이들과 대등한 자격을 얻었다. 거기에 한 명의 조선인 소년이 들어왔다(마을의 산중턱에 있던 빈약한 탄광에 이주해 왔다). 그 소년은 '머리가 좋아', '나'의 위치를 위협하는 존재가 됐다. 그때 (나는) 마을 아이들에게 장난감을 주며 조선인 소년을 괴롭히라고 사주한다. 조선인 아이들이 목욕하는 장소를 모두 함께 습격한다. 돌을 던지면 5, 6명의 여자 아이들의 이마에 맞았고 그 소년의 허리에 달라붙는다. 그 소년의 날카로운 시선이 현재도 '나'를 쏘아본다. '나'의 기억에는 조선인에게 마을 사람들이 던지는 멸시의 말과 행동이 그대로 무겁게 남아 있다. 그리고 '나는, 그 부채 감각(가해자 의식, 께름직함, 자기혐오)'을 확실히 자각하게 된다.

나가야마가 자신의 가해자 의식을 도려내 응시했다는 점은 확실하다. 젊은 교사들의 대부분이 전쟁교육의 피해자로서 과거의 전쟁교육을 중심으로 담당했던 40, 50대의 교사를 고발하는 상황에서 스스로의 가해자성을 도마 위에 올려 되짚어 본다는 점에 있어서는 확실히 일정 수준을 뛰어넘었다.

이것은 히다카 로쿠로日高六郎의 지적을 떠올리게 한다. 전쟁을 통해 개인의 생명과 생활이 파괴됐다는 면이 강하게 드러난다. 그러나 다른 면에서는 "개인의 일상생활, 그 속에서의 생활태도와 자세가 사실은 전쟁 그 자체의 원인이 되어 전쟁을 시작하게 하고 전쟁을 지탱하는 힘의 일부"가 됐다고 하면서 전쟁 전·전쟁 중, 칭다오青島에 있었던 히다카는 당시의 일본인이 일상 속에서 중국인을 어떻게 취급했는지 의문을 던진다. "일반서민 역시 그러한 일상생활 속에서 전쟁의 씨앗을 온존시키며 키워 냈다"는 것이며 "개인의 일상생활 속에서 보여지는 생활태도와 자세가, 사실은 전쟁 그 자체의 원인이 되어 전쟁을 시작하게 했고, 그 전쟁을 지탱하는 힘의 일부"[31]라고 했다. 더욱이 나가야마는 전후 체험으로써 '교사의 네 가지 얼굴'을 도마 위에 올렸다. 교사는 '부모용, 자식용, 교장용, 조합용'으로 일상 속에서 이것들을 구분해서 사용한다. 그렇게 되면 인간으로서 요구되는 것과 국가에서 요구하는 것이 모순되더라도 '얼굴'은 그것을 모순됐다고 인식하지 못하고 각각 구분해서 피해 나가려 한다. 근무평가의 괴로운 체험을 저변에 가지고, 교사의 일상생활을 검증하려 한 것이다.

나가야마는 이후에 『전부 목소리를 내서 – 전쟁교육의 기록 특집호』 편집경위를 남겼다.[32] 야마가타 현 본부의 운동방침은 "청년 교사는 전시 중에 가해자가 아닌 피해자였다는 사실을 잘 되새겨 보고다 함께 전쟁교육의 기록을 남기자"는 것이었다. 그것을 편집위원회에서 논의해 '피해자로서의 기록이라는 발상'의 일면성을 깨닫고 나가야마는 "기록이라는 작업은 자기혁명이라는 의미를 포함하고 있는 것은 아닐까"라고 날카롭게 문제제기했다. "자기혁명이라는 것은 피해자 의식에서만 생겨나는 것은 아니지 않을까"라며 '전쟁교육의 기록'이라는 것은 "현재의 자기실천 속에서 비인간적·비합리적인 방법을 도려내는, 이른바 자기실천의 점검을 실시"하는 데에 의미가 있다고 했다.[33] 그래서 전술한 「독과 교훈」을 쓸 수 있었으며 그것은 현재의 일상생활 속에 '전쟁의 씨앗'을 도출해 내고 그것을 끊어 내려는 노력이다. 여기에는 체험을 기록함으로써 현재의 자기 자신에게 의문을 던진다는 원점이 있다. 그것은 체험을 기록한다는 행위가 자신에 대해 묻고, 타자에 대해 물으며, 자신을 바꾸고, 타자까지도 바꾼다는 생활작문과도, 생활기록과도, 앞으로 나올 '전쟁체험' 기록과도 공통되는 것이라고 하겠다.

2. 교실 속의 '전쟁체험'에서 지역 속의 '전쟁체험'으로

1) '어머니의 역사'와 '우리의 역사', 그리고 '부모의 역사'

'전쟁교육의 기록' 운동이 1957년부터 60년대 전반에 걸쳐 진행됐으나 그것이 실제 역사수업에서 쓰이는 일은 없었다. 전술한 가가와

대학 부속 사카이데 초등학교의 오카노 게이의 경우에도 그것은 작
문교육 속에서의 '전쟁체험'이었으며 역사수업 속에서 다뤄진 것은
아니었다. 현대사를 중시해야 한다고는 하지만 고대나 중세 등의 시
대에 대한 설명에 쫓겨 "충분한 시간을 들일 수가 없었고"(「현대사 교
실(1)」, 『역사지리교육』제3호, 1954, 34쪽), "부모, 지역 사람들이 살아온 역
사이므로 사회적인 압력이 컸다"(다카하시 신이치高橋磧一, 『역사교육론』, 가
와데쇼보, 1956, 31쪽)는 점도 있었기 때문이다. 자신들이 살아온 시대가
그려져(도야마 시게키遠山茂樹·이마이 세이이치今井淸一·후지와라 아키라藤原彰,
『쇼와사』구판, 이와나미쇼텐, 1955), 겨우 읽을 수 있게 됐고 그 당시 많은
교사가 "전쟁을 가르친 기억이 없다"는 상황이었다.[34] 1950년대에 '전
쟁체험'을 수업에 집어넣는 것 자체가 매우 선진적인 시도였다.

이 점에 대해서 먼저 확인해야 할 것은 '전쟁체험'은 '어머니의 역
사'로 현대사 속에서 다뤄졌다는 것이다. '어머니의 역사'는 1953년
에 민과(민주주의과학자협회) 나라奈良지부 역사부회가 '어머니의 역사'
를 쓰자고 호소하기 시작하면서 급속하게 퍼져 나가 국민적 역사학
운동의 일환으로 전개됐다. 잘 알려진 대로 국민적 역사학 운동은
1947년 말에 이시모다 다다시石母田正가 '마을의 역사·공장의 역사'를
제창하면서 시작됐으며 여기에서는 교사의 권위주의를 무너뜨리기
위해 '교과서를 교사 자신이 만드는 것'을 목표로, '각 지방에 적합한
향토사'를 교사가 '직접 쓴다'는 것이 역사교육의 문제로 제기됐다
(『역사평론』제12호, 1948). 그 이후로 『역사평론』지(민과 역사부회 기관지)를
배경으로 '전쟁터의 역사'와 '어머니의 역사'가 특집으로 다뤄졌고

구체적인 작품이 연이어 게재됐다.

　오구시 준지大串潤兒는 '어머니의 역사'와 국민적 역사학 운동과의 차이를 검토해야 한다면서 '어머니의 역사'의 기초를 확장하기 위해서는 생활기록 운동의 경위가 더욱 중요한 의미를 가진다고 지적했다.[35] 여기에서 교훈을 얻는다면 '어머니의 역사'가 역사교육에서 이루어질 때 어떤 측면을 계승했는지, 그 뒤의 전개를 포함해 검토해야 할 점이 남는다.

　역사교육에서 '어머니의 역사' 실천은 『역사지리교육』지에서 상호 관련하면서 진행됐다. 1955년 무라타 나오후미村田直文(후카가와深川제2중학교)의 「'엄마의 역사'에 대해서」(제7호), 가토 분조加藤文三(제2스나砂町초중학교, 1930년생)의 「어머니의 역사」(제8호), 스즈키 료鈴木亮(제2상업고등학교, 1924년생)의 「수업에서 현대사를 어떻게 다뤘나-'우리의 역사'가 나올 때까지」(제9호), 그리고 1956년의 우시로 다다카즈後呂忠一(나라학예대학부속중학교, 1925년생)의 「태평양전쟁사의 학습-'부모가 이야기하는 전쟁의 역사'로 취급」(제22호) 등이 있다. 이들 실천에 대해서는 역사서술과 자기형성에 관련한 언급이 있고[곤노, 2011년, 2014a] 상세하게 다루지는 않겠으나 본고에서 확인하고자 하는 것은 국민적 역사학 운동과의 연속성이다.

　가토 분조는 교원이 되어 아이들, 부모, 지역 사이에서 분투하며 국민적 역사학 운동이 약점을 극복하려 노력해 왔다며 그 운동이 '자멸'하거나 '좌절'할 만한 것은 아니라고 단언했다. 이러한 실감은 가토 혼자의 것이 아니라 학생으로서 국민적 역사학을 경험하고 그 뒤에 "교직에 들어서 활동한 모든 사람의 공통적인 감상"이었다.[36] 이러한 실감을 전제로, 국민적 역사학 운동의 과정에서 자기를 단련해 운동을 둘러싼 비판과 논쟁 속에서 역사학의 방법론을 몸에 익힌 '뛰어난 초·중학교 교사'들이 "오늘날, 역사교육운동의 중요한 담당자가 됐다"[37]고 할 것이다. 이러한 평가는 현재까지도 이어져 "역사학계에서 일부 농후했던 운동의 좌절감은 없으며 오히려 운동의 계속·발전이라고도 할 수 있는 적극적인 면이 보인다"[역사교육자협의회, 1997년, 65쪽]는 것이다.

인적인 측면만이 아니라 이념과 방법으로써 무엇을 계승하고 무엇을 계승하지 않을 것인지, 혹은 무엇을 새롭게 덧붙일 것인가, '적극적인 면'으로 불리는 것을 더욱 구체적으로 검토할 필요가 있을 것이다. 원래 학교라는 곳에서 학생들에게 '어머니의 역사'를 쓰게 한다는 것은 공장에 다니는 사람들이 '어머니의 역사'를 쓰는 것과는 다르다는 의식이 있었다. 그것은 '현대사를 교육해 나가는 목적'을 위해 '어머니의 역사'를 다룬다고 명확히 보여 준다. '어머니의 역사'는 어디까지나 '현대사를 배우기 위한 재료이며, 수단'이며, '현대사를 배우기 위한 텍스트'[38]였다. 또한, 처음부터 『역사지리교육』 편집부는 "'어머니의 역사', '아버지의 역사'를 써 보지 않겠는가"라고 '부모의 역사'를 쓰자고 주장했다.[39]

더욱이 1957년 역교협 제8회 대회에서 도야마 시게키의 강연 '현대사를 배우는 방법·가르치는 방법'은 그 이후에 현대사를 다룰 때의 방향성을 제시하는 것으로써 결정적이었다.[40] 도야마는 『쇼와사』

비판에 대한 대답을 포함해 현대사 연구의 약점을 거시적 판단에 의존하려고만 하는 면이 있었다고 지적하고 거시적 판단과 미시적 판단의 통일이라는 논점을 제출했다. 그리고 거시적 판단의 능력을 육성하기 위해 연표 활용을 제시하고 미시적 판단을 보충하기 위해 부모의 의식을 다루는 것이 유효하다고 지적했다. 말하자면 "가능하다면 아버지들의 의견이 순수하게 반영될 수 있도록 하고자 하며, 그러지 않으면 안 된다", 또한 "전쟁을 싫다고 한 어머니의 의견이 모일 수 있는 조사방법, 혹은 아이들을 이끌어 내는 방법은", "실패"가 될 것이라고 단언했다. 전쟁이 통쾌했다는 아버지의 의견에 중요성을 보이면서 그 판단의 배후에 있는 사실을 탐구해야 한다고 했다. "아버지, 어머니 각자의 체험을 역사 재료 속에 집어넣는" 것을 추천·장려했다.

도야마의 제언도 받아들여지고 해서, 몇 가지인가 예외를 제외하면[41] 거의가 '부모의 역사'이며 '부모가 이야기하는 역사'로써 현대사를 배우기 위한 자료, 재료로 수집돼 수업에서 쓰인다. 그런 의미에서 이 시기에 하나의 원형을 만든 것이 우시로 다다카즈의 「부모가 이야기하는 전쟁의 역사父母が語る戦争の歴史」와 마루키 마사오미丸木政臣(와코和光학원중학교, 1924년생)의 「어머니의 역사」[42]일 것이다. 전자에 대해서는 이미 검토[곤노, 2011]했으므로 자세한 설명은 생략하지만 거기에서는 어떤 아버지의 이야기가 다뤄져 군무의 괴로움과 즐거움이 서술되고 중국에서의 현지 조달(약탈)의 실제가 그려져 있다. 조달해 온 병사가 누군가에게 살해당한 사건을 둘러싸고 "반장 등의 명령

에 따라 부락 전체에 불을 질러" 버렸다는 기술이 있다. 아버지를 집어넣음으로써 말하기 어렵다고 여겨진 가해의 체험도 분명히 그려졌다. 또한, 마루키의 실천은 이후에 일생련의 기관지 『생활교육』지에 게재된 것처럼 역교협 이외의 교육연구단체로도 확장됐다. 1957년도에 실시된 실천에서는 먼저, 학생들이 직접 자기 손으로 모친의 반평생을 채록하고 연표에 정리해 발표하게 했다. 다음으로 모든 어머니에게서 공통되는 '전쟁의 그늘'에 주목하도록 하고 세상의 움직임(일본사 연표)과 관련지어 개인의 '전쟁체험'을 현대사의 흐름 속에 위치시키려 했다. 마루키는 "역사를 주체적으로 인식하고 사회의 움직임에 올바르게 대처할 수 있는 자세"를 가질 것을 목표로, "생활에 관련지어 파악"하게 했다. 여기에는 쓰루미 가즈코鶴見和子 등이 『갈기갈기 찢겨 – 어머니의 전쟁체험』[43]에서 '생활기록적 방법'을 이용해 개별적이고 주관적인 체험을 비교하면서 객관화하려 한 '전쟁체험의 연대사'와 공통되는 방법이 쓰였다[곤노, 2011년].

그 뒤에도 교연 레포트[44]에서 '어머니의 역사'(='아버지의 역사')의 실천을 볼 수 있다. 예를 들어 1960년 도지키栃木 현교조: ⑤스즈키 다케오鈴木猛夫·사토 겐지佐藤權司, 1961년 시즈오카 현교조: ③구리타 아리시로栗田有城 등의 교연 레포트이다. 이들은 '부모의 역사'를 염두에 두고 실천하고 있다는 것을 읽어낼 수 있으나 교연 전체에서는 점차 '어머니의 역사', '부모의 역사'라는 기술은 보기 힘들어졌고 부모의 경험이나 전쟁체험이라는 단어로 바뀌어 갔다. 예를 들어 1967년 교토 교조의 ③시부야 다다오澁谷忠男(구미하마久美濱초등학교, 1926년생)의 실천에서는 '부모의 역사'는 의식하고 있지 않으나 '전쟁체험'과 관련해 중요하게 여겨졌다.[45] 아이들은 만주, 지린吉林 방면의 개척촌에서 일본인으로 교사생활을 했던 교장으로부터 '만주인의 생활'과 '일본인과 만주인의 관계에 대한' 이야기를 들었다고 한다. 그리고 죽을지도 모르는데 어째서 전쟁에 나갔는지라는 의문이 생겨 "나라를 지키기 위해서 어쩔 수 없었다"는 부모의 의견이나 친구의 의견에 대해 서로 대화하고 한편으로는 나라를 지키기 위해서라고 말하면서도 중국인을 업신여기는 태도에 의문을 품었다. 나라를 지킨다는 것이 무엇인가에 대한 생각이 깊이를 더해 갔다.

　점차 '어머니의 역사', '부모의 역사'를 의식하지 않게 되는 상황에서, 국민적 역사학 운동 속에서의 '어머니의 역사'를 분명히 의식하고 '전쟁체험'에 대해 의미를 부여한 것은 1969년 오카야마岡山 현고(교)교조: ③니야 세이노스케新谷清之助(오쿠邑久고등학교, 1930년생?)였다. 니야는 먼저, 어째서 부모의 전쟁체험을 듣고 기록하는지, 그리고 전쟁체험을 듣기 위한 항목과 연표, 지도 등에 대해서 설명한다. 다음으로 학생들에게 들은 내용을 기록하게 해 교사가 점검하고 더불어 깊은 내용까지 들을 수 있도록 지시하고 레포트 작성을 시켰다. 그리고 반마다 레포트 철을 하고 회람으로 돌려 반별 토의를 실시했다. 그리고 부모의 전쟁체험을 전체 역사의 흐름 속에서 자리매김하고 동시에 제2차 세계대전을 조사하도록 지시했다. 마지막으로 반별로 발표 토의하는 장소를 마련했다. 이렇게 300편의 레포트가 작성돼 한 반 50명 중 스물 몇 명의 부모가 중국, 동남아시아, 태평양 전역에

갔었다는 사실이 밝혀졌다. 어떤 학생은 "평소에 아버지는 정세가 좋을 때의 전쟁에 대해서만 얘기했었는데 이야기를 들을수록 지금까지와는 다른 전쟁의 비참함과 아버지가 사람을 죽인 것은 아닌지 하는 의문이 생겨, 아버지가 불쌍하다고 생각하게 됐고 인간으로서 용서할 수 없는 마음이 들었다"고 기술했다. 언제나와 같은 모습의 아버지에게 너무 깊은 얘기까지 들어 버려서인지 전혀 다른 모습으로 보였다. 그것을 동시에 "아버지가 전쟁에 휘말려 들어 병사로서 사람을 죽인 것은 왜일까"라는 심각한 의문으로 이어졌다. "부모의 육성으로 직접 듣는 전쟁이 연표, 지도 위에서 분명해지고, 아버지가 점령한 아시아 민족의 상태를 조사하는 과정에서", "전쟁·평화·민족"의 문제를 탐구하고자 하는 의욕이 생겼다. 절실한 의문이 의욕을 촉발시키면서 그와 동시에 레포트를 쓰면서 심화하는 과정을 겪고 집단적으로 그것을 함께 공유하는 것이 한발 더 나아간 상호 인식에 대해 깊이를 더해주었다. 여기에는 생활작문이나 생활기록의 몇 가지 요소가 포함돼 있다. 이러한 주의 깊고 신중한 과정을 거쳤기 때문에 가해에 관한 체험이 여러 기록으로 남을 수 있었다.[46]

또한, 같은 1969년 후쿠시마福島 현교조 : ③한자와 미쓰오半澤光夫(세이메이清明초등학교, 1932년생)는 전쟁 중, 전후에 걸친 국민생활의 모습을 의식주와 교통, 생활, 학교, 싸움 등의 주제를 정해 학생들에게 부모의 체험을 듣게 했다. 여기에서 중요한 것은 체험을 듣는 것만이 아니라 그룹별로 의복이라고 하면 의료衣料티켓* 등의 실물, 주거라

---

* 의료를 배급하기 위해 정부에서 발행한 점수제 티켓, 1942 - 50

고 하면 건물 강제소개疎開* 표 등, 자료수집과 조사를 함께 하도록
했다. 그리고 전몰자의 무덤 조사가 이루어졌고 통학구역 내의 출정
병사의 수 등이 드러났다.[47] 이것은 학생들이 이뤄낸 하나의 지역연
구가 됐다. 또한, 다음해 이들 자료와 조사를 포함해 이 통학구역의
역사를 『후쿠시마 시 세이메이 통학구역의 역사』[48]로 정리했다. 앞에
서 본 바와 같이 국민적 역사학 운동이 지역의 역사를 교사 자신이
쓰고자 목표한 것이라면 이것은 국민적 역사학 운동을 정당하게 계
승하는 노력으로써, 이 시기에 하나의 목표치에 도달한 것이라고 할
수 있다. 쇼지 기치노스케庄司吉之助는 서문에서 "마을 사람들의 손으
로 이루어졌다"고 기술했는데 이 책이 중요한 것은, 한자와가 중심이
된 '부모와 교사의 모임'이 아이들의 조사를 포함해 '지역 전원'과 함
께 만들어 냈다는 것이다. 이것은 '지역 주민 자신을 주체로 하는 지
역사서술 운동'[49]으로 이어졌다.

2) 지역 속에서 '전쟁체험'을 발굴하다

1950년대 말부터 1960년대 초반에 걸쳐 이루어진 '전쟁교육 기록
운동'은 마치 나가야마 이치로의 죽음과 시기를 맞춘 듯이 멈춰 선
다. 이것이 다시 커다란 물결을 일으키는 것은 1969년 『교사의 전쟁
체험 기록』[50]의 발행에서부터다. 무나카타 세이야의 서문에 "다시금

---

* 제2차 세계대전 말기, 대도시의 방위 강화를 위한 일련의 정책으로 도시의 주요시설, 유아, 노
인, 초등학생 등이 농촌 지방으로 강제 이주시킴

전시 중 나의 전쟁협력 체험을 고통스럽게 상기한다"고 쓰며 자신이 '추락한' 경과와 그 의미를 재차 기술했다. 이때 나온 책은 『들어라, 와타쓰미의 목소리』나 『전몰 농민 병사의 편지戰沒農民兵士の手紙』에 자극을 받아 간행된 「살아남은 교사의 체험 수기生き殘った敎師の體驗であり手記」와 「이와테 교사의 전쟁과 현상에 대해 꾸밀 수 없는 고발岩手の敎師の戰爭と現狀に對する僞らざる告發」이었다. 흥미로운 것은 1970년대 이와테 현교조: 오쿠무라 이사오奧村勳(미즈사와水澤초등학교)가 자료로 수록한 니시이와이西磐井 지부 고이와 마키오小岩牧郞의 현교연 레포트이다. 이에 따르면, 이치노세키 국민교육연구회의 다른 명칭은 니시이와이 국민교육운동 서클이며 그 전신이 민주교육확립 서클로 50년대부터 활동해 1960년에 이름이 바뀌었다. 70년 안보투쟁이 가까워 올 즈음 '국방교육'이 공공연히 부활하고 전쟁의 위기가 조금씩 다가오고 있다는 인식 속에서 1966년 '교사의 전쟁체험에 대한 기록'을 기술해 그것을 모아 출판하려는 준비가 시작됐다. 교사들 사이에 '격차'(관리직, 관리직 직전 단계, 조합원 교사, 젊은 교사 등)가 생기는 과정에서 모든 층을 결집할 수 있는 내용으로 '제자를 다시는 전쟁터로 보내지 않는'다는 결의를 요점으로 넣었다.[51] 또한, 주목해야 할 것이 '홋포 성교육운동의 유산을 계승, 발전시킨 민족적 과제를 짊어진 70년 안보투쟁을 눈앞에 둔 교사저항의 기록'을 확실히 할 수 있었다고 의식하고 있었다는 점이다. 서클 운동이 이루어지는 과정에서 홋포 성교육운동의 계승이라는 자리매김이 있었다는 사실은 『야마가타의 교육』과도 겹치는 부분이다.

이후에 나가사키長崎 현에서는 '우리 현에서 평화교육운동 부활의 단초가 된 것이 1969년 2월에 간행된 「교사의 전쟁체험에 대한 기록」(노동순보사 간행) 강독 운동이었다'고 의미를 부여했다. 이치노세키의 서클 활동에서 탄생한 이 책은 "전쟁을 체험하지 않은 교사 층이 늘고 있는 상황에서 단순한 추억 이야기나 영웅주의, 감상 등이 아니라 다시는 전쟁이 일어나서는 안 된다는 결의를 어떻게 교육 속에서 실천해 갈 것인지 하는 입장에서 편집한 것이다. 이 책이 가져다 준 자극은 나가사키 교사들의 마음을 움직이는 힘이 됐다"[52]고 했다. 그리고 '히로시마의 원고「미래에 대해 계속 이야기하자」의 교정쇄'를 출판사에서 보내온 것도 큰 자극이 되었다. 그래서 1969년 6월 나가사키 현교조 제26회 정기대회에서 나가사키 총지부가 '원폭을 용납하지 않는 나가사키 교사의 체험기 간행에 대해서'라는 특별제안을 제출해 이듬해 '피폭교사의 체험과 증언'을 담은 『침묵의 벽을 무너뜨리고沈默の壁をやぶって』[53]가 간행됐다.

나가사키에도, 평화교육의 측면에서도 히로시마 현교직원조합/히로시마 현 원폭피폭교사의 모임편 『미래에 대해 계속 이야기하자 – 원폭체험과 평화교육의 원점』[54]은 큰 의미를 지닌다. 히로시마 시의 중학교 3학년 학생 한 명이 수학여행으로 나가사키에 갔을 때, '원폭 용납하지 않겠다原爆ゆるすまじ''를 한 명도 부르지 못했다는 이야기가 전해지자 1968년, 히로시마 역교협 멤버가 중심이 돼 히로시마 현 내

---

* 1954년 미국의 비키니 섬 핵실험으로 피폭한 일본인이 사망하자 수소핵폭탄 반대 운동이 일어나고 그 즈음에 만들어진 노래

의 초·중학생 1,583명을 대상으로 원폭에 대한 조사를 실시한다(앞
의 책, 164-165쪽). 그 결과 원폭이 떨어진 날짜를 제대로 알고 있는 학
생은 초5:39.1%, 중1:48.4%, 중2:60.8%, 중3:71.6%였다. 또한, 원폭
에 대해 알게 된 것은 거의 가족이나 TV를 통해서(60%를 넘는다)였고,
학교에서 배웠다는 학생이 소수에 불과했다는 사실도 큰 충격을 주
었다. '풍화하는 원폭문제'가 표면화하자 '살아남은 이들의 책임'으로
1969년 3월에 '히로시마 현 원폭피폭 교사의 모임'이 결성되고 '원폭
체험과 교육의 원점'으로 '피폭체험'이 기술되기 시작한다.[55] 같은 해
전국교연에서 오키나와 교원이 했던 호소를 언급하며 히로시마의 교
사들은 오키나와 반환투쟁에 고무돼 오키나와 교사와 손을 잡고 전
국 평화교육에 공헌하자는 결의를 다진다. 이때 오키나와의 대표 발
언은 사회과학교육 분과회의 '현대 일본을 어떻게 인식시킬 것인가'
라는 테마를 바탕으로 '오키나와를 가르치는 것이 아니라 오키나와
에서 일본의 평화와 민주주의를 가르쳤으면 한다'는 것이었다. 그것
을 수용하는 형태로 가고시마鹿兒島 현 교육서클연락협의회편『《오키
나와에서 가르친다沖繩で敎える》』(노동순보사, 1969)가 간행된다. 대략 살
펴보더라도 1969년이라는 시기에 우연인지 알 수 없으나 히로시마·
나가사키의 평화교육과 오키나와라는, 현재까지도 '전쟁체험'에 대
해 생각할 때 빼놓아서는 안 될 지역과 과제가 함께 나왔다는 사실을
알 수 있다.

　덧붙이자면, 1969년은 역교협의 야마가타 대회가 개최된 해이기
도 하다. 이 대회에서 '안보투쟁도 제국주의도 지역 속에 일상적으로

존재하고 있다'는 말이 탄생했고 그 뒤에도 계속적으로 반복해서 언급돼 '야마가타 대회에서 시작된 지역에 뿌리 내린 역사교육'으로 의미가 부여됐다. "걸핏하면 '민족의 과제'가 정치적 과제로써 관념적으로 받아들여지는 데 대해 구체적인 생활 그 자체의 과제로써 인식하도록 요구했다는 것에 이 발언의 무게감"[역사교육자협의회, 1979년, 151쪽]이 있다. 그리고 이 말이 탄생한 것은 이 대회의 '농민과 이야기하는 모임'에서였고 '모임'을 만들어 내용을 정리한 것은 전술한 겐모치 세이이치였다는 사실을 확인해 두고자 한다(『역사지리교육』제160호, 1969). 이러한 겐모치의 인식은 야마가타현농민대학에서 농민과 함께 배우면서 형성됐다. '현대의 과제'가 어딘지 멀리 있는 것이 아니라 가까운 지역에야말로, 자기 발 밑에야말로 존재한다는 것을 확실하게 인식하게 됐다. 이를 통해 각자가 개별적으로 지역의 전쟁체험(도쿄대공습, 하나오카花岡사건*, 오쿠노시마大久野島** 등)을 발굴하고 그 노력에 형태가 다져져 하나의 큰 기운을 낳게 됐다. 지역 속에서 전쟁체험이, 전쟁유적이 시야에 들어오고 더 나아가 많은 지역에서 전쟁체험을 발굴해 나가게 됐다. 이것이 70년대의 새로운 단계를 준비하는 과정이다.

---

* 제2차 세계대전 말기에 하나오카 광산에서 일어난 대규모 중국인 노동자의 봉기사건
** 과거 일본 육군이 1929－1945 사이에 태평양전쟁에서 사용하기 위한 독성 가스를 비밀리에 제조한 지역, 독가스의 섬

맺음말

네기시 이즈미根岸泉(제3스나초 중학교, 1930년생)는 '도쿄공습 기록운
동'은 1957년에 발행된 부독본 『우리의 고토 구지』[56]에서 이어졌다고
한다. 당시 고토 구의 향토학습에 적합한 자료가 없어 가토 분조의
「어머니의 역사」에 기록된 도쿄대공습 체험기 등을 참고해서 만들어
졌다. 그리고 1968년에 도(都)교조 고토 지부의 하계합숙에서 '전쟁체
험을 부모에게서 듣고 기술'해 자료로 만들자는 운동이 제기돼 지부
교문부, 후카가와 문학교육 모임(문교련 하부조직으로 고토 구에 결성된 서
클)을 중심으로 교사 자신의 체험을 비롯해 부모의 체험과 지역 체험
이 청취, 기록됐다. 그리고 도교조고토지부편 『화염의 거리 - 도쿄공
습 3월 10일』[57]이 간행된다. 네기시는 이 체험기록과 계승운동을 통
해, 평화교육이 특정한 생각을 지닌 사람들이 하는 특수한 교육이 되
어서는 안 된다고 했다. 그리고 "지역에 새겨진 역사를 발굴하는 운
동으로 교사가 먼저 참가해 지역에서 배우고, 부모와 지역 주민이 깊
게 관계를 맺음"으로써 "진정하게 지역에 뿌리내리는 교육이 나가야
할 방향"을 탐구할 수 있다고 했다. 그리고 기록에 그치는 것이 아니
라 도쿄 고토 사회과 서클(고토 지부의 바뀐 명칭)에서 각각의 실천을 추
렴하고 검토를 더해 수업을 진행했다. 1974년에는 아이들이 직접 듣
고 기술한 『동네는 불바다 - 아버지·어머니에게 들은 전쟁체험기町は
火の海 - 父·母から聞いた戰爭體驗記』(하토노모리쇼보)가 간행돼 도쿄 도내
각지, 그리고 전국에서도 공습을 기록하고 이야기해서 전하자는 운

동이 진행됐다.[58] 1965년 도쿄조: ③아베 마코토安部信(마쓰에松江제5중학교)는 『삼광三光』, 『인간의 조건人間の條件』, 『풀의 묘비草の墓標』 등을 소재로 '가해자'의 체험을 의식적으로 알릴 필요가 있다고 했다. 부친의 가해체험이 어떤 의미를 지니는가라는 점에서 빠른 시기에 나온 것이다. 중국인 강제연행사건 자료편찬위원회편 『풀의 묘비 – 중국인 강제연행사건의 기록』(신일본출판사, 1964)을 떠올린다면 하나오카 사건도 다루어졌을 것이라고 생각할 수 있으나 자세한 기재는 없다. 하나오카 사건을 발굴하는 과정에서 쇼지 도키지庄司時二(나가키長木초등학교, 1940년생)는 지역 내부의 가해체험, 가해기억을 정면에서 파악했다. 그리고 하나오카 사건은 "일본 인민이 일본제국주의 전쟁의 피해자이기도 하나 가해자라는 사실"을 가르쳐 줬다고 한다[도쿠타케·야마시타, 1972년]. 또한, 1974년 아키타秋田 현교조: ③사토 마모루左藤守(유키사와雪澤중학교, 1935년생)는 "사회과의 실천을 지역에서 뿌리내리기 위해"서 초·중·고등학교에서 '하나오카 사건' 계획과 실천을 발표한다.[59] 이때 교연 제3분과회에서 이루어진 논의(『일본의 교육 제23집』 히토쓰쇼보, 1974, 94 - 95쪽)는 흥미롭다. 아키타의 하나오카 사건, 그리고 후쿠오카의 재일조선인 강제노동 문제에 대해서 토론에 들어갔다. 그 속에서 군마群馬에서 이루어진 중학생 토론의 실제가 소개됐다. 이 토론에서는 중국인 학살 등 "명령을 받아 싫었지만 했다", "명령 책임자는 누구인가" 등의 논의가 진행돼, 가해자면서 동시에 피해자라는 인식을 가지게 됐다. 요코야마 스미오橫山澄男가 "부모의 역사"에는 "피해자 의식은 있었으나 가해자 의식이 없다"는 사실을 들어 "'피해자인 동시에 가해자'라는 인식=통일적 파악"[60]이라는 방향성이 구체적인 교실에서 확인되는 듯 보였다.[61] 과거 나가야마 이치로가 조선인 소년의 날카로운 시선에서 자신들의 가해자성을 자각한 것이 10년 후가 지나, 드디어 몇몇 교실에서 인식되기 시작했다. 그리고 그 사실이 아시아 각국으로부터 타자의 엄혹한 시선으로, 일본 전체를 뒤덮는 것은 80년대 교과서 문제가 일어날 때까지 기다려야 했다.

　1978년 미에三重 현교조: ⑲ 요시다 모리오吉田守男(우지야마다宇治山田 고등학교)는 가와세 기요코川瀬きよ子(히가시후지와라東藤原초등학교)의 실천을 소개했다. 이것은 '마음을 움직이지 않는 아이들'에 관한 것이었다. 가와세는 부모에게 전쟁에 대한 이야기를 듣고 "아버지, 어머니가 어릴 적보다 지금이 훨씬 좋다. 전쟁은 두 번 다시 하고 싶지 않다"고 쓴 K군의 글을 읽고 "마음 깊숙한 곳을 뚫고 나온 말"이 아니라는 느낌을 받았다. 가와세는 "부모의 실감이 아이의 마음을 움직일 만한 것이 아닌가. 그렇지 않으면 움직이지 않는 아이로 만들어진 것인가, 혹은 실천 수단이 좋지 않아서인가"라고 문제를 제기했다. 가와세가 왜 "마음 깊숙한 곳을 뚫고 나온 단어"가 아니라고 판단할 수 있었는가. 그것은 가와세가 전쟁체험을 "과거에 대한 추억으로 아이에게 이야기하는 것이 아니라 아이가 현대를 살아가는 방법을 되돌아보는, 이야기로 전하는 이와 듣는 사람이 함께 자신의 주변을 응시하며 살아가는 방법(생각하는 방법)에 변혁을 가져올 만한 그런 전망이 이러한 전쟁체험을 전하는 실천 속에서 이루어지지 않으면 안 된다"고 생각했기 때문이다. 여기에는 전쟁체험을 전하는 근원적인 의의

가 드러나 있다. "전쟁은 두 번 다시 되풀이 돼서는 안 된다고 생각한다"는 말은 교실에서 넘쳐난다. 그러나 그것이 정말 마음 깊은 곳에서 나온 것인가, 그 점에 관해서는 많은 경우는 그다지 고려되지 않은 채 지나쳐 버린다. 80년대에 들어서도 부모의 전쟁체험, 조부모의 전쟁체험을 들어서 기록으로 남기려는 실천은 결코 줄어들지 않았다. 그러나 이들 중에는 여름방학 과제로 이러한 청취기록을 남기고, 그것을 문집으로 묶을 뿐인 경우가 많다. 그리고 부모나 조부모의 전쟁체험에서는 가해의 문제가 나오지 않는다고 한숨을 짓는다. 80년대 이후의 실천에서는 전쟁체험을 기록해 모으는 것 자체의 의미나 의의를 고려하지 않게 된 듯하다. 교사가 전쟁체험을 기록하고 자신의 전쟁책임·전후책임을 되묻는다는 것, 아이들 자신의 생활현실을 응시한다. 그러면서 교사는 전쟁체험을 구성하고 지역역사를 함께 기록해 가자는 것이다. 본고에서 제시한 실천에는 몇 가지 어려움이 내재돼 있고 학습주체로서 나서는 교사의 모습이 있었다. 이러한 일부 교사들의 노력(〈역사교사〉라는 실천[곤노, 2010년, 2014년a])과는 어딘지 거리가 있는 지점에서 아시아·태평양전쟁의 실천이 이루어지고 있다면, 전쟁체험을 엮는 것이 무슨 의미가 있는지, 그 가능성을 열어놓을 수 있는 환경이 요구될 것이다.

1982년 경京교조: ⑲ 야마우치 다카시(하치가미네중학교)는 지역 사람들의 전쟁체험을 듣고 기술하는 방식을 보고했다. 이 실천이 지닌 뛰어난 점은 '전쟁체험의 사실(일어난 일, 사건)만이 아니라 체험자의 눈물, 중얼거림, 신음, 침묵 등까지도 함께 전해질 수 있도록, 그 사람을 대신해서 이야기하고 말로 기록'했다는 점일 것이다. 이것은 표층적인 언어를 인식하는 것이 아니라 인식해서 얻는 것이 없을 때까지 귀를 기울이려 했다는 것을 의미한다. 그것을 가능케 한 것은 몇 번이나 발품을 팔아가며 정성껏 청취하려 한 것이며, 화자가 이야기할 수 없는 마음의 깊숙한 곳까지, 상상력을 작용시키려고 한 것이리라. 구체적인 취재 방법, 그리고 기술, 퇴고해 가는 순서 등 공동으로 '듣고 적은' 후에 정리해 가기 위한 방법은 청취 기법으로 잘 조사됐다. 또한, 이러한 실천 속에서 태어난 작품군을 보면 말로 표현할 수 없는 말을 청취했다는 것도 잘 알 수 있다.[62] 특히 '소리 없는 오열'에는 그것이 잘 드러나 있다. 듣는 사람이 말하는 사람으로 바뀌어 동화하는 것이 아니라 말하는 사람의 이야기에 귀를 기울이며 듣는 사람은 자기 자신을 응시한다. 그리고 말하는 사람은 누군가가 듣고 있다는 사실을 통해서 같은 식으로 자기 자신을 응시하지 않고는 견딜 수 없어진다. 이러한 행위가 지니는 의미가 중요하다.

과거 이에나가 사부로家永三郎는 사이타마 현 고등학교 교직원조합 편 『오늘이라는 날을 살아서 – 교사·부모·학생이 생각하는 '전쟁과 교육'』[63] 서문에 「전쟁체험을 전하는 의의」[64]를 다시 기록하는 것을 허락했다. 여기에서 이에나가는 "심각한 체험"이며 "귀중한 무형 재산"이기도 한 전쟁체험을 "체험하지 않은 다음 세대 사람들에게 상속했으면 한다"고 하면서 "전쟁체험을 하지 않은 세대"만이 아니라 "전쟁체험자가 서로에게 귀중한 체험을 나누지 않으면 자신의 협소한 체험만으로 전쟁 전체의 모습을 이해할 수 없다"고 했다. 체험을 서로 나눈다는 말에 바로 야카비 오사무屋嘉比收의 '오키나와전 체험을 〈공유하고 나눠 가지자〉는' 제언이 떠오른다. "체험자가 이야기하는 오키나와전의 교훈을 많은 사람들과 함께 공유하고 나눠 가져 〈당사자성〉을 획득하는"[65] 것을 의미한다. 가령 잔학한 행위였다 해도 "자신이라면 도대체 어떻게 했을까", "가해자의 모습을 자신의 모습에 겹쳐 본다"는 것은 체험을 나눠 가지는 것과 같은 의의를 지닐 것이다. 그리고 중요한 것은 "자신의 내부에 숨어 있는 가해의 가능성을 응시하고 그것을 극복하자"고 한다면 "우리들은 오히려 '풍요로워'지지 않겠는가"[66]라고 했다. 이것이야말로 우리들이 '자기 변혁'을 이루는 계기가 될 것이다.

구미선, 유은경 옮김

코메모레이션의 행방
— 전쟁의 기억과 미술관

스즈키 가쓰오鈴木勝雄

머리말

아시아·태평양전쟁이 종결된 이후 70년. 전쟁의 기억이 풍화하는 것은 여러 번에 걸쳐 이야기돼 왔으나 드디어 증인들의 세대와 이별을 고해야 할 때가 다가오고 있다. 그것은 과거의 전쟁을 상기하는 단서가 유품이나 사료, 문학, 그림, 사진, 영상, 건축, 기념비 등 몇 가지 매체에 보존된 '문화적 기억'에 한정된다는 것을 의미한다[아스만, 2006년]. 이러한 단절을 앞에 두고 현재 접속 가능한 문화적 기억의 내역을 재확인해 둘 필요가 있을 것이다. 왜냐하면 이들 기억도 역시 사후적인 '언설'로 조립된 역사적 구조물에 지나지 않기 때문이다. 과거와 마주하기 위한 원근법을 조건으로 삼는 이 기억의 틀 자체를 되물어야 할 필요가 생긴 것이다.

본고의 목적은 아시아·태평양전쟁의 집합적인 기억의 형성에 '미술'이라는 제도가 어떤 식으로 관여했는지를 기억론의 분석 개념을 가져와 고찰하는 데에 있다. 구체적으로는 도쿄 기타노마루北の丸 공원에 있는 도쿄 국립근대미술관에 배치된 두 가지 전쟁유산-구 근위사단사령부청사와 '작전기록화'를 중심으로 하는 전쟁도-를 둘러싼 기억의 항쟁을, 1960년대 후반에 사토 에이사쿠佐藤榮作 내각이 주도한 '메이지 100주년' 캠페인과 관련지으며 다각적으로 분석한다. 한때 철거가 결정됐던 구 근위사단사령부청사 건물을 1971년에 중요문화제로 지정한 것도, 점령기에 접수된 전쟁화를 미국과의 교섭 끝에 1970년에 되돌려받은 것도 둘 다 전후 일정 기간 '눈에 보이지 않는 것'으로 여겨졌던 전쟁유산을 다시금 문화적 기억 목록에 재등록하고 공식적인 해석을 부여하는 행위였다. 이것을 전쟁에 관련된 공공의 기억을 창출하려는 일종의 코메모레이션commemoration*으로 간주할 수도 있을 것이다. 그러나 둘 다 전쟁을 수행한 군에 관련된 공적인 성격을 지닌 유산이다. 거기에서 국민적 기억을 이끌어 내려면 과거 전쟁에 대한 평가가 갈리는 패전국만의 어려움이 기다리고 있을 것이다. 이러한 과정 속에서 작동하는 기억의 선택과 배제에 주목하고 언젠가 사회적으로 망각돼 버린 무의식적인 기억을 건져 내보고자 한다.

---

* 기념·현창顯彰 행위

1. '메이지 100주년'과 환상의 역사박물관

아시아·태평양전쟁이 종결된 지 약 20년이 지난 60년대 중반이 되면 고도성장을 통해 자신감을 회복하고 과거 전쟁과 마주하는 일본 사회의 자세에 변화가 일어나기 시작했다. 예를 들어, 도쿄 올림픽이 개최된 1964년 '종전기념일'의 『요미우리신문』 사설은 "올해는 올림픽을 앞두고 있으며 더욱 밝은 분위기가 충만하고 전쟁기억도 먼 과거가 된 듯하다. 참으로 좋은 일이다. 20년이나 지난 오늘날, 아직까지도 패전이나 종전에 대해서 이야기한다고 해 봐야 그다지 유익한 것이 못될 것"이라고 과거를 망각한 현재의 번영에 몰두하는 동시대의 낙관적인 분위기를 전했다[요시다, 2005년, 120-121쪽].

이에 대해 같은 날 『마이니치신문』 사설은 역사관의 전환을 부추기는 의미에서 한발 더 나아간 내용이 실렸다. 이 해에 전쟁 후 처음으로 야스쿠니 신사에서 열린 전몰자 추도식전에 대해 "국가를 위해 순국한 사람들의 명복을, 지금이야말로 국가적으로 빌어야 하지 않겠는가"라며 찬의를 표명하고 과거 전쟁을 '무의미'하다고 결론 내버리는 전후 풍조에 대해 의문을 제기했다. 그리고 "최근, 논단 일부에서 과거 전쟁에 대한 재평가와 메이지유신 이후 좋든 싫든 우리나라의 근대화에 기여해 온 군사정권적 정치 역할에 대해 재검토하자는 움직임이 이제 겨우 나타났다"고 환영했다. 이것은 분명히 1963년부터 『주오코론中央公論』에 연재된 하야시 후사오林房雄의 「대동아전쟁긍정론」 등을 염두에 두고 나타난 것이다. 또한, "전쟁 이후에, 전쟁을 지나치게 증오해 서로가 국민의식을 잊고 당연히 지녀야 할 애국심마저도 거부하는 풍조"가 있었다고 문제시하고 "전몰자를 애도하는 마음"을 출발점으로 "정신 부흥의 근저를 이루는 새로운 애국심을 길러"야 한다고 제창했다(『마이니치신문』, 1964.8.15).

『요미우리신문』 사설이 전하고자 한 것이 과거의 망각이라면 『마이니치신문』은 과거를 적극적으로 재해석하라고 부추기는 내용이다. 이러한 변화는 60년대 이케다 하야토池田勇人 내각, 사토 에이사쿠 내각의 정책에서 현저하게 나타나 전쟁의 기억을 국가적으로 재편하려 하기 시작했다고까지 말할 수 있을 시책이 계속적으로 나왔다. 전쟁 체험의 반성으로 뿌리내린 '전후'적인 가치관에서 벗어나자면서 패전의 트라우마와 같은 상처를 달래는 자기긍정적인 국가 아이덴티티를 회복하자는 것이 목표였다.

그 단초가 된 것이 1963년 5월 14일의 '전국 전몰자 추도식 실시에 관한 건'의 각의결정이었다. 이에 따라 매년 8월 15일에 정부 주최의 '전국 전몰자 추도식' 집행이 결정됐고, 이날이 '종전기념일'로 제도화했다[사토, 2014]. 다음해 4월에는 처음으로 전몰자 서훈도 이루어지게 됐다. 이들 전몰자에 대한 국가 대응이 "패전 직후에는 그 죽음이 의미가 없는 '개죽음'이었다고 보는 견해가 지배적"이었으나 그것을 '명예로운 죽음'으로 재조명해서 추도하고자 변화했음을 의미했다[우에야마 슌페이上山春平, 「250만 죽음의 의미」, 『아사히신문』, 1966.8.15 석간]. 그리고 63년 전국 전몰자 추도식 식사에서 이케다 하야토가 "전후 우리나라는 평화를 기초로 문화와 경제에 두드러진 발전을 이룩했으나 그 근본에는 조국의 영광을 확신하고 스러져 간 많은 이들의 염원이 있었다는 것을 잊어서는 안 된다"고 연설한 이후, 전몰자 희생 속에 현재의 번영이 구축됐다는 이야기가 정착한다[요시다, 2005, 122쪽]. 이렇게 전몰자를 논하는 미사여구의 변화는 추도, 위령이라는 국민 감정에 호소하면서 그 한편으로 과거 전쟁의 역사적 평가를 보류해 놓고자 하는 의식을 낳았다.

더욱이 1966년 12월에 '건국기념의 날'이 제정되고 이듬해 2월 11일에 전후 약 20년 만에 '기원절紀元節'이 이름을 바꿔 부활했다. 점령군이 폐지한 기원절을 "독립 후에는 부활했으면 한다"는 요시다 시게루 총리의 1951년 발언 이후, 자유당(이후 자민당)은 2월 11일에 '건국기념일'을 설정하자는 법안을 재차 제출했다. 그러나 그때마다 사회당을 중심으로 한 반대 세력이 폐안으로 이끌었다. 전쟁 전 군국주의의 지주가 됐던 이데올로기인 '기원절'의 부활에 대한 여론의 저항감이 여전히 뿌리 깊게 자리했고 학문적인 근거가 결여된다는 역사가들로부터의 비판도 완강했기 때문이다(「'기원절'에 대한 향수와 저항」, 『아사히신문』, 1965.3.27). 그럼에도 불구하고 사토 총리는 직접 진두에 서서, 노동자에게는 휴일이 늘어난다는 사탕발림을 빙자해 반대 의견을 제압해 법안 가결에 이르렀다. '건국기념의 날'이란 '건국기념일'이 아니라 '건국이라는 말 뒤에 숨어 나라를 사랑하는 마음을 기르는' 날로 정해졌다. 앞에서 인용한 『마이니치신문』에서 전망한 사설 내용이 현실로 나타났고 사토 내각 아래 복고적인 기운이 급속히 고조됐다.

'건국기념의 날' 제정과 함께 1966년 3월에는 메이지유신으로부터 101년째였던 1968년을 '메이지 100주년'으로 기념하며 각종 국가적 행사를 실시하자는 내용이 각의결정됐다. 즉시 내각총리대신 이하 모든 각료를 포함해 정부 관계자 20명, 각계, 단체 대표 25명, 존경받는 지식인 42명의 총 87명으로 이루어진 '메이지 100주년 기념준비회의'가 발족하고 이 회의에서 기념사업의 골격이 결정됐다. 정부주최의 식전과 그 밖에도 강연회·전시회 등 기념행사와 '국토 녹화', '역사 보존·현창', '청년 선박, 동남아시아 파견'을 골자로 하는 기념사업이 계획됐다. 이 회의의 인사말에서 사토 총리는 '메이지 100주년제'의 의의를 다음과 같이 말했다.

메이지 선배님들은 일본인으로서의 국민적인 자각에 힘쓰고, 새로운 개척 정신에 불타올라 동서 문명의 접점으로 일본 건설에 혼신의 힘을 기울여, 오늘날의 일본을 구축했습니다. 백 년 사이에 세계사에서 몇몇 역사적 사실을 바꿔 쓰게 한 (일본의 - 역자) 장대한 진보와 발전의 실적은, 지난 대전으로 인한 치명적 상처에도 불구하고, 매우 단기간에 국력을 회복하고 국가 재건에 성공했다는 사실에 전 세계가 입 모아 경탄하고 있습니다. 메이지에서부터 쇼와에 이르기까지 우리나라의 백 년 역사를, 세계 각국은 경이의 눈빛으로 관찰하고 또한, 각국이 일본에 대한 연구에 의욕을 환기시키고 있습니다. 이러한 사실을 생각해 보면 100주년제를 기회로 일본인 스스로가 우리나라를 제대로 알기 위해 노력하고 국민적인 에너지를 이후에 발휘하는 것이야말로 100주년제의 근본적인 의의라고 생각합니다.[1]

이 발언을 통해 '메이지 100주년제'가 단순한 축하사업이 아니라는 사실이 명백해졌을 것이다. 이것은 역사관의 계몽과 내셔널리즘의 고양을 목표한 정치적, 사상적 캠페인일 뿐이었다. '전후'의 번영을 자기긍정적으로 인식하고 그 원류를 '메이지'로 보고 그것을 찬미함으로써 아시아·태평양전쟁에 돌입한 쇼와 전쟁 전반부를 거기에서 일탈시켜 영광사관을 세우고 국민이 안심하고 동화할 수 있는 내셔널·아이덴티티를 재구축하려 했다[가노, 1988, 2쪽]. 그러나 이 사관은 결코 위정자가 위에서부터 압력을 가해서 나타난 것이 아니다. 같은 시기에 『료마가 간다』(1962-66 연재, 단행본은 1963-66)를 통해서 국민적 작가로 일약 떠오른 시마 료타로司馬遼太郎가 제시한 역사관도 역시 '메이지'의 '위대한 과거'에 현재를 투영하려고 한 것이었다[나카무라, 1997년].

'건국기념의 날'이라는 이름으로 바뀐 '기원절'의 부활을 포석으로 추진된 '메이지 100주년제'는 1964년의 도쿄 올림픽과 1970년의 '오사카 만국박람회'라는 국가적인 이벤트가 몇 년 사이에 연이어 개최된 것을 함께 살펴보자. 신기루 같았던 만국박람회와 올림픽을 포함해 1940년의 '기원 2600년 봉축기념사업**'의 재연이라는 것은 의심할 여지가 없다(『역사학연구』330호, 12쪽). 지금까지도 올림픽과 '오사카 만국박람회***'만이 회고되는 일이 많지만, 그 안에 사상적인 주축이 된

---

* 1940년에 이 세 가지 행사를 모두 도쿄에서 개최하겠다는 계획이 진행됐으나 실현되지 않았다.

** 도쿄올림픽은 1964년, 오사카 만국박람회는 1970년에 열렸다.

'메이지 100주년제'의 역할도 주의를 기울일 필요가 있다. 실제로 '준비회의'에서 이루어진 토의 내용 중에는 기원 2600년 봉축기념사업이 종종 언급됐으며 두 사업에 관여한 위원도 여럿 존재한다. 이 두 가지 국가사업의 연속성은 패전으로 끊어진 '황기皇紀'라는 시간축의 재설정까지도 의미한다.

'메이지 100주년제'의 본질이 역사관 제시에 있었다고 한다면 그 사업을 축으로 '역사의 보존·현창'이 제기됐다는 것도 자연스러운 흐름이라고 할 수 있을 것이다. '정사正史'를 표상하는 장치인 역사박물관의 설립계획이 그 사업의 중심이 됐다. 그것은 이전에 기원 2600년을 기념해 현재의 가스미가세키霞が關에 일본 최초의 국립역사박물관인 '국사관'을 건설하려 했던 계획이 부활하는 것을 의미한다. 1940년 일본 만국박람회 건조물을 이용해 박람회가 끝난 후에 개설할 예정이었던 국사관은 전쟁으로 계획이 좌절된 채였다[가네코, 2003년]. 결과적으로 현재 (지바 현의) 사쿠라佐倉에 있는 국립역사민족박물관은 1983년까지 개관을 기다리지 않으면 안됐다.

메이지 100년기념준비회의 논의 속에서 '역사민족박물관'은 '산업, 경제, 문화, 사회, 학술, 정치, 외교국방 등 각 분야의 자료 및 세계 여러 민족과 관련해 일본민족이 어떤 식으로 바르게 자리정립할 수 있는지를 보여 주는 민족적 생활자료를 수집, 전시, 연구해 함께 이들 자료를 이용(국제적 활용을 포함)하고, 연구 성과를 보급하는 등의 사업을 진행'하는 기관으로 정의했다(『역사학연구』330호, 43쪽). 주목할 만한 것은 '보존·현창'의 대상이 되는 자료 중에 '외교국방' 분야가 더해져 있다는 것이다. '국방'이라는 단어를 선택한 것은 물론 헌법 9조가 있는 전후 일본의 입장을 반영하는 것이지만, 거기에는 메이지 시대에서부터 쇼와 전쟁 전기의 제국주의 역사를 내향적인 논리로 덧칠해 버리는 위험성이 잠재해 있다.

메이지 100년기념사업의 일환으로 또 하나의 국립역사박물관건설 구상이 있었다는 것, 게다가 '국방'과 직결된 박물관 계획이 부상했다는 사실은 그다지 알려져 있지 않다. 1966년 9월 6일자 『요미우리신문』은, "구 근위사단사령부 터에 국방 중심의 사료관, 방위청이 메이지 100주년을 통해 계획"이라는 표제 아래, 방위청이 '메이지 100주년'을 기념해 기타노마루 공원에 있는 구 근위사단사령부 청사에 '국방에 관계된 문화재'를 모아 놓은 '메이지사료관'(가칭)을 설치한다고 보도했다. 1966년 10월 19일 자 『아사히신문』에 따르면 이 사료관에는 "최근 자위대 각 부대의 자료관 등에서 보관하는 과거 일본군 시절과 그 이전 시대의 자료 총 약 2만 5천 점 중에서 과거 번 시대의 문서나 교범, 둔전병의 무기와 복장, 인도네시아의 팔렘방 강하 부대 유품과 군기 등, 희귀 자료를 골라 전시'할 계획이라고 했다. 즉, '메이지사료관'이라는 명칭을 내세우면서도 시대를 메이지 시대로 한정하지 않고 아시아·태평양전쟁까지를 전시 대상으로 포함하고 있다는 것을 알 수 있다. '메이지사료관' 구상은 처음에는 '전사관戰史館'이나 '중앙자료관'으로 탄생한 것으로 실질적으로 국립전쟁박물관 설립을 의도했다는 것은 분명하다. 방위청은 이 시설을 '자위관의 정신교육에 도움을 주고 일반인에 대한 홍보에도 이용하자'는 생

각이었던 것으로 보인다(『요미우리신문』1966.9.6). 60년대 후반에 자위대
는 각지에 주둔지나 기지에 홍보 시설을 집중해서 세웠으며 '메이지
사료관'이 이들 시설의 센터 역할을 해주기를 기대했을 것이다. 개수
예산이 설정되는 등 계획은 이미 구체적인 모습을 띠고 움직이고 있
었다.

　단편적인 문헌 자료를 통한 추측이지만 방위청은 이 신설 '메이지
사료관'이 같은 시기에 저널리즘을 들끓게 했던 전쟁화를 반환받은
후에 손에 넣으려고 획책했다고 한다. 『미즈에みづゑ』(1967년 10월호)의
전쟁화 특집에 아소 사부로麻生三郎, 미야모토 사부로宮本三郎, 요시오
카 겐지吉岡堅二의 세 화가가 좌담회에서 나눈 내용이 실렸다.

　　질문: 이 전쟁기록화는 머지않아 일본이 돌려받을 것으로 여겨지는데 돌
　　　　아온다면 소유권은 어디에 있는지에 대한 문제가 나올 것으로 생
　　　　각되는데.
　　미야모토: 그것은 일본정부일 것이다. 육해군에 헌납된 것이니까.
　　질문: 정부라고 한다면 정부 중 어디일까요? 방위청이 손을 들 수도 있을
　　　　것 같습니다만. 방위청은 뭔가 다른 형태로 그런 것을 만들게 하고
　　　　있는 것 같습니다. 그리게 하고 있는데요, 지금도. 방위청은 하나의
　　　　구상을 가지고 있는 듯합니다. 그래서 근대미술관과 방위청이 나눠
　　　　서 소장하게 되지 않을까 생각합니다만, 그렇게 되면 또다시 여기
　　　　저기에서 논의가 나올 것으로 생각됩니다만.

여기에서 언급된 것은 방위청의 '구상'이란 '메이지사료관'을 가리
키는 것으로 보이는데 뒤에 미술평론가인 하리우 이치로針生一郎는
이 발언을 보강하는 다음과 같은 기술을 남겼다(단, 좌담회의 '질문' 발언
자가 하리우 이치로일 가능성도 있다). "미국에서 반환받기 전에 방위청은
작전기록화를 자위대 관할로 넘길 수 있도록 힘을 썼고, 현역 미술가
한테도 국토방위를 위한 사기 고양을 위해 작품을 의뢰했다고 들었
다"라고 한다[하리우, 2007년, 146쪽]. 방위청은 징발을 면한 전쟁화를 각
지 자료관에 모아 보관하며 전시에 활용하기도 했기 때문에 미국으
로부터 반환받은 전쟁화 보관을 주장할 만한 근거도 있었다. 더구나
군이 화가에게 위촉한 '작전기록화'이기도 하다. 군사 역사를 취급하
는 박물관 계획에는 꼭 필요한 사료였을 것이다. 실현됐을지도 모르
는 하나의 가능성을 떠올리며 이후에 구 근위사단사령부 청사와 전
쟁화가 어떻게 되는지 그 발자취를 추적해 보고자 한다.

2. 무언의 유물

일본 천황이 주거하는 주변 기타노마루 지구 정비사업은 처음에
도쿄도가 추진했으나 1963년에 국가사업으로 건설성省이 뒤를 잇게
됐다. 구 근위연대시설이 모여 있던 이 지구를 녹음이 우거진 삼림
공원으로 재생하자는 것이었다. 도쿄 중심부에서 '군 수도'나 '점령'

의 흔적을 제거하는 과정의 하나였다. 구 근위사단사령부 청사는 철
거할 계획이었고 이미 이 건물에 들어가 있던 황궁경찰음악대의 이
전도 끝난 상태였다. 또한, 66년 1월 사토 내각의 각의에서 '기타노마
루' 지구에 이미 완성된 과학기술관과 일본무도관, 앞으로 건설 예정
인 국립공문서관과 국립근대미술관 이외의 건물 설치는 전부 인정하
지 않는다는 결정이 내려졌다. 구 근위사단사령부 청사는 "종전의 날
을 경계로 세간에서 보는 눈이 차가워졌고 한때 황궁경찰 독신 기숙
사로 이용된 이후로는 무인 건물로 창문이 깨진 채 방치돼, 실내에는
거미줄이 쳐진 말 그대로 폐허 상태의 초라한 모습을 그대로 드러내
고 있었다"(『요미우리신문』1976.10.2 석간).

　1966년 11월 21일, 총리부에서 열린 메이지 100주년기념준비회의
석상에서 방위청은 "근위사단사령부 터를 역사민족박물관으로 사용
하고 싶다"는 의견서를 제출했다. 방위청의 주장은 "과거 메이지 100
주년준비회의 총회에서 기념공원 이외에도 역사민족박물관 등을 세
우자는 사안이 정식으로 결정돼 그 안에 역사, 문화, 사회, 국방 자료
를 보관하기로 했다. 메이지 43(1910)년에 세워진 근위사단사령부 건
물은 현재는 보기 드문 적벽돌로 만들어져 영원히 보존할 가치가 있
다"는 것이었다(『마이니치신문』1966.11.22). '역사민족박물관'의 '국방' 부
분을 담당하는 분관의 이미지였을지도 모른다. 이러한 의견서는 이
미 장관급에서는 비공식적으로 받아들여졌고 건설 장관으로부터 "철
거 중단"의 지시가 내려졌다고 보도됐다. 벽돌 구조의 메이지 건축이
라고 하면 부지 내에 학도원호회의 구 학생회관이 남아 있었으나 이

것도 망설임 없이 철거됐다(『마이니치신문』 위 같은 날).

1968년 4월 4일 자『아사히신문』에 따르면, 구 근위사단사령부 청
사와 관련해, 여전히 공원 미관상 철거하자는 자세에 변함이 없는 건
설성과 역사를 세긴 귀중한 건축물로 보존해야 한다고 호소하는 방
위청이 대립을 했었다는 사실을 알 수 있다. 방위청은 이 건물을 보
존하는 이유로 "과거 군과 관련된 유서 깊은 건조물은 구 근위사단사
령부 터밖에 남지 않았다"는 사실을 들었다. 이 건물을 보존하는 데
에 일본상의군인회, 유족회, 향우회가 1965년 무렵부터 진정을 반복
해서 내고 있기도 했다.

1965년은 오야 소이치大宅壯一 편『일본에서 가장 긴 하루日本の一番
長い日』가 간행된 해이기도 하다. 8월 14일 포츠담선언 수락으로부터
8월 15일 천황의 방송까지 약 24시간 동안 벌어진 사건을 재현한 논
픽션인 이 책에는 어디까지나 전쟁을 계속하자고 주장했던 육군장
교가 일으킨 마지막 쿠데타의 모습을 자세히 묘사해 냈다. 거짓 명령
서를 가지고 근위병을 동원하여 궁성을 점거해 천황의 항복 방송 녹
음 음반을 탈취하고자 시도했으나 미수로 끝났다는 '궁성사건'이 그
것이다. 1967년에는 도호東寶 영화사의 창립 35주년 기념으로 오카모
토 기하치岡本喜八 감독이 이 책을 영화화했다. 흑백 영상 속에 사건
의 무대가 된 근위사단사령부 청사의 모습이 등장한다. 1967년 8월
15일 자『아사히신문』 사설에서는 "최근 개봉한 영화『일본에서 가장
긴 하루』는 많은 국민이 몰랐던 몇 가지 비화를 이야기해 준다"고 기
술하고 있는데 이 서적과 영화를 통해서 구 근위사단사령부 청사와

관련된 은폐된 역사가 세상에 드러나게 됐다. 건물을 철거하려던 바로 그 찰나에 패전으로부터 20년 동안 잊혀졌던 사건의 기억이 갑자기 회귀한 것이라고 할 수 있을까. 그러나 이 영화가 '성단聖斷=천황의 방송'이라는 신화를 형성하는 데 기여했다는 혹독한 비판의 목소리가 일어났다는 것도 지적해 두고자 한다[이와자키, 1968년, 센바, 1967년, 마사키, 1967년]. 이후 이 건물이 도쿄국립근대미술관 '공예관'으로 탈바꿈했을 때, 1977년 11월 12일 자『아사히신문』은 "장교반란의 무대가 미의 전당으로"라는 표제로 이 건물의 기구한 운명을 소개했다.

그런데 1968년이 되자 같은 6월에 막 발족한 문화청이 보존운동에 가담해 논쟁은 한층 복잡해져 갔다. 메이지 시대 건조물 보존을 시책으로 내세워 발족한 문화청은 당시 철거가 이어지고 있는 현존 건물이 격감하는 상황 속에서 건설 당시 원형을 유지하고 있는 이 사령부 청사를 "메이지 서양풍의 건축으로 건축사상 보존 가치가 있으므로 중요문화재로 지정하자"고 주장한다(『아사히신문』1968.9.14. 석간). 다른 한편으로 국립공문서관에서 공개한 공문서 중에 1968년 9월 총리부 원의서原議書* 「메이지 100주년기념사업의 일환으로 전 근위사단사령부 건물을 보존해 국방 등에 관한 자료를 수집, 전시하는 등으로 충당하고자 하는 건에 대한 청원」이 있었던 것을 보면, 방위청도 이 계획에 집착하고 있었다는 것을 알 수 있다. 1969년 3월까지 기타노마루 공원을 완성시켜야 했던 건설성은 철거를 결정한 각의결정과

---

* 결재문서

공원 건폐율 문제, 공원의 경관계획을 이유로 전면 항전 태세를 보였다.

그러나 이상한 일이 1969년 5월 2일 자『아사히신문』도쿄판 보도에서는 구 근위사단사령부 청사 보존과 관련한 대립이 건설성 대 방위청에서 건설성 대 문화부로 바뀌어 버린 것이다. 당사자였던 방위청이 돌연 무대에서 모습을 감추고 만다. 일본건축학회까지 보존 운동을 시작하면서 메이지 시대 서양풍 건축 보존이라는 문제가 초점이 되고, 원래부터 논점의 하나였던 군사자료를 수집·전시하는 역사박물관인 '메이지사료관' 계획은 사라져 갔다. 근위사단사령부 청사 보존에 집착했던 곤 히데미今日出海 초대 문화청 청장은 "그 건물은 메이지의 문화사적 의의가 크다.〔중략〕1억 엔만 있으면 복구할 수 있을 것이다. 대화가 잘 되면 그 정도 예산은 이쪽에서 댈 수도 있다고 생각한다. 물론 문화청이 그 건물을 사용한다는 것은 아니다. 기타노마루 공원 내부의 국립공문서관 서고로 쓰면 어떨까"라는 코멘트도 남겨 '메이지의 문화사적 의의'라는 표현 속에 군사시설 유산이라는 본질을 감춰 마치 방위청의 계획 따위 존재하지 않았다는 투였다(『아사히신문』도쿄판, 1969.5.2).

기타노마루 공원이 완성된 후에도 구 근위사단사령부 청사 보존 문제는 결판나지 않았다. 그 속에서 나온 1970년 12월 10일 자『요미우리신문』의 기사는 문화재보호라는 시점이 덮어 감추려 했던 본질을 날카롭게 뚫어 보고 있어 흥미롭다. "구 육군 중에서도 엘리트 중의 엘리트"인 근위사단사령부 개수, 보존에 관해 "군국주의 부활을

도우려 한다는 의견"이 있다는 것을 소개하면서 그러한 이견에 대해
문화청 문화재보호부건조물과에서는 다음과 같은 코멘트를 실었다.

> 우리의 의도는 문화재로서 뛰어난 건축물을 남기자는 것뿐으로 군벌 기
> 념비를 남기자는 것이 아니다. 우익적, 정치적 의도에서 남기자는 의견을
> 가진 사람도 있는 듯하나 그것과는 확실히 구분했으면 한다. 원하든 원하
> 지 않든 일본역사 속에서 육군을 무시할 수는 없는 일이다.

또한 보존을 요구하는 의견서를 제출한 일본건축학회도 "귀중한
메이지 건축을 부디 남겼으면 한다. 우리는 순수하게 학술적인 입장
에서 보존을 호소하는 것이며, 그 건물이 지닌 군국적인 이미지와는
관계가 없다"고 주장했다. 이들 모두 이 건조물을 통해 제국육군의
역사가 상기될 수 있다는 사실은 인정하면서도 건물보존의 목적은
그 역사와는 무관하다는 미사여구를 이용하고 있다. 이들 발언이 드
러내 버린 것은 구 근위사단사령부 청사의 과거 군국주의적 이미지
를 읽어내는 코드가 당시 존재했다는 사실과 함께 이 청사를 일종의
유물로 보존해 '메이지 건축유산' 이상의 의미를 부여하고자 하는 집
단의 존재였다. 『요미우리신문』의 이 기사는 군사시설보존을 둘러싼
각 집단 사이의 기억이 대립하기 시작했다는 것을 보여 주면서 '문화
재' 지정이라는 장치가 고도의 정치적 미사여구 문제임을 슬그머니
지적했다.

1972년 9월 5일 기자회견에서 이나바 오사무稻葉修 문부장관은 구

근위사단사령부 청사를 중요문화재로 지정해 걸맞게 개수해서 도쿄
국립근대미술관 분관으로 이용하겠다고 발표했다. 이렇게 이 건물의
존립 문제는 겨우 결론을 보게 된다. '메이지 100주년'이라는 분위기
에 힘입었다고는 해도 제국육군의 역사를 상징하는 군사시설이 버
젓하게 중요문화재로 지정된 것이다. 이에 대한 잠재적 비판을 봉인
하기 위해서는 군사적인 색채를 가능한 배제할 필요가 있었다. '미술
관'으로 활용한다는 것에는 이 건물에 짙게 밴 기억을 정화하고자 하
는 의도가 있었을 것이다.

　역사적인 건조물 보존은 무엇인가를 기억하는 장소를 창출하는 것
이어야 하는데 중요문화재가 된 구 근위사단사령부 청사 앞에는 아
무런 비문도 존재하지 않는다. 근위사단 역사를 '현창'하는 것도 아
니고 반대로 '반전의 다짐'을 더해 주는 것도 아니다. 공식적으로는
'메이지 시대의 귀중한 벽돌건축'이라고밖에는 밝히지 않았다. 이러
한 정치적, 사회적 의미부여를 회피하는 '문화재'의 수사에는 오히
려 교묘한 의도가 숨어 있다고 봐야 할지도 모른다. 즉, 공식적인 의
미부여를 피한다고 해서 구 근위사단사령부 청사 건물이 환기하는
각종 '개별 민중적=토착적 기억'을 부정하는 것은 아니다[보드너, 1997
년]. 패전으로 단절된 제국 일본육군의 역사를 현창하겠다는 잠재적
인 욕망은 그러한 의미를 부여하는 사회집단에 맡김으로써 충족된
다. 문자자료와 달리 다양한 해석이 가능한 시각표상의 특질을 이용
해 '공식적인 기억'과 '개별 민중적=토착적 기억'의 분리를 기도한
것으로 볼 수 있지 않을까. 그 결과, 이 건물은 누구나 각자의 기억을

투영할 수 있는 '무언의 유물'로 사회적인 기능을 하게 된다.

　구 근위사단사령부 청사가 이상하리 만치 스스로의 내력에 대해 밝히지 않는 이유는 기타노마루 공원 주변을 살펴보는 것만으로 바로 이해할 수 있다. 이 건물의 바로 옆에는 기타시라카와노미야요시히사신노北白川宮能久親王의 동상이 나무로 둘러싸여 설치돼 있다. 신카이 다케타로新海竹太郎가 제작한 이 동상은 근위보병 제1·제2연대 정문 앞에 1903년에 건립돼 패전 직후에 군사적 유물 철거의 움직임을 피해 기타노마루 공원 정비계획에 따라 63년에 현재 위치에 이설됐다[히라세, 2005년]. 이설이라고는 하지만 겨우 60미터 정도 이동한 것뿐이다. 처음에 이누이乾문*을 정면으로 마주하고 있던 동상을 그 축에서 비켜나게 하려는 목적으로 이동이 됐고 결과적으로 구 근위사단사령부 청사와는 거리가 가까워졌다. 현재는 그 사이에 숲을 조성해 동상과 건물 사이를 차단하고 있으나 이 두 설치물 사이의 관계를 부정할 수는 없을 것이다. 기타시라카와노미야요시히사신노의 동상은 인접한 구 사령부 청사의 역사를 보여 주는 것이라 할 수 있다.

　또한, 기타노마루 공원 내부에는 일본무도관에서 가까운 쪽에 눈에 띄지 않게 67년과 68년에 각각 설치된 '근위보병 제1연대 터 기념비'와 '근위보병 제2연대 기념비'가 있다. 기타노마루 공원을 정비하며 전우회의 유지가 건립했는데 후자의 비문을 읽어 보면 저절로 구 근위사단사령부 청사가 체현하는 상징적 의미 중 하나를 이해하게

＊　도쿄 천황 거주지의 북서쪽에 있는 문

된다.

근위보병 제2연대는 메이지 7(1874)년 1월 23일 메이지 천황으로부터 군기를 친히 받아 이곳에 주둔한 이후 밤낮으로 황궁 수비에 임했다. 또한 사가佐賀 서남의 역*, 청일·러일전쟁, 대만정벌, 중일전쟁, 대동아전쟁에서 무공을 세웠다.

쇼와 20(1953)년 대동아전쟁 종결로부터 70여 년 역사의 막을 내렸으나 그 유훈을 현창하기 위해 유지들이 상의하여 그 뜻을 기려 기념비를 세워 영원히 후세에 전한다.

이들 동상, 기념비를 공간적으로 배치함으로써 구 근위사단사령부 청사 자체는 아무것도 논하지는 않지만 이들을 품고 있는 기타노마루 공원이 근위사단의 역사를 상기하는 장소가 됐다. 이 건물보존을 둘러싸고 다양한 집단 간의 기억이 대립하는 상황에서 '공식적인 기억'을 창출하는 입장에 서야 하는 정부가 '문화재'라는 이름을 붙여 과거 전쟁을 평가하기를 피했다. 그리고 역사인식을 다룸에 있어서의 의미부여는 토착적 기억에 맡긴다는 입장을 선택했다. 그것 자체로 확정적인 의미를 지니지 않는 시각표상의 성질을 역이용해서 '무언의 유물'을 만들어 내는 방법을 고안해 냈다. 구 근위사단사령부 청사를 원래 있었던 문맥에서 이탈시켜 '문화재'라는 가치 체계 속에

---

* 사가의 란. 무사 가문이 일으킨 반란의 하나

바꿔 넣었다. 바로 그것이 뮤지엄이라는 장치가 담당하는 탈문맥화
와 재카테고리화를 거쳐 그 건물의 새로운 용도인 '미의 전당'에 걸
맞는 '미술관'은 건물에 짙게 밴 부負의 기억을 정화하는 역할도 해
냈다.

구 근위사단사령부 청사를 중요문화재로 지정하도록 결정된 1972
년, 하시모토 후미오橋本文雄 문화청 주임문화재 조사관은 '문화재 레
포트' 안에서 지정경위를 '메이지 서양풍 건축의 보존'이라는 기존 명
분 그대로의 관점으로 해설한 후 끝부분에 다음의 한 절을 덧붙였다.

> 기타노마루 공원 한쪽에 적벽돌 2층 건물, 옥탑이 붙은 사령부 청사의
> 수리공사가 완료되면 수목 사이에서 빛나는 아름다운 경관은 마치 새들이
> 연못에 비치는 광경이 될 것이다. 메이지 43(1910)년 3월에 준공한 이후, 메
> 이지, 다이쇼, 쇼와의 격동의 시기를 읊으며 용기와 반성을 호소해 나갈 것
> 이다. 그 이상으로 이 건축은 좌우대칭의 외관과 간소하고 클래식한 분위
> 기의 디자인이 메이지 서양풍의 전형을 보여 주는 관공청 건물 중 유일한
> 존재가 될 것이다[하시모토 1972, 124쪽].

이 건축이 호소해 나갈 '용기'와 '반성'이라는 것이 도대체 무엇을
의미하는 것일까. 뛰어난 메이지 서양풍 건축의 유산 이상의 의미는
없어야 했을 것이다. 필자는 그 실책 행위가 무엇을 의미하는지 깨달
았는지 '그 이상으로'라며 급히 논지의 궤도를 수정했다. 이 한 구절
은 필자 개인이 무의식적으로 구 근위사단사령부 청사의 중요문화재

지정의 명분과 그것이 제압하려 했던 근대 군사역사에 대한 코메모
레이션이라는 진심 사이의 갈등을 그대로 보여 주고 있다.

3. 전쟁화의 '반환'과 순환 프로젝트

구 근위사단사령부 청사 보존문제가 발생한 같은 시기에 전후, 연
합국군 총사령부가 일본에서 '군국주의를 일소하고자 하는 의도'에
서 몰수된 전쟁화 반환문제가 언론계를 떠들썩하게 했다. 아시아·태
평양전쟁 중에 육해군의 위탁으로 동원된 화가가 '전쟁의욕 고양과
전쟁기록을 남긴다는 목적으로 그린' 그림을 미국에서 보관하고 있
다는 보도가 60년대 신문 등에서 나왔다. 그 이후 그것을 일본에서
돌려받으려는 반환교섭이 이어졌다[혼마, 1970년, 2쪽]. 약 20년 만에 망
령처럼 되살아난 전쟁의 시각적 이미지는 언어로 된 표현과는 다른
환기력을 가지고 전쟁기억이 흐려지고 있던 일본사회에 적지 않은
동요를 안겨 줬다.

전쟁 이후의 전쟁화 수용을 고찰할 때, 게다가 문화적 기억 산출이
라는 관점에서 특히 중요하다고 여겨지는 것은 1970년 '반환'을 앞서
일어난 전쟁화 붐이다. 미디어에 유포된 복제 도판이 서로 맞서고 뒤
얽힌 다양한 언설을 탄생시켰다는 사실을 통해, 전쟁화와 관련된 기
억의 정치학이 이미 움직이고 있다는 것을 보여 준다. 그때까지 전쟁

화 연구가 주목하지 않았던 이들 언설을 꼼꼼히 모아 그 뒤 전쟁화에 관한 이야기 때문에 주변화해 버린 논점을 밝혀 보고자 한다.

먼저 시계를 1960년대 초반까지 되돌려 전쟁화가 일본으로 되돌아오기까지의 과정을 확인해 보자. 다음은 전쟁화를 반환받기로 한 도쿄국립근대미술관의 뉴스레터 『현대의 눈』의 혼마 마사요시本間正義의 보고에서 인용한 것이다.

쇼와 36(1961)년은 일미수호 100주년으로 이 기회에 전쟁기록화 반환에 관한 이야기가 언론 사이에서 나오기 시작했다. 그리고 그 이듬해 37년 2월에 아사히신문사는 전쟁 중에 순회전을 주최한 인연으로 전람회를 개최할 목적으로 미국문화센터를 통해서 반환운동을 벌였다. 38년에는 도미 중인 만화가 오카베 후유히코岡部冬彦 씨가 우연히 라이트 패터슨 공군기지에서 전쟁 그림을 본 것이 보도돼 일반의 관심을 높이는 계기가 됐다.

이러한 형세에 더불어 국립근대미술관에서는 전후 약 20년이 지난 시점에서 전쟁기록화라는 정치적 문제보다 이들이 제자리에서 사라진 것이 일본근대미술사상에 하나의 큰 구멍으로 남았다고 했다. 그래서 그 부분을 채운다는 문화적인 관점에서 반환이 진행됐다면서 이듬해인 39년 12월에 아사히신문사와 공동으로 외무성에 반환촉진을 요구했다.

이들 반환 요구에 대해 미 국무성에서는 호의적으로 생각해 볼 수도 있으나 단지, 현재 세계정세를 볼 때 시기상조라는 견해를 밝혔다. 그러나 일본 측에서 계속해서 이를 요구하자 쇼와 43(1968)년 미 국무성 스탠키 담당관과 일본대사관 야마나카山中 참사관 사이에 대화가 이루어졌다. 그 결과 전쟁 그림은 미국정부에서 일본정부로 반환하는 것이 아닌 무기간 대여하는 형식을 취하기로 했다. 다만 대여 후에 어떻게 취급할지는 사실상 일본 측의 자유에 맡긴다는 것, 워싱턴까지는 미국 측에서 모으고 그 이후에는 일본 측이 수송하는 등의 사항이 결정됐다. 이에 대해 외무성, 문부성 관계자가 검토한 후 승인했다. 대여 작품은 도쿄국립근대미술관에서 보관하기로 하고 실제 인양 준비에 들어갔다[혼마, 1970, 2쪽].

이렇게 1970년 4월 9일에 전쟁화는 그 전 해에 다케바시로 막 이설한 도쿄국립근대미술관에 도착했다. 오랜 기간 방치돼 작품훼손이 심각해 재빨리 복원작업에 들어가기로 했다. 그리고 '보수 완료까지는 전람, 출판 등을 전면 금한다'는 방침이 정해졌다.

이 보고에서 혼마가 일부러 밝히지 않은 사실이 있다. 그것은 미술관이 아사히신문사와 함께 외무성에 반환 신청을 제출한 1964년부터 일본과 미국 사이에 반환에 관련한 대략적인 내용이 합의된 68년까지 일본 국내에서 일어난 전쟁화 붐이다. 외교 통로를 통해서 어름어름 진행해왔던 전쟁화 반환교섭은 67년에 급속하게 전개됐다. 비공식적이라고는 해도 거쳐야 할 통로를 거쳐서 진중하게 교섭이 진행됐으나 66년 12월에 사진작가 나카가와 이치로中川市郎가 미국 국방총성 보관책임자의 허가로 전쟁화 촬영에 성공하자 그것이 특종으로 매스컴에서 다뤄진다. 또한, 촬영한 사진을 미디어에서 전용해도 된다는 허가까지 받아 전쟁화 화상이 사회에 유포되기 시작했다. '보수 완료까지는 전람, 출판 등을 전면 금한다'는 혼마의 말이 공허하게 들릴 정도로 반환 전에 이미 전쟁화 이미지는 미디어에 유통됐다. 미술평론가 오리타 다쓰로織田達朗가 "반환 예고인가"라고 의구심을 표출한 것에서 알 수 있듯이 원래는 일어나서는 안 될 이해하기 힘든 상황이었다.

　나카가와가 촬영한 화상은 즉시 『일본역사시리즈21 태평양전쟁』²의 권두 컬러 페이지를 장식했다. 나카가와가 취재하는 모습은 TBS 방송 프로그램에서 다뤄졌다. 또한, 『주간요미우리』(제26권 제36호, 1967.8.18)에서는 '종전기념일'에 맞춰 대규모 「잃어버린 전쟁 회화-20년 전, 미국에 은폐된 태평양전쟁 명작 회화의 전모失われた戰爭繪畫 – 二十年間, 米國にかくされていた太平洋戰爭名作繪畫の全貌」라는 제목의 특집으로 꾸며, 나카가와가 촬영한 작품 화상을 풍족히 실었고 표지는 미야모토 사부로의 《산하, 퍼시벌(Arthur Ernest Percival) 양사령관 회견도》였다. 또한, 전쟁화를 제작한 미야모토 사부로, 무카이 준키치向井潤吉, 고이소 료헤이小磯良平, 이와타 센타로岩田專太郎, 이시카와 시게히코石川滋彦의 좌담회도 수록됐다. 이 좌담회 앞부분에 잡지 편집장이 한 말에서 당시 언론에 의한 전쟁화 재평가 문맥을 이해할 수 있다.

　태평양전쟁 당시, 일본의 일류화가들이 최전선에 동원돼 수많은 전쟁 회화를 제작했다는 것은 연배 있는 사람이라면 기억하고 있을 것입니다. 그러나 이들 명화가 종전 이후, 미국에 압수돼 오랫동안 그 행방조차 알 수 없는 상태였습니다. 그래서 미술사적으로도 하나의 공백이 생기고 말았으나 이번에 카메라맨인 나카가와 이치로 씨가 이들 회화가 미 국방성에 보

코메모레이션의 행방 191

존돼 있다는 사실을 알아내고 사진촬영에 성공하고 귀국했습니다.

본지는 이 귀중한 필름을 지면상에서 재현하고 추억의 전쟁 명화를 특집으로 다뤄 조국의 운명을 걸고 전쟁이라는 격동기에 어떤 예술이 꽃 피워졌는지를 뒤돌아보기로 했습니다.

우선, 좌담회 자리에 모여 주신 선생님들은 당시 상황에 대해서 이야기해 주셨으면 하지만 본지의 기획이, 귀중한 민족적 기념물인 전쟁 회화를 하루라도 빨리 돌려받는 계기가 됐으면 하는 바람입니다(위 잡지, 20쪽).

이와 같이 전쟁화를 '명화'로 다루는 언론의 자세에 대해 바로 위화감을 토로하는 목소리가 나왔다. 『SD』(1967년 9월호)에서는 '평가가 변한 전쟁화?'라는 표제로 전후에는 전쟁화를 그린 화가에게 전쟁책임을 물었을 텐데 "최근 언론이 손바닥 뒤집듯이 전쟁화를 귀중한 명화로 크게 다루는 것을 보면 염세감을 느낀다"며 의문을 제기했다. 직접적으로는 『주간요미우리』의 기사를 언급하며 "다가오는 종전기념일과 관련해, 전기戰記 관련 붐에 편승해 독자의 흥미를 끌려는 의도가 있는 듯하다. 눈곱만 한 화면에 비참한 정경을 극명히 그린 작품 같은 것들은 삽화라고 한다면 자극적이며, 효과 만점"이라고 매스컴의 선정성을 비판하면서도 거기에 친화성을 발휘하는 전쟁화의 성질을 지적했다. 하리우 이치로는 "과거에 대한 무비판적인 향수로 넘쳐나 조금 아연실색하지 않을 수 없었다"고 기술하며 "20여 년의 금기는 단숨에 깨져 전쟁화가 근대일본의 명화라도 되는 듯한 후광을 발하며 크게 손을 흔들며 버젓이 유통되고 있다"고 거센 어조로 비난했다[하리우, 1967, 66쪽].

1967년 10월 28일 자 『요미우리신문』 석간 「전쟁화 부활」이라는 제목의 기사에서는 "이번 여름에는 이들 전쟁화의 컬러사진전이 열렸고, 최근에 『태평양전쟁 명화집』이라는 책도 나왔다. 몰수를 면한 후지타藤田의 「육박肉迫」도 전시되는 '희귀 전쟁명화전'도 개최 중이다. 일종의 붐이라기보다는 22년 만의 부활"이라고 지적했다. 여기에서 언급된 전람회 중 하나는 『주간요미우리』의 특집에 맞춰 나카가와의 사진을 근간으로 이케부쿠로池袋 세이부西武 백화점에서 개최된 '태평양전쟁 회화사진전'이다. 또 하나는 몰수되지 않고 일본 국내에 남은 전쟁화를 모은 니시긴자西銀座 화랑 겟코소月光莊에서 열린 '희귀 전쟁명화'전이다. 이 전시회는 인기가 있어서 하루 평균 1000명의 관객이 찾았다고 하니 대단한 반향이다(『요미우리신문』1967.11.7). 글에서도 언급했듯 『태평양전쟁 명화집』은 1967년 12월 8일에 노벨서방에서 발행된 호화화집을 일컫는다. 이 화집을 『요미우리신문』에서는 "전쟁의 영광과 비참함을 생생하게 보여줬다"고 평(1968.1.25 석간)하고 그 광고문구에는 "세계평화에 대한 비원을 담아 보내는 진혼의 명화집'이라는 수식어구가 붙었다. TBS 전쟁화 특집 프로그램 제목은 「진혼가」였고 마무리의 맺음말은 "전쟁기록회화 - 그것은 일본의 위대한 진혼가였다"는 것이다[오시마 다쓰오大島辰夫, 1968, 72쪽].

이러한 전쟁화 부활은 이듬해 이후로도 계속됐다. 1968년 7월부터 9월에 걸쳐 '일본회화사에 빛나는 태평양전쟁 명화전'이라는 제목의 전람회가 도쿄방송, 아사히방송, 주고쿠中國방송, RKB마이니치방

송 주최로 다이마루大丸 도쿄, 다이마루 교토, 다이마루 오사카, 다이
마루 고베, 하카타博多 다이마루를 순회하며 열렸다.『주간신초新潮』
(1968.8.17호)에서는 "도내 백화점에서 열리고 있는 '태평양전쟁 명화
전'은 '강한 체하던 대일본제국'에 대한 향수에서인지 많은 입장객을
모았다"고 전했다. 또한, 같은 해에는 노벨서방에서『태평양전쟁명화
집 속』이 간행됐다. 1969년부터 70년에 걸쳐서는 슈에이샤集英社에서
『스테레오·레코드판 명화 태평양전쟁ステレオ·レコード版名画太平洋戦争』
이라는 전 4권 시리즈가 간행됐다. 전쟁화를 보면서 전쟁사를 이해
하고 동시대에 유행하던 군가를 레코드로 듣는다는 기획이다. 군가
라는 미술보다 훨씬 영향력 있는 동원 미디어를 끼워 넣어 입체적으
로 전시체험할 수 있도록 재구성했다.

　신문, 출판, TV, 전람회 등 온갖 미디어가 경쟁하듯 전쟁화를 다뤘
다. 광란한 듯한 그 모습은 전쟁화라는 것이 원래 국가와 신문사 주
최의 미디어·이벤트 속에서 기능했다는 사실을 떠올리게 한다. 그
의미에서도 전술한『요미우리신문』의 기사에서 언급한 '부활'이라는
표현은 적중했다고 할 것이다. 70년에 미국에서 일본으로 '반환'되기
전에 교섭에 임한 도쿄국립근대미술관은 소외당한 채 전쟁화는 매스
미디어를 통해서 이미 소비됐다고 할 수 있다. 전쟁의 기록과 전쟁의
욕 고양을 목적으로 그려진 작품군에 대해 20년 동안이라는 시간적
인 간격은 '잃어버린 명화', '강한 체하던 일본제국에 대한 향수', '진
혼', '민족적 기념물'이라는 새로운 의미부여를 가능케 했다. 전쟁화
의 가치가 전환한 데에는 전사자에 대한 추도와 위령, 그 앞에 마련

된 현창 행위라는 전쟁의 정당화로 이어지는 미사여구가 작용했다는 것을 알 수 있다. 이러한 토착적인 기억이 탄생한 배후에는 전쟁화의 이미지를 통한 코메모레이션과 국민적 전쟁관의 갱신, 패전으로 상처 입은 자존심의 회복 등의 동기가 있었다는 것을 상상할 수 있다. 이것은 단순히 언론의 선정적인 보도를 비판하고 끝나는 수준의 현상이 아니다.

문화적 기억이라는 관점은 전쟁화를 회화라는 실체 수준에서 인식하는 것보다도 60년대 후반의 미디어와 사회가 만들어 낸 언설로 받아들여야 할 가능성을 열어 놓았다. 문화적 기억에 연동해 '미디어'라는 시점과 '소비'라는 시점을 교차시키며 전쟁화 부활이라는 사회 현상의 심층을 "'메이지 100주년'과 관련', '분류와 귀속의 문제', '다른 장르와의 비교', '반환운동의 내셔널리즘'의 순으로 읽어 내고자 한다.

첫 번째, 전쟁화 붐이 일어난 시기에 주목해 보자. 나카가와가 미국에서 전쟁화 촬영에 성공한 것이 1966년 말엽이었다. 이듬해인 67년부터 전쟁화 화상이 미디어에 널리 유통됐다. 정부 주최의 메이지 100주년기념사업은 1968년, 즉, 메이지로 연호가 바뀐 이후 101년째 해에 설정됐으나 세간에서는 오히려 100년째를 맞은 1967년에 '메이지 100주년'을 내건 기념사업이 집중됐다. 아마도 전쟁화 이미지 유포는 이 타이밍에 맞춰 준비된 것으로 생각된다. 전쟁화 실물의 반환에는 아직 시간이 필요하다고 판단해 사진 화상만이라도 얻기 위해 1967년에 맞춰 교섭한 것으로 보인다. 아니, 이것은 상상의 영역을 넘을 수 없으나 전쟁화 반환교섭을 본격적으로 시작하기 전에 세간의 반응을 확인하려는 의도가 있었을지도 모른다.

정부가 주최하는 '메이지 100주년' 기념사업에는 '역사 보존·현창'을 내걸고 있었고 논의 중에서 거기에 포함돼야 했던 '국방'이라는 항목도 나열됐다. 이것을 근거로 방위청은 구 근위사단사령부 청사를 개수하고 1966년에 군사자료의 보존·전시 시설 센터로 이용할 '메이지사료관' 설립계획을 제출했다. 이 사료관에 전쟁화를 보관하는 구상이 있었을 가능성에 대해서는 전술한 바와 같다. 신문보도만을 보면 68년까지는 이러한 방위청의 계획이 존재했다고 여겨진다. 방위청은 또한, 1966년부터 사실상 공간전사公刊戰史인 『전사총서戰史叢書』 간행을 시작했으며 그것이 60년대 후반의 일반적인 '전기물戰記物' 붐에 박차를 가했다고 알려졌다[다카하시, 1988년, 80-81쪽]. 즉, '메이지 100주년' 시기에 겹치도록 방위청이 아시아·태평양전쟁 자료의 사회적 배치와 '정사'의 편찬에 본격적으로 나선 셈이 된다. 과거의 전쟁에 관한 '공식적인 기억' 창출이라는 국면에서도 '메이지 100주년'은 하나의 획기적인 시기가 됐다고 할 수 있다.

민간의 출판활동으로 눈을 돌려 보면, '메이지 100주년'에 맞춘 듯이 『전함무사시戰艦武蔵』나 『야마모토 이소로쿠山本五十六』 등 해군물이나 「메이지백년사총서」와 같은 과거 사료의 복각 등, 전기·전사 붐이 일어났다. 이러한 현상은 "과거 『들어라, 와타쓰미의 목소리』로 대표되는 작품군, 전쟁지도와 전쟁 그 자체에 대한 고발기록이 아니었다. 이제는 전쟁 지도자를 영웅으로 삼아 특공정신을 찬미함으로써 전쟁이 지닌 비참함과 침략성을 덮어 감추려는 도구에 지나지 않는 것이 돼 버렸다. 이것이야말로 전쟁비판 사상이 결여돼 전쟁책임을 규탄하지 않는 전기 붐이다"라는 비판도 분출했다.[3] 1967년 전쟁화 부활은 결코 '회화'에 한정된 독립적인 현상이 아닌, 다른 장르와도 밀접하게 관련돼 과거 전쟁에 대한 사회적 의식과 가치관의 변화를 드러내는 것이었다.

두 번째로 전쟁화 분류와 귀속과 관련한 문제를 살펴보자. 1967년의 부활 국면에서 전쟁화는 갑자기 '명화'로 불리게 됐다. 물론 그것이 사회적인 합의사항은 아니었다. 전쟁화를 코메모레이션으로 연결시키려는 집단이 존재했다는 것이다. 이에 대해 전쟁화를 '부의 유산'으로 간주하는 집단도 있었다. 그러나 '명화'라는 가치부여를 둘러싼 대립의 그림자에 가려 잘 보이지 않게 된 것은, 전쟁화를 '미술' 범주에 집어넣는 타당성을 부여한 것이다. 왜냐하면 미술이면서 동시에 기록과 전쟁의욕 고양을 목적으로 하는 시각표상인 전쟁화는 일반적인 미술작품 이상으로 '미술'과 '사료' 양쪽에 걸치는 성질을 지니기 때문이다. 계획이 무산돼 버린 방위청 메이지사료관 전시와 도쿄국립근대미술관에서의 전시를 상상해 보면 알 수 있듯이 전쟁화에 대한 의미부여는 그것이 어느 문맥에 놓이느냐에 따라 매우 다른 것이 돼 버린다.

1967년 이후에 전쟁화 붐이 일어났을 때 그 이미지를 활용할 때 특징적인 것은 기본적으로 아시아·태평양전쟁의 역사에 맞춘 편집에 있다. 예를 들어 노벨서방 간행의 『태평양전쟁명화집』은 '전쟁의

서막 1937 – 41', '전쟁개시 1941 – 42', '진공 1942 – 43', '격투 1943 –
45', '종결국면 1944 – 45'의 구성으로 이루어졌다. 즉 전쟁화는 가령
'명화'라 불리더라도 그 대부분은 전쟁사에 종속된 삽화로 다루어졌
다. 여기에서 뮤지엄 대신에 전쟁국면의 추이를 기록한 해설과 함께
사료가 배치되는 역사박물관을 떠올리면 될 듯하다. 그러나 '명화',
즉 미술의 영역에 그것을 자리하게 함으로써 하나하나 회화의 신빙
성을 검증하는 작업을 피할 수 있게 된다. 다른 한편으로는 명화가
갖는 미술사적 근거도 확실치는 않다. 미디어의 상업주의라고 말한
다면 그것으로 끝나겠지만 '명화'라는 단어는 전쟁화를 과거의 진정
한 증언으로 전환시켜 버리는 마술의 단어인 것이다.

　반환 후에 전쟁화가 귀속될 곳에 대해서는 여러 의견이 있었다. 앞
에서 기술한 방위청의 메이지사료관과 도쿄국립근대미술관뿐 아니
라 '전쟁미술관을 만들어 보관하면 좋을 듯'하다는 의견이나 '삼백
만 영령과 함께 야스쿠니 신사에 잠들게 했으면 한다'는 의견까지 난
립했다(『마이니치신문』1967.8.23 석간). 몇 가지 선택지가 있었으나 최종적
으로 정부는 미술관에 보관하기로 했다.

　앞에서 인용한 도쿄국립근대미술관의 혼마 마사요시의 보고에는
전쟁화 반환이 갖는 의의를 다음과 같이 기술했다. "국립근대미술관
에서는 전후 약 20년이 지난 시점에서 전쟁기록화라는 정치적인 문
제보다 이들의 결여가 일본근대미술사상에 하나의 큰 구멍이 됐고,
이것을 보완하는 문화적인 관점에서 반환을 진행했다"고. 이것이 전
쟁화의 반환시기에 맞춰 나온 유일한 평가였다. 의미를 인지하기 어

려운 글이지만 근대미술사에 빠진 부분을 메운다는 것을 '문화적인 관점'에서 논하고 있다는 것은 알 수 있다. 그렇다면 이것과 대비되는 '정치적인 문제'란, 전쟁 중에 프로파간다의 역할을 했다는 것을 의미하는 것일까. 이 한 문장이 보여 주는 것은 전쟁기록화를 '미술'이라는 카테고리에 귀속시킴으로써 정치적인 문맥에서 떼어낼 수가 있다는, 구 근위사단사령부 청사의 문화재 지정 때 이용된 것과 같은 수사법이 쓰였다는 점이다.

전쟁화를 회화사 안에 위치시켜야 한다고 강조했던 1968년의 '일본회화사에 빛나는 태평양전쟁명화전' 카탈로그에서도 "단순히 태평양전쟁에 대한 기록화가 아닌, 전쟁 상황에서 부각됐던 인간상을 이해하고, 당시의 갖은 고난을 극복하며 그것을 그려 낸 일본회화사의 한 단면으로써 이 회화전을 솔직하게 감상해 주셨으면 한다"는 표현을 볼 수가 있다. 분명 전쟁사에 종속하는 사료라는 역할에서 자유로워지면 거기에서 '인간의 드라마'를 읽어낼 수 있으며 작품의 조형적인 요소에도 빛이 비쳐 '회화사' 속에서 비교, 고찰할 수 있는 가능성도 열릴 것이다. 그러나 이러한 수사법 때문에 작품의 정치적, 사회적 문맥은 덮이고 감춰져 버리고 만다.

이렇게 전쟁화는 '미술'이라는 카테고리 안에 수용돼 한 걸음 나아가 '근대미술관'이라는 문화적 장치 속에 보관·활용되도록 결정됐다. 그것은 아무리 말을 아낀다 해도 그 뒤에 전쟁화의 해석을 규정하는 '공식적인 기억'의 표명일 뿐이다. 미술이라는 제도가 전쟁화를 순화시키는 장치로 작동한 것이다.

　세 번째, 다른 장르와의 비교를 통해서 비로소 떠오르는 전쟁화의 특질에 대해서 언급하고자 한다. 전쟁화 부활이 열기를 띠던 1967년, 미술평론가인 히지카타 데이이치土方定一는 시각문화 전체 속에서 전쟁기록화를 냉정하게 검증하자고 제안했다. "근대일본의 미술사에서 보면 러일전쟁의 화보에서 볼 수 있는 석판화로 표현된 전쟁미술 이후, 보도사진과 인쇄의 일반화로 전쟁미술이 담당했던 역할은 아무도 신용하지 않게 됐고 그 대신 보도사진이 나타났다는 사실도 고려하지 않으면 안 될 것"(『마이니치신문』1967.8.23 석간)이라며, 세간의 유행 속에 숨은 신화화의 작용을 경계했다.

　히지카타의 설명은 전쟁화를 상대화하는 시점을 더해 주고는 있으나 전쟁화에 대한 사회적인 욕망의 내실을 밝히지는 못했다. 그 해답은 또 다른 미디어 '영화'와 비교함으로써 확실해진다. 여기에서 다룰 것은 오시마 나기사大島渚가 니혼테레비의 다큐멘터리 프로그램으로 제작한 『대동아전쟁』이다. 이것 역시도 '메이지 100주년'에 맞춰 기획된 것으로 1968년 12월 8일에 전편이, 그 다음주인 12월 15일에 후편이 방송됐다. 오시마의 아이디어는 현재 시점에서 이야기하는 화자를 배제하고 잔존하는 뉴스영화와 당시 언설 등 공식적인 자료만으로 '대동아전쟁'의 역사를 재구성한다는 것이었다. 프로그램 앞부분에 나오는 자막에 오시마의 의도가 명쾌하게 기술돼 있다.

　이 필름은 전부 대동아전쟁 당시 촬영된 것이다/말, 소리, 음악 모두 당시 일본인이 녹음한 것이다/외국에서 구입한 필름도 모두 당시 일본인의

말로 엮었다/이것은 우리 일본인의 체험인 대동아전쟁의 기록이다

편집작업을 하면서 오시마가 깨달은 점이 두 가지였다. 모두가 영상부재에 관련된 것이다. 하나는 중일전쟁 시기의 뉴스영화를 손에 넣을 수 없다는 점이다. "나의 『대동아전쟁』은 쇼와 16(1941)년 12월 8일부터 시작된다. 여기에는 물론 문제가 있다. 더 거슬러 올라가지 않으면 전면적인 『대동아전쟁』을 그려낼 수는 없으나 영상재료의 유무를 가지고 말하자면 그 이전에 대해서 어떤 식의 형태를 부여하기는 거의 불가능하다"고 오시마는 말한다[오시마 나기사, 1975년, 17쪽]. 또 하나는 미드웨이 해전 이후, 전쟁국면이 악화하는 상황에서 일본 측이 촬영한 필름이 존재하지 않는다는 사실이다. 여기에서 오시마는 "패자는 영상을 가지지 않는다"는 유명한 말을 이끌어 낸다[오시마 나기사, 1975년, 19쪽]. 그러나 더욱 정확하게는 "패자는 이중으로 영화를 가지지 않는다"라고 해야 할 것이다. 왜냐하면 중일전쟁 시기의 뉴스영화를 손에 넣을 수 없는 이유 중 하나는 필름이 점령군에게 압수됐기 때문이다.

전쟁화를 소재로 다룬 이미지의 전쟁사를 편집한 『태평양전쟁명화집』과 비교하면 그 차이는 역력해진다. 전쟁화를 통해서 찾아낼 수 있는 전쟁사는 아시아·태평양전쟁 전체와 오시마의 프로그램에 등장하지 않는 중일전쟁 시기의 장면은 물론 전쟁국면이 악화한 이후의 전투도도 남아 있다. 옥쇄도라 불리는 장절한 '패한 전투'도 회화로는 표현할 수가 있었다. 여기에서 전쟁 중 미디어 이벤트라는 면에

서 경쟁하던 '영화'와는 달리 '회화'의 이점이 어디에 있는지가 확실
해진다. 그리고 60년대 전쟁기억의 재편이라는 문맥에서 전쟁화가
재평가된 이유도 이해할 수 있다. 반대로 오시마의 프로그램에는 있
으나 전쟁화 화집에 없는 것은 전쟁 중의 '언어'이다. '미술'이라는 카
테고리에 들어감으로써 전쟁화의 수용 전제였던 동시대 언설(대본영
발표, 신문기사, 라디오 뉴스 등)이 배제됐다. 오시마의 말을 빌리면 '미술'
로 재카테고리화 한 전쟁화는 동시대적인 '체험'과는 위상이 다르다.

  네 번째로 압수된 자료 반환운동과 내셔널리즘이 어떤 관계가 있
는지 논하고자 한다. 60년대 후반, 미국에서 압수한 전쟁유산 반환운
동은 전쟁화만이 아니었다. 영화나 공문서도 마찬가지였다.

  1967년 5월 18일 자『아사히신문』은 피폭 직후 히로시마에서 일
본 측이 촬영한 기록영화 필름을 몰수한 후에 본국에서 보관하고 있
다는 사실을 미국정부가 처음으로 인정했다고 보도했다. 영화 촬영
을 지도한 니시나 요시오仁科芳雄 기념재단과 피폭자 단체가 몇 번이
나 반환을 요구했으나 그때까지 미국정부가 보관사실을 인정한 일은
없었다. 이 보도 이후 일본정부가 정식으로 반환을 요청하고 같은 해
11월, 미 공군이 보관하는 원판에서 작성한 '복제'가 일본으로 '반환'
된다.

  마찬가지로 1967년 11월에는 미국 의회도서관에서 보관하는 대량
의 일본영화 중 제1차 필름(일본에서 의뢰한 리스트: 극영화 60편, 문화영화 56
편, 뉴스영화 236편)이 도쿄국립근대미술관에 '반환'됐다[후쿠마, 1972, 91
쪽]. 이들 필름은 전쟁 중에서부터 점령기에 미국정부가 수탈·압수

한 것이다. 이 중에는 전쟁 중, 특히 중일전쟁 중에 제작된 기록영화와 뉴스영화가 포함돼 있으나 일본에서는 필름이 현존하지 않는다고만 생각했었다. 도쿄국립근대미술관은 66년부터 미국 의회도서관과 정식으로 교섭을 이어갔고 최종적으로 미국 의회도서관이 압수 영화에 관한 모든 권리를 도쿄국립근대미술관에 양도했다. 그 대신에 도쿄국립근대미술관은 이들 영화의 16밀리미터 프린트 복제물을 제작해서 미국 의회도서관에 양도하기로 결정했다. 교섭을 담당했던 후쿠마 도리노리福間敏矩에 따르면 미국은 '반환'이라는 단어를 싫어했던 듯하다. 미국 측이 '반환'이라는 단어를 피한 이유는 샌프란시스코 평화조약에서 일본이 모든 청구권을 포기했기 때문으로 여겨진다.[4] 회화에만 '무기한 대여'라는 표현이 쓰인 것은 영화와 달리 복제를 만들 수 없다는 단순한 이유 때문이라고 추정할 수 있다.

앞에서 인용한 『주간요미우리』의 전쟁기록화 특집 중에 "본지의 이 기획이 귀중한 민족적 기념물인 전쟁회화를 하루라도 빨리 일본으로 돌려받기 위한 계기가 됐으면 한다"는 표현이 있다. 그 실상에 대해서는 알 수 없으나 전쟁화가 점령기에 압수돼 여전히 미국에서 잠들어 있다는 사실을 통해 전쟁화는 '민족적 기념물'로 일컬어지게 됐다. 빼앗긴 전쟁기록을 되찾는다는 상황이 내셔널리즘을 발동시키는 결과가 됐다. 대중을 동원하는 새로운 미디어로 전성기를 맞았던 중일전쟁 시기의 뉴스영화도, 그것과 경쟁하듯 독자적인 양식을 전개하던 전쟁화도, 원래는 전쟁의욕 고양을 목적으로 만들어진 프로파간다라는 성격을 지녔을 터이다[다케야마, 1998]. 그러나 반환을 요구하는 내셔널리즘으로 인해 이들이 '우리의 기억'으로 전환돼 버렸다. 반환 그 자체가 목적화한다면 표현을 비판적으로 고찰하는 것은 등한시될 것이며 일단 국민적 기념비로 떠받들게 되면 반환 후에 그 지위가 급격히 떨어질 일도 없을 것이다. 패전이라는 사실을 들이미는 식의 '피해 압수 작품·사료' 반환은 아이덴티티의 회복을 위한 것이라고 할 수 있으나 자신들의 역사 내부에 메스를 대는 계기가 되기는 어려울 것이다.

압수된 영화와 회화의 반환문제가 우연히도 1967년에 집중된 것을 통해서, '메이지 100주년' 축제 이벤트의 물밑에서 진행된 일종의 '국가적인 프로젝트'가 존재했다는 사실도 부각된다. 피해 압수 공문서 반환 등에 대한 논의가 이루어진 1972년 5월 24일 참의원결산위원회에서 쓰카다 다이간 위원은 "귀중한 나라의 중요문서가 여전히 미국에 건너간 채로 그 행방이 어찌될지 모르는 상태에서 나는 역시 국익을 지킬 수는 없다. 그런 의미에서 이 문제도 역시 종전 처리를 위한 중요한 일부가 될 것이라고 생각한다(앞의 글, 『국립공문서관연보』, 37쪽). 시기는 다소 차이가 있고 문서와 시각표상의 차이는 있으나 피해 압수 영화와 전쟁화 반환교섭 역시도 '국익'으로 연결되는 '종전 처리의 일환'으로 평가할 수 있는 것은 아닐까. 사토 총리가 1965년에 오키나와를 방문했을 때 "나는 오키나와의 조국 복귀가 실현되지 않는 한 우리나라에서 '전후'는 끝나지 않는다는 사실을 잘 알고 있습니다"라고 했던 발언을 상기해 보자. 과거의 전쟁을 '국민적인 기억'으로 변화시킬 수 있는 필름과 회화, 공문서를 미국으로부터 되찾겠다는 계획에는 자국의 과거와 관련한 지식이 계속해서 점령상태에 있는 '전후'를 끝내겠다는 의미가 숨어 있었다는 것을 상상할 수 있다.

맺음말

문화적 기억의 근거가 되는 사물이 이 세상에서 사라지기보다는 어떤 문맥으로든 남는 편이 낫다. 왜냐하면 사물만이라도 남는다면 그 의미부여는 다시 할 수 있기 때문이다.

구 근위사단사령부 청사와 전쟁화라는 전쟁유산을 '공식적인 기억'으로 등록하는 과정에서 발생한 각 집단 사이의 기억을 둘러싼 항쟁은 그 타협의 결과라기보다는 서로 모순된 기억을 공존시키기 위한 '미술관'이라는 장치를 소환시켰다. 시각표상의 다의성을 이용한 문화적 기억의 구성 속에 '공식적인 기억'은 '문화재'나 '미술'이라는 틀을 설정하는 데 그쳐 과거 전쟁을 평가하려는 영역은 '토착적인 기억'으로 분리됐다. 그것은 패전국이 할 수 있는 소극적인 기억의 장을 만드는 방식이었다. 이러한 망각의 심연에 가라앉았던 두 가지 시각표상은 1960년대 후반 일본의 정치적, 사회적 상황을 농밀하게 반영하던 문화적 기억으로 새로운 생명을 획득하게 된다.

이들은 '언설'로 만들어진 구축물이기 때문에 시대와 함께 사회상황과 전쟁관이 변용되면 스스로 의미도 달리 부여하게 된다. 예를 들어 60년대에는 상상할 수 없었던 중·일 국교정상화가, 미국과 중국의 사이가 급속히 가까워지면서 72년에 실현된다. 이로써 과거의 전쟁을 마주하는 자세가 크게 전환했다. 중·일이 국교회복을 하면서, 오시마 나기사의 TV 다큐멘터리『대동아전쟁』은 재방송될 때 제목을 변경할 수밖에 없는 상황에 처하게 된다[오시마, 1975년, 15쪽]. 74년에 다나카 가쿠에이田中角榮가 동남아시아를 방문했을 때 인도네시아와 태국에서 발생한 반일 데모·폭동이 일본사회에 준 충격은 컸으며 이것이 전쟁 전까지 거슬러 올라가 동남아시아와의 관계사에 대해 다시 살피는 계기가 됐다. 동서 냉전 구조 속에서 보호받으며 내부적으로 국민 이야기를 짜내기만 하면 됐던 60년대와 냉전의 긴장이 느슨해지고 일본이 대국화하는 국제 환경 변화로 아시아와의 관계개선이 중시됐던 70년대. 이러한 시대 배경 변화 속에서 도쿄국립근대미술관에서 1977년에 예정됐던 전쟁화전은 그 직전에 취소됐다. 이러한 사건이 다시 기억을 재편성하게 했고 일종의 차단막이 되어 60년대에 탄생한 풍부한 언설을 망각하도록 부추겼다.

만들어진 문화적 기억은 정치적 의미에 좌우되기 쉬워 불안정하다. 이것을 전제로 실제로 체험했던 세대가 퇴장한 후, 전쟁기억의 재편이 시작되려 할 때를 대비할 필요가 있다. 본고는 구 근위사단사령부 청사와 전쟁화라는 전쟁유산을 다루며 그 기억의 목록을 과거로 거슬러 올라가 점검하고자 했으나 다양한 해석이 가능한 시각표상은 그 개방성 때문에 일정한 방향으로 의미를 부여하기 쉽다는 위험성이 잠재하고 있다는 사실이 드러났다. 이러한 전쟁유산을 자기

애적인 국민 이야기로 만들어 내는 코메모레이션의 장으로 변환하는 절차는 이미 준비돼 있다. 이러한 특정 기억을 중심으로 대기하고 있는 힘에 대항하기 위해서는 주변화하고 망각돼 잠재된 기억을 활성화할 필요가 있다. 구 근위사단사령부 청사와 전쟁화가 '문화재', '미술'로 사회적으로 배치되는 모습이 드러났다. 본고가 전쟁유산의 사회적 배치, 그 자체가 갖는 역사성에 의문을 던지는 계기가 됐으면 한다.

유은경 옮김

III

끝나지 않은 전쟁

오키나와전의 기억이 현재에 호소하는 것은 무엇인가

도베 히데아키戶邉秀明

머리말

‘집단자결’의 ‘기억과 인식’이 커다란 정치적인 논점이 된 지 이미 10년이 지났다 – 그렇다면 우리는 거기에서 무엇을 배웠을까. 그리고 그것을 계기로 70년 전 오키나와沖繩전에서 일어난 ‘집단자결’이라는 사건을 얼마나 반추해 왔는가. 또한 오늘날 그것을 생각하는 것이 이 사회에 어떤 의미에서 사상적 자양분이 될 수 있을까.

이 ‘집단자결’ 문제는 재판과 검정이라는 두 가지 측면에서 전개되었다.[1] 전자는 오키나와전 당시 게라마慶良間 제도의 자마미座間味 섬과 도카시키渡嘉敷 섬에 주둔했던 부대의 전대장과 유족이 『오키나와 노트』[2]의 기술을 문제 삼아 2005년에 저자인 오에 겐자부로大江健三郎

와 간행처인 이와나미쇼텐을 오사카 지방법원에 명예훼손으로 제소하면서 시작되었다. 이것을 계기로 원고는 두 섬에서 일어난 '집단자결'은 전대장의 '군명' 때문이라는 통설이 '억울한 죄'라며 부정했다. 게다가 2007년 봄에는, 아직 법적 공방 중인 원고 측의 주장을 근거로 '집단자결'에 관련한 일본군의 강제성을 보여 주는 기술을 고등학교용 일본사 교과서 검정에서 삭제시킴으로써 일본정부의 의지도 명백히 드러났다. 이러한 문제의 발단에는 자유주의사관연구회가 황군皇軍의 명예회복을 주장하며 캠페인을 벌이는 사건이 있었다. 그리고 위의 재판에서의 원고에 대한 '지원'이나 이례적인 검정결과에서, 역사수정주의 경향의 민간단체만으로는 할 수 없는 정치적인 힘이 작용했다는 점에서도 분명히 양쪽이 관련이 있다는 것을 알 수 있다.

　문제의 배경에는 1990년대 후반 이후 유사법제* 정비나 자위대의 해외파병 등, 미·일 안보체제가 변질되면서 군사화가 촉전되는 흐름이 생겼다. 이러한 흐름에 더욱 속도를 붙이려는 세력에게는 '군대는 주민을 지켜 주지 않는다'는 오키나와전에서 민중들이 체득한 지식만큼 불편한 진실은 없을 것이다. 또한 군사화의 초점이 오키나와에 있는 미·일 양군의 기지기능을 고도화하는 데 있는 만큼, 기지와 군대에 항의하는 민중운동을 억압하기 위해서도 '집단자결'의 진실성을 훼손하려 했을 것이다. 일본사회가 가진 전쟁의 기억을 자신들에게 유리하게 바꿔 쓰는 도구로써 오키나와 전쟁에서 핵심적으로 기

---

* 유사시에 자위대의 행동에 법적 근거를 부여하는 법제

억하는 부분을 이용한 것이다.

다행스럽게도 교과서검정은, 오키나와를 비롯한 전국에서 항의한 끝에 그 결과를 되돌릴 수 있었고 그 해가 지나기 전에 검정 이전의 기술로 거의 회복해 교육현장에 미치는 악영향도 최소한으로 줄일 수 있었다(단, 정부는 검정의견을 철회하지 않았다). 그리고 재판에서는 2011년 4월 대법원에서 원고의 소송을 기각하는 판결이 확정됐다. 그러나 이것으로 '문제'가 해결되었을까. 이들 일련의 '집단자결' 문제가 던진 질문에 누가, 어떠한 수준에서 대응할 수 있을지는 여전히 시험대에 오른 상태다.

그래서 본고에서는 '집단자결'이 정치적으로 문제되는 과정이 아니라 그러한 과정 속에서 심화한 '집단자결' 연구와 거기에서 촉발된 새로운 오키나와 인식에 가능한 한 초점을 맞추고자 한다.[3] 우선 구체적으로 세 명의 역사가에게 주목하고 문제를 심화시킬 수 있었던 시점의 변화에 주의하면서 이들 3자 사이의 호응과 긴장이 낳은 창조적인 협동 내용을 검증한다. 이러한 것을 대략 살펴보는 것만으로도 과제가 역사수정주의와의 대결에만 머물지 않을 것이다. 또한 그렇게 되어서도 안 된다는 점을 알 수 있을 것이다.

그런데 현재 오키나와와 일본 사이는 이러한 협동과는 반대 방향으로 사태가 진행되는 듯이 보인다. 미군기지로 인한 중압 등의 '구조적 차별'을 거부하는 오키나와의 여론에 대해 일본정부나 배타주의적인 언론은 오키나와의 주체성을 부정하려고 기를 쓴다. 여기에 저항하는 오키나와 쪽의 논조 역시 그 반작용으로 굴절되고 만다. 사실은 이러한 균열과 불협화음이 생겨나는 지점에도 '집단자결' 문제가 깊이 관계하며 오키나와전에 대한 인식에도 영향을 주고 있다는 점을 확인할 수 있다.

그러나 언뜻 꽉 막힌 듯한 이러한 상황 속에서도 오키나와에서는 '기억과 인식'이 변용되는 한복판에서 역사연구, 혹은 오키나와학學이 이룩해 낼 수 있는 역할이 무엇인지와 관련한 내적 성찰과 논의가 축적되고 있다. 그 연장선상에서 새로운 견지의 현대사 연구가 생겨났다. 본고의 후반부에서는 특히 오키나와전의 '기억의 계승'을 둘러싼 논의를 검증하고 그것을 통해 오키나와전을 인식함으로써 어떠한 역사의식을 배울 수 있는지, 어려운 상황을 극복해 낼 수 있는 전망을 학습하고자 한다.

이와 같은 다층적인 고찰을 통해 제국·전쟁·점령·개발의 각 경험이 차곡차곡 쌓여 오키나와전은 끝나지 않는 동아시아의 전쟁을 이해하기 위한 중요한 〈기억의 장〉이 됐다. 이것에 대해 끊임없이 생각하는 것이 과거 사실의 인정과 관련되는 사항인 이상, 현재사회를 비판하고 미래를 구상하기 위한 시금석이 된다는 것을 증명하고자 한다.[4]

1. '집단자결' 연구의 심화 — 세 명의 역사연구가의 연구와 관련해

1) '집단자결' 문제와 역사연구

2007년 검정결과가 안겨 준 충격에, 오키나와에서는 새로운 증언들이 잇따라 나왔다. 무엇보다 이대로는 희생된 이들의 죽음이 쓸모없는 것이 된다, 진실이 존재하지 않았던 것으로 여겨질 거라는 위기감이 체험자들의 무거운 입을 떼게 해서 괴로운 체험을 이야기하게 했다는 점이 크다[자하나, 2008년]. 여기에는 그때까지 들을 기회가 없었던 오키나와전에 동원된 과거 일본군병사의 가해 증언도 포함되어 있다[구니모리, 2008년]. 이들 새로운 증언은 재판에서도 중요한 증거로 채택되었다.

재판이 종결된 후에도 오키나와에서는 증언조사 활동이 열정적으로 이어져 나병 환자나 장애인의 전쟁체험, 낙도에서 겪은 말라리아 피해와 빈곤, 일본본토 여기저기로 보내졌던 일반인과 만주로 이민을 떠났던 오키나와 출신자가 타지에서 겪었던 고초 등, 그동안 조명받지 못했던 귀중한 체험들도 발굴됐다.[5] 오키나와전의 실태해명이 이렇게 현격하게 저변으로 확대된 데에 비해, 오키나와전에 대한 일본의 인식은 히메유리 학도대[*]나 다이마마루對馬丸[**]의 '비극'에 의존한 평화교육에 머물러 있어, 이 둘 사이는 괴리가 점점 더 심해지고 있는 것이 현재의 상황일 것이다.

---

[*]   오키나와전에서 일본군을 위한 간호요원으로 동원된 여학생 부대로 136명이 희생된다
[**] 전쟁 중에 일본 육군에 징용된 화물선으로 미국 잠수함에 의해 침몰

그렇다면 새로운 증언과 조사를 포함해, 연구는 어떤 식으로 깊어졌을까. 여기에서 주의해야 할 것은 이전에 역사수정주의의 공격과는 달리, 최근에는 진지하게 연구해 온 역사연구의 성과가 자의적으로 빼앗겼다는 점이 두드러진다. 앞에서 언급한 재판에서 원고 측은 오키나와 역사가인 미야기 하루미宮城晴美의 저작 『어머니가 남긴 것 母の遺したもの』[미야기, 2000년]을 유력한 증거로 제출했다. 이 책은 자마미 섬에서 일어난 '집단자결'의 경위를 면밀히 조사해서 그것을 바탕으로 그려 낸 역사서술이다. 그런데 재판에서는 이 책에 수록된 저자의 어머니 미야기 하쓰에宮城初枝의 수기 중에서 하쓰에가 자마미 섬에 주둔한 전대장에게서 '옥쇄(충절을 다해 죽음)' 명령을 들었다는 기존의 증언을 뒤집어, 전대장의 군명을 직접적으로는 들은 바 없다는 취지를 당시의 기억에서 자세히 밝힌 부분이 '증거'로 쓰였다. 군명의 유무만으로는 환원할 수 없는 군의 강제력을 그린 이 저작 전체의 논증을 무시하고 단편적으로만 이용해서 결국 미야기가 문제의 소용돌이에 휘말리게 된다. 게다가 현대사 연구자인 하야시 히로후미林博史가 이 책을 근거로 쓴 저작[하야시, 2001년]의 한 부분이 밀실의 교과서 검정에서 이용돼, 하야시까지도 이 문제의 당사자가 되었다[사카모토, 2008년]. 결과적으로 역사수정주의의 공격에 맞서기 위한 연구가 단순히 상대가 제시하는 '사실'을 반박할 수 있는 강력한 진실성을 지닌 '(새로운) 사실'이 될 수 있는지의 여부보다는 기존의 실증연구가 가진 사각지대를 점검하고 극복하는 인식론적 성찰을 동반하는 작업이 되었다. 이 절에서는 그러한 작업을 잘 보여 주고 있는 미야기, 하야시

등 세 명의 전후 출생 역사가의 연구를 검토하려 한다.[6]

2) 천황제 국가에서 군민관계의 구조와 비교 — 하야시 히로후미의 시점

하야시 히로후미(1955년생)는 이미 1990년대 초반부터 '집단자결'을
재검토하기 시작했다. 오키나와·일본·미국의 1차 사료를 종합해 오
키나와전에 이르는 과정과 전쟁의 전체상을 고찰한 저서『오키나와
전과 민중沖繩戰と民衆』은 그 집대성이라 할 수 있다[하야시, 2001년]. 이
저서가 악용된 데에 책임감을 통감한 하야시는 새로이 '집단자결'로
초점을 좁혀 오키나와전을 검증했다[하야시, 2009년]. 역사학의 방법으
로 '집단자결' 연구의 도달점에 이른 그 시각의 특징을 확인해 보자.

첫째, 사회구조 안에서 일어난 '집단자결'이라는 일관된 관점 속에
서, 각 행위자가 그 구조에서 담당한 역할과 책임이 무엇인지 엄밀
하게 검증하는 방법론을 취했다. 이 경우 사회구조는 먼저 압도적으
로 군대가 우선시 되는 군대와 민간 사이의 군민 관계가 있고, 다른
하나는 지역사회의 지배구조를 이루는 공동체적 규제력과 가부장제
적 가족질서이다. 물론 이상을 총괄하는 천황제국가라는 통치구조가
상위에 존재하지만, 하야시는 그러한 정점에서 연역적이 아니라 지
역사회에서 군의 강제성이 어떻게 작용했는지를 구체적으로 검증한
다. 여기에서 〈가해자-일본군-일본인〉대 〈피해자-주민-오키나
와인〉이라는 이분법만으로는 인식할 수 없는 상황이 부상한다. 군명
을 전달하거나 스파이 행위를 감시하는 등 실질적인 행동을 했던 것

은 마을의 지배층으로 오키나와인이었다. 근대일본의 오키나와 차별에서 탈출해야 한다는 생각에 '훌륭한 일본인'이 되기 위해 동화주의를 내면화했던 그들 / 그녀들은 일반주민에게 가해자가 되었다. 그러나 '집단자결' 상황에서는 그들 자신이 솔선수범해서 자결을 실천함으로써 가족과 더불어 많은 희생자를 낳았다. 반대로 지역사회를 구성하는 계층의 밑으로 내려가 보면 전쟁 중에 황민화 교육을 내면화하지 않았던 여성이나 어린이, 고령자라는 방대한 존재가 보인다. 가해 / 피해의 복잡한 관계 속에서 문제를 도출하기 위해서라도 이러한 계층구조까지 내려가 각 주체의 위치를 파악한 뒤에 행위를 평가할 필요가 있다.

두 번째로 아시아·태평양지역에서 일본군의 행위와 군민관계 속에 '집단자결'을 위치시켜 비교하는 시점을 들 수 있다. '집단자결'은 '오키나와에서만 일어난 것은 아니다', '일본군이 민간인을 끌어들여 전투를 벌인 지역에서, 그것도 일본군이 패배한 전투 지역 안에서 나타난 사건'이었다. 사이판 – 티니언 – 괌 – 필리핀 – 오키나와 – 구 '만주'로 이어지는 '집단자결'과 민간인 학살의 기록에서, 이 두 가지 피해가 총력전 상황에서 일본군이 했던 군사행동의 귀결이며, 강제성 역시 한 지역·한 부대의 실책 따위의 것이 아님을 이해할 수 있다. 동시에 참모본부 내에서는 퇴각하는 전장의 정보를 누출할 위험을 지닌 민중에 대한 대책으로써 민간인의 자발적인 '옥쇄' 결행이 기대됐다. 또한 군이 민중을 살해함으로써 발생할 수 있는 천황의 책임문제를 회피하기 위해서라도 그것이 필요했다는 사실은, 군인만이

아니라 '일본인' 모두가 전쟁포로가 되는 것을 용납지 않았던 당시의
국가사상을 선명하게 조명해 준다. 더구나 일본군 병사는 오키나와
전이 일어나기 전부터 오키나와 주민에게 가해(약탈과 성범죄 등)를 저
질렀는데, 거기에는 일본사회의 오키나와 멸시뿐 아니라, 다수의 병
사들이 그 직전까지 중국전선에서 이른바 '삼광작전**'을 실행한 경험
이 강하게 작용했다([우쓰미 외, 2005년, 구니모리, 2008년]도 참조). 오키나와
전은 그야말로 아시아에 있었던 전쟁터의 응집점이었다.

　이상의 특징을 관통하는 것으로 '집단자결'을 오키나와전의 상징·
전형으로 보는 이해를 일단은 상대화해서 천황제 국가의 군대가 아
시아에서 벌인 전쟁에서 일으킨 가해의 일환으로 파악하는 관점이
다. 오키나와역사 연구에서는 '류큐처분***' 이후 일본이 오키나와에
강제한 동화를 '황민화 교육'으로 일괄시켜, 차별에서 벗어나려는 오
키나와인에게 그러한 교육을 시킴으로써 훌륭히 '자결'할 수 있는 일
본인으로 몰아갔다는 설명이 일반적이다. 게라마 제도에서는 남양군
도로 출어해서 얻은 경제적 성공으로 자식들에게 교육을 시켰고 이
들을 중심으로 '동화정책을 받아들인 인재가 많았을' 가능성도 분명
지적된다. 그러나 하야시는 그와 함께 메이지시기 이후로 이루어진
동화교육과, 오키나와가 전쟁터가 될 수 있음이 예측되던 상황에서
'죽을 수 있는 교육'을 추진한 황민화 교육 사이에는 질적 비약이 존
재한다고 했다. 그리고 후자의 황민화 교육 침투에도 한계가 있음에

＊　중일전쟁 당시 일본이 벌인 대살륙작전
＊＊　메이지정부가 강제로 류큐국을 폐하고 일본에 편입시킨 것

주의해야 한다고 했다. 이는 근대 오키나와가 일본으로부터 받았던 차별을 경시하기 때문이 아니다. '집단자결'이 오키나와전의 상징이 됨으로써, 실제로는 군의 감시가 없었다면 '옥쇄'를 거부하거나 도주해서 살아남았을 사람이 압도적으로 많았을 것이라는 점, 민중의 시점에서 보면 무엇보다 중시해야 할 사실이 누락되어 버릴 우려가 있기 때문이다. 그래서 최근 들어 하야시는 '집단자결'이 오키나와에서도 "극히 한정된 지역에서, 한정된 조건 아래에서 일어난 일이라고 생각해야 한다"고 일부러 강조하게 됐다.

이러한 시점은 하야시가 80년대부터 전쟁책임 연구분야에서 다져온 연구로, 일본군이 해외에서 저지른 전쟁범죄에 관한 연구성과를 토대로 한 것이며 그 대부분은 『오키나와전과 민중』이후의 지론이기도 하다. 여기에는 오키나와에서 배우면서도 '오키나와에 없기 때문에 쓸 수 있는' 것이 있다는 역사가로서의 확신이 드러나 있다[하야시, 2010년].

3) 젠더 시점에서 보이는 차별의 폭주와 섬의 근대 — 미야기 하루미의 시점

물론 오키나와에서 사는 사람이 '집단자결' 문제와 마주할 때의 과제의식은 하야시와는 당연히 다를 것이다. 왜 여기에서 일어나야만 했는지에 대한 물음도 필연적일 것이다. 그 중에도 미야기 하루미(1949년생)는 자마미 섬에서 태어나고 자랐으며 친척 사이에서 '집단자결'이 있었기 때문에 전후에 태어났지만 전쟁의 상처를 지닌 당사

자이기도 했다. 미야기는 젊어서부터 '태어난 섬'이 어떤 전쟁체험을
했는지 청취하는 일에 관여했고 편집자나 지자체 직원 일을 겸하면
서 이윽고 오키나와 근현대여성사의 연구자로서 주도적인 위치에 서
게 된다. 연구는 '기지·군대를 용납하지 않는 행동하는 여성들의 모
임' 등 여성평화운동의 실천과도 깊이 관련돼 있어 미야기 등은 일본
군에서 미군으로 이어지는 군사점령하의 성폭력 규명운동을 공동으
로 진행해 왔다[아키바야시, 2014년]. 그 성과는 후에 오키나와 주둔 일
본군의 상세한 '위안부' 지도작성이나 오키나와에서 지금까지 계속
되는 군대의 성폭력을 주제로 한 특별전으로 결실을 맺었다[여성들의
전쟁과 평화자료관, 2012년].

이상에서 보면 역사수정주의자들에게 저서가 이용당한 미야기가
하야시보다 더 곤란한 입장에 처할 수도 있다. 그러나 '집단자결' 문
제를 둘러싼 소용돌이 속에서도 미야기는 새로운 사실을 확정 짓는
데에 그치지 않고 연구방법을 더욱 깊이 성찰했다. 그것은 젠더 시점
을 더 철저히 하는 것이었다. 이것이 잘 반영된 논고[미야기, 2008년 b]
에서 그 특징을 살펴보자.

첫째, '집단자결'을 일으킨 요인과 관련해, 개별 가족들을 관통했던
가부장제적 질서의 동태를 끝까지 추궁했다. 군대의 압도적인 강제
력이 전제가 됐다 해도 구체적인 살해는 가족·친족 단위에서 일어났
고 자마미 섬에서는 희생자의 83%가 여성과 아이들이었다. 이런 점
을 고려하면, 사실상 '서로를 죽인 것'은 아니었다. 살해를 결행할 때,
가족 안에서 가장 위에 있는 구성원이 더 약한 자를 죽음으로 몰아넣

은 것이며 그 힘은 반대 방향으로는 향하지는 않는다. 실제로 미야기가 오랫동안 자마미 섬을 연구한 성과를 간략하게 한 장의 표로 그린 '방공호 별 '집단자결' 사망·생존자수'에 따르면, 방공호별 '행위자'는 가장이라고 여겨지는 남성(또는 그에 준하는 연장자 남성)이 많았다. 반대로 어머니와 자식만 있는 경우에 어린 남자에게 손을 댄 사례를 제외하면 여성이 남성을 살해한 예는 없었다. 여기에서는 '국가(천황)→군대(전대장)→병사주임→전령→가장으로 흐르는 명령계통이, 전투의 방해가 되는 가장 약한 이에게로 밀려드는' 수직적인 힘이 국가에서 가족·개인에게까지 관통했다. 이렇게 '집단자결'은 전장에서 군대가 가지는 강제성만이 아니라 평상시의 가부장제와도 (그리고 양자의 정점에 있는 천황제와도) 잇닿아 있는 '권력에 의한 "범죄"'로 재조명할 수 있다.

왜 남성들은 가족에게 손을 댔을까. 이 물음은 군의 책임을 상쇄시키는 것이 아니라 오히려 근대일본에서 개별 가족에게까지 침투한 군대와 가부장제라는 두 배로 더해진 폭력의 양상까지를 예리하게 비춘다. 더욱이 앞에서 언급한 표에서 '집단자결'로 사망자가 나온 8개의 방공호 중 두 곳 모두에서 '자결'을 실행했을 남성이 유일한 생존 남성으로 기록됐다. 가족의 생명과 재산을 마음대로 할 수 있는 권력을 "부여받아 버린" 그들은 여차하면 가족을 미련 없이 "처분"할 수 있는 자기결정권을 가진 가부장적 성도덕을 따른 결과, 전쟁 후에는 가해자라는 고뇌를 참아 내야 하는 피해 속에서 침묵하도록 강요받았다.

둘째, 과거 여성이 본 오키나와 전쟁사에 머무르지 않고 젠더의 시점에서 동화주의와 민족차별이 지닌 의미를 깊이 사고할 수 있게 됐다. 오키나와, 게다가 낙도라는 조건에서 증폭된 제국일본의 차별질서는 일본군의 감시 아래에 놓인 사람들의 감정과 생존을 강력히 규제했다. "섬사람들은 장병들이 모두 야마톤츄(일본인)라는 콤플렉스가 있어서 말로 바보 취급당해서는 안 된다며 노인들까지도 익숙하지 않은 일본어를 사용했다." 게다가 열등감은 자기보다 열등한 존재 앞에서는 우월감으로 반전한다. "자택을 장병에게 제공한 사람들은 그렇지 않은 사람들에게 우월의식까지 느끼게 됐다." 또한, 여성들은 "매일 위안소 앞에 줄 서 있는 장병의 성 상대를 하는 조선인 여성들을 불쌍하게 여기면서도 한편으로는", "일본인 여성으로서 강한 우월의식을 느꼈다." '집단자결'로 주민을 몰아넣은 지배와 차별의 질서는 직책이나 조직표로 표현되는 고정된 구조가 아니라 제국일본이 국민사회에 배양시킨 열등감 / 우월감, '프라이드'라는 감정의 조작을 통해서 만들어 냈고 상황에 따라 강화된 재생산구조로 기능했다. 이 점에 주시한 미야기는 '집단자결'을 해명하려면 '젠더 계층질서에 민족, 계급, 연령 등의 계층질서가 어떻게 연동했는지라는 분석'이 불가피하다는 시점에 도달하게 됐다.

4) 함께 살아남기 위해 누구의 목소리를 들을 수 있나 — 야카비 오사무의 시점
사상사 연구자인 야카비 오사무屋嘉比収(1957년생)에게도 역시 지금을 살아가는 오키나와인으로서 '집단자결'을 어떻게 받아들여야 할 것인가는 절실한 물음이었다. 그것은 10년 전 이 문제가 발생하기 훨씬 전부터 국가가 공식적으로 정해 놓은 전쟁기억에 대해 저항할 수 있었던 오키나와라는 토지에 뿌리내린 기억이 〈토착어적인 기억〉의 핵심으로 늘 그의 머릿속에 있었다.[7] 그때 참조한 것이 게라마 제도의 사례가 아니라 오키나와 섬에서 미군이 상륙한 지점이었던 요미탄讀谷 촌의 대조적인 두 개의 자연동굴이었다. 즉 '집단자결'이 일어난 지비치리 동굴과 집단투항한 시무쿠 동굴이었다는 점이 야카비가 이 연구를 대하는 자세를 잘 보여 준다. 이들 모두 주민만이 피난한 방공호였지만 전자는 그 지역 출신으로 종군경험이 있는 간호원과 재향군인들이 지닌 가해기억이 공포로 반전되면서 '자결'을 유도하는 도화선이 됐다. 후자는 미국 이민에서 돌아와 일본군에게는 '비국민'으로 불렸던 남성이 솔선해서 미군과 교섭했다. 두 대전 사이의 경제적 궁핍을 기점으로 유랑하거나 국경을 넘었던 이들, 식민지와 점령지에서 지배자 '일본인'으로 지냈던 일상-두 경우 모두 오키나와인이 경험한 근대라는 세계성을 구성하는 이동의 체험인데 이것이, 전쟁이 일어나는 섬들에서 압축적으로 나타나 주체의 선택을 좌우했다. 야카비는 그 기로에서 깊이 있는 학습을 통해 '집단자결'의 코스와는 다른 '비국민'의 삶으로 전환해야 한다고 설득했다. 그리고 보수적인 현 행정 아래에서 있었던 오키나와 평화기념祈念자료관 전시안의 개찬(1999)이나 미군기지를 받아들이겠다고 표방한 '오키나와 이니시어티브'(2000) 등 신자유주의／신보수주의에 순응하는 현대 오키나와의 역사의식을 비판했다. 이는 눈앞의 오키나와 사회가 안고 있는 문제를 잘라 내 버리겠다는 태도와 같은 것이다[야카비, 2000년, 2005년].

이렇게 야카비가 '집단자결' 문제를 직시해서 사고한 것도 오키나와 스스로의 내면을 응시한 것이었다. 오키나와 반환 이후 현 내부의 각 지자체 역사가 「전사총서戰史叢書」로 체현된 국가·군대의 가치관에 근거해 오키나와전이 서술된 데에 반대하는 입장에서 주민의 시점에서 전쟁의 실태에 다가서서 사실과 객관을 중시하는 기록사업이 정착됐다. 그러나 '대항언설'로 사실의 확실성·전달성을 최우선으로 한 서술이 '거대서사'의 위치를 차지하면 차지할수록 전쟁체험의 다양한 존재양식 / 논하는 방식이 배제되고 독자는 현실성을 잃게 된다. 이에 야카비는 기존의 역사연구에 입각한 서술의 틀에 집착하지 않고 '소외된 문제를 새로운 시점과 방법으로 제기하는 시도'를 하겠다는 발상에서, 한 걸음 나아가 "나라면 어떻게 할 것인가"라는 절실하고도 주체적인 상상력에 바탕을 둔 오키나와전 인식을 활성화하는 방법을 모색했다.

전자는 방대한 증언영상기록인 「류큐 방언으로 이야기하는 전쟁의 시간」[8]을 해독해서 준비된 질문에 '표준어'로 대답하는 '증언'에서, 증언자가 '류큐 방언'으로 자유롭게 발화하는 '이야기'로 전환시켰다. 그리고 이러한 전환은 오키나와전을 인식한다는 면에서는 획기적인 의의가 있다고 강조했다. 이야기하는 사람이 발화의 주도권을 가지면 '증언'으로는 전해지지 않는 많은 것들이 솟구치듯 나오는

'이야기' 속에서 몸짓으로, 때때로 깊은 침묵 등을 매개로 듣는 이에게 전해진다. 이 기록이 현재 '표준어' 자막 없이 국립 역사박물관의 한 켠에서 상시적으로 방영되고 있다. 이로써 '전후 일본'의 뻔한 모습을 보여줄 수밖에 없는 전시공간에 균열을 내면서 낯설게 하기에 성공했다는 점에서도 이러한 표현이 혁신적이라는 사실은 분명하다 [국립역사민속박물관 외, 2010년].

후자는 역사연구에서 물음의 방향성, 즉 대상으로부터 '객관적인 사실성'만을 추출하는 데 주력했던 의지를 반전시켜, '그것을 추궁하는 우리 '주체 측의 문제'에 대해 질문'을 던지는 것을 중시한다. 이를 위해 야카비는 "'집단자결'의 증언군 중에서 비체험자인 우리들은 누구의 목소리를 듣고 무엇에 대답할 수 있을 것인가'라고 자문한다. 이러한 시점에서 다시 생존자의 이야기를 조사할 때, 이들 개인을 옭아매는 '공동체적 구조' 속에서 '사랑하기 때문에' 가족에게 손을 댔다는 '공동체와 개인의 합일적인 융합'을 통해서 '집단자결'로 몰아갔다고 하는 장면에서도 그 속에 균열을 내는 '타자의 목소리'가 존재할 수 있었다는 사실이 드러난다. 어린 아이나 고령자의 "죽기 싫어", "도망가자" 등 갑작스러운 외침으로 대표되는 '타자의 목소리'는 하야시가 해부한 지역사회의 지배구조 속에서 보면 압도적으로 열악한 위치에 있는 사람들의 발화였다. 결과적으로 그러한 목소리가 '집단자결'에서 탈출을 도모할 수 있는 열쇠가 될 수 있었는지 없었는지는 '가족이나 친척들 사이에서 힘을 가진 사람이 그 '타자의 목소리'를 듣고 어떻게 행동했는지가 결정적인 분기점'이 됐다. 야카비는

'타자의 목소리'가 중요한 만큼 그것을 듣고 '자기 안의 균열을 환기시킨' 사람들에게 주시한다. 그렇게 해서 살아남은 사람들이야말로 "나라면 어떻게 할 것인가"의 '나'가 주체적으로 배워야만 할 가능성이며 언뜻 수동적으로도 보이지만 목소리를 듣고 반응함으로써 결정적인 행위를 할 수 있는 '슬리버(풍요로운 사람)'이다(이상 [야카비, 2008년, 2009년a]).

5) 강제성과 주체성의 사이 ─ '집단자결'이라는 단어와 관련해

그럼 이 세 명의 연구가 어떤 관계에 있는지 어떻게 파악할 수 있을까? 미야기와 야카비는 왜 이런 일이 우리 사회에서 생겼으며 다시는 이런 일이 생기지 않도록 하려면 무엇이 필요한지라는 근본적인 과제의식을 오키나와에 근거해서 지녔다. 반면 하야시는 오키나와와 '집단자결'의 관련성을 상대화하는 자세를 갖추고 있는데 이는 언뜻 대립적으로 보일지도 모른다. 그리고 처음에 가부장제 지배에는 관심이 많지 않던 하야시의 연구[하야시, 2001년]가 미야기에게는 비판의 대상이었을지도 모른다(현재 하야시가 지닌 '집단자결'의 이해[하야시, 2009년]는 최근 미야기의 연구에서 얻은 배움이 컸다). 야카비가 '사랑하기 때문에' 가족에게 손을 댄 남성들의 '심정'을 젠더 관점에서 한층 더 분석하지 않는 것에 대해 미야기는 위화감을 가졌을 것이 분명하다.

원래 이러한 것은 대립이나 의견 차라기보다는 각자가 역사를 대하는 과정 속에서 자연스럽게 생긴 시점의 차이라고 생각해야 할 것

이다. 연구는 바로 이러한 시점의 차이가 협동과 상호보완을 거치면
서 깊어질 수 있다. 그 과정에서 생기는 긴장관계도 상호비판이나 교
통정리를 통해서 서로의 차이를 의의 있는 것으로 인지함으로써 더
욱 충실하고 타당한 설명에 가까워질 수 있다.

그러한 협동 속에서 인식이 심화한 사례로 '집단자결'이라는 단
어를 둘러싼 논의를 살펴보자. 원래 이 말은 주민의 희생을 '옥쇄'라
부르며 전쟁 중 '죽음의 미학'으로 포장한 것에 항의하고자 하는 의
도로 오키나와에서 만들어졌다. 그런데 그것을 정부가 원호행정과
1980년대의 교과서검정을 거치면서 국민의 '숭고한 희생적 정신'의
모범으로, 이른바 가로채 간 것이다. 여기에 저항하기 위해 '강제집
단사死'라는 단어가 고안돼 현재까지도 널리 사용되고 있다. 한편 '집
단자결'이라는 단어는 '야스쿠니 사상'이 응축된 '원호법 용어'로 여
겨져 심하게 거부하는 견해도 있다[이시하라, 2007년]. 순국미담을 욕망
하는 일본사회의 무책임한 '자기희생'상을 이번에야말로 깨끗이 떨
쳐 내기 위해서라도 "스스로 결정했다"는 인상을 주는 용어는 대단히
부적절하다고 느꼈기 때문일 것이다.

이 점에 대해 앞에서 살펴 본 세 사람은 각자의 입장에서 '집단자
결'이라는 단어를 지속적으로 사용했다. '강제집단사'라는 용어만으
로는 '군에 의해 강제된 죽음'이라는 강제성의 측면밖에는 드러낼 수
없기 때문이다. 대부분의 살해가 가족·친족 사이에서 일어난 만큼
"그 가족 안에 "행위자"가 있고, 패시브(수동)적인 '강제집단사'보다는
액티브(능동)적인 '집단자결'을 직시함으로써 〔중략〕 젠더나 민족, 계

급 등에 의한 억압구조와 국가·일본군에 의해 중층적으로 주민에게 강제된 '자결의 강요'를 해명할 수 있기" 때문이다[미야기, 2008년b]. 그렇게 되면 '행위자'도 책임을 피할 수 없을 것이다. 그러한 책임을 물음으로써, 군대뿐만 아니라 행정기구나 가부장제를 기점으로 하는 중층적인 억압을 담당한 오키나와인을 포함한 근대일본의 권위주의 체제에 대해서 구체적인 의문을 던져 그것을 밝히는 길로 나아갈 수 있다. 동시에 그것은 미군점령하에서 오키나와 복귀운동을 담당한 동화주의가 집단적으로 개인에게 압력을 가할 수 있도록 추진한 교원들이나 미군과 일본정부의 개발주의를 자치나 부흥이라는 명분 아래 추진했던 전후 오키나와의 지배층을 꿰뚫는 물음이 될 것이다[도미야마, 2005년].

한편 행위자가 살해를 강요한 측면을 주목해 보자. 남성에게 여성이나 아이들을 통제해야 할 책임을 부여하고 가족을 "처분"하도록 **직접 결정하게 한** 것이야말로 이 참극 속에 밝혀진 그 무엇보다 끔찍한 권력의 작용이었다. '집단자결'이 주민에게 강요한 그 복잡함 속에는 이러한 강제성과 자발성이 서로 뒤얽혀 응축돼 있다. 그래서 "'자결'이라는 단어 때문에 사람들의 내면까지 깊이 잠식해 버린 그 무엇을 찾아내어 도려낼 필요가 있다"[하야시, 2001년].

이러한 점을 염두하고 원래의 '자결'이란 어감에 대해 생각해 보면 모순으로 가득 찬 듯한, 하야시가 제창한 '강제된 '집단자결''이라는 표현이야말로 우리가 실태에 접근할 수 있는 통로로써 유용할 것이다. 야카비가 노마 필드Norma M. Field의 번역어를 빌려 '강제적 집단자살'이라고 한 것도 이 말이 상충하며 낳는 위화감을 그 속에 담으려고 한 것도 마찬가지일 것이다[야카비, 2008년].

　군은 물론이고 주민 내부의 책임까지 묻는 이 세 사람에게 공통된 시각은 '죽음을 강요당하는' 수동적인 주민상보다는 그들의 주체성을 더욱 신중하게 살피고자 하는 자세의 표현이기도 하다. 하야시가 반복적으로 강조하듯이 조건이 허락됐다면 '집단자결'을 하지 않았을 사람들이 다수이고, 살인을 강요당하는 현장에서도 야카비가 주시하듯이 '타자의 목소리'에 답해, '공동의 죽음'에 동조하는 압력에서 벗어난 사람들이 있었다. 그렇다면 강제성의 내실에 대해 더욱 깊은 질의를 해 가면서, 전쟁 속에 살았던 민중을 책임의 주체로, 더 나아가 자유와 저항의 주체로 인식할 필요가 있다.

　이처럼 세 명의 역사가가 해 온 '집단자결' 연구는 시점이나 입장의 차이를 넘어, 그렇다고 차이를 무시하는 것이 아니라 상호의 차이가 갖는 의의를 서로 인정하는 완만한 협동을 통해서 과거의 부정적인 형상에서까지 배울 수 있다는 풍부한 가능성을 발굴해 냈다. 또 이러한 호응과 협동 관계는 미야기 등이 끈질기게 오키나와에서 벌여 온 군대와 성폭력에 관한 조사가 하야시로 하여금 미군기지의 세계 네트워크와 군사적 식민지주의의 탐구를 촉발시켰다는 점에서도 드러난다[하야시, 2012년].

　그러나 오키나와를 둘러싼 사태는, 최근에 와서 유감스럽게도 이러한 협동과는 다른 방향으로 진행되기 시작했고 거기에서는 역사도 역시 다른 형태로 다루어지고 있다.

2. 오키나와를 둘러싼 인식의 변모

1) 오키나와에 대한 인종주의의 발동

2007년의 교과서검정에 대해 오키나와에서 항의가 나오자 일본의 보수논단에 변화가 생겼다. 오키나와를 향한 불신의 시선이, 기지반 대운동=‘좌익’이라는 기존의 야유나 중상모략에 그치지 않고 인종주 의적(레이시즘)인 경향을 강하게 띠기 시작한 것이다.

예를 들어『군신』[9] 등의 저서로 알려진 현대사 연구자 야마무로 겐토쿠山室建德는 2007년 말 문부과학성에서 요구한 의견청취를 계기로 “오키나와전뿐만 아니라 일본사라는 영역에서는 ‘제국육해군’, ‘황군’ 은 어디에서 어떻게 행동했든지, 싫든 좋든 ‘우리’ 쪽에 있다는 것이 숙명이다. 일본사는 군인이든 오키나와 현민이든 이들 모두를 포함 한 ‘우리’ 일본인이 지나온 길을 되돌아보는 것이어야 한다”는 지론 을 피력했다. 결국 “오키나와 현민이 아무리 분노한다 해도 전국 고 등학생이 배우는 일본사 교과서에 일본군을 외지인으로 보는 오키나 와 독자의 역사서술을 그대로 반영하는 것은 불가능”한데 “오키나와 고유의 역사서술 방식을 일본사 교과서에 강제로 집어넣어서 이번 소동의 발단을 만들었다”고 비난했다[야마무로, 2008년]. ‘오키나와 현 민’을 포함한 ‘우리’에 대해서 서술해야 하는데, 사실을 직시하라는 주장을 일본과는 서로 양립할 수 없는 오키나와의 본질적인 속성에 있는 것처럼 설파함으로써 오키나와인을 “‘우리’ 일본인’ 밖으로 밀 어내 버렸다는 사실은 자각하지 못한 듯하다.

이러한 반응은 오키나와 복귀 40년이었던 2012년을 전후로 일본 언론이 오키나와 독립론에 주목하면서 더욱 증폭되었다. 2013년 1월 28일, 오키나와 현의 모든 지자체장·의회의장이 '건백서'를 들고 도쿄 도심에서 오스프리 배치 철회를 요구하는 데모 행진을 벌였다. 그런데 이때 길가에서 쏟아져 나온 말이 오키나와를 '비국민'이라 부르는, 말 그대로 헤이트 스피치(혐오발언)였다. 그와 유사한 언설이 널리 알려진 종합잡지에서도 거리낌없이 실렸다. 가령 한 논설에서는 "'독립론자'들은 17세기에 사쓰마薩摩 번에 정복되면서 잃었던 '류큐인의 자부심'을 회복하고 미군기지 부담까지도 단번에 해결하고자 주장하고 있다"며, 오키나와의 기지반대 논거에는 오랜 역사에 기초한 일본과는 다른 속성이 있다는 인상을 남겼다. 심지어 "이들의 배후에는 센카쿠尖閣 제도(오키나와 현 이시가키石垣 시)의 영유권을 주장하는 중국의 그림자가 어른거린다. 일본정부가 센카쿠 제도를 양보하면 그 다음에 잃는 것은 오키나와일지도 모른다"며 지역에서 일어난 저항을 국가 간의 영토문제로 바꿔치기하면서 오키나와의 주체성을 부정했다[마쓰우라, 2014년]. 이 논자의 눈에는, 일본과 중국의 틈에서 양국과 독자적인 외교를 전개했던 오키나와가 '양쪽 모두에 속하는' 과거를 가진 '내부의 적'이 될 수 있는 위험스러운 존재로 보이는 것이리라. 2011년 야에八重 산 지역의 공민교과서 채택과 관련한 중앙정부의 개입 역시도 이시가키 섬이나 요나구니與那國 섬에 자위대를 배치하려 했던 정권의 의지와 연동됐다는 사실을 무시할 수는 없다[신조, 2014년 제1장].

오키나와 관광이 점점 더 활기를 띠고 오키나와를 다룬 TV 프로그램과 영화 등이 인기를 끄는 상황에서 어째서 오키나와에 대한 인종차별이 나타나는 것일까. 기묘하게도 오키나와에 대한 인종차별은 일반적인 인종차별의 특징으로 여겨지는 신체적인 속성이나 문화적인 습관과는 전혀 관계가 없다. 거기에는 영토문제와 역사인식 문제 등과 같은 중국과의 관계 속에서 발생한 긴장이 직접 반영돼 있으며 '동아시아 지정학'에 종속하는 '일본형 배외주의'의 특징이 단적으로 드러난다[히구치, 2014년]. 오키나와가 기지·군대에 저항감을 보이는 것은 현재 중국의 위협, 거슬러 올라가면 류큐왕국과 동아시아의 국제관계와 관련된 것으로, 오키나와의 본질적인 속성으로 간주된다. 오키나와와 일본을 일체화하는 기존의 보수와는 명백하게 달라진 점이라고 할 수 있다. 이러한 배외주의의 입장에서 중요한 것은 센카쿠 제도나 오키나와 현 등의 '일본고유의 **영토**'일 뿐, 미군기지가 존재하기 때문에 표적이 된 오키나와 **주민**은 아니다. 이 점은 이미 앞에서 언급한 교과서검정 시점에서 "일본이 대만과 관련해서 대처하는 최전선에 있는 것이 오키나와입니다. 오키나와는 진정한 의미에서 일본의 국익을 지키기 위해 주장하고, 행동하고 있는 것입니까?"라는 식의 오키나와에 대한 의혹과 위협으로 표현된다[사쿠라이, 2008년]. 오키나와 주민을 여전히 '국토방위'의 방패로밖에 보지 않는 오키나와관은 근래의 안전보장관의 변용, 남용을 통해서 인종차별주의의 형태를 띠면서 더욱 명확해지기 시작했다.

2) 대항언설에 의한 오키나와 역사의식의 굴절

당연한 일이지만 오키나와에서는 이전보다 압정과 차별을 비판하는 목소리가 훨씬 높아졌다. 2014년 11월, 보수중진 경향의 정치인이 신기지 건설저지를 내세우고 혁신적인 정당들의 전면적인 지지를 받으며 현지사에 당선된 것이 가장 최근의 의지표시였다. 이러한 연대가 생겨난 계기 역시 '집단자결' 문제였다. 2007년 교과서검정에 대해 현 전체에서 일어난 항의는 전쟁체험자를 중심으로 보수와 혁신을 초월한 일치를 보여 주었고, 그 뒤의 협력을 촉진하는 중요한 기회가 됐다. 복귀 이후 복잡하게 얽힌 이해관계 때문에 기지문제만으로는 풀기 어려웠던 '섬 전체'의 진형을 완성시킨 것은 역사수정주의의 공격이었다.

그런데 일본정부가 그 이후에 펼친 오키나와 정책은 이들 항의의 목소리를 특정 방향으로 짜 맞춰 나갔다. 2009년 민주당 정권이 후텐마普天間 기지를 오키나와 현 밖으로 이설하겠다는 의견을 낸 이후 예상치 못하던 길로 치닫던 과정은, 마침 사쓰마의 류큐침공으로부터 400년, '류큐처분'으로부터 130년이라는 한 획을 긋는 시기에 해당해 '오키나와 차별'의 계보를 과거로 거슬러 올라가 재확인시켰다. 더욱이 2013년, 샌프란시스코 강화조약이 발효된 4월 28일을 '주권회복의 날'로 명명하고 기념한 자민당 정권의 태도는 이날을 '굴욕의 날'로 기억하는 오키나와에는 더욱 큰 굴욕감을 안겨 줘 점령의 과거뿐만 아니라 '처분'이 여전히 계속되고 있음을 실감케 했다. 같은 해 말에는 오키나와 현에서 선출된 자민당 국회의원과 현지사가 정부여당의 공감과 회유로 신기지 건설반대에서 허용으로 전향했는데, 이것을 '류큐처분' 때 류큐 관료의 굴복에 빗대 비난이 속출한 배경에도 그 사이에 오키나와의 역사의식이 활발히 논의됐던 과정이 존재한다.

이러한 흐름을 고려하면 새로운 독립론이 오키나와의 일부에서 활발히 논의되는 이유는 일본사회의 배외주의와 오키나와를 향해 계속적으로 반복되는 '모욕'이 존재하기 때문이며 언뜻 과격하게 보이는 주장도 그러한 것에 대한 저항이라는 것을 알 수 있다. "현재 일본 전체의 우경화를 보면, 류큐인 고유의 국가적이고 토착어적인 메모리를 지키기 위해서 류큐 독립밖에 도리가 없습니다"라는 단언은, 먼저 일본에 대한 절망의 표명이며 자기 방위를 위한 대항 언설로 받아들여야 할 것이다[마쓰시마, 2014년].

그러나 오키나와의 독자적인 주권국가 수립을 바라는 논조가 일본에게 침략 받기 이전의 류큐왕국이나 공동체에서 역사적·문화적 연원을 찾고자 하는 '영역적 주권의 역사이야기'로 유포되는 현 상황에 대해서는 오키나와 내부에도 비판이 있고 신중한 평가가 요구된다[도사, 2014년]. 오키나와에 살아 숨쉬는 '토착어적인 메모리'를 '류큐인의 국가적인' 것으로 소유하고자 하는 바람이 전략적인 본질주의라는 교섭전술에 머무는 것이 아니라, 원래 해방을 바라던 마음과는 다른 방향으로 독립론을 향하게 할 위험성은 없는지 생각해 봐야 할 것이다.

예를 들어, 오키나와전에 대해 생각할 때, 〈류큐인의 국가적인 메

모리〉란 어떠한 형태를 띠고 있을까? 2013년에 독립론의 거점으로
발족한 류큐민족독립 종합연구학회 안에서도 가장 젊은 지식인인 오
야카와 시나코親川志奈子는 다음과 같이 오키나와전에 대한 기억의 의
의를 말했다. 「시마쿠투바(류큐 방언)로 이야기하는 전쟁의 시간」에서
는 증언 속에서 타자인 일본을 확실히 느낄 수 있다. '방공호에서의
추방'이나 '강제집단사'의 구체적인 묘사만이 아니라 〔일본어와는〕 다
른 언어로 반복되는 음성과 숨결, 생생한 몸짓과 표정 모두가 왓타*
는 일본인이 아니라는 본질을 이야기한다." 하와이의 언어부흥 운동
에서 배워 와 류큐 언어부흥을 위해 활동하는 오야카와에게 일본을
타자화할 수 있는 언어의 확증은 "화면에 나오는 사람들의 손자세대
이기도 한 우리가 그들의 전쟁체험을 일본어 자막에 의존해야만 이
해할 수 있을 정도로 동화된" 자기를 극복하기 위한 열쇠였다. 군사
기지를 유지하기 위해 일본정부가 투하한 거액의 진흥자금으로 이루
어진 복귀 이후의 오키나와 개발과 사회변용은 〈토착어적인 메모리〉
를 몸으로 받아들이기 힘든 세대를 만들어 냈고 그러한 불안정함이
이와 같은 위기감으로서 나타났다.

　위의 인용을 포함하는 문장 전체는 무엇보다 중요한 전쟁의 기억
을 몸으로 계승할 수 없는 답답함과 그런 궁핍한 상태에서 해방되고
자 하는 통절한 호소로 읽힌다. 거기에서 '방언'이라 비하되고, 공적
인 문서기록에 비해 억압받아 온 '전쟁체험자의 생각', 특히 여성들

---

* '우리'의 류큐 방언

의 체험을 '생생한' 목소리로 직접 증언하는 주체에게 경의를 표하고
자 하는 여성사와 민중사 탐구의 근본 동기와도 통하는 것을 발견할
수 있다.

그런데 저자라는 틀 속에서 〈토착어적인 메모리〉는 그 가치를 역
설하려 하면 할수록 〈류큐인의 국가적인 메모리〉의 '본질'로 변환된
다. "일본어로 오키나와전을 본다는 것은 일본인의 시점에서 오키나
와전을 본다는 것과 다름없다는 사실"은 일본사회의 자민족중심주
의를 목격하면 명확히 보인다(이상[오야카와, 2013년]). 그러나 거기에는
사람들을 억압적인 잡단성 안에 가두려는 힘에 대해 때로는 '여성'이
라는 집단성에마저 저항해 온 페미니즘과 연결되는 듯한 역사의식은
찾기 어렵다. 물론 이러한 저항의 역할을 저자나 '오키나와 여성'에
게 강제하는 것이 아니라 폭주하는 불평등 구조를 척결할 필요가 있
다. 하지만 현 상황에서는 인종차별주의에 대항하는 언설이라는 이
유의 반작용으로, 기억의 계승이라는 절실한 욕구마저도 특정 방향
으로 강력히 규제되고 있다.

3. 기억의 계승을 향해, 끊임없이 계승의 의미를 물으며

1) 『어머니가 남긴 것』에서 다시 배운다
그렇다면 지금 어떠한 계승이 요구되는가. 그것에 대해서 생각하

기 위해, 다시 한번 『어머니가 남긴 것』으로 되돌아가 보자. 이 책이 바로 이 점을 주제로 다루고 있는데도 '집단자결' 문제의 소용돌이 속에서 자의적으로 이용된 이후로는 걸맞는 위상이 주어지지 않았기 때문이다(예외적으로 [아베, 2008년]의 독해가 있다).

앞에서 언급한 바와 같이 『어머니가 남긴 것』에서 저자의 어머니인 미야기 하쓰에는 자신이 증언해 온 그때까지의 증언을 번복했다. 그러나 그와 함께 한 사람의 시점만으로 기록하면 실태가 오해받을 수 있다는 사실을 우려해 수기를 간행할 때에는 거기에 필요한 역사적 배경을 첨가하여 서술해 주기를 역사학자인 저자에게 부탁했다. 이에 응답하고자 위의 저서에서는 하쓰에의 수기 「피에 젖은 자마미 섬」을 제1부에 넣고, 정성스런 청취 조사를 바탕으로 처음 밝혀진 자마미 섬의 '집단자결' 속에서 개개인이 얼마나 처참했는지의 실태(제2부), 그리고 섬이 해상특공정의 비밀기지가 되었다는 참극의 근본원인 속에서 행정조직에서 의식주까지 주민이 군대에게 속박당했던 경위를 그렸고(제3부), 하쓰에가 '군명'을 전달받은 유일한 생존자로서 전쟁 이후에 증언을 요구받는 와중에서 체험한 다양한 고뇌를 마지막에 배치했다(제4부). 이로써 섬이 일본군의 비밀기지화한 이후 지배관계의 구조적 귀결이 '집단자결'이었다고 위치시키고 '자결' 당일 밤에 내려진 '대장명령' 여부가 본질적인 쟁점이 아니라는 것을 설득적으로 논증했다. 또한 '사용하고 버려진' 미성년 병사들과 조선인 군부, '위안부'가 된 조선인 여성 등 주민 이외의 존재를 그려 넣는 한편으로, 차별에서 벗어나기 위해 성실히 전쟁에 협력했던 주민들

에 대해서도 기록하고 있다. 이렇게 본서는 ①더욱더 정밀한 오키나
와전의 지역사地域史, ②젠더/마이너리티(소수자)의 관점에서 복합적
인 차별구조사史, ③전쟁기억의 항쟁을 둘러싼 오키나와 전후사라는
특징을 가지며, 핵심적인 증언자의 육친이면서, 전쟁 이후에 그 지역
에서 태어나 자란 '나'의 시점과 이들 이야기가 맞물리는 구조로 이
루어졌다.

　더불어 2008년 간행된 신판에서는 ①군이 내린 '옥쇄' 명령이 미
리 마을의 지도층에게 전해졌다는 것을 보여 주는 새로운 증언과 ②
원호법을 통해서 '전투참가자'를 승인하기 이전부터 '군명'의 존재는
주민 사이에서 '정설'이었다는 사실, 이 두 가지를 근거로 개정됨으
로써 내용은 더욱 충실해졌다. 그러나 이때 새로운 사실이 어떤 의의
가 있는지 상술한 장을 증보하면서 구판의 제4부가 위의 ②에서 드
러난 새로운 사실에 따라 다시 쓰이면서 '저자후기'는 삭제되었다.
신속한 출판이 재판의 귀추와 관계가 있다는 사정 때문에 가급적 증
가항목을 넣지 않으려 한 조처였다고는 해도 결론적으로 증언자인
하쓰에가 전후에 겪어야 했던 고뇌와 그 때문에 전쟁의 '2차체험'을
맛보아야 했던 저자 등 가족의 전후사가 부분적으로 삭제되어 누락
됐다.

　전후의 자마미 섬에 관한 본서의 서술이 하쓰에의 고뇌만을 그린
것은 아니다. 전후의 가치관을 지닌 연구자이기도 한 저자는 온갖 갈
등 속에서도 한 사람의 여성으로서 필사적으로 증언을 하며, 일찍이
일본인 전대장에게 경의와 동경을 품고 천황제 비판에는 끝까지 주

저했던 어머니와 정면으로 마주한다.

> 하지만 저는 그런 어머니에 대해서, 일종의 짜증을 줄곧 가지고 있었어요. 논의가 '누구의 명령이었는가'라는 수준에 머물러 있는 한 '대장은 직접 명령하지 않았다'고만 하면 대장의 책임은 전혀 없어지나? 반대로 '대장이 명령했다'라고 한다면 대장 한 사람의 책임으로, 천황을 정점으로 하는 군국주의 국가, 주둔했던 일본군의 책임을 묻지 않아도 되는가? (중략) 이대로는 '집단자결'의 본질도 책임도 애매해지고 만다 – 그런 생각에서 저는 어머니의 마지막 수기도 그대로 수록하고 그녀의 문제점까지 고발하자는 심정으로 『어머니가 남긴 것』을 발표했습니다.[메도루마·미야기, 2007년]

이 '고발'에 대해서 어머니에게 채찍질하는 괘씸한 딸이라거나 어머니의 성심을 이으려는 건전한 딸로 보는 등으로 해석하는 것은 모두 옳다고 할 수 없을 것이다. 고교진학을 위해 일찍부터 섬을 떠나야 했던 저자에게 "양친은 부모자식의 관계라기보다는 친구와 같은 상대"가 되었고 오랜만에 만나면 "뭐든지 화제로 삼아 몇 시간이고 수다를 떨었다"[미야기, 2000년]던 관계였다. 이러한 관계에서도 알 수 있듯이 『어머니가 남긴 것』은 모녀라는 혈통이 만들어 낸 '비밀 이야기'가 유언으로 남겨진 것이 아니다. "주민들은 자기 스스로 죽은 것이 아니다. 국가가 죽인 것이다"라는 시점에 도달한 한 사람의 여성이 남긴 증언을 위탁받은 또 한 사람의 여성이 그녀의 저항을 계승한 '나'의 행위를 역사로 서술해서 결실을 맺은 책이다[미야기, 2008년 a].

또한 미야기는 구판 '저자후기'에서 "일찍이 '70년 안보'와 오키나와의 일본 복귀투쟁에서 열띠게 논의해 온 '친구'" 중에 ""노선"을 바꾸어" 국가와 군사력을 과신하는 사람이 나오게 된 사태에 경종을 울리고 "우리 "베이비붐 세대""가 "전쟁과 평화에 대한 인식을 계승한다는 커다란 역할"이 어떤 것인지 문제제기했다. "직접 체험이 아니더라도 각자의 '전후 체험'"에서 ""2차 체험"함으로써 전후세대의 '오키나와전'이 이어져 있다"는 것을 자각했기 때문이다[미야기, 2000년]. 그런 만큼 이 저서는 지역의 전쟁사를 둘러싼 '두터운 기술'로 한 사람의 여성이 남긴 증언의 의미를 오류 없이 전할 뿐만 아니라, 저자 자신의 '전후체험'을 함께 엮음으로써 '전후세대의 '오키나와전''을 그렸다고 할 수 있다. 그것은 또한 가족관계를 뛰어넘는 차원에서 독자도 계승할 것을 호소하는 '증언의 공동체' 창출을 시도한 것이기도 할 것이다[오카노, 2012년].

'군명'이 있었는지에만 관심을 쏟는 독자에게는 신판 쪽이 더 확실해서 유용할 것이다. 그러나 오키나와전이 오키나와의 '전후'에 얼마나 큰 그림자를 드리웠는지, 미군점령으로 그들의 전후경험이 얼마나 미국과 일본 양쪽의 권력에 시달렸는지를 여성들의 생존과 저항의 궤적에 맞춘 서술은 그러한 "기대" 때문에 뒷배경으로 물러나게 됐다. 하지만 미래의 독자는 신판과 구판을 오가며 이러한 전체 과정 그 자체에 항의하는 독서법을 고안해 낼 수 있을 것이다.

2) '오키나와인이 〈된다〉'는 것

'집단자결' 문제의 소용돌이 속에서 기억의 계승이 오키나와에 어떤 의미가 있는지라는 과제에 정면에서부터 접근한 것이 야카비 오사무였다. 2010년 일찍 세상을 떠난 그의 사색이 충분히 단련되지 못하고 도중에 단절됐다고는 해도 최근 10년 사이에 오키나와에서 탄생한 사상 중에서 가장 풍부하고 발전적인 궤적을 그렸다(그 최고의 독해로 [신조, 2012년]이 있다).

사색의 근저에 있었던 것이 머지않은 미래에 오키나와전 체험자가 사라진다는 것이 의미하는 심각성을 자각하지 못하는 오키나와의 전후세대에 대한 위기의식이었다. 야카비는 거기에서부터 전후세대가 '당사자'인 전쟁체험자와의 협동을 통해서 '비체험자의 위치를 자각하면서 오키나와전의 〈당사자성〉을 획득해 가는' 방법을 제기한다 [야카비, 2009년a]. 그것은 전후세대가 체험자를 "대신해서" 전쟁을 자기 것으로 받아들인다거나 전쟁 그대로를 재현할 수 있는 지식이나 능력을 일컫는 것이 아니다. 중시되어야 하는 것은 '오키나와전의 체험담을 〈공유하고 서로 나누는〉' 과정이며, 그 전형의 하나로 앞에서 언급한 「류큐 방언으로 이야기하는 전쟁의 시간」이 있다. 이 작품은 증언된 내용 이상으로 체험자가 자유롭게 이야기할 수 있도록 하려고 화자와 청자가 만들어 내는 관계성 때문에 중요하며 그 속에 '체험자와 전후세대 사이의 공동작업'이 있다[야카비, 2008년]. 이러한 문제제기를 되짚어 보면 복귀 전후로 시작된 전쟁체험의 청취 작업에서부터 이어진 '관계성의 수행적 생성'에 대해 증언기록을 통해서 새롭게 배우는 시점을 획득할 수 있을 것이다[도미야마, 2005년].

　'공동작업'을 지향하는 배경에는 '우리 전후세대'가 '오키나와에서 태어나서 자랐다는 〈특권〉으로 체험자의 체험에 기댄 채, 그 시선으로 너무 안이하게 이야기하고 있는 것은 아닌가'라는 혹독한 자성이 있다. 거기에서 "오키나와전 체험자를 오키나와인으로 규정하면 전후세대의 비체험자인 우리는 오키나와인이 아니다"라는 근본적인 '오키나와인' 의식의 회전이 시작된다. 그렇다면 "오키나와인이 아닌 우리가 오키나와전의 체험을 나눠 가지면서 〈당사자성〉을 획득해 감으로써 어떤 오키나와인이 될 수 있는가"(이상 [야카비, 2009년a]). 오키나와전 인식과 아이덴티티 획득＝창조의 과제 등이 여기에서 미래를 향한 구상력으로 교차한다.

　1980년대 청년기 이후, 야카비는 오키나와의 아이덴티티를 어떤 식으로 기초화할 것인지 모색했고 일본에 대해서는 그것을 '토지의 기억'이 환기하는 의의로 강조해 왔다. 그러나 동시에 다른 국면에서는 오키나와 대 일본이라는 이분법으로 '오키나와의 아이덴티티를 강조하면 어떤 억압을 가져올 위험성'이 있다. 즉 피억압자 공동체가 외부에 대해 내부의 구심력을 높여 갈 때 해방을 위한 저항이 오히려 안으로 억압을 침투시키는 역설을 의식할 수 있어야 한다. '집단자결'의 시간이 다가오는 동굴 속에서 누구의 목소리를 들을 수 있는가 하는 시점은 그러한 성찰과 관련돼 있다.

　여기에서 야카비가 제안하는 것은 "오키나와 아이덴티티의 기원과 본질을 탐구하는 방식이 아니라 지금도 계속되는 오키나와 '역사에 대한 아픔'을 '역사로서의 현재'에 다시 이야기함으로써 〈오키나와의 아이덴티티〉를 새롭게 창조해 가자는 방식"이다(이상 [야카비, 2006년]). 오키나와 '역사에 대한 아픔'의 원점인 오키나와전에 대해서도 "출신과 상관없이 오키나와전 인식은 널리 열려 있고 그것을 어떻게 인지할 것인지는 비체험자인 우리 자신에게 던져진 질문"이며 아이덴티티의 탐구를 동기로 삼아 온 오키나와학도 여기에서 기초를 바로잡으려 했다.

그렇다면 '오키나와인이 〈되기〉' 위한 기억의 계승이 영상작가나 역사가가 아닌 일반적인 생활인의 일상에서는 어떠한 형태를 띨 것인가. 전쟁과 점령으로 확연히 구별되지 않는 두 개의 격동기를 온몸으로 살아내야 했던 많은 오키나와전 체험자들이 가령, 점령하의 미군범죄를 통해 오키나와전의 어떤 장면을 보게 되는 연쇄적 상기방식은 어쩌면 불가피할 것이다. 그러면 "우리는 동시대에 일어난 사건에서 어떻게 오키나와전이나 미군점령하의 사건으로 이어지는 기억의 연쇄를 되살려 낼 수 있는가." 이를 위해서는 객관적인 사실인식의 계승 못지 않게 단편적이라고밖에 볼 수 없는 사적인 기억, 가족사나 개인사적인 체험이라는 〈작은 이야기〉를 '나의 주체적인 시각으로 그러한 단편을 묶어두고' 생각하는 것, 오키나와 규모의 경험으로 기억된 〈커다란 이야기〉와 관계를 맺어 가면서도 거기에 미처 포섭되지 않았던 기억을 계속 유지하는 시도를 하는 것이 중요하다고 야카비는 말했다(이상 [야카비, 2009년 a]).

오키나와〈인이라〉는 것이 오키나와전의 기억을 계승하는 조건이 되는 식의, 속성에 근거한 사고를 야카비는 거부했다. 그래서 '오키나와인이 〈된다〉'는 열린 주체성을 만들자는 제안의 수신자에 해당되지 않는 사람은 정의定義상 존재하지 않는다. 본질적 속성을 드러냄으로써 경계선을 구분하는 타자화 전략보다 언뜻 유화적으로 보이지만, 사실 이 제안은 "역사는 누구도 소유할 수는 없다. 그렇기 때문에 누구든지 배울 수 있고, 배워야 하는 것이 아닌가. 그렇다면 왜 당신은 이 전쟁의 기억에서 배우지 않는가"라고 예리한 질문을 던지고 있다.[10]

3) 오키나와인의 근대경험의 보편성에서 도출해 낸 역사와 공동성

야카비의 이러한 회전 앞에 현재, 어떠한 모색이 이루어지며 축적되고 있을까.

그의 회전에 계기가 된 것은 오키나와 안팎에서 모인 젊은 세대가 기지 반대의 초점인 헤노코邊野古와 다카에高江에서 '연좌농성'을 벌이며 항의하는 과정에서 창출해 낸 새로운 공동성에 대한 기대였다. 이 세대는, 1995년을 기점으로 군사기지와 성폭력에 대한 항의운동이 고양되다가 헤노코의 신기지건설로 바꿔치기 당해 경제진흥책과의 거래 속에서 항의운동이 봉인된 90년대 말 이후에 운동에 참가한다. 당시는 80년대의 보수적인 현 행정과 90년대의 불황을 거쳐서 복귀 운동 이후의 혁신세력은 약해지고, 전쟁은커녕 점령하의 저항에 대한 기억마저 풍화될 위기에 처해 있었다. 이들 젊은이들은 정의롭지 못한 것에 대해 직감적으로 분노했고, 그것 때문에 운동에 참가한 것이지 과거의 운동이나 독립론과는 무관했다. 그러나 '연좌농성'은 기대조차 할 수 없었던, 세대를 가로질러 일상에서는 얻을 수 없는 자유와 학습의 기회를 부여했다. 민중운동의 현장에서 태어난 배움의 공동체 안에서 비폭력 직접행동의 의의가 재확인되었고, 전쟁 후/점령하의 그 긴 역사가 발굴되고 있다.[11]

   구체적으로는 미군점령하의 모든 투쟁은 물론 복귀 후에도 계속된 긴金武 만의 석유비축기지 반대투쟁이나 얀바루ゃんばる의 미군 반대투쟁 등에 대해 현재와의 연관성 속에서 실증적으로 밝히는 연구가 진행되고 있다[아베, 2011년, 우에하라, 2014년, 오노, 2014년, 모리, 2013년]. 1950년대의 '섬 전체 투쟁'에 대해서도 복귀 운동으로 이어지는 조국회구의 내셔널리즘이나 엘리트 사이의 교섭과는 다른 측면에서 민중운동의 의의를 읽어내는 연구가 시작됐다[모리·도리야마, 2013년]. 또한 1972년 복귀 전야에 발생했던 반 복귀론의 결실이라고도 할 수 있는 '류큐공화사회헌법'안(1981)을 국가주권 비판이라는 문맥에서 재평가하는 논의도 궤를 같이하는 동향일 것이다[가와미쓰·나카자토, 2014년, 신조, 2014년]. 권력 측에 대해서도 기존의 미일관계사를 세밀화하는 것이 아니라 국가와 분리됐기 때문에 점령을 통해서 더 깊이 침투할 수 있었던 통치기술이 국제관계에서 정치현장에 이르기까지 오키나와의 현재를 어떻게 관통하고 있는지를, 국가를 초월한 민중과 여성의 교섭 등의 권력과의 접촉 면에서 묻는 역사사회학의 시도가 나타났다[사와다, 2014년, 도이, 2010년].

이들의 연구가 공유하는 시점은 무엇인가. 그 다수의 연구에서 참조한 신조 이쿠오의 발언을 빌리면 다음과 같은 두 가지로 볼 수 있지 않을까. 첫째는 지상전이나 이민을 전형으로 하는 오키나와 사람들의 근대경험이 띠는 세계성·월경성越境性에 주목해서 역사를 재해석하고, 구상력의 양식으로 삼으려는 지향이다. 예를 들어, '오키나와의 비폭력 반전 반기지 운동의 상징인 아하곤 쇼코阿波根昌鴻 씨'를 주목하는 경우에도 '오키나와로 돌아가 오키나와전에서 외아들을 잃고 미군에게 토지를 빼앗긴 가혹한 상황'에서 떨쳐 일어서는 순간에, 1920-30년대 남미에서 아하곤의 이민 경험을 매개로 '세계사적인 반제국주의운동'이 '회귀'하는 순간을 읽어냈다. 이 제언에는 기존의 오키나와 민중상을 수정하도록 촉구하는 신선함이 있다.

> 고향에서 쫓겨난 인간이 머물 곳을 요구한다. 게다가 뿌리나 민족성을 근거로 머물 곳을 주장하는 것은 아니다. "우리에게는 살 권리가 있다"는 것을, 생활한다는 행위 속에서 신체화하고 언어화하여 미군에게 법의 이름으로 명하는 것입니다, "민주주의를 지켜라"라고.

신조가 이처럼 형상화하는 아하곤의 라디칼 데모크라시를, 토착의/농민의/오키나와의 운동이라는 상에만 가둘 필요는 없다. 각각의 '현장'에서 만들어진 고유의 신체와 말은 이동이 불가피해진 근대 세계의 보편적 경험에 의해서 세계 규모의 저항의 연쇄에 접속한다. "이러한 저항의 관계 속에, 나 자신도 존재하고 싶다"는 신조의 이러한 바람은 구체적인 연구를 진전시키는 에너지로 위에서 언급한 여러 연구로 파급되고 있다.

둘째는 오키나와가 동북아의 영토 내셔널리즘(몇 번째인가의)의 희생이 될 수 있는 현재, 이러한 상황에 항거해서 태어난 '공동성'에 민감하다는 지향성이다. 신조는 현재의 독립론 등도 염두에 두고 "자결 또는 자기 결정권에서 타자가 사라질 때, 민족 공동체는 폭력적인 '인연'이 되는" 것이 아니냐며 걱정을 드러냈다. 그러한 폭력성을 반전시켜 잠재하는 '더불어 산다'는 선택의 가능성을 현재화시키는 것은 '피나 언어의 동일성을 바탕으로 하는 공동체가 아니라, 그곳에 사는 사람들에 의해서 그때마다 창조되는 공동성'이며 '죽이지 않는다, 죽게 만들지 않는다, 함께 사는 법을 어떻게 선택할까? 그것을 사고해 나가는' 것이 공동성의 출발점이 된다. 그때 바로 반전의 계기로써 '적대적으로 불가결한 것이 오키나와전의 기억을 떠올리는 것'이다. 여기에서 오키나와전의 기억은 함께 살려고 하는 자라면 누구나 함께 나눌 수 있는/나누어야만 할 것으로서 상정된다(이상 [신조·마루카와, 2014년]).

맺음말을 대신하여

2000년대 후반 이후 오키나와전 연구는 '집단자결'의 재검토를 축으로 크게 심화하는 추세이다. 그중에서도 중요한 것은 오키나와전 연구가 오키나와뿐 아니라 동아시아 근대사의 결절점結節点 역할, 즉 오키나와라고 하는 개별 전장을 구체적으로 연구하고 사고하는 것이 식민지 제국의 경험, 아시아 태평양 전장의 경험, 냉전하의 군사점령에 의한 사회변용, 개발주의와 젠더 질서에 의한 사회편성, 이들을 하나로 관통해서 다루려 할 때 필수적인 〈기억의 장〉임에 마땅하다는 것이 점점 더 명확해졌다는 점이다.

동시에 오키나와전을 둘러싼 사상은 이를 경계로 확실히 인식론적 성찰의 단계로 들어섰다. 〈기억의 장〉이란 곧 인식 투쟁의 장이다. 이 점은 본고가 검토한 세 명의 연구가 현실과의 각투 속에서 보다 충분히 단련되었고, 풍부한 결실을 맺어 충분히 현 상황에 대한 저항으로 존재하고 있다는 것을 단적으로 말해준다. 특히 '자결'이라는 겹겹이 모순을 내포한 언어를 통해 볼 수 있는 강제성과 자발성, 책임과 자유와 주체의 문제 등은 시대의 대세에 저항하는 운동 속에서도 늘 반성을 요구하는 중요한 지점으로서, 여전히 현재적 물음을 던지고 있다.

그러나 그와 같은 성찰이 요구되는 상황은 너무도 복잡하다. 이렇게 뒤얽힌 주된 원인이 일본사회 일부에서 보이는 오키나와관의 인종차별화에 있는 것은 두말할 나위가 없다. 그런데 대항 언설로써 점점 거세지는 오키나와 아이덴티티의 변용은 본고에서 검토한 오키나와전을 둘러싼 사색의 깊이와는 아직까지는 유기적으로 교차하고 있지는 않다.

그러나 비등한 논의를 주시하는 것만으로는 그 밖의 측면에 대해 전망하는 시점을 스스로 차단시켜 버리고 만다. 오키나와 언설 등도 규제하는 일본사회의 '오키나와 문제'라고 하는 인식의 틀을 비판하기 위해서라도 오키나와전 인식의 심화에서 배울 점이 많다. 특히 '기억의 계승'을 둘러싼 사상적 모색은 과거에 여성사가 추진한 것과 같은 "'집단화'를 내부에서 붕괴시켜 드러내는 '무수히 많은 작은 이야기'에 기반하면서도, 그 '집대성'을 도모하는, 그러한 새로운 역사의 실천"으로 널리 계승되어 가고 있다[가토, 2014년]. 그럼 그러한 모색을 역사학은 어떻게 받아들이고 자기 방법론을 단련시키면 좋을 것인가? 본고가 제한된 지면을 제한된 논의의 묘사에 사용한 것은, 야카비나 신조의 사색이 가지는 〈역사(학) 비판〉의 불온전성과 풍요로움에서 배우고 싶었기 때문이다.

문제는 그러한 인식론적 깊이가 이후 민중사상으로서의 오키나와전 인식에 어떠한 매개가 될 것인가에 있겠다. 본고에서는 검토하지 못했으나 물론 연구 이외의 분야에서도 오키나와전을 새롭게 조명하려는 움직임도 진행 중이다. 바다를 넘어 오게 된 조선인 군부·'위안부'를 둘러싼 '애사哀史'의 발굴과 추도, 오키나와·대만·한국을 잇는 나병 환자의 식민지·전쟁체험의 검증, 또한 예술 표현에 의한 오키나와전 기억의 계승 및 학도대 경험을 한 증언자의 뒤를 이어 히메유리 평화기념자료관이 '증언원'을 도입한 시도, 그리고 오키나와전의 트라우마로 인한 전쟁체험자의 심신의 변화와 조화가 현대에 시사하고 있는 점에 대한 시점 등등[12] – 실제로도 미야기·야카비·신조 등의 고찰은 그런 다양한 '표현'의 창조력에서 배우고 사색의 깊이를 심화시켜 왔다([신조, 2014년, 미야기, 2014년, 야카비, 2009년b] 등). 이처럼 현대 오키나와의 사색과 표현의 행위가 완만하게 이어지면서 전쟁체험자 없는 〈범람하는 기억의 시대〉를 향한 저항의 준비로써, 우리가 새롭게 '당사자가 〈될〉' 것을 제안하고 있다.

홍윤신 옮김

식민지 책임론
― 대만을 중심으로

마루카와 데쓰시丸川哲史

머리말 ― 식민지통치에 대한 물음

전쟁 전, 일본의 대만 식민지통치*를 다룬 TV 프로그램, NHK스페셜『JAPAN데뷰』의 첫 방송「아시아의 "일등국가"」(2009.4.5)가 법적 투쟁으로 번지며 논란의 대상이 됐는데, 이때의 논란이 아직 기억에 새로울 것이다. 방송 내용에 '편향'적인 부분이 있다며 프로그램에 불만을 가진 그룹이 손해배상을 요구하는 민사소송을 일으켰고 결과적으로 이 그룹에 동조하는 약 1만 3천 명이 결집하는 양상으로 전개됐다. 이들 소송그룹이 반발한 동기를 요약하면 "프로그램이 대만의

---

* 1895년 – 1945년

이미지를 '반일'로 왜곡시켜 '연출'했다"– 이런 내용이었던 듯하다. 재판은 최종적으로 이 소송을 제기한 원고가 제기한 일부분, 즉 대만 원주민의 인터뷰를 소개하는 설명이 '명예훼손'에 해당한다고 원고 측 주장을 인정했지만, 그 외의 부분에서는 NHK 측의 편집권을 존중하는 선에서 일단락되었다.

이러한 소동을 어떻게 생각하면 좋을까. 여기에 대해서 생각하려 할 때 역시 논의가 '대만이 친일적인가 반일적인가'라는 수준에 머물러서는 안 될 것이다. 일본 측의 대만관 그 자체, 좀 폭넓게 말하면 동아시아 전체와 관련된 역사관이 큰 문제가 될 것이다. 문제가 된 NHK 프로그램이 그리고자 한 것 역시 대만 현대사를 소개하기도 하지만, 일본통치와 관련한 역사적 경위를 설명하면서 근대일본의 발전을 큰 흐름 속에 위치시켜 되묻는 데 있었다. 그러면 왜 이번에 그냥 넘어가기 어려운 이러한 현상이 일어난 것일까. 그 원인을 찾는 과정에서 동아시아 내부의 상황변화에도 주의를 기울일 필요가 있다. 이는 2008년부터 2009년에 걸쳐 대만 내부에서 변화가 일어났다는 점, 한 걸음 더 들어가면 그 배경에 대만과 중국대륙의 관계 변화도 끼어 있는 듯 보인다.

간단히 정리하면, 2008년 3월에 중국대륙과의 융화를 주장했던 국민당의 마잉주馬英九가 총통 선거에서 승리하고 5월 취임 때 이른바 '삼통'정책*을 추진함으로써 대만과 대륙 중국 사이에서 직접적인 무

---

* 우편과 통신, 무역, 상호 왕래의 세 가지를 통하게 하자는 중국의 정책

역, 통신, 문화교류가 가능해질 수 있었다. 그 배경에는 중국대륙이 고도성장기에 있었다는 것과 함께 많은 투자와 인재 파견을 추진해 왔던 대만상인(통칭: 대상)이 양쪽 당국에 요구를 했다는 정황도 있다. 대만의 독립을 잠재적 정치목적으로 삼는 민진당이나 대만단결연맹 (리덩후이李登輝 전 총통 등이 중심 멤버) 등의 진영에서는 이러한 상황에 대해 대만의 '주권'을 위협하는 것으로 견제했다. 그러나 결과적으로 대륙의 경제적 흡입력이 컸던 탓에 삼통정책은 승인되었다. 동시에 민진당의 천수이벤陳水扁 전 총통이 정치자금의 부정축재와 총통부 기밀비 부정유용 등의 혐의로 체포되는 사건 등이 발생해 대만이 중국으로부터 '독립'해야 한다고 바라던 정치진영은 큰 타격을 받게 되었다.

이번 NHK 프로그램에 소송을 건 그룹은 일본에 있는 '리덩후이 후원회'와 젊은 세대의 우파적 언론을 선호하는 멤버 등이 중심이 됐다. 이들 그룹의 다양한 출판물과 인터넷 게시물 등을 관찰해 보면 '중국공산당의 음모', '중공지지자가 NHK에 있다'는 등의 상투적인 기술이 산발적으로 많이 보인다. 이러한 점에서도 이번 사건의 근저에 2008년-2009년의 대만, 중국대륙의 '접근'이라는 맥락이 존재한다는 것이 엿보인다.

여기에서 문제가 되는 것이 대만과 중국대륙의 역사적인 관계에서 일본이 어떠한 위치에 있는가라는 점이다. 일반적으로 생각해 보더라도, 먼저 대만을 영유한 51년간의 식민지통치 역사의 단초가 된 청일전쟁(시모노세키下關조약, 1895년)과 맞닥뜨리게 된다. 잘 알려진 것

처럼 시모노세키조약으로 일본은 청국에게서 배상금 2억 냥을 받아
내고 비약적인 근대적 공업화를 달성할 수 있었다. 한 가지 전제하자
면, 앞에서 소개한 소송 그룹이 행동한 동기는, 그 이유가 무엇이든
일본이 대만을 영유하고 식민지화한 역사를 긍정하고자 하는 뿌리깊
은 욕망에 있다-이 점은 틀림없을 것이다. 문제라면 이러한 역사적
욕망의 기반이 도대체 어떻게 구성되었는가라는 점이다.

　본고의 결론 부분에서, 그리고 결론에 이르는 논증 과정에서도 여
러 차례 다루겠지만 일본의 대만 식민지통치는 잠재적으로 근대중
국의 생성과 떼어놓을 수 없는 문제성을 내포하고 있다. 결론을 미리
말하자면, 앞에서 언급한 일본이 대만 식민지통치를 긍정하려는 욕
망은 근대중국의 생성에 대해 무의식적으로 대항관계, 혹은 부인하
고자 하는 관계에 있다고 할 수 있다.

1. 역사적 문맥의 확인(1940년대 – 2000년대)

　앞에서 한 문제설정에 직접적인 논증을 시작하기 전에 전후 일본
이 총체적으로 어떻게 대만을 인식해 왔는지에 대해 약간 언급해 두
고자 한다.

　1945년 여름 패전으로, 일본이 카이로선언 내용을 답습한 포츠담
선언을 받아들임으로써, 대만의 중국 복귀가 기정방침이 되고, 대만

에 거주하던 대부분의 일본인은 몇 번의 단계를 거쳐 일본 열도로 귀환하게 되었다. 패전 후에 열도 규모로 축소된 시공간에서 살게 된 일본인, 즉 전후 '부흥'을 위해 살아남으려 했던 일본인에게 식민지 통치는 잊어야 할 현실이 된 것이다. 이어서 1951년에 맺은 샌프란시스코 강화조약으로 일본은 재독립을 달성했고 국제적인 인격을 형식적으로는 '회복'하게 되었다. 그러나 알다시피 이 조약을 조인할 때 중화민국 대표는 초대되지 않았다(대륙의 인민공화국정부도). 내전의 결과, 중국 대륙에서 쫓겨난 중화민국은 대만을 본거지로 '반공反攻대륙' 정책을 내세우는데 이 시점에서 중화민국의 지위는 대단히 약해진다. 이러한 상황에서 중화민국 정부는 독자적인 외교전략으로 일본이 필리핀 등에는 지불했던 배상금을, (중화민국에 대해서는) 유보하는 형태로, 이른바 난이도를 낮추는 형태로 일본과의 2개국 관계를 재정의할 수밖에 없었다. 그리고 샌프란시스코 강화조약이 체결된 이듬해인 1952년에는 일본과 화일평화조약을 맺는다. 덧붙이자면, 화일평화조약에서 대만의 위상은 제2조에 다음과 같이 기술하고 있다.

> 일본국은, 1951년 9월 8일에 아메리카합중국의 샌프란시스코 시에서 서명한 일본국과의 평화조약 제2조에 근거해, 대만 및 평후澎湖 제도, 그리고 신남 군도 및 서사 군도에 대한 모든 권리, 권원 및 청구권을 포기했음을 승인했다.[1]

현재 이 조문에 관해 일본 외무성은 대만을 '포기'한다고만 기술됐을 뿐, 중국으로 복귀된다는 내용은 없다는 해석을 채택하고 있다. 매우 흥미로운 일이다. 뻔한 말이지만 카이로회담에서 결정된 내용과는 간극이 있다. 이것이 옳은지 그른지는 일단 차치하고 당시 일반적인 일본인들은 1945년에서 7년이라는 세월이 흘러 식민지 대만에 대한 기억을 한층 잠재적인 것으로 침잠시켜 갔다. 그 대신 냉전체재와 내전체제를 이중화하는 중화민국=국민당정권의 '정통중국'이라는 위상을 의식하고, 대만을 '반공중국'으로 상상하는 습관에 젖어 간다. 그러나 당연한 일이지만, 일찍이 대만에서 생활한 적이 있는 일본인은 개인적인 향수에 젖어 1945년 이전의 대만에서 경험했던 기억을 지니고 살아간다.

여기에서 중요한 점은 이러한 동아시아 냉전체제라는 국제환경이 일본인의 대만인식에 부여한 잠재적 왜곡인데 무엇보다 잊지 말아야 할 것은 앞서 언급한 바와 같이 화일평화조약에서 대만이 사실상 배상을 포기했다는 사실이다. 이는 당시의 중화민국(국민당정권)이 내전에서 패해 약해진 결과이기도 했고 냉전구조 안에서 반공블록 내부의 '단결'을 확보하기 위한 조처이기도 했다. 이후 1972년 대륙의 인민공화국 정부와의 사이에서도 배상을 포기하는데 이것을 포함해 일본인 전체가 중일전쟁에 대한 책임의식이 결여돼 가는 것도 사실은 화일평화조약에서 배상 부분을 포기한 것에서 이미 결정된 일이었다고 생각할 수 있다. 그리고 덧붙이면 중일전쟁의 배상을 사실상 보류한 조처가 대만에 대한 일본의 식민지지배 책임을 한층 은폐하는 구조적인 귀결에 이르게 됐다는 점이다.

그런데 정치학자 미타니 다이치로三谷太一郎는 1993년 상황에서 전후 일본의 존재양상을 다음과 같은 흥미로운 시점으로 제시했다. 미타니는, 일본이 대만과 한반도 등의 식민지를 타율에 의해 단번에 포기하고 동시에 스스로는 비군사화함으로써 전후 유럽 등이 진행한 '탈식민지화(=탈제국화)'할 수 있는 기회를 훌쩍 건너뛰어 버렸다고 한다. 게다가 일본이 냉전구조 속에서 비교적 안전한 지위를 얻었기에 '식민지' 역사를 급속히 망각해 버렸다고 한다. 미타니는 이러한 양상을 '끝나지 않은 탈식민화(=탈제국화)'라는 말로 집약함으로써 전후 일본이 망각하려 했던 테마를 부각시키려 했다.

 이렇게 일본의 경우, 비군사화와 구별되는 탈식민지화 그 자체가 국내에 미친 영향은 비교적 미미한 것에 그쳤다. 즉 탈식민지화가 지닌 고유의 문제가 비군사화의 일반적인 문제로 숨겨진 채 해소되었다. 더욱이 탈식민지화가 냉전의 진행과 맞물려 이루어졌다. 점령정책의 전환으로 촉진된 일본의 정치적, 경제적 재건은 냉전의 요청에 답하는 것이기도 했다. 이 점은 일본의 구식민지와 점령지의 탈식민지화에도 영향을 미쳤고 이는 냉전의 전략적 필요에서, 냉전체제에서 일본의 역할을 저해하지 않는 한도에서 동결됐다. 냉전이 종언을 고한 이제는 일본이 끝나지 않은 탈식민지화(이른바 탈식민지화의 제2단계)가 시작됐다고 해석해야 할 것이다.[2]

이러한 문제규정은 전후 '부흥'을 이루려 했던 일본인 일반의 무의식을 정확히 드러낸다. 보충하자면, 이러한 문제의식을 1993년에 기술했던 미타니 다이치로가 목격한 것이 다름 아닌 한국과 대만에서 갑작스레 일어난 '민주화' 운동이었다. 한국과 대만에서 일어난 '민주화'란 내전＝냉전체제로 규정된 반공방위를 위한 반민주정부를 개조하는 계기가 생겼다는 것을 의미한다. 단적으로 1987년에 대만에서 '계엄령' 해제가 선언되고 그동안 동결됐던 헌법체제가 부활한 것을 들 수 있다. 또 같은 해에 한국에서는 학생·시민들이 함께 이룬 '유월항쟁'으로 군사독재의 상징이었던 전두환 정권이 하야 선언을 하기에 이른다.

이러한 흐름이 탄생한 바탕에 전후 동아시아 경제 분업체제의 재편성이라는 계기가 있었다고 미타니는 지적한다. 전후 50년대부터 냉전구조 아래에서 형성된 경제 분업체계는 대체로 일본이 상층에서 대만과 한국을 하청으로 해서 파생된 경제시스템이었다. 그러나 70년대부터 한국과 대만이 급속히 경제발전을 이루자 과거의 경제질서 그 자체가 실질적으로 재편성되고, 한국과 대만이 이전에는 가질 수 없었던 지위를 획득하기 시작했다. 이러한 상황이 특히 한국에서는 유월항쟁 이듬해 서울올림픽을 성공시키는 등의 궤적으로 이어졌다.

사실 이러한 흐름 속에서 식민지책임 문제가 제기되었다. 특기해야 할 점은 한국의 '종군위안부' 자신이 직접 일본정부를 '고발'한 90년대 전반기의 사건이다. 그리고 대만에서는 일본군 군속이었던 대만인들이 보상청구운동의 일환으로 과거 군사우편저금 '반환' 운동을 활발히 전개한 것도 이 무렵이었다(단지, '반환' 금액이 적어서 대만에서는 불만의 씨앗이 되기도 했다).

그러나 대만의 경우 '계엄령' 해제 이후의 국제적 환경 속에서 위치변동이 한국과는 약간 다른 경위를 보인다. 1988년 장징궈蔣經國가 사망하자 본성인(1945년 이전부터 대만 주민이었던 사람) 출신으로 부총통이 됐던 리덩후이가 총통직에 취임했다. 리덩후이는 냉전체제의 종언이라는 세계적인 흐름 속에서 '계엄령' 해제에 이어 대륙 시절에 선출된 국민대회대표와 입법의원의 은퇴를 촉구하고 나아가 90년대 후반에는 대만 성정부와 중화민국 정부의 이중적인 상태를 해소하는 등 민주화=대만화를 착실히 추진해 갔다. 이러한 과정을 진행하면서 대만주민이 총통직을 직접 선거하는 방식이 현실성을 띠게 되고 총통 직접선거가 1996년에 실시된다. 한편 대륙의 인민공화국정부는 이러한 대만의 움직임이 중국이라는 국가의 분열을 책동하는 행위라 보고 대만 해협에서 미사일 연습을 하는 등, 일시적으로 대만 해협이 극도의 긴장감에 휩싸이게 되었다. 이러한 맥락이 서두에서 언급한 TV 프로그램과 같은 문제와 접합하며 대만을 '친일'적이라고 상상하고 싶은 욕망과 결부되어 대륙 중국을 강력한 존재로 떠올리는 사태로 나아간다.

이러한 문맥을 어떻게 생각해야 하는지는 사실 복잡한 과제이다. 앞에서 언급한 바와 같이 세계적인 냉전구조의 붕괴는 그때까지는 예상 못했던 형태로 동아시아의 정치지도를 독특한 양상으로 바꿔 그리게 했다. 예를 들어, 1992년에 한국이 독자적으로 인민공화국과 국교를 맺고 대만의 중화민국 정부와는 형식상으로는 '단교'한 것이 전형적인 예이다. 그러나 이러한 포스트 냉전의 흐름 속에서 무엇보다 중요한 요소는 역시 대륙 중국이다. 1989년 제2차 천안문사건으로부터 3년 후인 1992년, 덩샤오핑鄧小平의 남순강화南巡講話*를 계기로 해외로부터 대륙 중국에 대한 투자가 한층 활성화하고 그 후 대륙 중국의 고도경제성장이 장기간 지속된다. 이 흐름을 대만 측에서 서술하면 이럴 것이다. 1987년 대만이 '계엄령'을 해제하자 그 배후에서 대만 자본이 대륙 중국으로 (간접)투자되는 폭이 커지기 시작했고 이 흐름은 '남순강화'를 거치면서 지속적으로 확대됐다. 역설적이게도 앞에서 언급한 1996년의 미사일 연습기간에도 이러한 상황은 계속된다.

여기서 되돌아볼 것은 1980년대 후반부터 움직이기 시작한 대륙에 대한 대만의 (간접)투자인데, 이것을 당시 맥락 속에서 보면 소련을 주된 적으로 상정했던 미국에게 냉전 포위망이 필요했기 때문에 이러한 대만의 움직임을 미국이 묵인하고 지원했다는 점이다.[3] 이미 포화 상태였던 대만 섬 내부의 잉여자본은 상당히 오래 전부터 그 관심=이해利害가 대륙 중국 쪽으로 향해 있었다. 오늘날 알려진 대만과 대륙 중국의 경제적인 일체화는 이러한 탈냉전화라는 맥락에서 시작됐다. 바로 여기에서 경제의 일체화라는 부분과 정치적인 관계에서의 대만과 대륙 중국 사이의 상치에 주목할 필요가 있다. 실제로 여기에서 보이는 상치는 2014년 봄의 '반서비스 무역협정' 운동에서 현저하게 드러난다. 그러나 이러한 운동이 일어났다고 해서 대만과 대

---

* 제2의 개혁개방

류 중국 사이에 있었던 경제 일체화의 흐름이 실질적으로 끊기는 것
은 아니다. 여기에서 확실한 것은 주권=군사적 지도로서의 두 정부
관계와 경제=금융시스템 경로로서의 두 정부관계가 모순을 내포하
면서도 공존하고 있다는 사실이다. 일본인은 이러한 실제적 두 정부
관계의 양상을 직시하지 않으면 안 될 것이다.

그리고 한편으로, 여기에서 파생한 문제 중 흥미로운 점은 90년대
대만과 일본과의 관계 구조의 변화이다. 대만 자본이 급속도로 대륙
중국과의 연계를 강화해 가는데 대만에 투자한 일본 자본은 임금상
승이라는 부담 때문에 대만에서 철수해 대륙 중국이나 동남아시아
쪽으로 빠져나갔다. 실제로 경제적 의미에서 보면 일본사회가 대만
에 관여하는 부분은 오히려 희박해진 것이다. 현재 대만을 방문하는
관광객의 비율도 대륙 중국에서가 압도적으로 많다.

현실이 이렇게 진전되는 가운데 대만 내부에서는 흥미로운 문화적
현상이 나타났다. 일본통치 시절을 향수하는 움직임이다. 그 시초가
된 현상이 일본작가 시바 료타로司馬遼太郎가 리덩후이 당시 총재와
일본어로 대담한 내용을 중심으로 간행된 「대만기행」(1993 - 94년)이
특필된 것이다.[4] 시바가 「대만기행」에 쓴 리덩후이의 발언 내용과 두
사람이 나누었던 관심사는 대부분 식민지시절이었고, 총통으로 정치
에 관여했던 현실적인 모습은 거의 거론하지 않았다. 더욱이 2000년
정권교체가 실현되자 민진당의 후보자였던 천수이볜이 새로운 총통
으로 취임한다. 그런데 이 기간에도 일본인이 매우 미묘하게 느낄 수
있는 발언이 특필된다. 특히 제2기 때의 천수이볜 정권의 부총통이

었던 뤼슈렌呂秀蓮이 청일전쟁 후에 맺어진 시모조세키 조약에 대해서는 대만이 대륙 중국에서 분리돼 정치실체를 가지게 된 기점이라며 '적극적'인 의미를 부여했다. 그리고 천수이볜 총통 본인 역시 대만의 중국 복귀가 합의된 이른바 '카이로선언'에 대해서는 '무효'를 주장했다는 점이다.

이렇게 대만의 통치 리더가 보이는 문화정치적인 퍼포먼스가 일본인의 대만인식에 적지 않은 영향을 미쳤다는 것은 의심할 여지가 없다. 그러나 여기에서도 흥미로운 점은 이 시기에도 대만과 대륙 중국 두 정부 사이의 자본을 매개로 한 연결고리는 더욱 깊어지고 있었다는 사실이다. 단지 냉정히 생각하면 이러한 대륙과의 경제적인 관계에 일본 역시 관련돼 있었을 것이라는 점이다. 단적으로 오늘날의 일본경제 역시 대륙 중국의 존재를 빼놓고 말할 수는 없다. 총체적으로 여기에서도 재확인할 수 있는 것이 이러한 정치=군사적인 일련의 문제와 경제=자본적인 일련의 문제들은 극도의 분리 경향을 갖고 있으며 이러한 분리가 존재한 채로 일본, 대만, 대륙 중국 간을 구성하는 역사적 현실이 중첩되고 있다는 사실이다.

2. 식민지문제 제기(1) — 우줘류

본고는 사실상 여기에서부터가 본론이다. 앞서 했던 서술은 지금

부터 서술하고자 하는 일본의 대만인식 형성의 관찰에 도움을 주기
위해 이른바 주체의 위치를 확인하기 위한 준비였다.

전후 일본에서 처음으로 대만으로부터의 제언으로 식민지문제를
재인식하는 계기를 만든 것은 아마도 우줘류吳濁流(1900-1976)의 소설
『아시아의 고아』가 소개되면서부터일 것이다.[5] 이 텍스트는 신인물
왕래사新人物往來社 판이 1973년에 간행돼 보급판이 되었다. 원래『아
시아의 고아』는 먼저 대만에서 1946년부터 48년에 걸쳐『호치민胡志
明』이라는 제목으로 5권 분량의 소설로 발표됐다. 덧붙이면 이 시기
대만의 언어 환경은 과도기였고 일본어로도 출판할 수 있었던 시기
였다. 원제목『호치민』으로 일본에 소개된 것은 처음에는『아지야의
고아』(히로미쇼보一二三書房(1956))였고, 이어서『일그러진 섬』(히로바쇼보
ひろば書房(1957))으로 출판되었다(이때 주인공의 이름이 베트남의 호치민을 중
국명으로 한 것과 같다고 해서 후타이밍胡太明으로 바꾼다). 앞에서 언급한 1973
년의 신인물왕래사판이 결정판인데, 이 작품이 일본의 언론계에 끼
친 영향은 결코 작지 않았다. 그 중에서도 특기할 만한 것은 오자키
호쓰키尾崎秀樹가 이와나미쇼텐의 잡지『문학』(1961.12)에 게재한 평론
「결전하의 대만문학」에서『아시아의 고아』를 자세히 논한 것이다.[6]

여기에서『아시아의 고아』의 내용을 약간이라도 언급해 두자.『아
시아의 고아』는 1900년 하카인客家人(하카어를 공유하는 한족의 한 갈래)의
지주 집안에 태어난 작가 자신의 분신인 후타이밍이란 주인공의 40
년대까지의 인생을 그린 파란만장한 소설이다. 후타이밍은 작가 본
인과 마찬가지로 한학의 서당교육과 근대 식민지교육을 모두 받은

인물로 등장한다. 청년 후타이밍은 공립학교의 교원이 되지만 일본
인 교사들과의 반목 끝에 기술자가 되려고 도쿄로 유학을 가기도 하
고 대륙 중국에서 기자, 통역관으로 활동하기도 하는 등의 인생을 산
다. 식민지 대만에서 태어난 지식인으로서 광대한 지역을 거치며 고
난의 역사를 걷는 인물로 창조, 묘사된다. 더욱이 이러한 서술 전부
가 사실상 태평양전쟁이 심화하는 상황 속에서 일본관헌의 감시를
피해 몰래 썼다는 사실이 서문에 기술되어 있다.

   그런데 1961년이라고 하는 이른 시기에 『아시아의 고아』를 일본
에 소개한 오자키의 평론 「결전하의 대만문학」에서는 소설 줄거리를
자세히 소개할 뿐만이 아니라 매우 선험적인 의문을 제기했다. 오자
키는 대만에서 태어났지만 종전 당시에는 학도병이었다. 「결전하의
대만문학」 서두에는 종전 당시 대만 출신으로 동기였던 학도병(베이
징제국대학 문학정치학부 3학년생)이 그에게 남긴 말을 소개했다. 그 대만
인 학도병은 오자키에게 이렇게 말했다고 한다. "일본은 졌다. 대만
은 광복(중국으로의 복귀). 아마도 장제스蔣介石의 군대가 올 것이다. 그
러나 대만 쪽이 **문화수준이 훨씬 더 높다.** 이것은 50년에 걸친 일본
통치의 결과이다. 우리는 그들을 따르지 않을 것이다. 그러면 어떻
게 하면 좋을까. 제3의 길, 그것은 독립이다. 그리고 일본과도 중국과
도 대등한 관계를 맺는다"고 말했다고 한다(강조는 필자). 오자키 본인
도 종전 때 정확히 이러한 발언을 들었는지 결국은 확신할 수 없다고
했으나 이러한 생각을 지닌 대만 인텔리 층이 존재했던 것은 아마도
틀림없으리라. 오자키는 그 당시에는 바로 이 발언이 의미하는 바를

이해할 수는 없었다고 한다. 그리고 이 논문의 마지막 부분에 또다시 서두에서 한 말을 되새기며 다음과 같은 감회를 덧붙였다.

> 패전 직후 대만 출신 학도병이 내게 말했다. 50년에 걸친 통치의 결과, 대만은 중국보다 훨씬 더 문화수준이 높아졌다. 우리는 그들을 따르지 않을 것이고 그러면 제3의 길밖에 없지 않은가 — .
>
> 나는 그때 아무 말도 하지 않았다. 거기에 답하기에는 일본의 식민지가 준 상흔이 너무도 깊었다. 그 부채를 마음에 새겨 넣음으로써 나는 비로소 그에게 대답할 수 있는 입장에 설 수 있다. 동시에 그에게 한 가지 묻고 싶다. "한 명의 일본군 병사였던 너 자신을 어떻게 생각하냐"고.
>
> 2·28사건은 내가 귀환한 이듬해에 일어났다.
>
> 몇 해쯤 지나 나는 중남부에서 무장봉기를 했던 민중 속에 일본군에 소속됐던 이들이 다수 섞여 있었다는 것을 알게 되었다. 특히 전쟁 중 하이난海南 섬에 징용됐던 일행은 용맹스럽게 싸웠다고 한다. 전쟁에서 돌아온 대만 출신의 군인과 군속이 무기를 들고 일어섰을 때, 거기에 과거 일본통치와 전쟁은 어떤 방식으로 그림자를 드리웠을까, 우리 일본인은 너희에게 대답하지 않으면 안 될 문제를, 그대로 남겨두었다는 사실을 그때 통열하게 깨닫게 됐다.[7]

되풀이하는 셈이 되지만, 오자키는 이러한 복잡한 문제제기를 이미 1961년이라는 시점에서 했다. 그런데 식민지 대만을 생각할 때, 대만 내부에 존재하는 이데올로기 조류로서의 대만독립론을 어떻게 평가할 것인지 매우 난해한 문제이다. 거기에서 요점이 먼저 오자키의 회상 속에 나온 '문화수준'이라는 개념과 연관된 근대주의적인 원근법이다. 그것은 1990년대 이후 대만에서도 공론화해 논의가 가능해진 식민지근대화론으로 연결되는 것이기도 하고 이것이 논리구조로써 대륙 중국과 비교해 대만의 '문화수준'이 높다는 대만독립론으로 환원하는 흐름이다. 오자키의 논의는 바로 이러한 복잡한 문제를 일찍부터 예견한 셈이 된다.

그러나 문제는 근대주의적인 원근법에 얽매인 민족관이다. 오자키는 「결전하의 대만문학」에서 『아시아의 고아』와 관련해 세 가지 테마를 상정해서 서술했다. 첫째는 대만인과 (대륙)중국인과의 관계, 둘째 대만인과 일본인과의 관계, 그리고 셋째로 전쟁(총력전 체제)의 문제이다. 즉 '결전하'란 대만인으로 하여금 일본의 입장에 서게 함으로써 (특히 황민화해서) 중국과의 전쟁에 협력시킨 상황이었기 때문에, 위의 첫째 문제와 둘째 문제가 필연적으로 충돌한다는 점 – 이 점이 일본의 전쟁(총력전 체제)의 핵심이 되는 부분이다. 『아시아의 고아』가 다른 대만문학작품에서 대부분 회피하고 있는 장면임에도 불구하고, 주인공 후타이밍이 대륙 중국에서 일본 편에 서서 '활약'하는 묘사를 해 낸 것은 중요하다. 특히 '활약'이 최고의 강도로 그려져 있는 것은 주인공 후타이밍이 통역관이 되어 항일전사의 처형에 동반하게 되는 장면이다.[8]

이러한 대만인이라는 주체의 특이성을 더 명확히 하기 위해 한반도와 대비하여 생각해 보자. 한반도의 경우, 하나의 민족 전체가 식민지화 된 경위를 가지고 있기 때문에(이후 남북이 분단되었다고 하더라도) 중국대륙과 대만 사이를 구분 짓는 것과 같은 종류의 문제는 발생하지는 않는다고 볼 수 있다. 즉 대만의 경우에는 총력전 체재(황민화 체제)의 문제를 포함한 채 (대륙)중국과의 사이에서 형성된 적대성을 어떻게 처리할 것인가를 고찰하지 않는다면 식민지책임이라는 문제 자체가 성립되지 않을 것이다. 이 점은 또한 다른 유럽 선진국이 안고 있는 식민지책임 문제와의 차이로도 느껴질 수 있을 것이다.

　어찌 되었든 대만과 관련된 식민지문제는 중국이라는 개념항을 반드시 처리하지 않으면 안 된다는 것이다. 이 점을 굉장히 빠른 단계에서 인식했던 오자키 호쓰키의 문제제기는 오늘날 일본의 대만인식 형성에서도 잊혀졌다고밖에는 볼 수 없는 논점이라고 할 수 있다.

　여기에서 『아시아의 고아』의 내용으로 들어가 보자. 주인공 후타이밍은 1900년생이었다. 다음 인용은 후타이밍이 스무 살 이상 연하로 보이는 조카 타슌達雄과 대면하는 장면이다. 이 소설 속 장면의 후타이밍의 조카는 연령적으로도 오자키가 종전 때 만난 바로 그 대만인 학도병을 방불케 한다.

　"타슌 군. 지원이라니 훌륭하구나. 어떻게 그렇게 할 마음을 먹었지? 어디 네 신념을 한번 들려주겠니?"

　라고 물었다. 타슌은 자신의 소신을 열정적으로 피력하기 시작했다. 그의 말로는 대만인은 지금 일본인이 될 수 있을지 없을지의 커다란 시련의 시기에 봉착해 있다. 그리고 현재 전투 중인 성전聖戰(그는 성전이라고 했다)에 협력하는 것만이 이 시련을 이겨낼 수 있는 길이다. 10억 동아인민의 해방을 위해서 그 주축이 될 인간이 되는 것이야말로 우리 청년들의 숙원이라는 것이었다. 이념이라고 하기에는 너무도 유치한 생각이었다.

"여기도 비판력 없는 불쌍한 청춘이 한 명 있구나!"

후타이밍은 갑자기 군속으로 소집되던 때가 생각났고, 조국의 항일 청년이 나이도 얼마 되지 않으면서 단호하게 대의를 위해 목숨을 버리러 가는 모습이 눈앞에 아른거려 왔다. 그래서 안쓰러운 심정으로 타슌을 바라보았다.

이 장면이 상징하고 있는 것은 중일전쟁의 발단이 된 루거우차오 사건을 지표로 황민화기로 들어가기 전에 이미 사회생활을 시작한 후타이밍(우쿼류) 세대와, 황민화기에 청춘시절을 맞은 그보다 어린 세대 사이에 세대관과 전쟁관 혹은 일본관의 간극이 존재한다는 것이다. 일본에서 대만의 역사를 바라볼 때, 특히나 전쟁 전 식민지시절의 대만이 어떤 모습이었는지 생각할 경우, 이러한 세대 간의 간극이 존재하고 있다는 점을 간과해서는 안 된다. 즉 어떤 세대를 중심에 놓을 것인지에 따라 식민지 대만의 이미지는 달라질 수밖에 없기 때문이다. 일본의 경우에는 특히 황민화기에 성장한 사람들을 주목하는 빈도가 너무 많은 경향이 있다. 그런 의미에서도 우쿼류와 같은 시점에서 지금까지 언급한 오자키의 대만인 친구 세대를 상대화하는 시선도 반드시 필요할 것이다.

3. 식민지문제 제기(2) — 다이궈후이로부터

지금까지 일본에서 소개된 우줘류의 『아시아의 고아』와 여기에 선구적인 반응을 한 오자키 호쓰키의 모습 등을 살펴보았다. 세대적인 관점에서 본다면 오자키가 만난 학도병보다 조금 뒷세대에 해당하는 다이궈후이戴國煇(1931-2001년)가 70년대부터의 시기, 바로 일본의 식민지책임에 관련된 문제제기를 선두하게 된다. 앞 절에서 소개한 『아시아의 고아』의 결정판에 해당하는 신인물왕래사판의 해설「식민지 체제와 지식인」을 쓴 것이 다이궈후이였다.

다이궈후이는 1931년 만주사변이 일어난 해에 태어났다. 1955년 도쿄대학 유학에 성공하고 66년에 농학 박사학위를 취득, 같은 해에 아시아경제연구소에 들어가게 된다. 1976년에 릿쿄立敎대학 문학부 사학과에서 교수직을 얻고, 96년에 대만으로 돌아간다. 총통직에 있었던 리덩후이 정권에서 국가안전회의 자문위원을 역임했으나 리덩후이와는 종종 대립했고 2001년에 사망했다.

다이궈후이가 일본에서 남긴 발자취를 본고의 문맥에서 말하자면, 중·일 국교회복 이후의 업적으로 특히 대만 연구를 담당할 후학을 지도한 것이 특기할 만할 것이다. 다이는 일본에서 대만 연구의 기초라 할 수 있는 '대만 근현대사 연구회'를 설립하고, 1978년부터 1988년에 걸쳐 연구 잡지 『대만 근현대사 연구』(류케이쇼샤龍溪書舍, 료쿠인쇼보綠蔭書房)를 총 6회 발행했다. 이 잡지는 그 이후에 대만 연구의 대들보가 될 와카바야시 마사히로若林正丈, 마쓰나가 마사요시松永正義, 하

루야마 메이테쓰春山明哲, 구리하라 준栗原純, 가와하라 다쿠미河原巧 등
을 배출한다.

　다이궈후이는 원래 농학 연구자라는 경력으로 시작했으나, 대만
역사와 관련돼 억압이 심한 대만을 떠나 일본에 온 것이 오히려 그에
게 대만사 연구를 향한 억누를 수 없는 의욕을 생성해 냈다고 말할
수 있다. 때마침 70년대 전반 중·일국교정상화 직후였다. 전술한 바
와 같이 일본의 젊은 연구자들과의 교류가 시작되었고, 대만사 연구
(그중에서도 우서霧社사건* 등)에 관련된 새로운 지평을 개척하게 된다. 이
시기의 경위를 사상사적으로 개략해 보자. 앞서 언급한 와카바야시,
마쓰나가, 하루야마 등 이후에 두드러진 업적을 남기는 연구자들은
학창시절 중·일 우호운동을 경험한 세대였으나, 중·일국교정상화
(1972)와 함께 '대만'을 재발견하는 경위를 밟게 된다. 즉 이들은 다이
궈후이와의 만남을 매개로 중·일국교정상화까지의 냉전 구조 속에
서 (대륙 중국의) 인민공화국과 적대항에 있었던 중화민국－그 밑에 숨
겨져 있던 '대만'과 다시 만나게 됐다. 전술한 신인물왕래사판『아시
아의 고아』의 해설「식민지체제와 지식인」이 바로 중·일국교정상화
의 이듬해인 1973년에 쓰인 것은 실로 상징적이라 할 수 있다.

　다이는『아시아의 고아』출판을 기뻐하며 "우씨의 작품들은 대만
지식인이 자신의 의사로 역사의 형태를 만들고, 스스로 움직이는 주
체로서 중국 근·현대사의 맥락으로 회귀하기 위한 필독문헌"이라고

---

* 1930년 대만 우서에서 일어난 고산족(대만 원주민)의 반일봉기

평가했다. 이 해설 「식민지체재와 지식인」이 문제화한 것은 바로 식민지체제가 만들어 낸 '인간', 즉 전후를 살아가는 지식인의 탈식민지화라는 과제였다. 이 해설에서는 주로 다이와 동시대의 인간이 어떻게 40년대에서 50년대를 살아왔는가에 초점을 맞췄다. 그러나 오히려 윗세대의 황민화세대에 대한 관심은 이미 그 이전의 평론 「일본통치와 대만 지식인 – 어떤 교수의 죽음과 재출발의 고통」(1964)에서 명확히 드러냈다.[9] 이 「일본통치와 대만 지식인」에서 다이는, 앞에서 논한 식민지근대화론에 대해 답하고 비판하며 주장을 펼쳤다. 그러나 오자키 호쓰키라는 일본인이 초보적이나마 제시한 식민지근대에 대한 물음은 더 높은 수준으로 격상되어, 식민지 출신자가 아니었으면 힘들었을 역사철학적 색채를 띠게 되었다.

　「일본통치와 대만 지식인」 안에서 다이는, 먼저 도쿄에 온 대만인 후배의 소박한 질문에 대답을 시도한다. 그 질문이란 "일본인에게 대만이 점령되지 않았더라면 오늘날의 대만(은근히 '근대화'한 대만이라는 의미를 포함함)이 존재했겠는가?"라는 것이었다. 이에 다이는 "이러한 질문 자체에 커다란 의미가 있다고 보지 않지만, 꽤 많은 대만인이 이런 의문을 가지고 있는 것에는 주목할 가치가 있다. 엄밀히 말해서 아무것도 알 수 없다, 이렇게 됐을 것이라는 가정도 이렇게 되지 않았을 것이라는 가정도 마찬가지로 성립될 수 있고, 또한, 그 이상이 되었을지 모른다고 가정할 수도 있는 것이다"라고 기술했다. 바로 식민지 그리고 식민지 이후의 시공간에 반드시 나타날 (실제로는 그다지 큰 의미가 있다고는 생각되지 않는) 아포리아이다. 나아가 깨달아 얻을 수 있는 것은 복수의 '가정'에 농락당할 수밖에 없는 식민지화한 쪽의 '주체'가 위태롭다는 것이다. 다이가 유학간 일본에서 처음 발견한 의문이란 바로 이러한 식민지근대에서의 주체성이라는 문제였다. 다이는 「일본통치와 대만 지식인」 안에서 이러한 역사적인 주체와 관련된 물음에 관해, 예를 들어 다음과 같이 대만 내부의 계급 분석도 넣어가며 논했다.

다행인지 불행인지 앞에서 언급한 것처럼 근대화를 지향하는 중국으로부터 단절될 수밖에 없었던 대만은 영혼을 잠재워야 했다. 그 속에서 다른 민족이 주도권을 잡고 견인차 역할을 한 근대화=일본자본주의로 종속하는 과정에서는 소외돼 부속물로 처우받는 데에 그치고 말았다. 그러나 어느 정도의 몫을 토착 부르주아지가 받았던 것은 사실이다. 이 몫이 전란의 고통을 견뎌 낸, 저 건너 우리들의 고향이었던 관둥廣東, 푸젠福建보다 진보한 물질적 사회생활을 어느 정도의 한도 내에서는 담보해 주었다. 이러한 현상에서 비롯한 환영이 '잔재'를 '잔재'로서 지각할 수 없게 했다. 시간이 지나고 광복 초기에 좌절감이 누적되면서 피통치의 역사과정에서 받은 굴욕감이 옅어져 버린 것이다. 사람들은 지금 눈앞에 남아 있는 결과에 현혹되어 일본통치 시대의 추억을 미화한다.[10]

여기에 덧붙여야 할 것은 1950년대에 이루어진 토지개혁이라는 역사적 사건이다. 국민당정권과 거기에 들러 붙은 자들은 공산중국으로 마음을 움직이고자 하는 인텔리 층을 타격하고 섬을 자본주의화하는 전제로써 스스로가 토지개혁의 주도자가 되었다. 얄궂게도 자신들이 소유지를 한 평도 대만 섬 안에 가지고 있지 않았던 것 역시 자연스럽게 토지개혁을 진행하는 과정에 이바지하게 된 것이다. 일본에서 선행되었던 미국주도형 방식을 모방해, 기존의 경작지를 재분배하고 자작농을 창출하는 데에 전력을 기울이게 된 것이다. 실제로 이 시기 미국은 토지개혁을 위한 담당자를 대만에 파견했다.

한편 이때 이른바 지주층(상층 부르주아지)의 반발이 두드러지게 일어나지 않은 것은 바로 2.28사건과 백색테러를 통해 국민당정권이 대만 섬 내부에 남긴 공포감 때문이었던 것으로 추정된다. 또 대만에서의 일본통치가 한반도와는 다른 식의 정책을 채용했다는 점 역시 중요하다. 한반도의 경우, 강제몰수를 비롯한 토지 '개혁' 전반을 조선총독부가 추진했으나, 대만의 경우에는 오히려 대토지 소유자와의 '융화'가 기조를 이루고 있었다(물론, 대만총독부도 식산흥업을 추진하기 위하여 토지몰수를 하긴 했으나, 이익을 그들에게 배분하는 방식도 취했다).

이상의 사실이 바로 다이가 말한 "일본통치시절의 추억을 미화하"는 데에 반영됐는데 다이가 강조하려 한 것은 대체로 누구에게, 또 누구가 또는 어떠한 방향성을 가진 근대화였는가라는 점이었다. 같은 논문에서 다이는 계속해서 다음과 같이 말한다.

어찌되었거나 우리들은 50년간 일본통치가 우리에게 있어 무엇이었는가를 스스로 적극적으로 되묻고, 그것을 우리들의 입장에서 바르게 위치시킬 필요가 있다. 식민지 유산을 플러스와 마이너스의 양 측면에서 파악해, 플

러스 유산도 가치가 있다고 그대로 계승하는 것이 아니라, 한번 객관화하고 대상화하는 절차를 걸쳐 그것을 어디까지나 자신의 수단으로 활용하지 않으면 안 된다.

근대화의 주도권을 누가 쥐고, 견인차 역할이 누구인가에 따라 근대화의 역사적 의미가 달라진다는 것은 말할 나위도 없다. 우리들의 선배들은 이 것을 인식하지 못한 채 스스로에 대한 평가를 게을리하고 노예의 옷만 벗어 던지면 주인으로 돌아갈 수 있다고 안일하게 본 것이 커다란 실패로 돌아왔다.[11]

마지막 부분은 역시 해설이 필요할 것 같다. "노예의 옷만 벗어 던지면 주인으로 돌아갈 수 있다고 안일하게 봤다"는 게 도대체 무슨 뜻인가. 이것은 1945년에 일본이 패전하면서부터 국민당정권이 대만으로 전면 퇴각하는 1949년 사이에 일어난 2.28사건과 백색테러를 포함한 거대한 동란, 그리고 국민당정권이 50년대에 실시한 토지개혁 속에서 대만 지주층과 거기에서 나온 지식인들이 보여준 심리적 동요를 일컫는 것이리라. 다른 제3세계와 마찬가지로 대만에서도 지식인이 분리돼 나온 계급적 모태는 역시 지주층이다. 대만 출신의 많은 지식인이 이데올로기 경향에서 보면 일본이 가져다 준 식민지근대에 대해 긍정적인 평가를 가지고 있다. 그리고 토지개혁에 대해서는 사회존재론적 저항감에서 대만독립론으로 기울어지는 경향이 있었다. 이러한 모습에 다이는 명확하게 비판적 입장에 선 셈이다. 그렇다하더라도 다이는 지식인의 자기비판으로써 그러한 주장을 하는 것이 일리가 있다고 봤으며, 그것이 다이에게는 탈식민지화의 내실이었다. 단 대만 내부의 계급문제에 관해서 이후의 다이궈후이가 더 나아간 정교한 논의를 전개하고 있지는 않다. 대만 내부문제로써 계급성이 어떻게 식민지근대로 접속되었는지에 대한 논의는 조금 더 젊은 세대, 예를 들면 천잉전陳映眞(1937 -) 등에 의해 계승된다.

다이궈후이가 사망한 것은 2001년 1월의 일이었다. 다이가 사망하기 직전인 2000년, 고바야시 요시노리小林よしのり의 『대만론』(쇼가쿠칸小學館)이 출판되었다. 이 책은 일본에서 큰 반향을 일으켰고 동시에 대만에서도 중문판 출판을 앞두고 있었다. 들려오는 소문에 의하면 다이는 여기에 격노했다고 한다. 고바야시의 『대만론』이 그린 것은 바로 만화가인 고바야시가 대만을 방문해 만난 중년의 대만인(리덩후이도 포함), 특히 황민화 세대에게서 일본통치에 대한 긍정적인 반응을 듣고 감동한다는 줄거리로, 이는 바로 다이궈후이 자신이 계속 비판해 왔던 악몽이었던 것이다.

4. 식민지문제 제기(3) — 천잉전으로부터

다이궈후이가 일본의 아카데미즘을 거점으로 제3세계 좌파의 입장에서 언론활동을 펼쳐 왔다고 한다면, 대만에서 이에 상응하는 언론활동(소설 창작을 포함해)을 전개한 인물로 천잉전을 소개하지 않을 수 없다. 천잉전(본명:천융산陳永善)은 1937년 주난竹南에서 태어나, 대학 졸업 후인 1960년대부터 창작활동을 시작했으나 좌파 관계의 독서 모임을 조직한 것으로 밀고를 당해, 국민당정권에서 1968년부터 7년 간 투옥당한 경험이 있다. 여덟 살 때 일본이 패전을 맞은 천잉전은 전쟁이 끝난 후에 배운 '국어(표준 중국어)'를 창작언어로 하며 언론계 에 등장한 본성인本省人*으로 새로운 세대에 속하는 셈이 된다. 그는 대만에서 50년대 휘몰아친 백색테러 후에 등장한 세대로 볼 수 있다. 그의 사상적 경향을 표현하기에 좋은 예로 우쥐류의 『아시아의 고 아』론(1976)이 있다. 그 서두는 이렇게 쓰여 있다.

> 후타이밍은 일본통치를 받던 시기에 구식 지주 계층에서 태어났다. 일 본제국주 아래서 민법상의 계약이 맺어지면서, 구식 토지세에 기댄 봉건적 성격은 이미 사라져 가고 있었다. 즉 지주는 여전히 하나의 사회계층으로 서 존재하고 있었지만, 일본의 강제적이자 중앙집권적인 식민지통치로 이 미 구시대의 지주층이 가지고 있던 강력하고 봉건적인 역량은 완전히 사라 져 가고 있었다. 일본제국주의가 식민지통치를 위해서 양성한 근대적 관료 체재는 구시대의 지주 – 관료, 관료 – 지주의 유대를 해체해 버렸다.[12]

천잉전은 이 논고에서 주인공 후타이밍을 식민지근대의 지주층이 재편하는 과정에 위치시키고, 타이밍의 식민지지배에 대한 반항심이

---

* 중국 대륙에서 이주해 온 외성인外省人에 대해 제2차 세계대전 이전부터 대만에 살던 사람

유교적인 '중용' 정신으로 억제되는 모습을 뒤쫓고 있다. 이렇게 타이밍의 성격을 규정하는 것은 조금은 공식적인 계급론에 끼워 맞춘 듯한 경향이 없지는 않다. 그러나 다음의 인용처럼, 식민지통치를 받은 쪽의 자기극복을 과제로, 그것이 근대중국의 반제국주의에 합류하는 구도를 명확히 했다. 이러한 점에서 역시 당시의 대만 섬 내부에서는 확실히 좌파로서의 입장을 드러낸 셈이다. 다음은 이 평론의 결론부이다.

먼저 이른바 '고아의식'의 극복에 대하여.

중국근대사의 일부로써 제국주의에 침략당한 중국과 중국인민이 제국주의에 대항하는 역사가 있다. 대만의 역사란 바로 중국이 제국주의의 침략을 받고, 그 침략에 대항했던 역사의 가장 전형적인 부분이다. 선행 세대의 대만문학가는 아무런 주저 없이 용감하게도 식민지인민이 제국주의에 대항하는 비장한 테마를 표현했고, "잔혹하고 난폭했음을 반성하지 않는 부끄러워 마땅한 (일본의) 족쇄" 아래에서, 날카로운 붓을 검으로 삼아 일본의 억압자와 대결한 것이다. 그렇기에 선행 세대의 대만문학은 바로 중국문학과 합류해 근대 중국문학의 빛나는 전통이 된 것이다.[13]

70년대에 이와 같이 좌파로서의 입장을 획득하게 된 데에는, 천잉전이 68년부터 7년간의 투옥을 계기로 옥중에서 50년대의 백색테러로 희생되어 투옥된 정치범들과 만났다는 것이 중요하다. 또한 80년대부터 천잉전은 50년대의 백색테러를 주제로 한 3부작을 세상에 내놓았다. 「영당화鈴璫花」(1983), 「산길山道(山路)」(1983), 그리고 「조남동趙南棟」(1984)이 그것이다.

「영당화」는 1950년의 농촌을 배경으로 두 명의 소년을 주인공으로, 소년의 시선에서 백색테러를 그려 냈다. 어느 날 학교를 빼먹은 두 소년은 산속 동굴에서 우연히 경찰에게 쫓겨 행방불명이 된 옛 스승과 재회한다. 그러나 그 교사는 결국 체포되어 처형되고 만다. 이 「영당화」는 「회초리와 등잔鞭子和堤燈」(1976)이나 「뒷골목后街」(1993) 등의 자전적인 에세이에서 그린 소년시절의 기억을, 소년의 '추억'의 형식을 빌려 결정화한 작품이다.[14] 실제로 그 이후 세대가 50년대 백색테러의 수난을 겪은 이들에게 바치는 진혼곡이 된 걸작이라고 할 수 있다.

두 번째 작품 「산길」은 50년대 백색테러의 피해자 주변에 있던 한 명의 여성이 80년대에 지난 일을 회고하고 술회하는 것이 기본형식이다. 즉 옛 동지들의 발자취를 중심으로 이 여성 카이퀴안후이는 이야기를 풀어 나간다. 조직 내부의 밀고로 한 명(리궈쿤李國坤)은 사형, 다른 한 명(후앙젠바이黃貞柏)도 30년이라는 징역을 선고받은 상황 속에서, 밀고자가 돼 버린 인물의 여동생이 카이퀴안후이였다. 그녀는 속죄하려는 마음으로 약혼자였다고 속이고 죽은 리궈쿤의 집에 들어가 리의 가족을 돌본다. 그 와중에 옥중에 있었던 또 한 명의 동지 후앙젠바이(이쪽이 카이퀴안후이의 진짜 약혼자였다)가 30년 만에 석방된다는 뉴스를 듣게 되고 몸상태가 악화해 그대로 죽고 만다.

이 작품의 절정은 카이퀴안후이가 후앙젠바이에게 남긴 편지 부분이다. 이 편지의 내용은 1970년대와 대비하면서 그 스토리 내부에 있는 필연성과는 별도로 작가 천잉전 자신이 가지는 현대 중국혁명에 대한 미묘한 태도의 변화를 볼 수 있다.

　　수십 년간 당신과 귀쿤 씨 덕분에 저는 제 마음 깊숙한 곳에 당신들이 항상 보아온 꿈을 간직할 수 있었습니다. 한낮에 망망해서 아득한 기분이 될 때, 언제나 떠오르는 것은 당신들이 꿈꾸던 깃발이 마을 하늘에 휘날리는 이미지였습니다. 참을 수 없어 눈물을 머금었지만 그것이 기쁨의 눈물이었는지, 아니면 슬픔의 눈물이었는지 확실하지 않습니다. 정치에 관해서는 잘 모르겠습니다. 하지만 이것도 당신들 덕분이겠지요. 쭉 신문을 보는 습관을 버리지 않았습니다. 요즘에는 안경을 쓰고 읽습니다. 대륙 중국의 여러 변화를 보고 있는 사이 여성 특유의 의심하기 쉬운 성격에 걱정이 많아집니다. 다름이 아니라 제 생각은 만약 대륙의 혁명이 타락했다면, 귀쿤 씨가 죽음을 맞이하게 된 것, 그리고 당신이 긴 세월 수인의 몸이 된 것이 죽음보다도 반생을 갇혀 지내는 것보다도 더욱더 잔혹한, 헛수고가 되어 버리는 건 아닐까라는…[15]

이 「산길」이 간행된 1983년은, 실제로 대륙 중국에서는 개혁개방 정책이 진전되기 시작한 시기였고, 81년에는 문화혁명을 전면 부정하는 공산당의 방침이 이미 보고되었다. 여기서 쉽게 알 수 있는 것은 우쭤류론을 쓴 1976년 시점의 천잉전과 비교한다면 역시 중국혁명에 대한 어느 정도의 불투명한 기운이 감도는 상황이라는 점이다.

이「산길」에 관해 비교적 빨리 소개하고 평가한 것은, 일본에서는 대만문학 연구자인 마쓰나가 마사요시였다.[16] 그러나 마쓰나가는 주인공 카이퀴안후이의 실망은 단순히 대륙의 중국혁명에 관한 것만은 아니다. 위의 인용 편지에서 환기시키고 있는 것은 '자본주의의 상품에 길들여져, 가축처럼 돼 버린 나'처럼 대만인 자신들의 생활이야말로 '출세'와 '소비' 또는 '정치회피'로 둘러싸여 있다는 부끄러움이다. 또 이러한 생각이 대륙에서 전개되고 있는 개혁개방에 대해서 유보하는 마음과 겹치고 있다는 것이다.

삼부작의 마지막 작품「조남동」은 중편소설이라 불러도 좋을 정도의 분량이다. 나이 지긋한 등장인물들이 40년대부터 50년대까지 대륙 중국을 포함한 경험을 묘사하는 것 즉 회상 부분에 무게중심이 실려 있는데도 오히려 노인들의 회상에 결코 동일화할 수 없는 정치범의 자식들의 현실생활의 공허가 표출되는 구도이다. 어떤 의미에서는「산길」을 답습한 구성이라고도 할 수도 있겠으나, 현실세계와 과거의 중국혁명 혹은 그것에 합류해야만 했던 대만의 이미지 사이의 상처가 더욱더 극대화해 서술돼 있다.

5. 어떤 논쟁

이상으로 우쭤류, 다이궈후이, 천잉전 세 명의 대만 근현대사와의 관계를 개략해 봤다. 문제는 결국 일본의 아카데미즘, 또는 저널리즘의 세계는 이러한 세 명이 각투를 벌여온 대만인식의 형성이라는 것, 그것이 내포하고 있는 대만 현대사의 복잡성과 그 깊이를 왜 받아들이지 못했는가, 라는 점에 있다. 여기에 끼어들어 있는 것은 역시, 90년대 이후의 대만 민주화와 함께 급속하게 시민권을 얻게 된 대만 내셔널리즘과 그 핵을 이루는 대만독립론에 대한 평가가 곤란하기 때문일 것이리라. 덧붙이자면 여기에서 약간 정리하지 않으면 안 될 것이 대만독립론 자체의 변이이다. 대만독립론은 80년대까지는 오로지 중화민국체제 아래에 있는 '대만'이 그 특정 국가체재에서 독립하고자 하는 지향을 의미하는 것일 뿐이었으나, 냉전구조에서 전환된 90년대 이후에는 오히려 대륙을 포함한 '중국' 그 자체로부터의 이탈을 가리키게 되었다.

　여기에서 특히 천잉전에 관해 말하자면, 그의 입장은 대만인에게 탈식민지화라는 과제와 중국혁명에 합류해야 한다는 대만의 이미지가 강도 높은 긴장감을 내포하며 성립됐다. 그러한 입장은 90년대 대만의 내셔널리즘이 번성했던 것과는 두드러지게 이탈한 것이 된다. 단, 천잉전과 같은 지향성은 반드시 대만에 존재하는 사상선택 방식의 하나로 계속 존재한다. 그도 그럴 것이 주로 90년대 이후 대만독립론자들에게도 천잉전은 잠재적으로는 존경할 만한 (혹은 경원할 만한) 제일의 논쟁상대로 인식됐기 때문이다.

　대만 내셔널리즘은 90년대 이후 '우리'를 대륙 중국과 분리하려는 간절한 소망이 야기한 것이었으나, 일본에서는 이러한 흐름에 편승

하는 형태로 대륙 중국이 '위협'적이라며 소리 높이고 국방강화를 주
장하는 '우'파 세력이 대만독립론과 결부되는 징후적 현상들이 나타
나게 되었다. 그것은 전통적으로 일본의 보수진영은 반공기지로써
대만을 보호하는 국민당정권의 지지자였는데, 단적으로 이 구조가
변해 버렸다. 그리고 2000년대에 접어들면 앞에서 언급했던 것처럼
문화현상으로 특필해야 될 사건 – 만화가 고마야시 요시노리가 일본
에 의한 식민지근대를 축하하는 『대만론』을 2000년에 출판하고, 이
듬해에는 중국어판이 대만에서 출판되는 사태에 이르렀다. 이것으로
대만 내부의 『대만론』을 옹호하는 쪽과 그것을 비판하는 쪽이 첨예
하게 대결하는 장면이 연출된다. 이러한 상황 속에서 대만과 관계를
맺는 것, 특히 일본의 연구자로서 대만의 문화현상과 역사현상에 관
계하는 것이 실제로 곤란한 문제가 되어 버린 것이다.

여기에서 끝으로 다루고자 하는 것이 일본인 연구자 사이의 논쟁
이다. 2004 – 2005년에 걸쳐 잡지 『동방東方』의 지면상에서 대만문학
연구자(원래 현대 중국문학 연구자)인 후지이 쇼조藤井省三가 자신의 저서
『대만문학 그 백년台灣文學その百年』을 비판한 천잉전에게 반론을 함으
로써 시작된 논쟁이다. 그러나 논쟁은 후지이와 천잉전 사이에서 전
개된 것이 아니라 또 한 명의 대만문학 연구자 마쓰나가 마사요시 사
이에서 진행됐다.[17] 문제의 발단이 된 천잉전의 후지이 비판의 골자
는 후지이가 자신의 저서 『대만문학 그 백년』에서 한결같이 대만독
립론을 이론적으로 보강하고자 하는 입장에 관한 것이었다.

일단 후지이의 전쟁 전 대만과 관련한 전망을 개략하면, 베네딕

트 엔더슨의 '성지순례'의 구조를 응용하여, 식민지시대 대만에서 발전했던 일본(어)문학의 영향력을 높게 추정해 놓고 나서 대륙 중국과 단절된 네이션 형성의 싹이 이 시기에 돋았고, 오늘날 대만 내셔널리즘과 이어졌다고 결론지었다. 이러한 후지이의 주장에 마쓰나가가 학술적인 논증을 섞어서 반론을 제기한 것이 논쟁의 경위였다. 논쟁을 대략적으로 소개하자면 마쓰나가는 실증적으로 당시 대만에서 일본(어)문학의 영향은 한정적이었다고 했다. 더욱이 대만 내셔널리즘의 싹을 식민지시대만으로 특정하는 것은 문제라고 지적했다. 구체적인 논점을 다음의 세 가지로 정리할 수 있다. 첫째, 식민지지배하에서 정착하였다는 '일본어 공통어론'은 얼마나 타당한 것인가. 둘째, 식민지통치하에서 발달했다고 하는 '일본어 독서시장의 성숙'의 실태는 어느 정도의 것인가. 그리고 셋째가 '대만 내셔널리즘의 일본 기원론'의 이데올로기적 문제성이다.

먼저, 첫째 문제 '일본어 공통어론'에 관해 마쓰나가는 이렇게 말했다. 식민지통치 이전의 대만은 청조淸朝의 과거 네트워크에 속해 있었기 때문에 문어문文語文(고전적인 서면 중국어)이 유통됐다는 사실이다. 더욱이 5.4 신문화운동의 영향 속에서 20년대에는 사실상 대륙 경유로 백화문白話文(현대 서면어)과 그 배경이 된 중국 내셔널리즘의 영향을 받았다는 점. 또 식민지 후기에는 일본어가 점차 대만 사회에 침투했다고 하더라도 그 저변에는 압도적으로 대만어의 세계가 존재했다는 것을 마쓰나가는 강조했다. 이어서 둘째 문제 '일본어 독서시장의 성숙'에 관해서 마쓰나가에 의하면 이 '성숙'이란 주로 일본어

교육과 대만대학의 각종 미디어의 발달 등을 근거로 하는데, 후지이가 설정한 논의는 '일본어 독서시장의 성숙'이 반영돼 '대만문단'이 형성됐다고 언급하고 있다. 후지이는 '재대만인 작가와 대만인의 연대를 통한 문화적인 대만 내셔널리즘'을 강조했다. 그러나 일본인의 문학과 대만인의 문학을 완전히 동일한 지평에서 볼 수는 없다는 것이 마쓰나가의 반론이다. 그 가장 큰 전제가 먼저 식민지통치치 아래에서 교육 수단의 차별이 일본인과 대만인 사이에 존재했다는 점이다. 게다가 30년대의 대만인 작가는 중국의 백화문으로 발표하는 것이 제한되었기 때문에 대만인은 어쩔 수 없이 일본 측이 설정한 문단에 합류할 수밖에 없었다. 이러한 권력관계를 후지이가 보지 않았다며 후지이를 비판했다. 그리고 마지막 논점으로 '대만 내셔널리즘의 일본 기원론'에 관해서. 마쓰나가의 논의는 먼저 식민지시대가 가진 영향도 무시할 수 없지만, 식민지시대의 시점에서는 대만 내셔널리즘과 중국 내셔널리즘은 대립하지 않았다는 점을 주의 깊게 봤다. 대만 내셔널리즘이 중국 내셔널리즘과 대립적이라고 생각하게 되는 요인은 주로 대륙 중국과의 적대성이 강제된 전후의 냉전구조에 있다. 이 점에서 전쟁 전과 전후를 관통하는 시점이 없으면 안 된다고 지적했다.

끝으로 마쓰나가는 결국에 후지이의 논의는 식민지지배가 대만 내셔널리즘에 이바지했다는 관점에서 면죄부를 주고자 하는 것에 다름 아니다, 라고 맺었다.

맺음말을 대신하여

식민지책임을 생각할 때 대만문제가 어려운 것은 사실상 그것이 결코 현대 중국이라는 함수에서 자유로울 수 없다는 데에 있다고 생각된다. 이것은 대만 문제의 숙명이다. 어떤 의미에서 오늘날 일본인이 현대 중국을 어떻게 이해하는가의 문제와도 맥을 같이한다. 여기에서 하나의 포인트가 되는 것은, 앞서 대만독립론의 변화에 대해서 언급했는데, 대만의 역사에 평행하는 것으로 대륙의 인민공화국의 역사에서의 변화도 실제로 중요하다.

70년대 후반 문화혁명이 종료하고 개혁개방으로 전환(바로 미국과 국교를 수립한 순간)하는 것이 역시 지표가 되는 것일까. 그때까지 인민공화국은 오로지 '대만 해방'을 주장했으나, 그것은 단순히 무력으로 대만을 병합하는 것을 의미하는 것은 아니었다. 인민공화국에서 중국 내셔널리즘이 가지는 두 가지 의의가 있다. 하나는 반제국주의라는 강령이고, 다른 하나는 사회주의적 사회개조라고 할 수 있다. 전자의 미국지배에서 대만을 탈각시킨다는 구체적 목표에서 보면, 사실상 1979년 미국과 중국 간의 국교가 회복되면서 미군기지의 대만 철수를 얻어 냈다. 실제로 문제가 되는 것은 후자다. 사회주의적 사회개조는 바로 중국 혁명의 도덕적 가치의 내용을 표현하는 것이었다. 즉 오늘날 획득목표인 전자는 반은 성공했다 할 수 있지만 후자에 관해서는 아무 말도 할 수 없는 상황이 되었다. 자연히 인민공화국에게 대만 해방은 더 강한 제도로 전자를 완성하는 것으로 한정된다. 즉 주권 내부에 대만을 두는 것만을 특화한다면 그것이야말로 단지 일방적인 '병합'을 인상 지울 뿐이다. 그것은 또한 오늘날의 현재적 수법인 자본의 힘에 의한 경제적 일체화와 같아져 버린다.

이렇게 생각할 때 키포인트가 되는 것이, 실제로는 이후의 현대 중국의 변화를 어떻게 주체적으로 해석할 것인가라는 점에 달린 것은 아닌가 싶다. 앞으로 되돌아가 보자. 우쭤류의 『아시아의 고아』에서 '고아'란 대만에게는 현대 중국이 생성되는 역사로부터의 소외를 의미하는 것이었다. 또 다이궈후이의 식민지근대화론의 비판은 경험 수준에서의 대만인 말고도 현대 중국에서의 '우리'라는 시점이 존재해야 비로소 성립하는 것이다. 그리고 천잉전이 하려 했던 노력과 그것과는 상반되게 부여된 고독이란 그야말로 도덕적 가치로 존재했어야 할 중국혁명에 대한 물음을 오히려 대륙 중국을 향해 던진다는 의미에서 하나의 극북極北을 보여 주는 것이라고 말할 수 있으리라.

끝으로 언급해야 할 것은 일본인에게 청일전쟁 이후 과거의 역사를 돌아보는 방식이다. 먼저 침략을 포함해 대륙 중국에 대한 간섭정책과 대만에 대한 식민지정책을 분리하지 않는 관점을 유지해 나가야 한다. 이는 오늘날 대만에서 일상적이 된 '대만이 독립해야 될 것인가, 대륙 중국과 통일해야 할 것인가'라는 수준의 논의와는 별개의 위상을 가진다. 필요한 것은 일본인이 반성을 종합하고 심화시키는 것이다. 본고에서는 충분히 언급하지 못했으나 한반도의 식민지화와 대만의 식민지화의 비교도 위에서 언급한 노력의 한 수단이 될 것이다. 다케우치 요시미竹內好가 자신의 저명한 논고 「근대의 초극近代の

超克」에서 1945년 이전의 일본이 벌인 전쟁을 제각각 구별하면서 총합화하려 했던 것처럼, 오늘날 필요한 것은 이러한 총합화이다. 대만의 식민지지배만을 고립시켜 서술하는 것이 아니라 이것을 동아시아 전체의 동시대성 안에서 위치시킬 필요가 있다.

홍윤신 옮김

IV

화해는 가능한가

'위안부' 문제가 드러내는 일본의 전후

이와사키 미노루岩崎稔 · 오사 시즈에長志珠絵

문제 설정 ─ '위안부' 문제의 사반세기

먼저 여기에서 논하려 하는 것이 무엇인지 밝히고자 한다. 본고에서는 '위안부'가 돼야 했던 여성들을 둘러싼 과거의 사건들을 고찰하려는 것이 아니다. 또한, '위안부' 제도를 역사상의 다른 사례와 대조하며 파악하는 것을 목적으로 하고 있지도 않다. 예를 들어, 최근에는 역사학연구회와 일본사연구회의 2013년 12월 공개 심포지엄과 두 연구회가 공동으로 편찬한 『'위안부' 문제를/에서 생각한다─군사 성폭력과 일상 세계』[1]를 비롯해 다수의 뛰어난 논집과 저서에서 지금까지도 이러한 활동은 충분히 이루어져 왔다. 오히려 여기에서 묻고자 하는 것은 그럼에도 불구하고 어째서 '위안부' 문제가 여전히

일본사회에서 이러지도 저러지도 못하는 상황에 빠져 버리고 말았는
지라는 한 가지에 한정하고자 한다.

물론 그 이유의 대부분은 문제의 심각성이나 피해자의 고통을 이
해하려 하지 않는 일본정부의 태만과 과거에 자신들이 한 행동과 마
주하기를 거부하고 오직 자신들에게 유용한 역사 이야기 속에 머물
고 싶어하는 정치 세력과 그것을 수용해 버린 사람들의 자세에서 찾
을 수 있을 것이다. 일본군 장병들을 위해 이른바 '위안부'라는 상황
에 말려든 여성들에 대해서 국가가 그 가해 책임을 인정하고 사죄하
고 '배상'해야 한다는 것은 당연한 판단이다. 그런데 엄연하게 일어
났던 사건 자체를 부정한다거나 '위안부'가 돼야 했던 여성들에게 거
친 욕설을 퍼붓는 세력의 입김에 이들 과거 위안부가 오히려 첨예한
정치적 대립의 표적이 되어 동아시아 전역은 차갑게 경색됐다. 이러
한 대립은 이미 사반세기에 이르고 있으며 달리 말하면 한 세대 정
도의 시간이 흘렀다. 독일 연구자 얀 아스만Jan Assmann은 20년이라는
시간이 집합적인 기억으로는 구조적으로 한 단락을 매듭짓는 길이가
된다고 지적했으나 이미 여기에 해당하는 시간도 한참 지났고 그 사
이에도 많은 피해자가 문제해결의 길이 없음을 절망하면서 세상을
떠나고 말았다.

분명히 말할 수 있는 것은 최근 사반세기를 통해 '위안부'가 돼야
했던 여성들을 없는 존재로 취급해 온 세력이 있다는 것을 깨달은 시
민운동이나 역사 연구자들의 정력적인 조사를 통해, 그리고 무엇보
다 피해 당사자들이 침묵을 깨고 이름을 드러내고 나섬으로써 좁은

의미에서의 실증적인 세부사항과 피해 현실이 한층 확실히 드러나게 됐다. 군이나 행정에 의한 조직적인 증거 인멸에도 불구하고 '위안부' 제도는 군이 만든 것이며 군이 위안소를 통제·관리했다는 것이 이제는 확실한 학문적 사실이 됐다.

그러나 이러한 역사학상의 실증 수준이 높아진 것과는 반비례하는 듯 사태는 반대 방향으로 나아가고 있다. 문제는 이러한 기묘한 전도 관계에 있다. 어째서 이러한 사태가 발생한 것일까.

전에 다른 논고에서 논한 바 있으나 분명 이것은 역사수정주의로 불리는 본성의 반응행동이 갖는 특징이기는 하다.[2] 역사수정주의는 어떤 사건을 둘러싼 사료의 유무나 증언의 신빙성에 대해서 의도적으로 이런저런 이야기를 쏟아 놓지만 실제로는 그러한 실증성의 수준에 대한 문제는 논쟁하지 않는다. 역사적 사건이 그들이 말하는 '사실'이 되기 위한 요건에 지나친 과업을 부과하고 그것이 만족되지 않는다는 이유를 들어서 그 사건 자체를 부정하는 것이 역사수정주의의 상투적인 수법이다. 역사수정주의는 '위안부'가 돼야 했던 이들이 겪은 피해 경험을 성 산업에 종사하는 이들의 일반적인 '상업 행위에 지나지 않는다'고 강변한다거나 혹은 다른 나라의 내셔널리즘과 그에 호응하는 일본 국내 세력이 날조한 사실이라고 주장해 왔다. 지난 사반세기를 통해서 주장 내용이 빈약해지면서 동시에 비대해진 '반일적이다'라는 딱지가 어느새인가 당연한 술어로 쓰이기 시작했다. 사태는 심각하다.

본고에서는 '위안부' 논쟁의 사반세기를 되돌아보면서 언제나 그 한복판에 서 있으면서도 깊이 파고 들지는 못한 채 제자리걸음만 하는 논점을 재정리해 두고자 한다. 반복하지만 '위안부' 제도의 특징이나 사건의 경위에 대해서는 지난 사반세기 동안 역사가나 시민운동가들이 격투를 벌이면서 이뤄낸 걸출한 성과가 이미 존재한다. 그럼에도 사태가 악화하고 심각해지고 있다는 것은 어딘가에 문제가 있다고밖에는 볼 수 없다. 그렇기 때문에 일부러 논쟁의 경위와는 거리를 둔 시점에서 그 동안의 과정을 뒤돌아보며 거기에 어떤 문제가 있는지를 생각해 보고자 한다.

덧붙이자면, 이 '위안부' 문제라는 쟁점은 돌이켜보면 전쟁 이후의 사태 수습에 있어서 두 가지가 불완전하게 귀결됐기 때문에 남겨진 문제라는 의미도 지닌다. 한편으로는 그것은 아시아·태평양전쟁과 식민지지배가 종언을 고한 이후 70년이 지나면서도 전혀 청산되지 않은 바로 그 전쟁의 산물이기도 하다. 그러나 동시에 그것은 또 하나의 전쟁, 즉 냉전 종결 이후의 상황 속에서 출현했다는 점에서 또 하나의 전후, 즉 냉전이라는 전쟁의 종결이 가져온 것이기도 하다. 89년 냉전 종결 이후, '기억과 망각'이라는 어휘를 사용해 역사인식을 묻는 상황이 세계에서 동시에 다수 출현했다. 각각의 지역에 각각의 특징적인 쟁점이 존재한다. 러시아에서는 민족 문제로, 동유럽에서는 유고슬라비아 내전으로, 혹은 유럽 각지에서도 냉전 구조를 거치며 언어화를 거부해 온 가해와 피해의 관계로, 그 이전에도 거기에 존재했으나 결코 언급되지 않았던 문제가 가시화한 것이다. 동아시아에서는 '위안부' 문제가 그 단적인 실례라는 역할을 짊어지게 됐다고 할 수 있을 것이다. 명시적으로 '기억'이라는 개념을 단서로 냉전 종결 이후에 새로운 논쟁 상태가 나타난 것을 '기억론적 전향'이라 부른다면 '위안부' 문제가 1990년대에 쟁점화한 데에 바로 기억론적 전향 이후의 논쟁이라는 동시대적인 특징이 있다. 역사인식에 관련해 심각한 논쟁적 국면은 대체로 80년대 말부터 동시적으로 일어났다. 이러한 커다란 구조적 전환이 일어난 것은 제2차 세계대전이라는 세계사 규모의 경험 속에서 살아남은 사람들이 얼마 남지 않았다는 것이 그 요인일 것이다. 달리 말하자면 집합적 기억론의 위상이 바뀠다고 해도 좋을 것이다. '위안부' 문제가 쟁점으로 부상한 것은 바로 '직접적 체험을 뒷받침으로 전해져 오는 커뮤니케이션적인 기억이라는 위상에서, 이제는 그러한 직접적인 당사자가 부재하기 때문에 오직 문화적 표현물을 매개로 재생산되는 문화적 기억이라는 위상으로의 전위'를 동아시아에서 우리가 경험하고 있다는 것이다. '기억론적 방향 전환 이후'의 변화에서 최대 쟁점으로 지난 사반세기 동안 일어난 변화와 논점을 총괄하는 것이 어떤 의미를 가지는가. 우선은 이 문제를 집합적 기억에 대한 항쟁 과정으로 재인식하고자 한다.

1. 논쟁 과정의 다섯 가지 양상

와다 하루키는 최근 저서 『위안부 문제의 해결을 위해서 – 아시아

여성기금의 경험으로부터』³에서 '위안부' 문제를 둘러싼 사반세기의
과정을 뒤돌아보며 전체 과정을 세 단계 '라운드'로 나눴다. 1991년
김학순 씨의 커밍아웃에서부터 93년의 고노담화, 95년의 무라야마
담화와 여성을 위한 아시아평화국민기금(국민기금) 시도와 실패라는
과정을 제1라운드로, 나중에 확인할 2011년 한국 헌법재판소의 결정
을 둘러싼 한국과 일본의 갈등 과정을 제2라운드, 그리고 현재 아베
정권의 국면이 제3라운드이다. 와다는 국민기금의 당사자로서 위
의 저서에서 국민기금을 둘러싼 막바지까지의 조정과 오산, 실패가
어떤 배려와 함께 이루어졌는지에 대해 설명하려 했다. 예를 들어
2000년의 '여성국제범죄법정'을 하나의 정점으로 하는 방식이 아니
라 1991년부터 2011년 직전까지의 시기가 하나의 연결고리 속에 있
다고 봤다.

와다의 예에서 알 수 있듯이 착안점에 따라서 끊는 방식이 달라지
는 것은 당연하겠지만 여기에서는 '위안부' 논쟁의 사반세기를 다음
의 다섯 가지 양상으로 나눠 정리했다.

제1 '위안부' 문제의 가시화와 그 충격 시기
제2 '위안부' 문제가 던져 준 충격에 대한 대항 언설과 반발의 시기
제3 무라야마 정권에서의 국민기금과 여성국제범죄법정에서 어떤 시도
　　를 하려 했던 시기
제4 '위안부' 문제를 둘러싼 주장이 교착되면서 분열, 분단, 혼미가 심화
　　하는 시기

제5 아사히신문의 기사 철회와 반지성주의적인 부인否認 언설이 확대되는 시기

제1단계

분명 이 대립은 하나의 고발에서 시작됐다. 즉, 1991년 김학순 씨의 커밍아웃이 그것이다. 김학순 씨의 고발은 8월 14일에 이루어졌고, 잘 알려진 바와 같이 직접적인 동기는 책임을 인정하지 않는 일본정부의 국회 답변[4]을, 한일 시민운동의 협력을 통해 알게 된 데에 있다. 이러한 일이 있기 전의 전후 일본 국회 등에서 이루어진 논의를 살펴보면, 전쟁 경험을 가진 사람들이 발언을 하던 시기로 "나도 군대에 가 봐서 잘 알고 있는데 위안부는 육군이나 다른 어떤 부대에도 소속 부대가 있었습니다"[5] 등 '위안소', '위안부'는 매우 일반적인 전장의 풍경으로 이야기됐다. 그러나 그것이 '꺼낼 수 없는 이야기'라는 제약·의식'[6]을 결여시켰다. 결과적으로 과거 일본군의 종군기나 연대사·부대사 등 항간에 흘러넘치는 기술과 마찬가지의 형태에 지나지 않는 것으로, '위안부'가 돼야 했던 여성들이 놓인 상황이 전쟁범죄였다는 자각에는 이르지 못했다. 이에 비해 1973년 중의원 법무위원회에서 조선인 강제연행을 둘러싼 조사와 관련한 발언은 정부 책임에 대해 언급하고 있고 홋카이도北海道 조선인 위안부의 존재가 수면 위로 떠오르는 결과를 낳았다.[7] 1985년 2월 중의원 예산위원회에서는 1942년 출생인 사회당의 한 의원이 요시다 세이지吉田淸治

의 『나의 전쟁범죄』[8]를 소개하면서 해군장교 출신인 당시 나카소네 야스히로中曾根康弘 총리에게 정부의 도의적 책임을 묻는 장면도 있었다.[9] '위안부' 문제라는 것은 전쟁범죄라는 전제로, 전쟁에 대해 이야기하는 방식, 그 자체를 뒤흔드는 방법으로 초점이 모이기 시작하는 것은, 교과서 검정이나 야스쿠니 신사 참배가 당장의 외교문제에서 단골손님이 되기 시작한 1980년대 이후이다. 그 배후에 강제연행 등 식민지지배에 대해 과거 청산을 요구하는 시민운동의 영향이 있었다는 점과 함께 국경을 초월한 페미니즘 운동이 그 이후에 미칠 영향력도 시야에 넣어 서술하고자 한다.

결정적으로 중요한 것은 1980년대 한국 민주화 투쟁을 거치면서 단련된 한국의 여성운동이 민주화가 달성된 이후의 상황에서 '위안부' 문제를 과거의 전쟁범죄에 그치는 것이 아닌 심각한 여성 인권문제로 인식하고 문제제기하면서 운동을 견인한 것이다. 한편, 일본의 '아시아 여성들의 모임'은 재한 피폭자 지원운동 속에서 이들의 움직임을 접하게 된다. 미디어 관계자로서 발신력을 가진 싱가폴 특파원으로, 아사히신문 기자 시절의 마쓰이 야요리松井やより는 한국의 여성 기자에게서 얻은 정보를 통해 태국에 거주하는 한국인 위안부 여성과 인터뷰하고 그것을 기사화하는 데에 성공[10]한다. 한편, 이후에 한국정신대문제대책협의회 대표를 맡기도 하는 이화여자대학교의 사회학자, 윤정옥은 10년에 이르는 '정신대 취재기'를 1990년 1월 한겨레신문에 연재해 한국사회에 충격을 준다. 선구적인 의의를 지니는 이들 피해 여성과의 인터뷰는 홋카이도, 오키나와沖縄, 태국, 파푸

아뉴기니 등 해외에 거주하는 다수의 사람을 대상으로 한 것으로 국경까지도 초월한 시민운동 네트워크의 성과이기도 했다. 앞에서 김학순 씨의 고발이 하나의 시작이 됐다고 했는데, 이렇게 당사자들이 실명으로 나설 수 있었던 것은 한국 민주화 투쟁의 과정 속에서 성폭력 피해에 대한 인식이 깊어졌고 과거 식민지주의에 대해 문제제기하는 움직임이 그 배후에 있었기 때문이다. 그것이 그녀들을 지탱시켰다는 점이 중요하다. 1990년 이후, 동시대 한국 시민운동의 동향에 대응해 일본에서도 국회질의의 어조가 바뀌고 일본정부의 책임을 요구하는 쪽으로 변해 갔다. 이렇게 '위안부' 문제는 여성의 인권유린 문제라는 보편성을 띠면서도 '냉전' 이후 한국과 일본의 과거 청산이라는 구조 속에서 공론화가 진행됐다. 무엇보다 피해 여성들의 '목소리'는 이후의 전개 과정에서 볼 수 있듯이 사건을 한국과 일본이라는 국가 사이의 문제, 더 나아가 양국 사이의 과거 속에 봉인시켜 둘 만한 것이 아니었다. 필리핀, 대만, 중국, 북한, 인도네시아, 말레이시아, 네덜란드 등 연이어 과거 일본군에 의한 침략지역, 점령지였던 곳에서 '위안부'가 됐던 여성들이 커밍아웃을 했다. 이것은 군의 지배 속에서 어떤 일이 일어났으며 무엇이 불문에 붙여졌는지를, 과거에 얼어붙었던 기억을 이야기함으로써 현대 세계를 향해 던지는 문제제기였다. 국경을 초월한 시민운동의 지원이나 각종 분야에서 연구자들의 네트워크는 피해 여성 각자의 경험을 군사 성폭력이라는 더욱 보편적이며 국제적인 과제로 이어주는 힘이 됐다. 성폭력에 관한 인식 구조는 피해자가 그 사실을 수치라고 가슴속에 묻고 살 수밖에 없었던 상태에서, 가해자의 죄를 묻는 단계로의 커다란 전환을 이끌어냈고, 사죄와 진상규명, 보상을 요구하는 운동의 든든한 후원자가 됐다고 할 수 있을 것이다.

그렇다면 역사가는 어떤 활동을 했는가. 1991년 이후 '위안부' 문제가 지난 전쟁을 떠올릴 때 누구의, 어떤 경험과 맞닥뜨렸는가라는 문제가 새로이 역사연구자에게 던져졌다. 주로 문헌실증을 연구방법으로 삼는 현대사 학자인 요시미 요시아키吉見義明가, '위안부'가 군에 의한 제도였다는 사실을 명확히 근거하는 방위청 도서관 소장의 공문서를 '발견'(1992년 1월 11일 아사히신문 기사)하는데, 그가 그러한 연구를 하게 된 계기가 NHK 인터뷰에 대답하는 김학순 씨의 모습이었다. 실증주의적인 확신이 자주 그렇듯이 사료가 있어서 그것을 전제로 문제가 발견되는 것이 아니다. 어떤 문제가 부상하고 그것 때문에 사료가 가시화하는 것이다. 당사자의 '목소리'에 격렬하게 동요한 역사가의 이 만남에서 당사자의 목소리에 부응해 탈피하는 '역사학'의 노력이 가능할 수도 있음을 볼 수 있다. "역사가가 그 전문적 기술을 매개로 개입할 수 있는 여지"[11]는 증언의 의의를 부풀려 또 다른 증언의 등장과 연구자의 참가를 촉구하는 데에 있다. 동시에 어째서 그때까지는 보이지 않았는가라는 점에 대해서는, 기록되는 것, 기록으로 남는 것이 언젠가부터 떠안게 되는 선별작용과 그 권력성에 의문을 제기할 필요가 있다. '전후' 일본의 역사인식은 전쟁의 기억과 기록을 전제로 하는데 이것은 '냉전' 상황에서 확장되는 전쟁지역과 제국 공간의 망각과 병행한다. 거기에서 피해 여성들의 가혹한 '경험'

과 목소리는 깨끗이 지워진 채였다. 그렇기 때문에 '위안부' 문제는 역사가에게 '실증'이란 무엇인지에 대해 인식론적인 수준에서 문제 의식을 던진, 그야말로 '사건'이었다.

1992년 후반 이후, 국회에서는 '위안부' 문제와 관련해 매우 활발하게 정부에 대해 추궁을 하기 시작했다. 일본정부는 1993년 8월 4일, 제2차 조사결과와 함께 내각관방장관 고노 요헤이河野洋平의 담화를 발표했다. 이른바 '고노담화'12는 관계 부처, 오키나와, 미국 자료관, 청취를 포함한 사료조사를 통한 일본정부의 사죄와 반성의 의지를 표명한 것이다. 고노담화는 정부의 관여를 인정하고 그 이전의 가토 고이치加藤紘一 관방장관 담화보다 더 깊이 파고들어 '위안소'가 '당시의 군 당국의 요청으로 설치됐다'고 보고, 군 관여를 매우 심각하게 봤다는 특징이 있다. 더불어 고노담화에서는 '위안부'가 돼야 했던 이들 중에 본인의 의사와는 관계없이 모집된 여성들이 다수 포함돼 있다는 점에 대해서도 밝혔다. 이것은 담화를 작성하는 과정에서 과거 '위안부' 여성들 16인에 대한 청취를 담은 글 속에 담겼다. 2006년, 인터뷰에 응한 당시의 관방부장관 이시하라 노부오石原信雄는 고노담화 성립과정에 대해 회고하며 "실제로 위안부가 됐던 이들 16명의 청취 결과는 아무리 생각해도 만들어 낸 이야기일 수 없으며 본인의 의사에 반해 위안부가 된 것이 틀림없다"고 반복 진술했다.13 보고서는 내각관방과 외무성을 오가는 사무국(외정 심의실)을 통해, 즉 정부가 작성·발표한 것이었다. 무엇보다 고노담화에서 피해자 증언의 정당성이 확인됐고 그것이 정부의 공식적인 견해에 반영됐다는 경위는 새로이 확인해 둘 필요가 있을 것이다.

제2단계

제2의 양상은 '위안부' 문제가 집합적 기억의 문제로 전개됐던 시기에 해당한다. 이 시기의 일본 국내 움직임을 살펴보면, 관부關釜재판*을 비롯해 총 10건의 '위안부' 소송이 일본 법원에 제소됐고 사죄와 배상을 요구하는 법정투쟁 속에서 피해의 사실을 인정받았다. 한편 국제적으로는 유엔 인권위원회의 조사활동이 전개됐다. 1996년 유엔 인권위원회에서는 일본군 '위안부' 제도를 '성노예제'로 규정하는 '쿠마라스와미 보고서***'가, 그리고 1998년 유엔 인권위원회 차별방지소수자보호 소위원회에서는 '맥두걸 보고서****'가 각각 채택됐다. 이들 보고서에서는 오늘날 세계에서 일어나는 '전시·성폭력 미처벌 연쇄를 단절'하자는 목적을 기치로 일본정부에 법적 책임을 묻고 책임자 처벌과 피해 여성에 대한 국가 보상이 이루어져야 한다고 권고했다. 고노담화에 이어 무라야마 도미이치村山富市 총리가 1994년에 '사죄와 반성의 마음'을, 95년에는 전후 50년의 '무라야마 총리 담화'를 사전에 정부의 공식 견해로 내놓았다. 위의 두 가지 유엔 보고서

---

* 부산 종군위안부·여자근로정신대 공식사죄 등의 청구소송
** 유엔 인권위원회의 결의에 기초해 제출된 '여성에 대한 폭력과 그 원인, 결과에 관한 보고서'의 통칭
*** 전쟁 중 성노예제 특별 보고자의 '무력분쟁하의 조직적 강간·성노예제 및 노예제 유사 관행에 관한 최종 보고서'

채택 사이에는 1997년도 검정교과서 채택과 관련해, 중학교 교과서를 둘러싼 역사수정주의자의 언론 공격이 본격화했다. 이 시점에서 먼저 일본정부가 세계를 향해 하는 '말과 행동'의 진의가 문제시됐다. 수정주의적 언설이 본격적으로 출현한 것이 바로 1995, 6년의 일이다. 어느 정도 효과가 있었던 이러한 반격이 이전과 다른 점은 거기에 서브컬처를 배경으로 한 방법이 취해졌다는 점일 것이다. 또한, '새로운 역사교과서를 만드는 모임'이 실제로 역사교과서를 작성하고 그 교과서를 채택하기 위한 운동이 마치 '풀뿌리' 운동이라도 되는 듯 추진된 것도 새로운 전개양상이었다. 이러한 움직임이 어디까지나 반격이었다는 사실을 잊어서는 안 된다. 왜냐하면 김학순 씨의 고발 이후의 반향·반응에 힘입어 일단은 중학교, 고등학교의 검정교과서 모두에 강제연행 및 '위안부' 기술을 넣는데 성공했기 때문이다. 또한, 그러한 결과물로써 1996년 6월에는 중학교 교과서에서 위 내용의 기술에 대해 검정합격이라는 결과가 발표됐다. 그러나 7권의 역사교과서 모두에 '위안부' 기술이 게재됐다는 사실이 드러나자 하시모토 류타로橋本龍太郎 내각의 자민당 내에서는 비판이 터져 나왔다. '밝은 일본·국회의원연맹'은 '위안부' 기술의 삭제 결의를 채택하는 등, 여당 정치인이 직접 교과서 내용에 개입하는 움직임을 보였다. 자유주의사관연구회도 활발히 활동해 나가며 97년 1월에는 '새로운 역사교과서를 만드는 모임'을 결성했다. 이러한 경위를 정리한 후 지나가 다케시藤永將는 지방판을 포함해 신문사 측 주장이 통일되지는 않았으나 1997년 중반 무렵부터 요미우리신문의 주장에 큰 전환이 나타났다고 한다.[14] 무엇보다 "4년 전 고노담화 발표 때 보였던 피해자에게 다가서려는 태도가 조금도 느껴지지 않는 매우 냉담한 논조"에서 변화를 찾았다. 국회에서 이루어진 정부의 논의도 이들 반격 언설을 뒷받침한다. 1997년 5월 27일, 중의원 결산위원회 제2분과회에서 위원인 아베 신조安倍晉三는 중학교 역사교과서 7권 모두에 "소위 종군위안부 기술이 실린" 점에 심각한 위기감을 표명하고 "소위 종군위안부라는 것, 거기에 강제라는 측면이 없다면 특기할 필요도 없다", "강제성을 검증할 문서가 전혀 나오지 않았다"고 문제를 매우 협소하게 설정하고 전형적인 역사수정주의 언설을 펼쳤다.

이러한 일련의 상황 속에서 '위안부' 문제는 제2단계에서 갑작스레 경직돼 갔다. 중학교 역사교과서에 겨우 기재된 '위안부'에 관한 기술이 다시 모든 공교육 교과서에서 사라져 가는 과정이 시작됐다. 그 속에서 지방 지자체와 교육위원회, 지방의회를 표적으로 각지 교과서 채택과 그 심의 과정에서는 각종 조직적이며 정치적인 압력이 가해졌고 이 속에서 매스컴과 교과서 회사는 '자숙'과 '자기 규제'를 시작했다. '역사수정주의'라는 단어로 인해 일본에서 역사인식 문제가 도마에 오른 첫 시기라고도 할 수 있다.

역사수정주의 논리와 본성에 대해 충분한 준비도 없었던 상황에서 이러한 반격에 적절히 대응할 수 없었다는 면도 존재한다. 수정주의에 대해 실증주의적으로 반박하려 할 때 종종 혼란이 일어난다. 왜냐하면 전술한 바와 같이 수정주의는 때로는 실증주의를 표방하면서 오히려 그 실증적인 반론의 방식, 그 자체를 진부하게 만드는 경향이 있기 때문이다. 여기에서 던져진 질문이 집합적 기억의 동향이라는 자각이 더욱 확실했다면 이 시기의 대립과 논쟁도 다른 형태로 전개됐을지도 모른다.

제3단계

제3의 양상은 이러한 움직임 속에서 '위안부' 문제에 대응한 활동이 구체적인 형태를 띠기 시작한 시기이다. 하나는 고노담화에 대응하는 국민기금이라는 움직임이며 또 하나는 VAWW-NET(『전쟁과 여성에 대한 폭력』일본네트워크)의 활동을 통해 실시된 여성국제전범법정이라는 도전이다.

실정법 수준에서 현실적인 공권력이 공공성을 훼손하는 정책을 펼쳤을 때 더욱 큰 여론과 함께 그러한 기만을 돌파하는 방법으로 민중법정을 구성하는 방법은 베트남전쟁에서 열린 러셀법정 등을 통해 그 힘이 축적됐다. 실제로 여성국제전범법정에는 세계 30개국에서 약 400명, 연일 1,200명이 참가해 국제적으로 큰 반향을 불러일으켰다. 이것을 통해 아시아·태평양으로 확대된 과거 일본군 전선과 군사점령지가 '위안소' 설치 공간이었다는 사실이 밝혀졌고 8개 지역과 국가의 피해 여성들 64명이 이 법정에서 증언자로 나섰다. 북한과 한국이 남북코리아로 등장한 것도 큰 의의를 지닌다. 기획 속에는 콜롬비아나 오키나와 등 그들의 시점에서 외국군 주둔 지대와 분쟁 지대에서 겪은 성폭력 피해자의 이야기를 듣는 섹션도 열렸다. 과거 군에 의한 조직적인 성폭력을 처벌하지 않은 채로 방치해서 발생한 악순환은 군사 성폭력이라는 보편적인 문제가 존재하기 때문에 나타났다는 사실이 사람들에게 매우 인상적으로 남았다. 여성국제전범법정에 참가한 독일의 레기나 뮐호이저Regina Mühlhäuser는 전쟁기억의 문제구성 과정에서 성폭력 피해자가 얼마나 없는 존재인양 취급돼 왔는지를 강하게 의식하는 중요한 전기가 됐다고 했다.[15] 식민지였던 인도네시아와 과거 종주국이었던 네덜란드, 이들 지역의 생존자가 '판결'을 듣고 함께 손을 잡는 광경도 벌어졌다.

이 두 가지는 정반대의 성격을 가진 활동인양 여겨졌었다. 국민기금은 한국과 일본 사이의 교섭을 어떻게 엇나가게 할 수 있는지를 보여 주는 측면을 가지면서 동시에 – 최악의 평가로는 – 마치 국민기금이 피해자를 '매수'한 것처럼 매도하는 일까지도 있었다. 이에 반해 국경을 초월한 시민운동이 생존자를 지원하며 실현시킨 여성국제전범법정은, 많은 활동가의 힘이 만들어 낸 감격적인 활동으로 받아들여졌다.

그러나 실제로 이 두 가지 활동 방식이 서로 전혀 관계가 없었던 것은 아니다. 국민기금을 추진한 와다 하루키는 당시에 자신이 정대협(한국정신대문제대책협의회)과 이야기 나눌 기회가 있었고 그 밖에도 다양한 방법을 시도했다는 사실을 앞서 언급한 저작에서 밝혔다. 그러한 시도가 있었음에도 불구하고 국민기금을 통해 이루졌던 시도가 '적'의 공격으로 단순하게 인식되는 결과를 가져왔다는 것이 이 시기가 가진 하나의 불행이었다.

여성국제전범법정은 국제적으로는 매우 큰 반향을 불러일으켰으나 일본 미디어는 거의 묵살했다. 그리고 유일하게 적극적으로 반응했던 NHK의 ETV 특집[*]이 방송법 위반으로밖에는 볼 수 없는 정치인 개입으로 일부 수정되는 사태가 발생한다. 현재 아사히신문 문제에 이어 계속된 미디어의 자립성, 윤리성 결여라는 문제는 이미 이 시기의 ETV 문제에서 드러난 바 있다. NHK 프로그램에 압력을 가해 내용을 변경시킨 세력은 현직 국회의원들이었다. 방송 전날 나가타초永田町^{**}에서 아베 신조 관보부장관 등과 면담을 끝낸 NHK의 간부가 갑자기 방송 재편성 지시를 내렸다.[16] 노골적으로 미디어를 억압해 자신들의 의도대로 방송내용까지 변경시킨 이러한 수법은 제2차 정권을 차지한 아베 신조 내각에서도 그 모습 그대로를 답습하고 있다. 그 뒤에 재판이 있기는 했으나 이 시기의 방송법 위반에 대한 문제제기는 널리 이루어지지 않은 채 넘어가 버렸고, 미디어 내부에서 줄곧 서로를 물고 뜯기만 했던 이 일이 뒤에 남긴 악영향은 심각했다.

국민기금에 대해서는 국가권력의 회유·매수가 있었다고 고의적으로 단정지어졌고 국민기금은 비난의 표적이 됐다. 그 결과 그 안에 있던 당사자들의 복잡한 정치적 판단과 곤란한 상황은 그대로 덮힌 채 전혀 밖으로 드러나지 않게 됐다. 여성국제전범법정도 복잡한 부분이 있었다. 예를 들어 일본군 전후 처리를 둘러싼 미국의 영향력이

---

* NHK의 교육방송에서 제작된 교양정보 프로그램
** 일본의 정치1번지

라는 관점은 최종보고서에서는 언급되지 않았다. 한편, 정대협은 이 법정에서 "민족적인 경험이 경시됐다"고 비판해 법정을 운영했던 활동가들에게 충격을 안겨줬다. 이 비판 속에는 '위안부' 문제와 관련해 피해자를 묘사하는 방법에서 큰 차이가 내재해 있었는데 그 사실은 그다지 외부에 알려지지 않은 채, 문제제기도 이루어지지 않고 끝나고 말았다.

그러나 여성국제전범법정에서 처음으로 문제를 '재판한다'는 관점에서 초점화해서 리드레스(보상)라는 논점을 제기했다는 점, 군사 성폭력을 군대에 의한 군사점령과 주민과의 보편적인 관계로 확장시켜 보여 줬다는 점은 중요하다. 이러한 사실 자체를 국민기금이 결코 부정했던 것은 아니었다. 단지, 어떤 결단을 내리느냐에 따라 구체적으로 큰 정치적 전환을 낳을 수도 있는 그런 부분에서 투쟁해 온 사람들에게는 보상이 현실적으로 가능한 것인지, 실제 힘의 관계 속에서 생각할 필요가 있었다. 또한 보상이 어떻게 이루어질 수 있는지 재검토할 때, 국민기금이 실제로는 많은 경우에서 각 정부를 교섭 상대로 삼을 수밖에 없는 구조 속에 있었다. 이러한 사정도, 이들의 움직임을 부자유하게 한 결과를 초래한 하나의 원인으로 인정할 필요가 있을 것이다. 예를 들어 커밍아웃한 인도네시아의 피해자들에 대해 일본정부는 인도네시아 정부와의 협의 속에서 새로운 조사도 실시하지 않았고 국민기금의 운용을 통한 개인에 대한 보상도 하지 않았다. 원래부터 일본정부는 한일관계 이외의 군 '위안부' 문제와 관련한 사실들을 고노담화에 편입시켜 인정할 필요성을 느끼지 않았던 것은 아닐까.

제4단계

와다의 시기 구분에서는 제1의 '라운드'가 연속된 긴 기간으로 설정돼 있다. 그러나 실제로는 앞에서 언급한 대로 국민기금에 대한 평가문제나 여성국제전범법정을 취재한 ETV 특집을 왜곡 수정한 문제 등으로 인해 제4 양상에서는 분열, 분단, 혼동이 확산됐다. 특히 2005년 아사히신문 보도를 통해 NHK 방송왜곡 수정사건이 초점이 됐고 그 내용이 강한 인상을 남겼다.[17]

한편, 이 문제와 관련해 몇 가지 논쟁적인 대립점이 떠올랐다. 예를 들어 '위안부' 논쟁이 어떤 식으로 전개돼야 하는지에 대해 고차원적인 단계에서 재귀적으로 의문을 던진 우에노 지즈코[18]나 박유하[19]와 관련해서는 문제의 방법론적 심화와 내부반성의 계기가 되기도 했다. 그러나 때로는 그것이 운동의 분열이라며 격렬하게 비판하는 주장도 나타났다. 박유하에 대한 비판은 현재의 『제국의 위안부』[20] 문제로까지 이어졌다. 그러나 그 사이에 이렇게까지 비판이 이루어져 왔음에도 비판자 중에 박유하의 텍스트를 자세히 읽은 사람은 많지 않다. 야마시타 영애도 그 시기에 운동의 모습에 대해 자성적 의문을 제기하고 문제제기를 했던 한 사람이지만, 박유하와 마찬가지로 정대협 측에도 문제를 단순화·일면화한 부분이 있지 않았는지 자문자답하고 있다.[21] 그러나 분열과 분단 속에서 그러한 문제제기는 거의 수용되지 않았고 문제의 국면이 풍부해지지도 않았다.

그리고 이 시기의 '위안부' 논쟁은 여성국제전범법정에서 제기된 것과 같은 보편적인 문제가 아닌 민족 언설로 되돌아간 듯한 경향이 강해졌다. 거기에 원래 양립하기 어려운 국제적인 문맥이 더해진다. 예를 들어 정대협은 국제적인 반향을 불러일으키는 데는 성공했으나 그 한편으로 문제를 국가 단위로 자르려는 듯 단순화하고 말았다. 미국하원에서는 정대협의 주장을 지지하는 형태로 의회결의가 이루어졌다. 그러나 그것 때문에 오히려 '위안부'에 대한 이미지가 자세히 드러나지 않았고, 한국에서는 '소녀상'으로 상징되듯, 피해자상을 그대로 수용하는 형태로 결의가 이루어져 문제를 심화시키는 데 성공했다고 보기는 어렵다. '소녀상'으로 상징되는 '위안부' 이미지에 대한 비판·공격은 역사수정주의자에게서도 나왔기 때문에 신중하게 다뤄야 할 문제였다. 그러나 하나의 '소녀상'을 이용해 피해자의 한 부분만을 이미지화한다는 것, 그것이 지닌 복잡한 정치학에 대해, 무엇보다 젠더를 의식하는 이라면 간과해서는 안 될 문제가 있었을 터이다. 이 문제에 대해서는 우에노 지즈코가 『내셔널리즘과 젠더』에서 '모델 피해자론'이라는 형태로 이미 지적한 바 있다.

이러한 혼동을 겪으며 도달한 곳에 2011년 한국 헌법재판소의 판결이 있다. 재판소의 판단이 분열과 분단 속에서 이루어졌기 때문에 판결 중에는 과거 '위안부' 여성들이 요구하는 일본에 대한 배상청구권에 대해서 해석의 여지가 있다는 정대협의 주장이 강력히 반영됐다. 그러나 한편으로 헌법재판소가 제3국을 통한 조정이라는 문제를

제시함으로써 1965년의 한일 청구권협정을 통해 배상문제는 해결이
완료됐다는 논의가 겨우 크게 한 발자국 내디딜 수 있는 가능성도 생
겼다.[22] 이것은 상황을 크게 변화시킬 기회이기도 했다. 대담한 정치
적 결단이 시대의 궤도를 바꿀 수 있다면 이때야말로 그 순간이었다
는 것을 와다는 설득력 있는 언어로 증언했다. 그러나 그러한 가능성
은 이 문제에 관한 감수성을 전혀 지니지 못한 당시의 노다 요시히코
野田佳彦 총리 때문에 부질없게 사라지고 말았다.

제5단계

그리고 제5의 양상에서는, 그때까지 목격해 온 것보다 훨씬 강력
하게 확산적인 비난·공격현상이 나타났다. 2014년에는 아베 정권이
아사히신문을 향해 심하다 싶을 정도의 공격을 퍼부었다.

공격을 받은 것은 1990년대 전후라는 머지않은 과거에 이루어진
'위안부' 문제의 논의방식이었는데, 실제로 언뜻 보더라도 불합리한
것임을 알 수 있다. 그때의 상황을 대략 뒤돌아보고 지금 우리가 놓
인 미디어 상황에 대해서 생각해 보고자 한다.

김학순 씨의 커밍아웃을 일본사회는 어떻게 받아들였는지에 대해
서는 앞에서 논했다. 1980년대 말부터 1990년대에 걸쳐서 한국 '정신
대문제'로써의 '위안부' 문제 공론화가 진행됐다는 사실도 언급했다.
아사히신문 서울 특파원으로 강제연행에 관심을 가졌던 우에무라 다
카시植村隆는 이러한 움직임을 누구보다 빨리 접한 사람이었다. 그러

나 우에무라 기자는 '위안부'가 됐던 피해 여성들과는 실제로 직접
만난 일도 없고, 이야기를 나누지도 못했다. 그래서 정신문제연구소
가 과거 '위안부'였던 할머니들의 테이프 녹음한 증언을 모아 편집해
서 소개하는 형태로 1991년 8월 11일, 그 존재를 기사화했다. 기사에
는 실명이 쓰이지도 않았다. 박스기사로 여성 두 명이 나온 사진 캡
션에는 "종군위안부였던 여성의 테이프를 듣는 윤 대표(오른쪽) 등 10
일, 서울시에서 우에무라 촬영"이라는 글이 실렸으나 그것이 일본에
서 큰 반향을 일으키지는 못했다.[23] 그러나 3일 후인 8월 14일, 일본
정부 답변에 항의하는 김학순 씨의 기자회견이 있었고, 특히 12월 6
일에 김학순 씨를 비롯한 할머니들은 전후 보상을 요구하며 일본정
부를 제소한다. 할머니들의 일본방문 기자회견 이후, 많은 일본어 미
디어가 경쟁하듯 '위안부' 문제를 보도하게 됐다. 즉, 이 시기에 미디
어 보도의 세계는 대체로 극적인 변화가 나타났다고 봐야 할 것이다.
바꿔 말하면 이 시기에 당사자의 목소리를 독자에게 전하려는 언론
전체의 움직임이 확실히 존재했다. 오늘날의 산케이·요미우리 등은
피해 여성들의 목소리를 통해서 '위안부' 문제를 보도하는 것이 음모
론인 양 떠들어대고 있으나 이러한 현재 모습과는 달리 그 당시에는
그러한 보도가 상당히 일반적이었다. 피해자의 아픔에 반응하는 자
세나 내용을 전하는 것이 결코 아사히신문 특유의 것도 아니었다. 예
를 들어 산케이신문 오사카 지방판과 요미우리신문을 보더라도 1990
년대 전반 지면에는 피해자를 취재하고 '정신대'라는 용어를 사용
해 지면을 만들었다. 산케이신문은 이른 시기인 1991년 9월 3일 '정

신대' 문제를 해설하며 윤정옥의 사진을 함께 실었다. 그리고 한국의 원고단이 일본정부를 제소한 1991년 12월 6일에는 석간 1면에 제소 사실을, 사회면에는 '이제 이야기하는 무거운 과거', '앙금 없는 시원한 처리를'이라는 표제의 기사를 실었다. 게다가 "제소 후, 눈물을 흘리며 심정을 호소하는 전 종군위안부들과 한순 씨"라는 캡션이 달린 사진을 소개했다.[24] 다음 날인 7일 기사에도 김학순 씨의 말을 따라 "강제로 연행됐다"는 표현을 사용했다.[25] 요미우리신문이 사설에서 '위안부' 문제를 다룬 것은 1992년 5월 16일이었다. 한일 청구권협정을 전제로 하면서도 그 사설에서는 피해자의 존재를 인정하고 인도적인 입장에서 대응할 것을 요구했다. 고노담화를 수용한 요미우리신문의 1993년 8월 5일 해설 기사를 보더라도 국가 보상에 대해서는 부정하면서도 한일 양 정부의 대응을 평가하고 "피해자에게 다가서는 자세를 선명"하게 보였다고 후지나가 다케시藤永壯는 평했다.[26] 산케이신문의 1993년 8월 31일 기사에서는 '인권고' 특집을 다루며 "인생을 묻는 실명 재판"이라는 글과 함께 사진을 싣고 김학순 씨의 증언을 소개했다.[27] 이것만으로도 충분할 것이다. '위안부'에 대한 보도가, 아사히신문의 특정 기자가 국제적인 반향을 만들어 내기 위해 작위적으로 꾸민 듯한 분위기를 조성했던 캠페인은 단순히 이러한 논쟁이 시작될 무렵의 미디어 상황을 덮어 감추기 위한 주장에 불과하다. 신문 미디어의 진면목이 오보를 두려워하지 않고 속보의 특성을 살려 당사자의 이야기를 듣고 사회에 전하는 데에 있다면, 이 시기의 기자들이 보인 반응이나 보도 자세야말로 보도 미디어의 문법에 맞는 것이었다고 할 것이다. 1991년 이후, 미디어가 일본군 성폭력 피해자의 목소리를 얼마나 열심히 사회에 전하려고 했는지는 TV 보도 프로그램이나 다큐멘터리 필름까지를 찾아본다면 한층 확실하게 드러날 것이다. 그러나 지금은 '위안부'만이 아니라 이 논쟁의 발단마저도 없애려는 듯, 다른 이야기로 갈아치우려는 듯한 상황이다. 그렇다면 2015년 현재 우리가 목도하고 있는 머지않은 과거에 이야기됐던 방식들은 보수계 신문을 포함해 스스로의 언론활동에 대한 폭력이며 한 번은 열렸던 가능성에 대한 망각 행위일 뿐이다.

2. 세 가지 문제

앞 절에서 제1에서 제5까지의 양상을 살펴봤으나 결국 사반세기에 걸쳐 이루어진 '위안부' 논쟁 속에서 속죄와 화해라고 할 수 있는 국면은 형성되지 않았다.

일본 근현대사의 오욕을 부인하는 역사수정주의의 경향은 2000년대에 들어서도 사라질 기색은커녕 오히려 신자유주의 정책이 진전되면서 한층 견고해졌다. 90년대 이후 역사수정주의의 특성에 대해서 그 이전에 논했던 시점에서 예상한 이상으로 이러한 종류의 언설은 더욱 질이 떨어져 갔다. '위안부' 문제가 이렇게까지 난항을 겪는 것은 단적으로 말하면, 일본 국내에 존재하는 역사수정주의적인 조류가 현실을 부인한 데에 대해, 그것을 극복할 만한 여론형성도 정책적

인 결단도 할 수 없기 때문이다. 이러한 사태를 반지성주의라고 불러
도 좋을 것이다.

그러나 이미 앞에서 다섯 단계를 정리하면서 언급한 것처럼 다른
면에서 보면, 운동 측에도 대립은 내포돼 있었다. 이러한 국면의 하
나하나를 문제시할 수는 없으나 전형적인 형태로 대립 국면을 지금
조금이나마 살펴보려 한다. 결과적으로 희생자를 서로 빼앗으려 했
다고도 할 수 있는 사태를 초래했으며 여성사/여성학, 반성적인 여성
사 등의 학문적인 접근의 차이와 대립과도 관련된 것이 있었기 때문
이다.

하지만 처음에는 주제도 되지 못했던 논점이 그 뒤에 명확해졌다
고도 할 수 있다. 그 전형이 일본인 '위안부' 문제일 것이다.[28]

이러한 전개를 응시하면서 다시금 '국민기금 문제', '박용하 문제',
'아사히신문 문제'의 세 가지 단면을 설정해 보자.

국민기금 문제

첫 번째는 국민기금을 진행하는 방식과 그것을 둘러싸고 '위안부'
가 돼야 했던 피해자를 지원하는 이들 사이의 대립에 대한 것이다.
오늘날의 관점에서 보면 동시대에는 보이지 않았던 문제가 보일지
도 모른다. 여기에 대해 와다 하루키는 그 자신이 당사자였기 때문에
『위안부 문제해결을 위해서』에서 고노담화부터 기금 구상까지는 실
제로 많은 정치적 교섭과 정치 판단 국면이 있었다는 사실을 자세히

밝혔다. 그 국면의 하나하나에 오산이 있었고 오해가 있었으며 그와
함께 거기에는 잡았어야 할 기회도 있었다고 한다. 그러한 엇갈림 중
하나로 국민기금의 구상이 처음에 정부나 행정 어딘가에서 누설돼
아사히신문의 1994년 8월 19일 1면 톱기사로 실렸다는 것을 들 수
있다. 그 기사에는 '과거 위안부에게 '위문금''이라는 표제와 함께 "민
간 모금으로 기금을 구성하고 정부는 사무적인 비용만"이라는 내용
이 크게 보도됐다. "위문금은 한국어로는 위로금이라고 번역"되기 때
문에 이 기금에는 죄의 요소가 전혀 담기지 않는 셈이 된다. 그러자
바로 운동단체가 이 구상에 반대를 표명했을 뿐만 아니라 기금 구상
이 주요한 공격 대상으로 설정되는 국면까지 발생한다. 와다는 이 시
기의 '엇갈림'에 대해 다음과 같이 매우 애석해했다. "그러나 기금 설
립으로 가는 과정에서 '위문금' 보도가 있었던 것에 대해 사업추진책
임자인 이가라시 고조五十嵐廣三 관방장관이 강력히 반론하지 않은 것
이 첫 번째 잘못이었습니다. 게다가 기금을 설치한다고 발표할 때 기
금사업 정신의 핵심을 표현하는 '속죄'라는 단어를 충분히 설명하지
못하고, 한국어와 중국어로 번역할 때 '보상'이라고 한 결정적인 잘
못을 저지르고 말았습니다."

　당사자인 와다의 증언은 분명 기금 쪽의 변명이기는 하다. 그러나
와다는 그것이 1995년, 즉 전후 50년을 맞아 격렬한 대립이 나타나고
자민당을 중심으로 급격하게 반격이 확산되는 상황 속에서 이루어진
격투였다는 맥락을 우리에게 상기시키려 했다. "이때 일본정계는 전
후 50년을 맞아 국회결의를 어떻게 할지에 대해 격렬한 논쟁을 벌이

고 있었습니다. 그 전 해[1994] 12월 1일에 결성된 자민당 내의 보수
파의원 모임인 종전 50주년 국회의원연맹이 급속히 회원을 늘려 가
고 있었습니다. 창립 당시에는 57명이었으나 1월 말에 첫 총회가 열
렸을 때는 143명으로 늘어났습니다. 이미 자민당 소속 국회의원 298
명 중 거의 절반이었습니다. 회장인 오쿠노 세이스케奧野誠亮, 사무국
장 이타가키 다다시板垣正와 같은 간부의 면면은 당연했으나 사무국
차장으로, 당선 1년째인 아베 신조가 이름을 올렸다는 사실은 놀라
지 않을 수 없었습니다. 이 의련은 "쇼와昭和의 국난에 직면해 일본의
자존자위와 아시아의 평화를 염원하며" 죽어간 전몰자에게 감사하는
입장에서 과거의 대전에 대해 "후세에 역사적 화근을 남기는 국회결
의"는 용납하지 않겠다고 주장했습니다. 오쿠노 의련은 3월 1일에는
회원수가 174명으로 늘어, 자민당 소속의원의 3분의 2가 소속하는
놀랄 만한 상황이 벌어졌습니다."

　와다는 당시 정치 역학의 측면에서 보면, 무라야마 내각이었다는
것이 겨우 한 가닥의 희망이 돼서 국민기금 구상에 임할 수 있었다
고 인식하고 있다. 그러나 기금은 국가가 할 수 있는 '배상'이라는 법
제도를 통한 피해자 구제, 배상 조치라는 점에서 보면 분명 불충분
한 내용이었다. 그 경위는 복잡하게 얽혀 있었다. 기금은 민간의 모
금으로 이루어진다고 했으나 와다의 말처럼 실제로는 모금만으로는
부족해서 지불해야 할 '보상금'을 이백만 엔으로 정한 단계에서 기금
사업의 기본 개념이 수정돼, 정부가 부족한 금액을 보충하는 뒤처리
식의 사태가 발생했다. 결과적으로 국가가 개인에게 지불하는 사태

가 발생했다. 그러나 이러한 사실에도 불구하고 한일이라는 틀을 전제로 한 기금사업은 처음부터 국가가 개인에게 보상하는 형태의 것은 아니었고, 그것이 운동 내부에 기금을 둘러싼 결정적인 대립을 가져왔다. 예를 들어 정부가 '도덕적 책임'을 인정한다는 사실을 강조했다 해도 그것은 오히려 "실은 '법적 책임'은 인정하지 않는다고 강조하는 것과 같은 것으로, '법적 책임'을 인정하라는 피해자의 감정을 건드리는 결과가 됐다는 점에 주의를 기울이지 못했던 것 같습니다. 피해자에 대해 '책임'을 인정하는 것, 오로지 그것뿐이었다는 점을 이해했어야 했습니다"라고 했다. 누구보다 어려운 매개자 역할을 스스로 받아들였던 와다의 회고는 통절하기까지 하다. 기금에 대한 와다의 자기비판 속에서 가장 중요한 점은 당사자인 '위안부'들이 받아들일 수 있는 해결을 내오지 못했다는 점이다. 와다는 그것이 최대의 잘못이었다고 인정한다. 그러나 기금이 낳은 혼란이 가장 비극적인 형태로 나타난 것은 총리가 사죄의 뜻을 담은 편지와 기금 이백만 엔의 보상금을 받은 여성들을 정대협이 격렬하게 비난했을 때였다. '위안부' 사이에 기금을 받고 싶어하는 사람이 나타났을 때 그것을 '옳지 않은' 행위로 부정했다. 운동은 기금을 '매수공작'이라고 규정했을 뿐만 아니라 이 문제를 '피해자 개인의 차원으로만 파악해서는 안 되는', '민족적 문제', '역사적 문제'라고 파악했으나 그것이 잘못됐다고 와다는 말한다. 이러한 태도는 정대협만의 문제가 아니라 일본의 운동단체도 마찬가지가 아니었을까. 와다의 이러한 지적은 과연 정대협을 비롯한 운동단체에게 그러한 행동을 할 권리가 있었는지에 대한 문제로도 이어진다. 희생자에게는 다양성이 있으며 각자의 생각이 있는데 그것을 지나치게 윤리화하는 것이 과연 적절한 판단이었을까. 적어도 그러한 운동단체의 움직임은 문제를 경직시키고 피해자 자신이 '화해'의 장면에 대해 상상하기 어렵게 만들었다.

기금에 대해서는 자료를 수집한 디지털기념관을 인터넷 상에서 만들었다는 것도 큰 성과였다. 기금에 반대하는 운동 쪽도 다른 형태로 디지털 데이터화하고 있으나 이것도 정말은 양쪽이 협력하며 해야 할 일이다.

이것이 첫 번째 문제로 운동 측에서도 한번은 생각해 보아야 할 문제이다.

박용하의 문제

두 번째로 '위안부' 문제를 고찰할 때, 그 이론이나 운동 사이의 이해대립을 상징하는 것으로 박용하의 『화해를 위해서』와 『제국의 위안부』를 둘러싼 반응에 대해서 조금은 생각해 보는 것도 쓸데없는 일은 아닐 것이다. 박용하는 세종대학교 일본어학과 교원이며 일본 근대문학을 전공하는 연구자이다. 또한, 그녀는 김대중 대통령의 통역을 맡을 정도의 걸출한 일본어 구사자이기도 하다.

『화해를 위해서』는 2005년에 한국에서 간행된 직후부터 한국 내부에서 운동권에게 격렬한 반발을 샀다. 자세히 살펴볼 수는 없으나 박용하가 문제 삼으려 했던 것 중에 가장 중요한 것은 어디까지나 '위안부' 문제나 한일 역사인식이 정체된 책임이 일본정부와 역사수정 주의적인 우파 정치인에게 있다는 것을 전제로 한다는 것이다. 그러 나 동시에 사태가 경직된 책임의 일부가 정대협에게도 있다는 점이 다. 그리고 박유하는 그러한 정대협의 문제가 불문에 부쳐져 오히려 권위를 부여받는다는 점에 대해서는 일본에서 지원 운동을 하는 쪽 에도 책임이 있다고 했다.

"……일본시민과 지식인은 정부를 비판해 왔으나 그 뒤 10년간 일 본정부는 변하지 않았으며 반대로 보수화했다. 그러한 비판이 정부 를 변화시키지 못하고 오히려 경직시켰다면 그 비판의 유효성과 한 계에 대해서도 다시 논의할 필요가 있지 않을까"라고 박유하는 문제 를 제기했다. 그것은 동시에 국민기금 평가와도 관련된 문제이다. 기 금이 시도했던 것이 불충분한 것이었고 기금 자체에 원인이 있는 실 패도 있었다. 하지만, 처음부터 이들을 '적'으로 단정하고 줄기차게 공격만 하고 서로가 갖는 힘의 관계나 현실적인 방책은 생각해 보지 않는 자기 충족적인 운동에 빠져 버린 면이 있지는 않았는지, 라는 점이라고 이해할 수 있다.

또한, 박유하는 『제국의 위안부』를 통해서 이들 논쟁에 덧붙여 설 명했다. 문제는 박유하의 논의를 그대로 찬동할 수 있는지에 대해서 가 아니다. 비판의 논점을 변형시킨다거나 확실한 언어로 표현하지 않은 채 그의 언설을 빈정거리는 정도로 정리해 버리는 방식이다. 한 국에서는 『제국의 위안부』의 출판금지를 요구하는 소송이 일어났다. 그 정도로 정대협이 특별한 권위를 갖게 된 그 자체가 불건전하지 않은가라는 의문이 지금도 결코 충분하게 풀리지 않은 상태다.

박유하가 이렇게까지 맹렬한 반발을 산 원인으로 그녀의 논의에 부주의한 면이 없었던 것은 결코 아니다. 『화해를 위해서』를 살펴보면, 1990년대 전후에 한국 민주화운동의 과실로 성폭력 피해자가 목소리를 낼 수 있는 사회적인 상황이 형성됐다는 현실성의 고찰이 결여됐다는 지적도 있다. 그러나 한편으로 박유하의 문제제기는 식민지주의의 피해자가 안고 있는 집합적인 기억에 관한 난해한 문제를 적중했다. 박유하는 '위안부' 문제 중에서도 주로 전쟁 점령지에서 일어난 군사력이 배경에 있는 '위안부'와 식민지지배하라는 강요된 상황의 '위안부'는 차이가 있다는 조선인에게 강요된 식민지지배 하에서의 '위안부' 상황과는 차이가 있다는 점을 문제시했다.

박유하는 제국신민으로서 조선인에게 강요된 '자발성'과 그 기억에 대해 다음과 같이 지적했다.

가령, 표면적이라고는 해도 거기에는 분명히 존재했던 〈자발성〉을 무시할 수는 없다. 왜냐하면 그것이 위안부였던 이들에게 한정된 것이 아니라 누구나 그 상황에 직면하면 그럴 수 있었던 일, 즉 식민지화라는 것이 무엇이었는가에 대해, 어떤 한 면을 가르쳐 주기 때문이다. 이러한 은폐가 지금 막 일어난 것이 아니라 전후, 한국해방 후에 스스로의 〈자발성〉을 망각의 저편으로 없애 버리려 했던 과거 제국신민이 했던 일이다. 식민지가 언제나 〈저항의 땅〉으로 존재하지 않으면 안 되며, 그것은 본인의 기억과 의지를 초월해 새롭게 출발한 독립국가의 꿈이기도 했을 것이다. 그 과정에

322 IV 화해는 가능한가

서 이러저러한 〈자발〉이 침묵한 것은 〈거짓말〉이라기보다는 오히려 '윤리'
이기도 했을 터이다. 그러한 출발을 보더라도 '포스트 식민지 국가'는 대부
분의 국민이 경험한 〈과거의 부정〉에서부터 시작할 수밖에 없었다. 적지 않
은 저항자들 – 예를 들어 상하이 임시정부나 이승만 임시정부 대통령, 중국
동북부 만주 지방에서 독립운동을 벌여 온 사람들과 국내에서도 '반체제
파'였던 이들의 행동과 기억을 중심기억으로 해서 재출발할 수밖에 없었다.
〔중략〕 〈위안부들의 애국〉이 망각돼 온 것은 먼저 그러한 구조가 그렇게 만
들어 온 것이다. 그와 마찬가지로 어떤 종류의 망각과 은폐가 위안부와 정
신대의 혼동 속에서도 일어났다고 생각된다(『제국의 위안부』, 61 – 62쪽).

'위안부' 문제나 역사인식 문제에 대해서 생각할 때 일본 식민지지
배 속에서 그 지배에 협력할 수밖에 없었던 양상이 존재했다는 것을
염두에 두기를 거부하고 오히려 순수하고 아름답게 자신을 속이기
쉬운 어떤 모델 피해자상을 만들어 내려 했던 움직임이 있다. '위안
부' 문제를 민족의 언설로 이야기하려 할 때 – 확실히 그것은 식민지
주의가 있었기 때문에 일어났던 비극이라는 사실은 틀림없으나 – 희
생자를 저항 주체로 그리고자 하는 욕망이 문제를 만들었다. 이것이
박유하의 지적 중에서도 가장 귀를 기울여야 할 논점일 것이다. 가부
장제가 지배하는 사회는 여성에게 정절을 요구한다. 전쟁 속에서 적
에게 죽임을 당한 '여성'을, 저항한 민족의 영웅으로 삼아 칭송하는
한편, 성폭력 피해자를 '적의 여자'로 간주했던 것을 민족의 수치로
인식해 제재나 폭력의 대상으로 삼는 구조는 이제는 보편적으로 해

명돼야 할 논점이다.[29]

물론, 박유하의 지적이 옳다고, 일본인인 본고의 저자가 논하는 이런 식의 배치 자체가 과거 식민지지배를 받은 사람이 보면 더욱 더 받아들이기 어려운 일일지도 모른다. 그러나 이것을 빼놓고서는 결국 정치적으로 문제를 움직여 갈 수도 있을 어떤 국면을 스스로 포기해 버리게 될 것이고, 결국은 대립을 해소할 수 없는 고정된 것으로 만들어 버린다. 하나 더 이야기하자면, '위안부' 문제가 조작 가능한 내셔널리즘의 교섭 카드로 전락해 버릴 수도 있다. '위안부' 문제는 해결이 완료됐다고 일본정부에서 강변하는 근거가 되는 것이 한일 청구권협정이고 그 협정의 한국 측 당사자가 박정희였으며, 그 세력에 지지를 받는 딸 박근혜가 그 '위안부' 문제를 한일관계의 정치적 흥정 도구로 이용하는 매우 얄궂은 상황이 현재 모습이다.

아사히신문의 문제

세 번째로 아사히신문이 '요시다(세이지) 증언'을 근거로 한 기사를 철회한 것과 관련한 소동을 살펴보자. 이 사건은 집단적 기억을 둘러싼 전쟁터가 어떤 식으로 몰윤리적이며 반지성주의적으로 바뀌는가를 보여 주는 바로 그 전형적인 예이다.

아사히신문을 둘러싼 사태로는 주로 두 가지 국면을 생각해 보지 않을 수 없다. 하나는 제5단계로 언급했던 바와 같이 총리관저와 미디어, 거기에 인터넷 상에서 벌어진, 사실 인정과는 크게 어긋났던 반反 아사히 캠페인이며, 그에 대한 아사히신문의 애매한 대응이다.

더불어, 아사히신문 기자였던 우에무라 다카시에 대해, 극우라는 딱지가 붙은 논객과 우파 미디어, 인터넷에서는 터무니없는 공격이 확산됐다.

전자의 문제가 어떤 경위에서 일어났는지는 아오키 오사무의 『저항의 거점에서抵抗の據点から』나 우에무라를 지원하는 단체에서 세심하게 설명하고 반격함으로써 그 전체를 밝혔음에도 불구하고 그 사실을 냉정하게 보도하는 것 자체가 늦어버렸다.[30] 또한, 후자 우에무라 기자와 그 가족에 대한 공격도 실제로 기사 내용에 근거해서 일어난 것이 아니다. 인터넷 상에서의 근거 없는 혐오발언은 물론, 사쿠라이 요시코櫻井よし子와 니시오카 쓰토무西岡力 등이 우파 미디어에서 우에무라를 중상모략하는 말에 대해서도 조금만 확인해 보면 간단히 판명될 오인이다. 그러나 그런 것 따위는 신경 쓸 필요 없다는 듯이 공격적 발언을 엮어 내고 있다. 이러한 상황 속에서는 아마도 사실을 참조하라는 주장 자체가 (그 자체가 얼마나 옳은 지적이든) 거의 의미를 지니지 못할 것이다. 집합적인 기억을 둘러싼 논의는 실증주의적 절차에만 의존하면 혼란을 낳을 뿐이다. 우리는 집합적 기억이 매우 간단히 실증주의와 관계없는 부분에서 문제를 버젓이 조작해 버린다는 점을 확실히 인식해 둬야 하며, 그것에 대한 각오가 부족하다는 것이 이들 반지성주의 번성을 가능케 한 약점일지도 모른다. 이러한 불확실함 속에서 우리는 적절한 정치적 판단력을 어떤 식으로 구축해 갈 것인가. 이를 위해 말해 둘 수 있는 것은 문제에 대한 세심함을 지니

는 동시에 입장의 차이가 있는 사람들을 너무 간단히 제외시켜 버려서는 안 된다는 것은 아닐까.

혼동 속에서

우리 저자 두 사람은 지금까지도 '위안부' 문제를 사회의 집합적 기억과 관련한 논쟁 속에서 이해한다는 시점에서 논해 왔다고 생각한다. 2004년 시점에서는 『내셔널리즘과 젠더』로 대표되는 우에노 지즈코의 문제제기를 대표적인 예로 생각해 봤다.[31] 혹은 2005년의 이와나미쇼텐 강좌에서 역사수정주의에 공통되는 논리와 본성을 밝히면서 서브컬처의 특성으로 강력하게 규정된 90년대 이후의 양상에 대해서 생각해 왔다. 그러나 여기에 덧붙여 현재 제기되고 있는 문제는 어쩌면 또 한 단계 심각한 것이 돼 있을 수도 있다는 불안이다. 사태는 염세적인 양상을 띠고 있다. 이제까지 논해 온 것과 같이 '위안부' 문제는 적어도 실제 있었던 일로 사회적으로 인식돼 피해자인 여성들이 법적·제도적으로 보상받고, 무엇보다 그것이 동아시아와 일본의 시민사회의 집합적인 기억으로 받아들여졌는지 하는 점에서 보면, 문제의 수준이 확실히 뒷걸음질을 한 상태다. 논쟁이 길어진 데다가 그것이 한일, 중일 사이의 외교 문제 속에서 하나의 의제로 단순해져서 수용될 수도 있는 상황이 코앞까지 다가왔을 정도로 사회

속에서도 특히 젊은 세대를 중심으로 문제를 문제로 고찰하고 받아
들이는 내성도 저하했다. 저하라는 표현보다 오히려 문제를 둘러싼
감수성의 노화라 할 수도 있을 정도의 사태에 이르렀다.

본고에서는 어디까지나 이러한 사태를 초래한 책임이 역사수정주
의적인 본성에 달라 붙어 일본의 정치를 횡령하고 있는 우파 정치인
들에게 있다는 것, 그리고 그러한 하나하나가 횡행하는 것을 그대로
보고만 있는 일본사회에 있다는 것을 확인했다. 그러나 동시에 '위안
부'가 돼야 했던 사람들을 지원하고 '위안부' 문제를 고발해 온 반대
운동 측에도 그 책임이 있다는 논의가 어떤 의미가 있는지 평가하고
그것을 하나의 초점으로 재고해 봤다.

경험적으로 봤을 때, 운동 측을 향한 이와 같은 비판이 운동가들
사이에서, 그리고 그 동조자 사이에서 어떤 식으로 받아들여져야 하
는가는 저자 두 사람은 간단히 예상이 가능하다. 이러한 재귀적인 시
선은 운동을 분석해서 저조해진 원인을 반성적으로 문제제기하려
는 것임에도, 아마도 '위안부' 문제를 부인하는 사람들과 같이 취급
돼 '적'의 공격이라고 잘라 내 버릴 것이다. 정면에서, 더욱이 공공의
장소에서 논의할 수 있는 기회는 주어지지 않고 대신에 대수롭지 않
은 암시나 야유, 말꼬리 잡기 등으로 이러한 논의나 그것을 하는 사
람들이 싸잡아서 처리되는 광경을 적지 않게 봐 왔다. 게다가 섣불리
생각할 수 없는 것이 비판이 말하자면 진공상태에서 이루어지는 것
이 아니라는 사실이다. 거기에는 논쟁이나 운동이 안고 있는 난점을
내재적으로 고찰하려는 노력에서 나오는 논점을 변형시켜 그것을 이

용해 '위안부'의 존재를 부인하고 피해자를 폄하하고, 그것도 모자라 식민지지배와 전쟁에서 가해자였던 것 등 전체를 부인해 버리는 역사수정주의의 반지성주의가 늘 들러붙어 있기 때문이다. 그래서 분석의 대상이 되는 현실을 걱정해 문제제기하려는 이들이 그러한 역사수정주의자와 같은 분석자로 비판받는 데에도 이유가 있는 것처럼 보이고 마는 경우도 있다. 그러나 견해의 차이나 자질의 차이 때문에 다른 평가나 판단을 했을 때, 그 차이를 명확히 해서 비판하는 것은 중요하다. 실제로 그러한 다양성을 존중하고 연구나 운동을 진행하는 사람들도 많다.

'위안부' 문제에 대해서 때로는 강력한 내셔널리즘적인 편견이 거들어 그로 인해 문제가 단순해져 왔다. 한편, 일본에서는 운동 국면이 험난해지면서 고립감 속에서 상대적으로 가까운 곳에 있다고 볼 수 있는 시도나 주장에 대해서 운동을 분단하는 '적'으로만 치부하고 그것과의 차이나 그에 대한 결연한 거부의 자세를 통해서 자신들의 정당성을 확인하고, 그것을 통해 겨우 안심할 수 있는 내적 회로가 생겨났다. 운동 속에 일어나고 있는 심적 기제이므로 그것 자체가 정말 많은 차이 중 하나의 경향성을 지적하는 것일 뿐이지만 그러한 현상이 분명 존재한다.

야마시타 영애는 앞에서 언급한 『내셔널리즘의 틈새에서』에서 이러한 운동을 둘러싼 난점을 민족으로서의 피해와 여성학적 관점에서 생각해 봐야 할 상처 관계로 파악할 수도 있다고 봤다.

"대중적인 여론과 운동이 민족문제로서의 시점을 강하게 주장하면 주장할수록 이러한 시점을 찾아보기 어려워진다. 그 이유는 민족문제로서 이 문제가 다뤄질 때, 피해자들은 같은 민족의 일원이라는 점이 강조되고 그녀들이 받은 피해가 민족의 피해로 일반화되기 때문이다……성폭력 피해자로 그녀들이 입은 상처는 육체적으로도 마음의 상처라는 면에서도 기본적으로 개인적인 것이다. 민족적 피해는 그 개별적 피해의 내용을 구성하는 환경적인 요소이기는 하지만 중심은 아니다. '위안부'가 된 여성이 가장 직접적으로 고통을 받은 것은 스스로가 받은 성폭력으로 인한 심신의 고통이다. 그것은 피해 입은 당시의 상처로 끝나는 것이 아니라 그 뒤에도 계속 정신적, 육체적으로 영향을 미치며 그 여성을 괴롭힌다.

그녀들을 위한 운동이라고 할 때, 피해자들이 이러한 상처로 지금도 고통을 받고 있다는 인식을 가지고 그녀들에게 접하고 그 치료를 돕기 위해 전문적인 노력을 해야 한다. 이러한 접근이 없는 한, 피해자들이 입은 마음의 상처는 계속된다. 또한, 그러한 아픔을 이해도 못하고 상상하려고도 하지 않는 사람은 피해자와의 사이에 신뢰관계를 쌓을 수 없다. 최근 몇 가지 국면에서 발생한 피해자와 지식인 활동가 사이에 갈등을 만든 원인의 하나는 이러한 측면에 대해 활동가들이 무관심했다는 점에 있지 않을지 생각해 볼 필요가 있다."

야마시타는 그녀 자신이 한창 운동이 진행되던 때에 몸을 던진 경험에서 충분히 신중하게 논하고 있다. 야마사타의 논의 속에서 여성학적 계기 대 민족적 계기라는 대조가 항상 비판의 단서가 된다. 그러나 박용하의『제국의 위안부』는 식민지지배 속에서 조선인에게 강요된 복잡한 양상에 의거해서 '위안부'가 된 피해자의 문제를 생각해야 한다고 보고 있는 점에서, 한발 더 나아가 운동 측에 존재하는 내셔널리즘이나 암묵적인 윤리 피해자상의 문제를 혹독하고 가차 없이 비판한다.

더불어 '위안부' 문제에 대한 미국에서의 결의도 그 다의성을 생각해 보지 않으면 안 된다. 분명 '위안부' 문제에 관한 정부의 입장을 바꾸게 하기 위한 국제적인 압력은 효과적인 무기가 됐다. 실제로 이 문제에 대해 정대협의 국제 전략은 효과적으로 전개돼 왔다. 일본 국내 운동을 묵살하고 미디어를 제압함으로써 그러한 일 자체가 없었던 것으로 만들어 버리려는 아베 정권도 미국 등 각국 의회에서의 결의나 외교적 압력에는 애를 먹고 있다. 그러나 한국 내부의 내셔널리즘을 조력자로 삼아 국제 문제화를 꾀하는 전략은 동시에 문제를 유명무실하게 만드는 역할을 할 수도 있다. 하나는 '위안부' 문제에 대한 이해가 매우 평탄하게 통속적인 형태로 확산되는 상황이 때때로 일어나고 있다는 점이다. 더불어 또 하나는 '위안부' 문제가 군과 성폭력의 보편적 문제 중 하나로 파악해야 하는데 그 회로가 길을 잃고 문제가 일본의 특수한 상황 속에서 인식돼 버린다는 점이다. 한국의 운동은 그러한 오해와 왜소화를 일부는 인식하면서 운동의 타이밍 속에서 그것을 바로잡는다거나 심화시키면서 적어도 현시점에서는 실패한 듯 보인다. 한편으로 '위안부' 문제가 한국과 일본의, 식민지주의의 폭력이 만들어 낸 사태라는 점을 명확히 드러내면서 동시에 미국 군사기지, 군사시설 주변에서 언제나 재생산되는 구조적 성

차별과 성폭력에 대해 문제제기하는 지점으로까지 파고들어야 한다. 각국 의회에서 일본정부를 비판하는 결의를 내놓는 커다란 전진을 가져왔으나 그것을 초월한 곳을 쉴 새 없이 전망해 보려 하지 않는 한 거기에서도 민족주의가 만드는 기억의 조작이 일어나고 만다.

한편, 일본에서는 어떠한가. '위안부' 논쟁의 형태를 전후사 문제로 다시 한번 생각해 보면 역시 같은 일을 반복하고 있다. 전쟁책임·전후책임을 회피해 오면서 역사인식에 관한 논의라는 면에서는 반복강박이라고 말할 수 있을 정도로 같은 일을 되풀이하고 있다.

그러나 좌익·반대운동 측도 같은 상황이라고 할 수 있을지 모른다. 전후를 통해서 중요한 국면에서 종종 빠져버리는 정치문화의 자가중독이라고 할 수 있는 일을 현재 또다시 되풀이하려고 하는 것은 아닐까. 운동의 상징적인 자산을 운동 자체가 내부분쟁을 통해 파괴시켜, 스스로의 운동에 대한 평가를 절하시키는 실패를 이번에도 반복하고 있는 것은 아닐까. 그것이 '위안부' 논쟁의 사반세기였다고 단정할 생각은 없다. '위안부' 문제가 던진 의문을 수용하고 새로운 성과와 인식을 창출해 온 사람들에 대해 그러한 비판은 너무 잔인할 것이다. 그러나 이러한 문제도 거기에서 부각됐다는 동시대 감각에서 눈을 돌려서는 안 된다고 생각한다.

지금 아사히신문을 둘러싼 논의는 - 논쟁이 로고스라고 한다면 -, 더 이상 논쟁이라고 부를 수조차 없는 캠페인으로까지 전락했다. 이러한 정치적인 면에서의 빈곤이라는 사태를 우리는 어떤 식으로 떨쳐 일어서야 하는가. 이제는 너무 늦어 버렸을지도 모른다는 생각조차 든다. 그러나 잿더미 속에서 다시 한번 불타오르는 불사조의 선례를 따라할 수만 있다면 이러한 잿더미 속에서야말로 무엇인가 찾을 수 있지 않을까 하는 것도 살펴볼 필요가 있다.

눈이 번쩍할 정도의 해결책은 어디에도 없다. 집합적인 기억이라는 불확실한 것을 둘러싸고 일어나는 항쟁의 특질과 현 단계에서의 실상을 응시하면서 운동을 구책해 가는 것 이외에는 길이 없을 것이다. 운동은 어떤 국면에서 대담하게 변하는 경우도 있다. 그것을 한국 민주화 투쟁은 보여줘 왔다. 예를 들어 제주도의 4.3사건도 오랫동안 침묵 속에서 그렇게나 당해 왔음에도 정치적 국면이 전개되는 상황 속에서 침묵 속에서 피해자들의 모습이 부각됐고 공식적인 조사가 이루어져 제주도에 기념비가 만들어지게까지 됐다. 물론 그것은 필설로 다 풀어 놓을 수 없는 경험을 한 관계자에게는 충분하다고는 할 수 없을지는 모른다. 그렇더라도 국면의 전개라는 것은 일어날 수 있다. 그러한 전개를 어째서 일본의 '위안부'를 둘러싼 상황 속에서는 만들어 낼 수 없었던 것일까.

여러 번 참조해 온 와다의 『위안부 문제의 해결을 위해서』에서, 가장 인상적인 한 구절을 빌려서 글을 끝맺고자 한다. 와다는 '지금'을 규정해서 말했다. "현재 한일관계의 위기는 구조적인 위기가 아니라 정치적인 위기이다. 현명한 결단과 적절한 노력이 있다면 위안부 문제 해결로 나아갈 수 있으며, 한일관계는 엄동설한을 벗어날 수 있을 것이다."(32쪽)

유은경 옮김

전후사 속의 '화해'

― 끝나지 않은 식민지지배 청산

우쓰미 아이코內海愛子

머리말

'화해', 이렇게 기분 좋은 울림을 주는 단어가 실제로는 복잡한 실체를 내포하고 있다. 재판에서의 화해가 있고 역사에서의 화해도 있다. 진심으로 납득한 화해, 편의로 이룬 화해, 허위의 화해 등 그 실체는 다양하다.

최근에도 집단 따돌림 때문에 자살한 중학생의 부모와 시市 당국 사이에 '획기적인 화해'가 성립됐다고 보도된 바 있다. 피해자 측과 시 당국 사이에 긴 논의 끝에 이루어진 화해였다(『아사히신문』2015.3.16).

꼬여버린 중국과의 역사청산 과정에서도 2009년에는 피해자와 전쟁 중에 그들을 고용했던 기업과의 사이에서 화해가 성립되었다. 히로시마廣島 현 야스노安野 발전소 건설현장에 연행된 중국인과 니시마쓰구미西松組*와의 화해였다. 전쟁 이후 니시마쓰구미가 외무성에 제출한 보고서에 따르면, 건설현장에 360명(1944.8.5.)이 연행돼 그 중 29명이 사망했다. 1998년 1월, 일상적으로 폭행이 가해졌던 현장에서 살아남은 피해자 5명이 니시마쓰 건설에 사죄와 보상을 요구하며 히로시마廣島 지방법원에 소송을 제기했다. 히로시마 지방법원은 니시마쓰구미가 불법적인 행위를 하고, 노동자들의 안전을 배려해야 한다는 의무를 위반했다는 점은 인정했지만 소송 자체는 기각했다. '시효'가 지났다는 게 이유였다. 피해자들이 항소하자 히로시마 고등법원은 이들에게 화해를 권고했으나 결국 화해 협의는 결렬됐다. 2004년 7월, 히로시마 고등법원은 니시마쓰 건설에 배상하라는 판결을 내렸다. 상황이 역전되어 원고가 승소한 것이다. 니시마쓰 측은 다시 상고하고 2007년 4월에 대법원의 판결이 내려졌다. 결과는 원고의 패소였다. "중·일 공동성명은 샌프란시스코 평화조약의 틀 안에 있으므로 중국인 개인이 **재판**에서 손해배상을 요구할 수 없다"(강조는 인용자)는 판결이었다.

"[중·일 공동성명에서 말하는] 청구권 '포기'라는 것은 청구권의 본질을 소멸시킨다는 것까지는 의미하지 않으며 해당 청구권에 근거해서 재판에서 소송 청구할 수 있는 기능을 상실시켰다고 해석하는 것이 적당할 것이다."

---

* 니시마쓰 건설의 전신

돌려 표현해서 이해하기 어렵겠지만 피해자들의 청구권은 그 본질은 남아 있으나 그것으로 법원에 소송을 제기해도 구제되지 못 한다는 뜻이다.

그러면 피해자를 구제할 수 있는 정책은 무엇인가? 대법원은 부연해서 "본 건의 피해자들은 정신적·육체적으로 극심한 고통을 받았으나 상고[니시마쓰]는 앞에서도 말한 근무조건으로 중국인 노동자들에게 강제노동을 시키면서 그에 상응하는 이득을 취한 데다가 앞에서 언급한 보상금을 수령하는 등의 제반 사정에 비추어 볼 때, 피해자 구제에 노력할 것을 기대한다"면서 니시마쓰 측에 피해자 구제를 위해 노력할 것을 촉구했다.

중국 외교부는 이 판결에 "대법원이 중·일 공동성명에 대해 해석한 내용은 위법적인 것으로, '무효'다"라는 성명을 내고 '공동성명'이 1952년 4월 28일 발효된 샌프란시스코 평화 조약(이하 샌 조약)의 합의의 내용 안에 있다는 해석에 이의를 제기하였다.

그 후에도 피해 관계자의 끈질긴 교섭은 계속되어 2009년 10월 23일 중국인 피해자와 니시마쓰 건설 사이에 화해가 성립되었다.

"니시마쓰 건설은 강제연행 사실을 인정하고 사죄한다"는 문구로 시작하는 화해조항에서는 다음의 세 가지를 확인했다.

* 역사적 사실과 역사적 책임을 인정하고 사죄할 것.
* 그 사실에 대한 화해금을 지급할 것.
* 후세 교육을 위해서 기념비를 세우고 피해자를 초청하여 추모 모임

을 개최할 것.

더할 수 없이 괴로웠던 과거의 기억을 봉인해 왔던 피해자, 그 중에는 이야기를 통해서 간신히 '과거'와 마주할 수 있게 된 사람도 있었다. 피해자에게 '변화'가 생기고 가해기업이 역사적 사실을 인정하고 그것을 피해자가 받아들이면서 '화해'가 성립됐다.[1]

이 '화해'는 피해자가 가해자인 일본 측에 무엇을 바라는지 가르쳐 주고 있다. 역사적 사실과 역사적 책임을 인정하고 사죄하는 것, 그 사죄의 증거로 배상금을 지불하는 것, 그리고 역사적 사실을 다음 세대에게 전하는 노력을 피해자와 가해자가 함께 짊어지고 미래를 향해 노력을 공유하는 것이다.

2009년이 되어서야 이루어진 니시마쓰 건설과 피해자의 '화해'처럼 중국과 한국에서는 일본정부와 일본기업에게 사죄와 보상을 요구하는 피해자들 호소가 전쟁이 끝나고 70년이 지난 지금도 계속되고 있다. 그러나 일본 측은 샌 조약과 '중·일 공동성명'등 2개국 사이에 맺은 조약을 근거로 전쟁 중에 일어난 문제는 '해결되었다'라고 주장해 왔다.

1951년 9월, 강화회의 자리에서 요시다 시게루 전권의원*은 "평화조약은 복수하기 위한 조약이 아니라 '화해'와 '신뢰'의 문서입니다. 일본 전권은 이 공평·관대한 평화조약을 흔쾌히 수락합니다"라고 조

---

* 한 나라의 정부를 대표해서 외교를 펼치고 조약에 서명·조인하는 권한이 부여된 자

약수락 연설을 하였다. 하지만 이 회의에는 중화민국, 중화인민공화국, 대한민국, 조선민주주의인민공화국 중 어느 나라도 초청되지 않았고 조약에 서명도 하지 못했다. 샌 조약에서 '화해'한 나라와 '화해'에서 배제된 나라 – 전후 일본의 화해는 이러한 이중의 기준을 기반으로 이루어져 왔다.

'화해와 신뢰'의 조약에서 배제된 이들 나라들과 일본은 어떠한 식민지지배 관계에 있었고 어떻게 침략을 청산해 왔으며 어떻게 전후를 처리해 왔을까?

1. '화해와 신뢰의 강화'

1951년 9월, 샌프란시스코에서 대일 강화회의가 열렸다.

회의석상에서 실질적인 초안을 마련한 미국의 존 포스트 덜레스(J.F.Duiles) 국무부 고문은, 조약은 '화해와 신뢰의 강화講和'라고 연설했다. 강화회의에는 50개국이 초청됐지만 인도는 참석을 거부했다. 조약에 "대만의 중국반환 실현, 미군부대의 일본주둔에 관한 조항을 조약에서 배제할 것, 류큐琉球와 오가사와라小笠原 제도를 일본에 반환할 것"을 포함시키라고 권고했으나 "무엇 하나 수용되지 않았"기 때문이다. 인도가 참가하지 않는다는 사실에 미얀마도 불참가의 뜻을 밝혔다[무라카와, 1991년, 89쪽].

조약에는 일본과 연합국 48개국이 서명했다. '포츠담선언'의 수락을 미·영·중·소에 통고(1945.8.14)한 지 6년 남짓으로 일본은 겨우 전쟁상태가 종결되고 주권을 회복했다. 서명국에는 미국, 영국, 네덜란드를 비롯해 이라크, 이집트, 벨기에, 그리스, 시리아, 페루, 노르웨이, 사우디아라비아 등 중동과 유럽, 남미의 국가들도 포함되어 있다. 이들 국가는 1942년 1월 1일, 워싱턴에 '연합군공동선언' 서명에 참가한 국가들이다. 미·영에 선전포고(1941.12.8)한 일본에게 이 '공동선언'에 서명한 국가들이 선전포고를 한 것이다.[2]

여기에 더해서 인도네시아, 필리핀, 스리랑카(실론), 베트남, 라오스, 캄보디아 등 일본과 전쟁했던 국가의 영역 일부이기도 하고 일본이 점령했던 지역의 국가들(제25조약 '연합국의 정의')도 회의에 참가했다. 유럽·미국의 제국 식민지로부터 독립한 나라이다.

하지만 일본의 침략을 받고 식민지지배를 받았던 중국이 참가하지 않았고 한국도 초청받지 않았다. 이로써 두 나라 다 전후 처리나 식민지청산이 독립 이후로 미뤄지게 됐다.

'전후 처리' 문제는 원래 강화조약에서 결론을 맺었어야 한다. 하지만 일본에 대한 점령·관리정책에 지배적인 영향력을 미쳤던 미국은 '일본의 강화문제에서도 주도권을 잡는 데에 집착'했다. 강화는 "'냉전' 전략의 문맥 속에 위치해 있었으므로", '전후 처리'의 문제라는 측면은 그 성격을 잃게 됐다.[3] 그 하나가 중국의 참가 문제였다.

중화민국은 '연합국 공동선언'을 한 서명국이자 '카이로 선언', '포츠담선언'의 서명국이기도 하다. 하지만 영국과 미국 사이에서 2개의 정부(중화민국, 중화인민공화국) 중 어디가 정당성을 가지는지 의견이 달랐기 때문에 강화회의에는 초청되지 못했다. 또한 한국, 북한도 참가를 거부당했다. 이 두 국가는 연합국의 식민지로부터 분리된 독립국이 아니므로 '서명하지 않는 것은 당연하다'는 해석도 있었지만 한국의 참가요구에 강경하게 반대한 것은 일본이었다.[4] 또한 영국도 한국의 참가에 반대했다.

샌 조약에서는 어떠한 '화해'가 성립되었을까?

조약의 실제 작성자인 덜레스는 강화의 성격을 다음과 같이 이야기했다.

"일본과의 강화는 일본의 영토를 본토에 종속된 섬들로 삭감하는 것을 확인하는 동시에 일본이 자유세계의 주권을 가진 일원이 될 것을 고려한 것이다. 일본은 즉시 공격적 위협이 될 수 있는 군비軍備를 두지 않을 것이며 그 힘에 맞춰 집단안전보장에 기여하게 될 것이다. 또한 경제적 관점에서도 미국 점령 중에 주어진 것과 같은 원조 없이 일본은 자립할 수 있다"(1951년 3월 31일 로스앤젤레스 휘티어대학교에서의 연설[국제법학회, 1952년, 하단 39쪽]).

제1차 세계대전 이후 독일에 대해 베르사유 강화조약을 체결했으나 그것이 나치 독일의 대두를 가져왔다는 교훈 속에서 "강화조약은 화해, 평화, 우호를 체현하는 것이어야 하며 엄격한 조건을 강제해서는 안 된다"는 것을 배웠다고 덜레스는 말했다.[5] 요시다는 이러한 덜레스를 신뢰하고 "의지했다"('요시다·덜레스 회담' 청자 스펜서 데이비스[무라카와, 1991년, 122쪽]).

덜레스가 '화해, 평화, 우호'로 조약을 평가한 것은 결코 자화자찬
은 아니었다. 요코타 기사부로橫田喜三郞는 "제2차 세계대전의 다른 강
화조약과 비교해 보면 일본의 강화조약은 여러 가지 중요한 특색을
지니는데 그것을 관통하는 정신이라고 할 만한 것을 말하자면 역시
'화해와 신뢰'이다"라고 평가했다(요코타 기사부로, 「평화조약의 특색」[국제
법학회, 1952년, 상단 40쪽]).

1) '화해'와 전쟁책임

요코타는 그 내용으로 다음의 3가지를 들었다.

첫째는 전쟁책임 문제이다. 조약에는 "아무런 언급도 없었다. 일본
이 전쟁을 일으켰으므로 그것에 대한 책임을 지지 않으면 안 된다는
언급은 전혀 없었다." 독일과 이탈리아 등 다른 국가의 강화조약에는
항상 전쟁의 책임이 명백히 언급되어 있으며 무조건 항복한 경우에
는 그 사실도 명백히 제시했다. 하지만 샌 조약에는 전쟁책임도 무조
건 항복도 전혀 기술되지 않았다. 요코타는 이에 대해 "강화가 화해
의 정신을 기본으로 하고 있기 때문"이라고 설명했다(「평화조약의 특색」
[국제법학회, 1952년, 상단 41 - 42쪽]).

영국과 캐나다 등은 "어떤 식의 전쟁범죄 조항"을 삽입해야 한다고
권고했으나 미국이 이에 반대했다[다우어 외, 2014년, 47쪽].

일본은 조약교섭 과정에서 새로운 전범 소추를 중단할 것을 요청
했고 미국도 이것을 인정했지만 미군 관리 하에 있는 스가모교도소

등에 구류되어 있는 전범의 일괄 석방에는 반대했다. 샌 조약에는 '전쟁범죄' 항목이 포함되어 있는데(제11조) 일본은 전쟁재판 판결을 "수락하고 일본국에 구금된 일본국민에게 이들 법정이 부과한 형을 집행"하게 됐다. 새로운 전쟁 범죄자를 소추하지는 않았지만 이미 형이 확정된 범죄의 형 집행은 일본정부가 이어받았다[우쓰미, 1999년].[6]

연합국의 전쟁재판에는 극동국제군사재판(이른바 도쿄재판)과 점령한 특정 지역에서 '통례적인 전쟁범죄'를 저지른 자에 대한 재판(BC급 전범재판)이 있다. 도쿄재판의 피고 28명은 '평화에 대한 죄', '살인'(포로·일반인의 살해 등), '통례의통례의 전쟁범죄 또는 인도人道에 관한 죄'로 55개 항목에 걸쳐 기소되었다. 그 안에는 '연합국'과 식민지에 대한 일본의 침략 전쟁의 '계획준비', '전쟁의 개시·수행'이 포함돼 있었다. 중화민국의 검찰관은 중국 대륙에서 일본군이 일으킨 살인·약탈·강간 등은 소송할 것으로 내세웠으나 대만의 식민지지배에 대해서는 소송하지 않았다. 조선의 식민지지배에 대해서는 어떤 나라의 검찰관도 언급하지 않았다. 일본의 식민지지배는 심리에서 제외돼 있었다.

BC급 전범재판은 영·미·네덜란드·중국·오스트레일리아·프랑스·필리핀 등이 '자국민'에게 일본이 행한 전쟁범죄 - 포로학대, 주민학살, 세균전, 헌병의 주민학대, 전시 성폭력, 민간인 구류 등 - 에 대해 재판을 벌였다. 이 재판에서는 과거 적국이었던 일본에게 고용됐던 조선인, 대만인이 '일본국민'으로 재판받는 쪽에 서게 됐다.

앞에서 말한 것처럼 일본은 이러한 연합국의 재판 판결을 수락하고 구류되어 있던 '일본인' 전범의 형 집행을 인계받았다. 조선인은 샌 조약이 발효되면서 일본국적을 상실한 것으로 간주되었다. 그러나 구류 중의 국적 이동은 형 집행과는 관계 없이 '죄'를 저질렀을 때 일본국민이었다면 '일본인'으로 형을 집행하도록, 재판국 측은 일본 정부에 그 뜻을 전했다. 일본은 조선의 독립을 승인하고 조선에 대한 모든 권리와 권원, 그리고 청구권을 포기했다(제2조). 하지만 조선인·대만인 전범들은 일본이 관리하는 스가모 형무소 안에서 식민지 시절의 '일본인'으로 살아갔다. 그 불합리한 처우에 조선인 전범들의 '분노'는 여전히 가라앉지 않았다.[7]

2)「화해」— 감춰진 국가전략

요코타 기사부로는 샌 조약이 '화해'의 조약인 두 번째 이유로 '군 정비의 자유'를 들었다.

패전 직후에는 일본이 군대를 정비하는 것을 절대 금지시켜야 한다는 것이 주요 연합국의 주장이었다. 필리핀과 호주 등도 제한을 더 해야 한다고 주장했다. 그럼에도 불구하고 조약에서 '군 정비의 자유'가 인정된 것은 "결국 화해를 위한 것이며 신뢰가 바탕이 된 것으로 여겨진다"라고 요코타는 말했다. 하지만 '군 정비의 자유'를 인정한 샌 조약을 조인한 몇 시간 후에 '미·일안전보장조약'(이하 안보조약)이 조인되었다. 니시무라 구마오西村熊雄 조약국장은 이 두 조약이 "교섭과정에서 서로 떼어 놓을 수 없는 관계이며 한쪽의 조약이 성립

되지 않는 한 다른 쪽의 조약도 성립될 수 없는 밀접한 관계에 있었
다"고 했다(요코타 기사부로, 「평화조약의 특색색」[국제법학회, 1952년, 상단45쪽],
[니시무라, 1999년, 148쪽].

중화인민공화국이 수립된 1949년을 경계로 전후 처리와 방위 문제
가 밀접하게 연결돼 인식되면서 두 조약이 하나로 인식되기 시작했
다. 밀접하다기보다 안보조약이 먼저 있었기 때문에 강화조약이 체
결됐다고 하더라도 이상하지 않을 정도였다.

'화해'를 전면에 내세운 평화조약은 일본의 군 재정비와 미군의 무
기한 주둔을 의무화한 안보조약과 일체화한 것이며 안보조약은 "대
등한 국가 간에 체결된 조약이 아니었을" 뿐만 아니라 "전후 워싱턴
이 교섭한 가장 불평등한 조약"으로 평가되고 있다[Dower 외, 2014년, 14
쪽].

안보조약이야말로 '강화'에 숨겨진 미국의 '본심'이며 의지였다. 이
조약에는 요시다 총리가 혼자 서명했는데 그 이유에 대해서 "책임소
재를 명확히 한다는 의미로 나만 서명"하고 "역사에 대해 언제까지나
책임을 질 생각"이라고 했다[외무성전후외교사연구회, 1982년, 31쪽].

안보조약이 발효된 1952년 4월 28일 본 조약 제3조에 의거하여 행
정협정 = '미·일행정협정'도 발효되었다. 이 협정에는 미국이 바라
던 것이 포함되었다. 덜레스가 일본에 요구한 '근본문제'는 일본에
미국이 원하는 만큼의 군대를, 원하는 장소에, 원하는 기간만큼 주둔
할 수 있는 권리를 획득할 수 있는 가였다. 일본은 미국이 육군과 공
군, 해군을 일본 국내와 그 부근에 배치할 수 있는 권리를 인정했으

나 이것은 '전승국이 패전국에 강요한 결정'이었다. 개번 매코맥Gavan McCormack은 "일본이 독립국이라는 것은 이름뿐이며 실질적으로는 독자적인 외교도 방위도 허용되지 않았고 경제와 사회정책 결정의 권한도 제한된 '신탁통치'령이었다"고 했다. 무엇보다도 오키나와는 '태평양의 요석'으로 여전히 미국이 군사적으로 점령하고 있다고 지적하였다.

1952년 4월 28일 샌 조약의 '화해'와 오키나와의 군사기지가 일체화한 '샌프란시스코 강화체제'는 이렇게 시작되었다.

3) 「화해」와 불만·증오

요코타는 배상의 책임이 가볍다는 점을 세 번째의 특징으로 들었다. 일본의 배상은 다른 나라가 강화를 통해서 졌던 배상과 비교하면 큰 차이가 있다. 그때까지의 조약은 패전국의 군사행동과 점령으로 생긴 손해 모두를 배상하도록 했다. 하지만 샌 조약에서는 '역무배상'*의 원칙만 결정했을 뿐, 지불 금액과 기한 등 모든 것을 청구하는 국가와 일본과의 개별 교섭에 맡겼다.

이러한 배상은 '현재의 영역이 일본군에게 점령돼 일본으로부터 손해를 입은 나라'가 청구할 수 있도록 한정됐다. 그 결과 이 조약으로 배상을 청구한 국가는 필리핀과 베트남(남 베트남 정부)뿐이며 미얀

---

* 역무, 노역으로 손해배상을 하는 것

마, 인도네시아는 일본과 개별 교섭을 하여 평화조약과 배상협정을 맺게 됐고 캄보디아, 라오스, 회의에 참가하지 않았던 인도는 배상청구권을 포기하였다.

점령의 초기에는 일본에게 무거운 배상을 지울 계획이었다. 이것이 실시됐다면 일본의 생산력은 1920년대 중후반으로 되돌아갔을 것이라고 할 정도로 가혹한 계획이었다. 하지만 1950년 6월에 한반도에서 한국전쟁이 발발하자 미국에게 일본의 전략적 위치는 크게 변했다. 군사력의 공백지역이 된 일본의 군 재정비와 경제부흥이 급박하게 요구된 것이다. 경찰 예비대가 발촉했고 일본군 추방 조치가 해제됐다. 연합군이 38도 선을 넘어 평양을 점령한 직후인 1950년 11월 24일 미국 국무성이 연합국에게 '대일 강화 7원칙'을 제안하였다. '원칙' 안에는 모든 교전국에게 배상 청구권을 포기하도록 요구하는 항목도 있었다. 그 안에 일본의 경제부흥에 중점을 둔 안이 만들어졌다.

1. 일본의 현실적인 지급 능력을 고려해서 배상금을 결정한다.
2. 평화조약에서는 배상 해결방식의 원칙만을 남긴다. 구체적인 내용은 배상을 요구하는 각국(전승국)과 일본과 사이에서 별도로 외교교섭을 하고 협정을 해서 결정한다.
3. 현금이 아니라 역무와 생산물로 지급한다. 기계나 발전소 등 상대국의 요청을 바탕으로 생산물을 전달하고 설치나 공사는 일본인 기술자가 이행한다.

이것은 일본에게는 '상당히 유리한 형태'의 배상안이었다. 이러한 배상 조항에 강력히 저항한 것은 일본에게 점령됐던 아시아 국가들과 연합군 포로와 민간 억류자들이었다.

필리핀에서는 엘피디오 키리노 대통령이 일본이 입힌 손해의 합계 80억 7,962만 4,000천 달러 중에 일부라도 지불하는 것이 "절대로 필요하다"고 주장하였다. 이러한 거센 요구에 미국은 배상조건을 수정하였다.

"일본은 모든 배상을 면제 받는 것이 아니라 일본 침략으로 인한 희생자에게 역무를 제공하므로써 전쟁으로 입은 피해를 벌충한다"(제14조)라는 조문이 삽입되었다. 현금이 아니라 생산물과 역물이라는 형태의 지불이지만 배상 지불의 의무가 조약에 삽입된 것이다.

하지만 이 지불 방법에는 필리핀뿐만 아니라 일본군의 침략을 받은 동남아시아의 국가들이 강한 불만을 보였다. 이 국가들은 금전 배상에만 집착했다. 미얀마가 회의에 불참한 것은 이러한 배상 형태에 실망했기 때문이다. 필리핀, 인도네시아는 회의에 출석하였지만 서명을 거부할 수도 있기 때문에 미국은 일본 대표가 회의장 안팎에서 '최선을 다해 배상을 하겠다는 의지'를 보이도록 힘썼다.

회의에서 필리핀 대표 카를로스 P 로물로Carlos P. Romulo 전권대사는 일본의 1950년 한 명당 국민소득이 피해를 입은 아시아의 그 어떤 국가보다 높으며 1948년에는 전쟁 전의 공업 수준에 도달했다며 배상을 '역무' 방식으로 제한하는 것은 배상을 요구하는 국가를 일본의 공업기계에 원료를 공급하는 종속적인 위치에 놓는 셈이 된다고 지정했다[8][외무성, 1951년, 224 - 245쪽].

인도네시아 대표 아흐마드 스바르조Achmad Soebardjo는 연설 중에 일본군정하에 400만의 인명손실과 수십억 달러의 물질적 피해가 있었다고 말했다. 아시아 대표들은 일본의 점령하에서 입은 피해에 대해서 언급하면서 일본에게 배상의 이행을 강력히 요구한 다음 서명하였다. 하지만 국내 여론이 좋지 않았던 필리핀에서는 비준이 많이 늦어졌고 인도네시아에서는 비준이 되지 않았다[외무성, 1951년, 228 - 234쪽].

또 한 곳 강경한 반대 입장을 고수한 것이 연합국 포로 문제를 가지고 있던 호주였다.

대일 평화조약의 초안에 동의를 얻기 위해 1951년 2월 덜레스는 호주의 캔버라를 방문했다. 그곳에서 덜레스가 목격한 것은 연합군 포로들이 일본에 품은 강한 원한과 공포심 그리고 미움이었다. 개인 배상 없이 강화를 맺는다는 것은 '있을 수 없는 일'이었다. 호주는 일본 **국내**의 산업시설, 생산물로 배상을 대신하는 것은 바라지 않는다고 이미 결정했으며 중립국에 있는 일본의 재산과 금을 연합국 포로들에게 배분하도록 강력히 요구하였다. 교섭 끝에 비축된 금을 보상에 쓰지는 않았지만 재외 재산을 개인배상에 지불하도록 결정했다. 호주 정부는 일본 자산을 호주인 포로들에게 우선적으로 배당하라는 요구도 하였다. '화해'를 거절하는 포로들을 납득시키려면 최소한의 개인배상이 필요했다(기쿠치 쓰토무菊池努, 「오스트레일리아의 대일강화외교オーストラリアの對日講和外交」[와타나베 외, 1986년, 212 - 220쪽], [우쓰미, 2005년,

601-612쪽].

샌 조약과 2개국 간 배상협정으로 국제법상의 전후 처리는 해결되었다. 순배상액은 3,643억 4,880만 엔으로 1976년에 지급이 완료되었다. 지급은 현금이 아닌 현물인 '역무배상'이었으며 지급 시기가 일본의 고도성장기와 맞물려 국민이 배상의 부담을 지지 않아도 됐다. 배상 문제와 오랜 기간 관련돼 왔던 나카가와 도루中川融 전 유엔대사는 샌 조약에 의한 배상은 "결과적으로는 우리나라의 무역 확대에도 도움이 되었다"고 말했다[외무성전후외교사연구회, 1982년, 46쪽].

요코타는 샌 조약을 관통하는 정신은 '화해'라고 평가했으나 문제도 물론 남아 있다며 다음의 세 가지를 들었다. 첫 번째로 평화조약인 이상 절대적인 평등이라는 것은 처음부터 존재하지 않는다. 전승국이 유리한 입장에, 패전국이 불리한 입장에 서게 되고 그 사이에 몇 가지의 불평등이 생기는 것은 '당연하고 필연적인 일'이다. '화해와 신뢰의 강화'라 하더라도 모든 것이 '비교의 문제'이며 '비율의 문제'이다.

두 번째로 태평양전쟁은 만주사변에서부터 연속된 전쟁이며 이 전쟁의 근본적 성격은 '일본의 침략전쟁'이라는 것이다. 이것은 '확립된 사실'이다. '침략전쟁은 국제범죄'이며 '징벌을 받는 것은 당연'하지만 그런 만큼 강화가 비교적으로 관대한 것이라면 '화해와 신뢰의 강화라고 하지 않으면 안 된다'.

세 번째로 전쟁 종료 상태를 고려할 필요가 있다. 일본은 무조건 항복한 것이며 연합국이 어떠한 가혹한 요구를 하더라도 그대로 수락해야만 하지만 그것이 비교적 관대한 것이라면 '그것이야말로 화해와 신뢰에 근거한 것'이기 때문이며 이러한 점을 고려하여 '조약'을 '공평히 평가하지 않으면 안 된다'.

이러한 '강화'가 실현된 것은, 첫째로 강화가 지연되었다는 '시기'의 문제가 있었다. 불법적인 전쟁에 분노하고 포학한 행위에 고통스러워하며 그 책임자에게 적의와 복수심을 품어도 전쟁이 끝나고 6년 정도 지나면 그러한 감정도 엷어지기 나름이므로. 두 번째로 '두 세계의 대립'이 일본에 '유리'하게 작용했다는 점이다. 소련은 "더욱 혹독한 복수는 아닐지라도 징벌적인 처리"로 하자고 했지만 주장은 받아들여지지 않았고 결국 소련은 서명하지 않았다. 이처럼 "세계가 두 개로 나눠 이른바 차가운 전쟁을 벌이고 있었기 때문에 일본의 강화가 화해와 신뢰의 강화가 되었다"고 지적했다(요코타 기사부로, 「평화조약의 특색」[국제법학회, 1952년, 상단 60 - 63쪽]).

점령 기간이 길었던 점, 동서냉전 속에서 일본을 '자유진영'에 묶어둬야 했기 때문에 '화해와 신뢰'의 대일강화가 가능했던 것이다.

처음에 미국 등 연합국은 "일본은 침략전쟁을 일으켰고 그 결과로써 국토의 황폐는 자업자득에 지나지 않으며 전쟁 직후의 산업수준을 감안하면서 배상은 엄격하게 치르게 해야 한다"고 생각했으나 냉전이 진전되면서 이 '엄격한 시선'은 차츰 변한 것이다[외무성전후외교사연구회, 1982년, 22쪽]. 이웃나라에서 전개된 치열한 전쟁이 일본에게 '유리한 조건'의 강화를 안겨줬다. 하지만 이러한 조약 체결은 중국과 한국 등과의 '전면적인 화해를 배제한다는 것을 시인하게 해 버렸을 뿐만 아니라 제국주의와 전쟁이 새겨 놓은 가장 깊은 상처를 치료하는 일 없이 그대로 방치'하게 됐다[9][Dower 외, 2014년, 47쪽].

2. 중국 — 도착하지 않은 초대장

1951년 7월 21일, 미·영 양국은 각국에 평화조약 조인식에 출석을 요청하는 초대장을 발송하였다. 하지만 중화민국에도 중화인민공화국에도 초청장은 도착하지 않았다. 중국과는 샌 조약과 '실질적으로 동일한 조약'을 맺을 것으로 여겨졌으나 그 조치는 일본의 선택에 맡겨졌다. 덜레스는 강회회의에서 중국도 수십억 달러에 달하는 청구권을 요구할 수 있다고 연설하고 일본에게 중화민국과 2개국 간의 조약을 체결하도록 촉구했다.

일본은 샌 조약 조인 직후부터 중화민국과 조약체결에 위해서 움직이고 있었다. 장제스蔣介石 정권이 국공내전으로 중국대륙에서 쫓겨나 대만으로 피한 약점을 교묘하게 교섭에서 이용해 중화민국측에게 배상 포기를 종용했다. 중화민국은 중간 배상으로 이미 2,000만 달러 분의 일본의 군수시설을 받았는데 남은 배상을 포기하고 '일본국과 중화민국 간의 평화조약'(화·일 평화조약)에 조인하였다. 조인은 대일 평화조약이 발효되기 7시간 전인 1952년 4월 28일 장제스가 "다수 국가 간 조약이 효력을 가지기 전에 조인하지 않으면 안 된다"

고 '요청'해 와 가까스로 그것을 지킨 형태로 맺어졌다[10](이시이 아키라 石井明, 「중국과 대일강화中國と對日講和」[와타나베 외, 1986년, 312쪽]).

조약에서 청구권 문제는 '특별 합의의 주제로 삼기'로 했으나 그 합의가 이루어지기 전에 일본이 중화인민공화국과 '중·일 공동성명'(1972년 9월 29일 조인)을 발표했기 때문에 화·일 평화조약은 '종료' 되고 말았다. '화해'의 조약에서 배제된 중화민국은 2개국 간의 조약에서 배상을 포기했으나 그 조약도 '종료'돼 버려 청구권 문제는 공중에 떠 버린 채 흐지부지 됐다.

한편, 중화인민공화국과의 국교회복은 1972년까지 진전되지 못했다. 9월 29일 베이징에서 내각총리대신 다나카 가쿠에이田中角榮와 국무원 총리 저우언라이周恩來 사이에 '공동성명'이 발표되었다. 그 제5항에 "중화인민공화국 정부는 중·일 양국 국민의 우호를 위해서 일본국에 대한 전쟁배상 청구를 포기할 것을 선언한다"고 했다.

이 청구권 포기에 개인의 배상도 포함된 것일까? 앞에서 본 니시마쓰 건설의 대법원 판결에서는 재판으로 청구할 수는 없으나 개인 청구권은 남아 있다. 즉, 국가 간 배상은 포기되었지만 그 속에 개인의 청구권은 포함되어 있지 않다는 판단임을 보여 준다.

1995년 6월 28일에 제소된 하나오카花岡광산 강제연행 사건(2000년 11월 29일 화해성립)에서 나나오七尾·중국인 강제연행손해배상 소송(2010년 7월 15일 상고 기각·수리되지 않음)까지 중국인 피해자들이 손해배상을 요구하며 일으킨 재판이 24건에 이르고 현재도 새로운 배상을 요구하는 피해자의 움직임이 있다. 그 사이에 현재까지 화해가 성립된 것은 하나오카와 니시마쓰 2건에 불과하다. 강제연행뿐만 아니라 충칭 대폭격, 731부대, 성폭력, 포로·주민학살, 화학무기 유기 등. 일본의 침략으로 발생한 중국인 피해자수는 방대하다. 도쿄재판에서 중화민국의 검찰관이 일본군의 전쟁범죄를 소추했으나 다뤄지지 않는 피해도 많다. 지금도 연구자와 시민뿐만 아니라 행정도 함께 피해의 실태조사, 자료 발굴이 계속 되고 있지만 그 전체상은 아직 알 수가 없다.

국가 간 배상은 포기되었지만 피해자와의 '화해'가 이루어진 것은 아니다. 일본정부와 가해기업이 역사적 사실을 인정하고 사죄와 보상을 요구하는 중국인 피해자의 호소는 지금도 계속되고 있다.

3. 한국 — 거부된 참가

일본의 패전 처리의 틀을 결정한 '포츠담선언'의 제8조에 '카이로 선언'의 조항을 이행한다는 문구가 있다. 이 '카이로 선언'(1943년 11월 27일 영·미·중이 서명)은 "조선 인민이 노예 상태에 놓여 있음을 유의하여 앞으로 한국을 자유 독립 국가로 할 것을 결의한다"고 명시했다. 일본이 포츠담선언을 수락함으로써 조선 지배는 종료됐고 조선은 독립을 약속 받았다. 그러나 일본에 선전포고한 소련군이 중국 동북부를 침공하고 북한에 진주하면서 미국은 1945년 8월, 조선에 주둔하

는 일본군의 항복 수리와 무장 해제를 38도선 이북은 소련군이, 이남
은 미군이 분담하는 구체적인 안을 작성하고 소련도 이에 동의했다.
미국과 소련이 한반도를 분할점령하고 통치하게 된 것이다.

8월 15일 조선에서는 조선건국준비위원회가 '조선민족해방'을 '선
언'하고 조선인은 새로운 국가 건설에 분주해졌다. 9월 6일에는 '조
선인민공화국'의 수립이 선언됐다.

일본군(아베 노부유키阿部信行 총독, 고즈키 요시오上月良夫 조선군 관구 사령
관, 야마구치 기사부로山口儀三郎 진해 경비 부사령관)은 9월 9일 '경성' 조선
총독부에서 미국 태평양 육군 부대(24군. 최고사령관 대리 존 하지John Reed
Hodge 중장)사이에 '항복 문서'를 조인했다. 일본군은 정식으로 무조건
항복했고 미군의 직접통치(군정)가 포고되었다. 일본 본토의 간접통
치와는 달리 남한은 미 군정하에 놓인다. 미 군정청은 조선인이 '조
선인민공화국'을 수립한 사실을 부정하고 맥아더 원수의 이름으로
「조선의 인민에게 고한다」(1945년 9월 7일자 포고문 영·일·한국어)를 공포
했다. 제1포고에는 "북위 38도 이남의 행정권은 맥아더 원수의 권력
군정하에 있다는 것"이 명기됐다. 9월 12일 하지 중장은 아치볼드 아
널드Archibald Vincent Arnold 소장을 조선 군정장관에 임명하고 그때까
지 조선총독부가 가지고 있던 모든 권력 권한을 부여했다.

군정 개시로부터 3년, 남한은 단독선거를 거쳐 1948년 8월 15일 대
한민국정부의 수립을 선언하였다. 이승만 대통령은 9월 30일 국회에
서 시정 방침을 연설했는데 그 안에 "연합국의 일원으로서 대일 강화
회의에 참가하겠다고 연합국에 요청"했다[오타, 2003년, 48쪽].

1951년 1월 26일에는 다음과 같은 「대일 강화에 대한 한국의 근본 방침」을 발표하였다.

　1. 피해국의 일원으로서 강화조약에 참가한다.
　2. 1904 - 1910년까지 한국정부가 강요받은 조약을 파기한다.
　3. 불합리한 배상을 요구할 의사는 없다.

이러한 자세를 바탕으로 "참가준비를 진행하겠다"고 표명하였다. 같은 해 4월 16일에는 '대일 강화회의 준비위원회'를 조직하고 미국 국무성에 "완전한 대일 교전국으로서 대일 강화조약 체결에 참가"를 강력히 요청하였다[오타, 2003년, 72 - 73쪽].

강화회의에 참가하려는 한국의 움직임에 요시다 총리는 강한 거부감을 드러냈다. "일본이 조선을 병합한 것은 일본과 당시의 조선정부 사이의 병합조약을 바탕으로 적법하게 이루어진 것이었다. 그러므로 이번 조선의 독립은 국제법상에서 말하는 분리에 해당한다. …… 조선의 독립은 일본이 패전한 결과로 발생한 것이지만 일본과 조선 사이에 전쟁 관계는 없었기 때문에 조선은 연합국의 지위를 가지지 못하며 또한 일본에게 전쟁 배상 요구를 하지 못하는 것이 당연한 이치"(1949년 3월)라고 일본은 인식하고 있었다(한일회담 일본 측 문서 1559, 「조선에 대한 책무 처리에 대해서」, 1쪽).[11]

1951년 4월 23일, 도쿄 긴자銀座 미쓰이三井 본관에서 열린 요시다·덜레스 회담에서도 한국의 서명 문제가 논의되었다. 일본은 한국의 참가, 서명에 반대하며 재고를 요청한다면서 다음과 같이 주장했다.

> 한국은 '해방민족'으로 일본 쪽에서 보면 평화조약에 의해 처음으로 독립국이 되었다. 일본과는 전쟁상태도, 교전상태도 없었다. 그러므로 연합국으로 인정할 수 없다. 한국이 서명국이 되면 재일조선인은 연합국 국민으로서 평화조약의 규정에 의거하여 재산의 회복·배상 등의 권리를 획득해 권리를 주장할 것이다. 현재 100만 명에 가까이 있으며 종전 당시에는 150만 명에 달한 조선인이 이러한 권리를 주장하면 일본은 견디기 힘든 부담을 지게 될 것이다. 게다가 대부분의 조선인이 공산주의 계열이라는 사실도 고려할 필요가 있다(외무성조약국법규과, 『평화조약의 체결에 관한 조서V』, 1968년, 93쪽).

덜레스 특사는 "한국정부는 UN총회의 결의에서 조선의 정통정부로서 인정받고 다수의 UN가맹국이 이것을 정식으로 승인했다. 〔중략〕 미국 입장에서는 한국정부의 지위가 높여졌으면 했다. 이 점은 일본정부도 같은 의견이었을 것으로 생각된다. 조약이 실시되면 재일한국인이 연합국 국민의 지위와 권리를 습득하고 이러한 것을 주장하기 시작하면 일본정부가 곤란한 위치에 놓일 것을 알고 있었다. 그래서 이러한 일본 측의 곤란함을 어떻게 회피할 것인가에 대해 연합국이 고려해 볼 테니 한국의 서명에 동의해 주기를 바란다"고 제의하였다. 요시다 총리는 강하게 거부했다.

"재일조선인은 매우 성가신 문제이다. 이들을 본국에 돌려 보내고 싶다는 뜻을 맥아더 장군에게 몇 번이나 밝혔다. 맥아더 원수는 지금 그들을 돌려보내면 한국정부가 이들의 목을 칠 테니 인도적 입장에서 지금은 그들을 돌려보낼 시기가 아니라는 의견이었다. 하지만 조선인은 돌아가지 않으면 곤란하다. 그들은 전쟁 중에는 노동자로서 끌려와 탄광에서 일했으나 종전 후에는 사회 혼란의 한 원인이 되어버렸다. 일본공산당은 그들을 수하로 사용하고 그들의 대부분은 빨갱이이다(『평화조약의 체결에 관한 조서V』94쪽)."

이와같이 덜레스의 요구를 거절하는 한편으로 평화조약으로 재일조선인이 연합국 국민이 되지 않은 것이 확실하다면 한국이 조약에 서명하는 것에 반대하는 것을 고집하지 않는다는 문서를 전했다. 요시다가 강하게 의식하고 있던 것이 재일조선인의 동향이었다(한일회담 일본 측 문서 1861 「대일평화조약의 조선관계」 32-35쪽).

식민지지배의 청산은커녕 일본은 연행된 조선인의 빠른 귀환보다는 '추방'을 생각하고 있었다. 재일조선인의 활동에 느낀 것이 한국이 연합국에 들어가는 것을 저지하는 형태로 움직인 것이다. 냉전은 국경 밖에서만이 아니라 국내에서도 이렇게 작용했다. 일본이 연합국에 보낸 '화해'와 '신뢰'의 '얼굴'은 한국에게는 '거절'과 '미움'을 가득 담은 '얼굴'로 바뀌어 초청을 강경하게 반대한 것이다.

1951년 5월 3일에 「대일 강화조약 영·미안」이 정리되었는데 영국이 한국의 평화조약 서명에 강력히 반대했다. '한국이 대일 강화조약에 서명하는 것을 용인하는 것은 일본의 식민지통치 합법성을 부정하는 셈이 된다. 그렇게 되면 유럽이나 미국의 식민지통치 자체를 부정하는 논의가 분출할 것"이라는 이유였다. 미국도 이러한 영국의 의견 동의하였다. 영국과 미국은 한국문제를 자국의 식민지문제 속에서 논의한 것이다. 식민지를 합법화하는 '제국'의 입장을 이들 3국이 공유하고 강화회의에 한국을 초청하지 않는다는 것에 영국과 미국 그리고 일본의 의견이 일치한 것이다.

1951년 7월 9일 덜레스는 양유찬 주미한국대사에게 "일본과 전쟁 상태에 있었고 1942년 1월 연합국군선언에 서명한 나라만이 강화조약에 서명"할 수 있다고 전하고 한국은 서명국이 될 수 없다고 통고하였다[12][오타, 2003년, 62쪽]. 1942년 1월 '연합국공동선언'을 근거로 한국은 참가를 거부당했다.

7월 19일 양유찬 대사는 덜레스에게 「대일 강화조약 수정 요약서」를 건네며 '연합국과 동등한 입장으로 대일 강화회의에 참가할 것'을 요구하면서 다음과 같이 말하였다.

한국은 교전국은 아니었다는 이유로 조약 교섭권 밖으로 밀려났다. 하지만 한국민은 세계대전을 통해 국부군(중화민국군)과 어깨를 나란히 하고 싸워 왔다. 파키스탄, 인도, 인도네시아와 그 밖의 다른 나라들은 그들의 모국이 교전국이었기 때문에 초청되었고 한국은 다른 특별한 이유로 초청을 거부당하고 교전국으로 인정받지 못했다. 하지만 우리는 대일 전쟁에서 최대한으로 협력하고 원조를 해 왔다.

한국은 배상을 요구하는 것이 아니다. 하지만 손해보상을 받을 자격이 있다고 생각한다. 40년간의 전압박기간全圧迫期間 내내 일본은 한국을 약탈

하고 일본의 전력 강화를 위해서라면 교량의 철골 레일마저 벗겨 갔다. 우리에게 일본과 단독으로 강화를 맺으라고 하지만, 한국이 재무장한 일본으로부터 잘못된 것을 바로 잡을 기회를 얻을 수 있을 것인가?

　일본은 한국의 어업수역을 일상적으로 침해하고 있다. 이것은 한국정부와 한국민의 최대 관심사이다. 이러한 문제는 우리가 조약교섭의 한편을 차지해야만 해결될 것이며 우리는 그 권리를 요구한다(한일회담 일본 측 문서 1861, 49 - 51쪽).

한국은 연합국과 함께 '싸워 왔다'는 것을 강조하며 인도네시아 등과 비교해서 '차별적'으로 취급되는 것에 저항하였다. 또한, 한국 측에서 평화선이라고 부르는 이승만 라인의 정통성을 주장했다.

　하지만 한국에 초청장은 도착하지 않았다. 회의참가를 인정받지 못한 한국에 덜레스는 "일본과 전쟁 상태에 있지 않았다"는 이유로 서명은 인정받지 않았지만 조선은 연합국에게 상황을 고려해 달라고 요구할 수 있는 '특별한 권리'를 가지고 있으며 "조선을 연합국의 하나로 대우하고 있다"며 한국에 대한 배려를 표시했다. 그리고 회의가 열린 오페라하우스에 주미한국대사의 방청석을 마련해 주었다.

　일본은, 평화조약에서는 조선에 대한 모든 권리권원 및 청구권을 포기할 것과 한국의 독립을 승인하는 문구를 삽입하고 일본에 대해 법적으로 독립국가가 되었다는 것을 규정해 놓고 6.25전쟁이 해결되고 한반도의 상태가 안정된 후에 평화조약의 여러 원칙에 의거하여 한·일 간의 관계를 해결하기 위해 별도의 협정을 체결하는 것이 가장 현실적이라고 주장했다.

일본이 한국과의 예비회담 자리에 앉은 것은 샌 조약이 된 1951년 10월 20일이었다. 하지만 교섭은 난항을 겪으며 몇 번이나 도중에 중단되면서 1965년 6월 22일 '일본국과 대한민국 사이의 기본관계에 관한 조약'이 조인되었다(같은 해 12월 18일 발효).

한·일교섭이 이처럼 장기화한 이유는 무엇일까? 일부 미공개 부분도 있지만 회담 의사록이 공개되기 시작한 지금 그 교섭과정이 차차 밝혀지고 있다. 거기에는 강화회의 참가문제에서 드러나는 일본 측의 강경한 자세가 여기저기에서 드러난다.

1952년 3월 12일 제5회 기본관계위원회에서 한국 측의 유진우 고려대학교 총장이 "한·일관계는 전쟁 상태에 있었던 것이 아니기 때문에 평화조약을 체결하는 것은 무리겠으나 기존의 한·일관계는 자유롭고 평등한 것이 아니어서 일방적으로 의사에 반하는 행위를 요구받는 일이 많았으므로 이번에는 그러한 문제를 해결했으면 한다"고 했다. 이에 대해 일본 측의 조사 주관자인 오노 가쓰미大野勝巳 외무성 참사관은 "그 마음을 이해 못하는 바는 아니지만 단지 이 우호조약이 체결되면 그 결과로써 개운치 않았던 두 나라 사이의 기존 감정도 단숨에 제거되지 않겠느냐"고 대답했다.

한국 측의 감정은 "개운치 않다"고 표현할 수 있는 단순한 것이 아니어서 오장이 뒤집힐 정도의 분노 속에서 이루어진 교섭이었을 것이다. 한국은 "1910년 이전에 맺은 조약은 의사에 반한 것이었으므로 거슬러 올라가 무효화 하지 않으면 안 된다. 하지만 이러한 법리론으

로 일관하기에는 실제로 복잡한 문제가 생길 수 있으므로 법리론적
은 차치하고 여하튼 무효화했으면 한다. 한국 측에서는 병합조약은
처음부터 무효였으며 일본이 포츠담선언을 수락해서 효력을 잃은 것
은 아니다"라고 했다. 하지만 교섭을 매듭짓기 위해 "한국 측의 주장
을 노골적으로 밝히는 것을 피하고 또한, 일본 측의 포츠담선언 수락
이후부터 효력을 잃었다는 설도 피하며 막연하지만 어쨌든 무효라는
사실을 확인하고자 한다"라고 대답했다.

오노는 "귀국의 국민 감정이 어찌 됐든 우리들 현대 일본인은 적
법한 병합이었다고 생각한다"고 대답했다(「한일회담 제5회 기본관계위원
회 의사록」 1952년 3월 12일, 『한일 국교정상화 문제 자료집 제1기 1』, 현대사료출판,
2010년, 330 – 332쪽).

한국 측은 '병합조약은 처음부터 무효였다'고 생각한다. 일본 측은
'적합한 병합'이라고 주장한다. 1910년의 병합조약이 합법인지 무효
인지 결론이 나지 않은 채 '막연하게 무효'로 남게 돼 조약에는 '이미
무효'라는 문구가 삽입되었다. '병합조약'이 '합법'인지 '무효'인지 지
금도 한·일 사이에 논쟁이 계속되고 있다.[13]

14년에 걸친 교섭 속에서 1953년 10월 15일 제3차 한·일회담 '제2
차 청구권분료위원회'에서 구보타 간이찌久保田貫一 수석대표의 발언
은 특히 한국 측을 자극했다. 구보타는 "한국이 배상을 요구하면 일
본은 지금까지 한국인에게 베푼 은혜, 즉 치산, 치수, 전기, 철도, 항
만시설까지 반환하도록 요구할 것이다. 일본은 매년 2천만 엔 이상
을 보조해 왔다. 일본이 진출하지 않았더라면 러시아나 중국에 점령

되어 현재의 북한처럼 더욱더 비참해졌을 것"이라고 지론을 펼쳐 회
담은 완전히 결렬됐고 5년간의 공백 기간에 들어갔다. 이 발언이 실
언이 아니라 일본 측이 계획적으로 의도한 것이라는 사실이 밝혀졌
다(한일회담 한국 측 문서 97「제3차 한일회담(1953.10.6 - 21) 청구권위원회회의록,
1 - 2차, 1953.10.9 - 10.15」, 26쪽).

1953년 6월 21일에 구보타 대표는 사적인 안으로 "몰락 직전의 이
〔이승만〕의 지주와도 같은 회담을 계속해야 할지 생각해 볼 만하다"라
고 '한·일회담무기휴회안'을 했다(한일회담 일본 측 문서 1915,「한일국교정
상화 교섭 기록총설3」(날짜 없음), 115쪽).

시모다 다케소下田武三 조약국장도 같은 23일 "한·일회담은 이번
기회에 일단 휴회하고 미래에 대비해 우리 쪽의 행동에 자유를 확보
해야 할 때가 왔다고 생각된다"면서 구보타의 안에 찬성하였다(한일회
담 일본 측 문서 1054,「무기휴회안에 찬성하는 이유」, 25쪽).

회담을 결렬시킨 구보타는 10월 26일에 이승만 체제의 타도를 공
언하였다.

"조선인은 제2차 세계대전의 총아로 일본에 대해 마치 전승국으로
사죄를 요구해야 한다는 듯한 착각을 여전히 가지고 있다. 그들이 이
렇게 우쭐해하며 구름 위에 있으면서 국제사회의 통념과 외교회의의
상식이 적용되는 수준까지 내려오지 않으면 진정한 한·일 문제의 해
결은 불가능하다. … 그〔이승만〕가 있는 동안은 한·일 사이의 친선도
결국 말로만 그치고 남북한의 통일도 불가능할 것이다. … 우리 쪽
에서는 이승만 타도를 위한 노력을 시작해야 한다(한일회담 일본 측 문서

1062, 「한일회담 결렬 선후대책」, 1953.10.26, 4 - 4, 20쪽)."

일본 측 대표가 교섭 상대인 이승만 정권을 타도하자는 발언을 한
것이다. 요시다 시게루는 더욱더 노골적이었다. 전 AP통신 국제기자
스펜서 데이비스와의 인터뷰에서 "나는 일찍이 싫어하는 동물이 세
마리 있다고 말한 적이 있다. 한 마리는 일본에, 한 마리는 한국에,
그리고 또 한 마리는 인도네시아에 있다. 〔중략〕 인도네시아 수카르
노. 나는 그가 싫다. 이승만도 그렇다. 그도 싫다"[무라카와, 1991년, 120
쪽]라고 대답했다.

일본 측은 의도적으로 한국을 자극해 회담은 번번이 중단되었다.
예비회담으로부터 14년의 시간을 기다려 겨우 국교가 회복되었다.
한국에서는 1960년 4월의 학생혁명으로 이승만 정권이 무너지고 박
정희 군사정권으로 교체되었다. 하지만 14년간의 교섭에도 해결되지
못한 많은 문제가 남아 있다. 그 중 하나가 처음부터 논의된 1910년
의 한국병합조약이 유효한지 무효한지의 근본적인 문제이다.

1965년에 체결된 조약에서는 "1910년 8월 22일 이전에 대일본제국
과 대한제국 사이에서 체결된 모든 조약과 협정은 이미 무효라는 사
실이 확인되었다(제2조)." 여기에서 '이미already'의 해석이 한국과 일본
이 서로 달라 각각 자국민에게 다른 설명을 했다.

일본에서는, 1910년 8월 29일 대한제국을 병합한다고 선언하였는
데 이것은 8월 22일의 '한국병합조약' 체결을 그 기반으로 하고 있다.
그 후 36년간 지배가 지속됐는데 병합조약 등은 "대등한 입장에서 자
유의사로 체결된 것이며 체결 당시부터 유효했지만 1948년 대한민국

의 성립으로 무효가 됐다"고 해석했다.

한국에서는 이전과 마찬가지로 조약은 과거 일본 침략주의의 소산이며 불의·부당한 조약은 처음부터 불법이었으며 무효하다고 해석하면서 조약의 파기를 주장했다.

이와 같은 해석의 차이는 그 간극이 마지막까지 좁혀지지 않은 채 각각 자국민에게 자국의 해석을 설명해 기본인식이 대립된 채 1965년의 조약이 체결됐다.

동시에 발효된 '청구권·경제협력협정'으로 한국은 청구권을 포기하고 일본은 10년 동안 1,080억 엔(3억 달러)을 무상 공여하고 720억 엔(2억 달러)의 차관, 1,080억 엔(3억 달러) 이상의 민간 신용을 공여하기로 했다. 이 유상·무상의 5억 달러는 일본 측이 '독립축하금'과 같은 것이라고 칭한 것처럼 배상이 아니었다. 더구나 식민지지배를 사과하는 성격을 갖는 것도 아니었다. 또한, 이 조약으로 일본에 대한 개인의 청구권이 소멸된 것일까? 한·일 사이에도 중·일과 같은 문제가 남겨졌다.

경제협정 방식으로 제공된 자금은 그 후 포항제철소 건설에서 볼 수 있듯이 일부는 한국의 경제건설에 이용되었다. 식민지시대의 개인 피해에 대해서는 한국정부가 일본에서 받은 자금을 바탕으로 1974년 12월 '대일 민간 청구권 보상법'을 제정하여 '1945년 8월 15일 이전의 사망자' 유족에게 보상했다. 그러나 보상 금액의 문제나 3년간의 시한입법이기도 해서 배상금을 받은 유족은 절반에도 미치지 못했다. 한국정부가 다시 과거청산의 움직임을 보이기 시작한 것은 민주화선언 이후였다.

1990년대 들어서자 보상을 요구하는 피해자들의 활동이 활발해졌다.

맺음말 — 식민지인가 '일제강점'인가, 그 정의를 되묻는다

2003년 3월, 한국의 노무현 정권에서 '일제강점하 강제동원피해 진상 등에 관한 특별법'이 공포되었다(2004년 2월 발효). 한국에서 일본의 통치 기간에 강제동원된 피해자를 조사하기 시작했다. 법률 명칭이 '식민지지배'가 아닌 '강점'이라는 데에 한국의 인식이 반영됐다. 일본의 통치는 '불법'이며 강제점령이라는 인식이다. "식민지를 지배한 쪽의 인식을 중심으로 구성돼 오기만 했던 전쟁이나 식민지지배의 정의를 피식민지가 됐던 쪽에서 되묻는다"는 인식의 전환이 역사 서술 속에서 시도되고 있는데 '강점'이라는 단어의 정의 또한 '되물어야 할' 것의 하나일 것이다(신창우, 「'140년 전쟁'의 관점에서」[국립역사민속박물관, 2011년, 380쪽]).

법률에 기초해서 '일제강점하 강제동원피해 진상규명 위원회'가 발족하고 일본의 통치시절에 있었던 피해를 조사하기 시작했다. 접수가 시작되고 1년 반이 지나지 않아 21만 9,624명이나 피해신청을 하며 생사 확인과 강제동원피해 인정을 요구했다. 이 위원회는 신청 서류와 조사를 근거로 피해인정이라는 어려운 작업에 돌입했다.

　한국은 1965년의 '조약'으로 남겨진 과거청산을 위해 활발히 움직이기 시작했다. 배상의 개인청구권이 존재하는가? 일본에서도 '일제강점'하에 발생한 피해에 대해 피해자가 배상청구를 시작하였다. 65년의 조약에서 애매하게 남은 문제가 한·일 사이에서 다시금 제기됐다.

　이미 1972년에 '원폭의료법'을 재한피폭자에게 적용할 수 있는지를 묻는 손진두 수첩 재판*이 있었고 사할린에 남겨진 한국인의 귀환청구소송 등도 시작되었다. 1990년대에 들어서자 그 수는 28건으로 늘어났다. 피해자의 목소리가 역사의 표면에 전해지기 시작한 것이다. 그 상징적인 문제가 이른바 '위안부' 문제였다. 자신이 '위안부'였다고 이름을 밝힌 김학순 씨가 원고로 동참한 '아시아·태평양전쟁 한국인희생자 보상청구사건 소송' 등 일본정부와 기업을 상태로 한 재판이 많이 일어났다. 부산에 거주하는 '위안부'와 과거 여성정신대원이 공식 사죄를 요구하면서 야마구치山口 지방법원 시모노세키下關 지부에 제소한 재판(1992년)에서는 원고가 일부 승소하였다. 국가가 보상입법에 태만해 아무런 행동을 하지 않는 것은 위법이라며 원고 3명에게 위자료로 각 30만 엔을 지불하라고 명령했다. 하지만 이 판결도 히로시마 고등법원에서 기각되어 '일제강점'하의 피해자가 요구한 모든 배상청구에서 원고가 패소했다. 개인의 청구권을 포함해 한·일조약에서 '해결완료'됐다는 일본정부의 주장을 재판에서도 뒤

---

*　히로시마 원폭피해자인 손진두가 그 치료를 위해 일본에 밀항해서 피폭자가 치료를 위해서 받을 수 있는 피폭자수첩을 받기 위해서 벌인 소송

집을 수 없었다. '중·일공동성명'과 같이 한·일조약 또한 "샌 조약 제제의 '하위 체제' 성격을 가지고 있어 처음부터 식민지책임을 물을 수 없었다(김영호, 「한·일 지식인 공동성명과 동아시아 시대」[와다 외, 2013년, 28쪽)."

그렇지만 배상을 요구하는 피해자의 활동은 계속되고 있다. "돈이 아니다, 정부의 사죄를 듣고 싶다, 보상은 그 증거일 뿐이다. 극단적으로 말하면 1엔이라도 괜찮다. 그것이 정부로부터 지급되는 것이라면…." BC급 전범 이학래 씨는 60년 동안 일본정부가 불합리하게 대우해 온 것을 사죄하고 보상하라고 호소해 온 심경을 이렇게 밝혔다.[14] 피해자가 원하는 것은 사실을 조사하고 그 사실을 인정한 다음 가해자들로부터 납득할 수 있는 '사죄'의 말을 듣는 것이다. 그리고 사죄의 증거로써의 배상이다.

일본의 사법이 소송을 매번 물리치는 가운데 2011년 8월 30일 한국 헌법재판소에서 내려진 판결은 획기적이었다.

1965년의 한·일청구권협정 제3조에 근거해서 '위안부' 109명과 원폭피해자들이 손해배상을 요구하며 일으킨 재판에서 그 청구권에 대해 한국정부가 일본과 교섭을 전혀 하지 않은 것은 위헌이라고 판결했다. 문제를 해결하기 위해서 구체적인 행동, 즉 외교적으로 교섭하고 그것이 성공하지 못하고 끝났을 경우 국제중재 절차를 밟도록 한국정부에게 명령하였다. 문제해결을 위해 일본과 교섭하도록 한국정부에 촉구한 것이다.

더욱이 2012년 5월 24일에는 미지급된 임금지급과 손해배상(각각 1

억 100만 원)을 요구하는 소송의 상고심판에서 한국 대법원(최고재판소)은 미쓰이중공업, 신일본제철(구 일본제철)에서 강제노동을 강요당한 조선인 노동자(2만 명 이상에 달함) 중 생존자 8명(미쓰이 히로시마중공업의 징용공과 일본제철 징용공)에게 '개인의 청구권'이 남아 있다고 판결을 내렸다. 대법원은 부산 고등법원과 서울 고등법원에 심리를 환송시켰다(2015년 4월 현재 판결은 아직 나오지 않았다).

대법원 판결에서 다음과 같이 지적했다.

"청구권협정은 일본의 식민지지배의 배상을 청구하기 위한 것이 아니라… 한·일 양국 간의 재정적·민사적 채권·채무관계를 정치적 합의로 해결하기 위한 것"이며 "일본의 국가권력이 관여한 비인도적 불법행위와 식민지지배에 직결된 불법행위로 인한 손해배상 청구권이 청구권협정의 적용대상에 포함된다고 **보기 어렵다**(강조는 인용자)."

이처럼 한국의 사법은 일본의 국가적인 **비인도적** 불법행위와 식민지지배와 직결된 불법행위로 인한 손해배상 청구권은 청구권협정의 적용대상에 포함된다고 해석하기는 **힘들다**. 즉 일본의 지배하에 이루어진 비인도적 불법행위와 식민지지배와 직결된 불법행위에 대한 개인청구권은 남아 있다고 한 것이다.

일본에서는 청구권이 소멸되었다는 최고재판소 판결(일본제철 – 2007년 1월 최고재판소 판결에서 기각, 미쓰이 히로시마중공업 – 2007년 11월 최고재판소 일부 용인)이 내려져 두 나라의 사법판단이 다르다는 것을 알 수 있다.

피해자로부터의 배상청구라는 형태로 지속되고 있는 식민지주의에 대해 의문을 제기하는 것이다. 냉전의 와중에서 배상과 전쟁책임을 조금씩 없애가며 식민지지배 청산을 미루어 왔던 일본정부, 기업은 지금도 계속되는 피해자의 소송에 당황해하며 때로는 반발하고 "해결됐다"라는 대답만을 되풀이하고 있다.

피해자들이 묻는 것은 일본이 어떻게 과거와 마주해 왔는지 일본인의 역사인식에 대한 의문이기도 했다. 샌 조약의 틀을 넘어서 중국, 한국과의 역사청산에 주체적으로 대응하기 위해서는 역사적 사실을 파헤쳐 기록하면서 인식을 공유하고 사죄하고 보상하는 것이다. 그리고 그 사실을 다음 세대에게 전해야 한다. 이러한 과정에서 피해자의 목소리에 답하는 '화해'의 실마리가 보이지 않을까? 니시마쓰의 화해처럼 중국과 일본의 연구자·시민이 장기간에 걸친 자료수집, 피해자와의 교류를 거듭하면서 축적된 조사연구가 가해기업을 움직여 '화해'를 가능하게 했다. 하지만 또 하나의 화해 당사자인 조선민주주의인민공화국과는 역사청산을 시작조차 못했다.

조선 고대사를 연구하는 이성시는 "아직도 식민지 기간 때문에 겪는 해방되지 못한 사람들이 있는데도 식민지주의 극복이 일본에서는 과제로 인지되지 않고 그 극복을 실현하기 위해 가야 할 길도 전혀 보이지 않는다"고 지적했다. 이처럼 한국과의 '화해'는 일본이 식민지주의를 어떻게 극복하는지를 보여 주는 시험대이기도 하다(이성시, 「식민지지배의 실태해명은 왜 필요한가」[국립역사민족박물관, 2011년, 81쪽]). 피해자들의 끈질긴 싸움이 식민지지배 청산을 빼 놓은 샌 조약의 틀을 뒤흔들며 그 속에서 이루어진 일본의 전후 처리에 조그마한 바람

구멍을 냈다. 샌프란시스코 강화 체제에서 배제된 한국과 중국 그리고 역사청산에 들어가지도 않은 북한, 이들 나라의 피해자가 사죄와 보상을 요구하며 던지는 의문에 답해 가는 그 끝에 식민지주의를 극복한 동아시아의 화해가 있을지도 모른다. 그것은 미국에 대한 종속이 깊어지는 일본에게 비판적인 화해가 될 수 있을까.

노인정 옮김

필자후기

　본서가 기획되기 시작한 것은 2013년 말엽이다. '전후 70년'을 맞아 대립이 예상되는 상황에 파문을 일으켜 보고자 하는 의도였다. 그러나 예상을 초월한 빠른 속도로 정치적인 움직임이 진행됐고 그 뒤에 편집·집필 기간, 우리의 눈앞에 있었던 것은 '전후사회'가 크게 전환해 가는 모습이었다. '전환'은 두 가지가 겹쳐져서 비꼬이면서 진행됐다. 하나는 정치적인 권력을 통해서 그때까지 부단히 쌓아왔던 지혜와 제도, 해석이 너무도 간단하게 무너져 내린 것이다. '전후 체제로부터의 탈각'이라고 하며 '전후 70년'이라는 '한 단락'을 무리하게 이용해서 '총리담화'를 내려 했던 정권이 가했던 무참함, 그러나 이러한 사태에 대해 '전후'를 옹호하려는 것이라고 말하는 것만으로는 '전후'를 보존하는 결과를 가져올 뿐이다. 거기에는 '전후'를 바꾸면서, '전후'를 파괴하는 권력의 폭거를 비판하는 비틀림과 번민이 있었다.

또 하나는 '전쟁경험'이 역사화의 전야에 이르게 되면서 동반된 일이다. 전쟁에 대한 기억의 내용을 둘러싼 항쟁은 이미 오래됐으나 거기에 더해서 마치 기억이 없는 것으로 취급되는 일도, 터무니없는 것이 기억이 불거져 나오는 일까지 함께 이루어졌다. 기억이 제거돼 새로운 기억이 심어지고 더불어 역사가 도구화하는 듯한 상황이다. 패전이라는 인식, 그리고 그와 함께 점령의 경험과 기억을 없애려는 움직임에 대해 기억을 절대화하지 않으면서 대항적인 기억을 제시한다는, 이것 역시도 비틀림을 포함한 노력이 요구됐다.

이런 상황 속에서 역사학의 '학지學知'는 힘이 될 수 있을까. 그 커다란 전환을 어떤 식으로 마주할 수 있을까. 몸부림과 같은 상황이 계속되고 있다. 그 속에서 온갖 힘을 쏟아 본서를 내보내려 한다.

*

본서는 4부로 나눠 있다. 제1부는 '문제의 관점'으로, 문제의 소재를 찾는 논고로 이루어졌다. '전쟁론'과 '전후론'의 갈등이 그것이다.

나리타 류이치의 「현대사회 속의 전쟁상과 전후상」에서는, 전쟁상과 함께 전후상은 떼어놓기 힘들 정도로 한데로 묶여 있다고 말한다. 요시다 유타카의 「대립하는 역사인식」에서는, 정치적 대항의 차원에서 신자유주의 아래에서 '역사인식'의 '역학'을 살폈다. 그리고 하라 기미에의 「계속되는 샌프란시스코 체제」에서는, 동아시아에서 샌프란시스코 체제가 여전히 계속되고 있고 그 때문에 '역사'가 정치를 '분단'하는 상황을 그렸다. 이 모두 '역사인식'을 문제화하는 시점을 보여 주었으나 요시다-나리타 논은 보완관계에 있으며 그 국제관계론적·역사적 위상을 하라의 논문이 설명하는 구성이다.

제2부는 「전쟁을 전하는, 전쟁을 받아들여 계승한다」이다. 곤노 히데하루의 「역사교육 속의 아시아·태평양전쟁」에서는 학교교육, 스즈키 가쓰오의 「코메모레이션의 행방」에서는 미술관이라는 각각의 현상에서 '전한다', '받아서 계승한다'는 것을 키워드로, 곤노는 1950년대 후반을 축으로 '전쟁체험'이 어떤 식으로 계승하는지 그 시도를 역사적으로 검토했다. 한편, 스즈키는 "'미술'이라는 제도'와 전쟁의 기억과의 관계를 살폈으나 1960년대 후반의 '메이지 100주년' 캠페인과 관련지어 가면서 고찰했다. '전후' 전환점에 해당하는 1950-60년대의 노력과 전쟁의 기억에 대한 탐구이다.

제3부 「끝나지 않는 전쟁」은 오키나와와 식민지라는 지역에 거점을 두고 문제가 전개됐다. 도베 히데아키의 「오키나와전의 기억이 오늘날에 호소하는 것」에서는, 오키나와전-특히 '집단자결'을 초점에 두고 마루카와 데쓰시의 「식민지 책임론」에서는, 대만을 중심으로 한 식민지를 고찰했다. 도베와 마루카와는 연구와 연구가 제공하는 인식에 주목해서 '학지'가 지닌 위상과 의미를 고찰했다. 도베도 마루카와도 오키나와전과 식민지·대만과 관련한 연구자의 인식에서 논점을 추출해 부연화했다.

또한, 제4부로 「화해는 가능한가」라는 문제의식 속에서 전쟁과 관런한 내용을 정치 문제화한 사건을 살폈다. 이와자키 미노루·오사 시즈에의 「'위안부' 문제가 비추는 일본의 전후」와 우쓰미 아이코의 「전후사 속의 '화해'」는 각각 "'위안부' 문제', '식민지 청산'을 대상으로 그 문제를 정면에서 다뤘다. 양쪽 모두 외교문제가 되기도 하며 동시에 운동 사이의 대립도 가져왔다. 이 두 가지 논고는 역사적인, 사회적인 사건의 경위를 재구성하는 것 이상으로 거기에 제출된 인식을 살피고 다양한 대항을 지적하고 한발 더 나아가기 위한 논점을 정리했다.

이렇게 본고에서 다룬 것은 기억이 역사적 단계에 들어서는 시점에서의 다양한 노력과 시도, 알력과 대항, 그리고 반목이다. 지금까지의 노력과 대항이 어떤 식으로 이루어졌는지를 고찰하고 논점을 정리해 더 큰 전망 속에서 논의를 전개하는 논고를 제시할 수 있었다.

*

편집 막판 단계에서 기억의 시대라는 것을 깊이 인식시킨 존 준커먼John Junkerman 감독의 영화의 『오키나와 초여름 비沖縄うりずんの雨』를 접했다. 이미 여러 편의 작품에서 의문을 던져 온 영상작가가 새롭게 오키나와에 대해서 다룬 다큐멘터리 영화이다. '오키나와전', '점령', '능욕', '내일로'의 구성 아래 오키나와의 과거와 현재를 오가며 그 노력을 통해서 오키나와의 미래에 대해서 살폈다. '오키나와전'에서는

미국군, 일본군의 과거 병사들의 증언, 영상기록, 사진 등을 사용해
체험과 증언, 증언과 기억에 대해 집요하게 물었다. 오키나와전의 영
상을 봤을 때 과거 병사의 짜내는 듯한 목소리, 증언하면서 마지막에
는 말을 맺지 못하는 이들 병사의 표정에 이르기까지, 냉철할 정도로
이들의 모습을 담았다. 그 '오키나와전'이 있었던 뒤에 오키나와의
역사적 과정을 추적하면서 '집단자결'과 성폭력을 '능욕'으로 단정했
다. 〈지금〉의 영상이 주요지점에 들어가 중층적인 영상이 만들어졌
으며 본서의 의도와 과제, 서술과 겹쳐지는 부분을 중심으로 보게
됐다.

　마무리에 와서 편집을 담당해 주신 편집부의 요시다 고이치吉田浩一
씨에게 깊은 감사를 전합니다. 감사합니다.

2015년 7월

편자의 한 명으로 나리타 류이치

역자후기

　일본의 네오 내셔널리즘은 과거의 침략 전쟁을 '대동아전쟁'이라고 규정한다. 역사와 공민 교과서는 전쟁을 미화하고 국가를 위해 목숨까지도 버릴 수 있는 '국민 만들기'에 분주하다. 교육 현장에서는 일본의 사회적 경제적 위기 탈출을 위한 '애국심 교육'을 강화시키고 있다. 일본 거주 외국인과 아시아에 대한 배외주의가 나날이 증가되고 있다. 과연 일본의 우경화 현상의 끝은 어디인지 가늠하기 힘들다.

　일각에서는 패전 후 70년 이상의 시간이 흘렀고 세대교체도 몇 번이나 이루어진 지금, '흘러가 버린 과거사'를 다시 문제 삼는 일은 의미가 없다고 강변하는 사람도 많다. 그러나 인문학의 본령인 '기억과 인식을 둘러싼 투쟁'만큼 현재적인 이슈도 없을 것이다. 제국과 식민지의 구체적 현실을 몸소 체험한 당사자들은 역사의 뒤안길에 묻혔지만, 그들의 체험·기록·기억을 통해 형성되고 전승된 인식은 지금 도 끊임없이 재생산되고 있기 때문이다. 문제는 '기억과 인식을 둘러 싼 투쟁'이 단순히 지난 역사의 부채로 인한 후세들의 민족적 책임 윤리로 그치지 않고, 향후 한일 간의 공통의 역사 인식과 평화 인프 라 구축 등 양국의 미래와도 직결되는 사안이라는 점이다. 제국과 식 민지라는 비대칭 공간에서 이루어진 특히 전쟁을 둘러싼 개인과 집 단의 기억과 인식을 천착하고자 하는 이유도 바로 여기에 있다.

역사학계는 과거의 특정 사건을 기억하는 경향이 강하다. 현대 사 회 구성원의 체험 혹은 기억 속에서 지나칠 수 없다고 판단한 사건의 배경과 전개 과정 그리고 그 역사적 의의를 재조명하고, 이를 바탕 으로 '공생'이 가능한 미래 사회를 전망하자는 문제의식 때문일 것이 다. 이는 역사학에 부여된 책무이자 지속적인 사회 변혁을 지향하는 인문학 본연의 자세이다. 역사학은 앞으로도 기억해야 할/기억할 수 밖에 없는 사건을 매개로 과거사를 재해석해나갈 것이다. 이 과정에 서 공통적으로 언급되는 것 가운데 하나는 전쟁 기억과 역사 인식의 문제이다. 이른바 '전쟁의 세기'였던 20세기를 총괄하기 위해서는 전 쟁을 둘러싼 체험과 기억의 관계는 결코 피할 수 없는/피해서는 안 되는 영역이기 때문이다. 역사 교과서나 군대위안부 문제를 비롯한 한·일 간의 상충하는 역사 인식 문제 또한 전쟁 체험과 기억을 둘러 싼 입장과 해석의 차이에 기인한다. 역사학은 전쟁 체험과 기억으로 부터 결코 자유로울 수 없다.

이러한 문제의식 위에서 히토쓰바시대학 대학원 언어사회연구과 한국학연구센터는 일본 지역 한국학의 '새로운 리더'를 추구한다는 기치 아래 2016년 12월 1일 설립되었다. 한국학연구센터는 '제국과 식민지'라는 한일 간의 역사적 경험을 미래 지향적으로 극복하기 위해 '역사적 화해의 가능성 모색을 위한 한국학 – 체험·기억·상생의 스펙트럼'이라는 주제를 설정했다. 한국학연구센터의 설립 목적은 그동안 한일 양국의 정책적 시행착오 과정에서 보인 단기적 정책의 수요에 즉자적으로 대응하는 것이 아니라, 장기적인 계획에 따라 체계적이고 합리적인 연구·교육 사업을 진행하는데 있다.

한국학연구센터에서는 한국 사회와 아시아 공동체의 연결 고리를 학제적으로 탐색하면서 새로운 한국학 연구의 방향성을 모색하고, '체험·기억·상생'이라는 키워드를 통해 아시아 공동체의 미래상을 전망하고자 한다. 특히 역사적으로 다양한 층위가 얽혀 있는 한국과 일본의 관계망과 그 속의 분절 지점을 포착하여 양국 상호 인식의 형성 과정을 역사적으로 재조명하고, 미래 지향적인 아시아 공동체의 지적 토대를 마련할 것이다.

한국학연구센터는 체험, 기억, 상생의 스펙트럼이라는 대주제 속에서 양국 간의 과거사 재조명, 일본의 네오 내셔널리즘 비판, 아시아 공동체 담론의 재조명 등의 세부 주제를 설정하고 있다. 연구 영역의 세분화는 각종 학술 활동이 일회성에 그치지 않고 일관된 문제의식 위에서 연구 논문 및 저술 활동으로 이어질 수 있도록 기획하는 것이 중요하기 때문이다. 또한 역사적 화해를 장기적 안목에서 보면, 역사학적 접근 이외의 다양한 일본과 한국의 문제를 다각적인 시각,

예를 들어 문화 연구와 사회적 연구에서 실마리를 찾는 것이 일본에서 한국학 연구에는 중요하다. 한국학 연구 업적이 두터운 일본에서 한국학이 지난 세기 동안 일본 사회에서 충분히 역할을 하지 못했음을 고려할 때, 일본에서 훌륭한 연구 업적을 계승함과 동시에 신선한 접근 방법이 필요할 것이다.

한국학연구센터는 연구·교육 역량의 획기적 강화와 더불어 한국학의 사회적 확장과 소통에도 역점을 두고 있다. 한국학 연구가 아카데미즘 영역에 머물지 않고 연구 성과를 지역 사회와 폭넓게 공유함으로써 한국학의 사회적 역할을 비로소 수행할 수 있다고 판단하기 때문이다. 한국학을 대학이라는 경계를 넘어 지역 시민 사회와의 유대와 연계를 통해 일본에서의 한국학 연구, 나아가 한국 '바로 알리기'라는 본연의 학문적 사명을 다할 수 있는 방안을 지속적으로 모색하고자 한다.

이 책은 이러한 문제의식 위에서 기획, 번역되었다. 과연 일본은 아시아·태평양전쟁을 어떻게 기억하고 인식하는가? 역사 인식의 토대는 주지하는 바와 같이 경험, 기억, 지식의 복잡한 다층적 관계성이라고 할 수 있다. 아울러 민족 간의 상호 인식은 교류와 외교 관계 등을 통해 형성되며 미래의 관계를 결정하는 중요한 요소이다. 특히 근대에 들어와 제국과 식민지라는 역사를 체험한 한일 양국이 '공생'이라는 가치를 추구해 나갈 때, 양국의 상호 인식의 역사는 실질적인 영향력을 지닌다. 이런 의미에서 '전쟁과 폭력'을 둘러싼 한·일 간의 역사적 체험과 기억을 구성하는 상호 인식의 토대를 살펴보는 작업은 현재의 양국 관계만이 아니라, 미래에 대한 전망을 가늠하는 데 매우 중요이다. 상호 인식을 규명하는 작업은 한일 관계의 과거와 현재, 미래를 가늠하는 스펙트럼이다.

현재 동아시아는 새로운 국면에 접어들었다. 아베 신조安倍晋三의 2015년 주변 국가로부터 동의 받지 못한 일방적인 '전후 70년 담화'를 비롯해 한·일 정부 간의 '위안부' 합의문제, 주한 일본대사관 앞 소녀상 철거 문제 등 일본의 전쟁 책임과 역사 인식 문제를 둘러싼 공방이 펼쳐지고 있다. 모두가 '공감'할 수 있는 해결의 실마리도 보이지 않는 오리무중 상태이다. 더욱이 문제의 심각성은 일본의 침략 전쟁과 식민지 지배에 대한 본격적인 부정론이 전쟁 책임과 전후 배상 문제를 충분히 해결할 수 있는 토양을 갖추지 못한 일본에서, 특히 전쟁을 경험하지 못한 신세대를 비롯하여 타자의 호소에 귀를 기울이려 하지 않는 사람들에게 아무런 여과 장치 없이 확산되고 있다는 점이다. '전쟁과 폭력'을 둘러싼 기억과 인식의 중요성이 더욱 강조되는 지금이다.

이 책의 번역에는 히토쓰바시대학 한국학연구센터의 젊은 연구자들이 참여했다. 각자 전공과 관심 영역을 고려하여 해당 번역 부분을 선택했다. 도중 우여곡절이 많았다. 번역 규칙 등을 사전에 정했지만, 공동 작업이라는 특성상 번역 원고의 통일성을 확보하는데 많은 시간이 걸렸다. 또한 이 책 저자들의 다양한 논점은 저자 나름의 다양한 문체와 서술 방식을 지니고 있었다. 이 글들의 다양성이나 깊이를 어떻게 하면 보다 풍요롭게 드러낼 수 있을지 많은 고민을 할 수밖에 없었다. 독자들에게 논지나마 제대로 전달되었는지 걱정이 심히 앞선다. 이 과정에서 특별히 유은경 선생이 많은 짐을 지었다. 번역 원고의 문체 통일과 수정을 전담했다. 노력과 수고에 다시 한번 감사의 마음을 전한다.

끝으로 코로나19 정국과 인문학의 위기라는 시대적 분위기에서 상업성과는 거리가 먼 이 책의 번역 출간을 흔쾌히 받아주신 어문학사 윤석전 대표와 편집진 여러분께 이 자리를 통해 감사와 우정의 마음을 전한다. 이 책의 번역 출판을 계기로 번역 참여자는 관련 연구에 더욱 정진해야겠다고 다짐한다. 더 나은 연구를 위한 노력은 인문학자로서 추구해야 할 당연한 의무이기 때문이다.

2020년 8월

히토쓰바시대학 한국학연구센터

이규수

미주

I 문제의 관점視座 ― '전쟁론'과 '전후론'

현대사회 속의 전쟁상과 전후상/나리타 류이치成田龍一

1 『岩波講座アジア・太平洋戰爭』, 이와나미쇼텐(岩波書店), 2005년.

2 『岩波講座アジア近現代通史』, 이와나미쇼텐, 2010 - 11년.

3 後藤乾一, 『東南アジアから見た』, 이와나미쇼텐, 2012년.

4 역사의식을 둘러싼 중요한 초점 중 하나는 '위안부'문제이다. 논의는 지난 10년 사이에 더욱 심각해졌고 국내외에서 극렬한 대립과 논쟁을 만들어 내고 있다.

5 「「帝國責任」ということ―「併合」100年を契機に考える」, 『世界』, 2010년 1월.

6 「'戰爭の語り方'の語り方」, 『ちくま』, 2012년 2월.

7 야스카와 하루키(安川晴基)역, 『想起の空間―文化的記憶の形態と變遷』, 스이세이샤 (水聲社), 2007년. 원저 1999년.

8 일본어 미번역, 원저 1992년.

9 야스카와 하루키, 「「記憶」と「歷史」―集合的記憶論における一つのトポス」, 『藝文 研究』94호, 2008년.

10 (B)세대인 고바야시는 '할아버지 대의 용기'에 대해서 이야기한다. 독자인 (C)에게 말을 건넨다. 그와 함께 '전후'에 대해 말하는 방법이 주된 조류에 대해 반발한다. 바꿔 말하면, '전후' 상황에 대항을 선언한다는 것이다. 무엇보다 『신 고마니즘 선언 전쟁론 (新ゴーマニズム宣言 戰爭論)』(겐토샤[幻冬舍], 1998년)과 『고마니즘 선언 SPECIAL 신전쟁 론(ゴーマニズム宣言SPECIAL 新戰爭論)』(겐토샤, 2015년)에서는 과거 고바야시의 주장과는 차이가 보인다고 지적해 둘 필요가 있다. 여기에서는 '인터넷 우익'과 '좌익'을 표리관 계에 있다고 보는데 양쪽 모두를 비판하고 있다. 고바야시가 변화한 큰 요인은 그 사이에 국가적으로 역사수정주의가 제창됐다는 사실에 있을 것이다.

11 百田尚樹, 『永遠の0』, 오타(太田)출판, 2006년.

12   中島京子, 『小さいおうち』, 분계이슌쥬(文藝春秋), 2010년.

13   오카베 노부루(岡部伸), 「近代日本を暗黒に染めた黒幕」, 『歷史通』, 2015년 1월호.

14   加藤典洋, 『敗戰後論』, 고단샤(講談社), 1995년.

15   佐藤卓己, 『八月十五日の神話 -終戰記念日のメディア學』, 지쿠마(ちくま)신서, 2005년, 증보·지쿠마학예문고, 2014년.

16   『東アジアの終戰記念日 -敗北と勝利のあいだ』, 지쿠마신서, 2007년.

17   吉田裕, 『日本人の戰爭觀』, 이와나미쇼텐, 1995년. 증보·이와나미현대문고, 2005년.

18   油井大三郎, 『日米戰爭觀の相剋』, 이와나미쇼텐, 1995년. 증보『なぜ戰爭は衝突するか-日本とアメリカ』, 이와나미현대문고, 2007년.

19   福間良明, 『「反戰」のメディア史 -戰後日本における世論と興論の拮抗』, 세카이시소샤(世界思想史), 2006년.

20   『殉國と反逆 -'特攻'の語りの戰後史』, 세이큐샤(靑弓社), 2007년.

21   『'戰爭體驗'の戰後史 -世代·敎養·イデオロギー』, 주오코론샤(中央公論社), 2009년.

22   『焦土の記憶 -沖繩·廣島·長崎に映る戰後』, 신요샤(新曜社), 2011년.

23   『兵士たちの戰後史』, 이와나미쇼텐, 2011년.

24   『「戰爭經驗」の戰後史一語られた體驗/證言/記憶』, 이와나미쇼텐, 2010년.

25   『殘留日本兵一アジアに生きた一萬人の戰後』, 주코(中公)신서, 2012년.

26   「叢書 戰爭が生みだす社會」전3권(오기노 마사히로(荻野昌弘)편, 『戰後社會の變動と記憶』, 시마무라 다카노리(島村恭則)편, 『引揚者の戰後』, 난바 고지(難波功士)편, 『米軍基地文化』신요샤, 2013-2014년)에서도 역시 그것을 의식하고 있다. 이러한 문제의식은 나카 히사오(中久郎)편, 『戰後日本のなかの「戰爭」』(세카이시소샤, 2004년), 다카이 마사시(高井昌吏)편, 『「反戰」と「好戰」のポピュラーカルチャー』(진분쇼인(人文書院), 2011년)에서는 물론 히다카 가쓰유키(日高勝之)『昭化ノスタルジアとは何か』(세카이시소샤, 2014년)로 이어진다. 전후에 대해서 전쟁 전·전쟁 중 속에서 밝혀냈다. 또한, 하마 히데오(濱日出夫)편『戰後日本における市民意識の形成』(게이오기주쿠[慶應義塾]대학출판회, 2008년)에서는 '전후체험의 세대 간 계승'을 부제로 그 자체를 주제로 삼았다.

27   笠原十九司, 『南京事件論爭史 -日本人は史實をどう認識してきたか』, 헤이본샤

(平凡)신서, 2007년.

28 『コレクション 戰爭×文學』, 전20권+별권, 슈에이샤(集英社), 2011-2013년.

29 아사다 지로(淺田次郎), 오쿠이즈미 히카루(奧泉光), 가와무라 미나토(川村湊), 다카하시 도시오(高橋敏夫), 나리타 류이치.

30 히노 아시헤이(火野葦平) 등의 군인 작가들의 상황 보고, 펜 부대(전쟁 파견 작가부대)가 포함된다.

31 다자이 오사무(太宰治), 다카무라 고타로(高村光太郎) 등의 기성 작가들, 새로운 대상과 새로운 표현-이 사실이 프로파간다라는 것과 미묘하게 교착돼 있다.

32 주제로서의 실존, 전후 가치관으로 재구성한 전시-노마 히로시(野間宏), 오오카 쇼헤이(大岡昇平) 등의 작품.

33 진노 도시후미(陣野俊史)의『戰爭へ、文學へ』(슈에이샤, 2011년)에서는 '걸프전쟁' 이후에 쓰인 '전쟁소설'을 논하면서, 특히 '9.11' 이후의 '새로운 전쟁'에 대해 '새로운 '전쟁소설''을 모색하고자 했다. 그 결과로 (C)세대 작가의 새로운 대상-새로운 전쟁을 그린 문학에 주목했다. 가와무라 미나토의『紙の砦』(임팩트[インパクト]출판회, 2015년)에서도 역시 '자위대 문학론'을 부제로 새로운 '군대'를 다룬 문학을 소개했다.

34 이미 '세 번이나 세이킨파'로 논한 적이 있다(『映畵藝術』제445호, 2013년). 내용이 반복된다는 점에 대해 우선 양해를 구하고 싶다. 또한, 소설「바람이 분다(風立ちぬ)」에 대한 작품평이 많다. 그러한 양상은『堀辰雄「風立ちぬ」作品論集』(그레스[クレス]출판, 2003년) 등에서 알 수 있고 그 밖에도 최근에『文學』(2013년 9·10월호)에서 '호리 다쓰오 특집'을 다뤄「바람이 분다」가 고찰됐다. 당연하겠지만 시대·시기에 따라 독해-해석이 변해 왔다.

35 별이나 제비꽃 등 자연에 빗대어 사랑을 노래한 메이지 시대의 낭만파.

36 加藤周一,「新しき星菫派に就いて」,『一九四六 文學的考察』, 신젠비샤(眞善美社), 1947년. 또한, 가토가 그 뒤에 프랑스 유학을 마치고 새롭게 '집종문화'론을 전개한 것은 시사적이다. 가토는 문화가 순수해지기를 바라는 운동이 일본에서는 모두 실패했으며 잡종성에서 비로소 일본문화의 특징을 도출해 내려 했다. 가토는 '순수'에 대한 비판파였다.

37 『國文學解釋と鑑賞別冊 堀辰雄』, 2004년.

38 『永續敗戰論-戰後日本の核心』, 오타(太田)출판, 2013년.

39 『東京プリズム』, 가와데쇼보(河出書房)신서, 2012년.

40 미우라 요이치(三浦陽一) 외 역, 『敗北を抱きしめて』상하, 이와나미쇼텐, 2001년. 한국판 최은석 역, 민음사, 2009년.

41 『燒跡からのデモクラシー』상하, 이와나미쇼텐, 2014년.

42 『誰も戰爭を敎えてくれなかった』, 슈에이샤, 2013년.

43 그리고 후루이치는 그것을 제시하듯이 (연구자를 포함해) 문제삼아 논의가 미치는 인물에 대해서 '전후'-1945년을 기점으로 숫자를 붙였다.

44 『絶望の國の幸福な若者たち』, 고단샤, 2011년.

45 덧붙여 후루이치는 (전후를 지탱해 온) 사회보장, 고용시스템을 젊은이들은 누릴 수 없으며, 그 사실이 '기득권'에게 옮겨진다는 고찰-'세대 간 격차'론('젊은이VS노인'이라는)에는 비판적이다. 또한, 야마다 마사히로(山田昌弘)의 『なぜ若者は保守化するのか』(도요케이자이[東洋經濟]신문사, 2009년)에서는 이러한 경향을 젊은이의 보수화로 고찰했다.

46 高橋弘希, 『指の骨』, 신초샤(新潮社), 2015년.

47 여기에서도 (A)와의 거리가 문제가 될 것이다. 고도코로 자신이 『作家の手紙』(가도카와쇼텐[角川書店], 2007년)에서 '애도의 편지'로 '젊은 시절은 사나이다웠던 할아버지에게 보내는 편지'를 실었다.

48 高橋源一郎, 『「あの戰爭」から「この戰爭」へ』, 분게슌쥬, 2014년.

49 동시에 다카하시는 하시모토 도루(橋下徹, 1967년생, (B)세대, 역주: 오사카 부지사를 지낸 변호사이며 정치인)에 대해서 언급하면서 하시모토가 '진정한 전쟁'을 경험하지 않았다며 자신은 "'전쟁터'에서 가지고 돌아온 사람들의 입에서" 그것에 대해서 들었다고 한다.

50 『戰爭社會學の構想』, 벤세이(勉誠)출판, 2013년.

51 『沖繩戰、米軍占領史を學びなおす』, 세오리쇼보(世織書房), 2009년.

52 『原發と原爆』, 가와데쇼보신샤, 2011년.

53 山本昭宏, 『核と日本人』, 주오코론신샤, 2015년.

54 『「はだしのゲン」がいた風景』, 아즈사(梓)출판사, 2006년.

55 『「はだしのゲン」を讀む』, 가와데쇼보신샤, 2014년.

56 宇吹曉, 『ヒロシマ戰後史』, 이와나마쇼텐, 2014년.

57 역사사회학으로서, 하마 히데오(濱日出夫)·아리스에 겐(有末賢)·다케무라 히데키(竹村 英樹) 편저, 『被爆者調査を讀む』(게이오기주쿠대학출판회. 2013년)에서는 전후의 과정 속에서 이루어진 다양한 피폭자 조사를 역사의 문맥 속에 자리매김하고 새롭게 해석하고 정리해서 '조사사(調査史)'에서 '기억론'으로 추이하는 양상을 그렸다. 그 속에서 아리스에 겐의 '전후 피폭자 조사의 사회조사사'는 이시다 다다시(石田忠), 하마타니 마사하루(濱谷正晴) 등의 '생활사조사'와 요네야마 리사(米山リサ), 『廣島記憶のポリティクス』(이와나미쇼텐. 2005년)의 위상이 서로 다르다는 사실을 고찰한다. 아리스에는 피폭자와의 만남을 예로 들어 이시다가 후쿠다 스마코(福田須磨子. 역주:나가사키 원폭 피폭자로 시인. 수필가)를 만난 일, 요네야마가 누마다 스즈코(沼田鈴子. 역주: 히로시마 원폭 피폭자로 평화운동가)를 만났을 때의 차이에 주목했다–이시다는 후쿠다의 '인간적인 투쟁'에 감명을 받아 '원폭과 인간'에 대해 깊은 관심을 가지게 된다. 요네야마는 누마다가 '군국소녀'였던 자신에 대해 반성하고 '비판적인 지'와 마주할 가능성을 시사했다고 했다. '사실'과 '기억'의 차이–요네야마에게는 "피폭 체험' 그 자체'보다 '그 사실을 어떤 식으로 풀어낼 것인가'에 비중이 있었고, '조사의 틀'이 서로 다르다고 지적했다.

58 石田雄, 『ふたたびの〈戰前〉一軍隊體驗者の反省とこれから』, 세이토샤(靑燈社), 2015년.

59 니시카와 나가오·오노 미쓰아키(大野光明)·반쇼 겐이치(番匠健一) 외 편저, 『戰後史再考–「歷史の裂け目」をとらえる』, 헤이본샤, 2014년.

대항하는 역사인식/요시다 유타카

1 오자와 히로아키(小澤弘明), 「歷史のなかの新自由主義」, 『歷史評論』670호, 2006년.

2 노구치 유키오(野口悠紀雄), 『1940年體制一'さらば戰時經濟'』, 東洋經濟新報社, 1995년.

3 http://www.nhk.or.jp/bunken/yoron/social/2015년 5월 17일 열람.

4 스즈키 겐지(鈴木賢志), 『日本人の價値觀 世界ランキング調査から讀み解く』, 中央公論新社, 2012년.

5 NHK放送文化研究所編, 『現代日本人の意識構造(第八版)』, NHK出版, 2015年.

6 가토 모토노리(加藤元宣), 「平成の皇室觀」, 『放送研究と調査』, 2010년 2월호.

7 「憲法巡る兩陛下ご發言公表への違和感」, 『正論』, 2014년 5월호.

8 竹田恒泰, 『日本はなぜ世界でいちばん人気があるのか』, PHP新書, 2011년.

9 무라타 히로코(村田ひろ子), 「日本人が持つ國への愛着とは」, 『放送研究と調査』, 2014년 5월호.

10 『いわゆる「A級級戰犯」合祀と靖國問題について』, モラロジー研究會, 2008년.

11 「安倍政權と憲法改正」, 『日本の息吹』, 2014년 6월호.

12 『靖國』74호, 2014년. 밑줄은 인용자·이하 같음.

13 『保守も知らない靖國神社』, ベスト新書, 2014년.

14 시다 유타카, 『兵士たちの戰爭史』, 岩波新書, 2011년.

15 야먀다 쇼지(山田昭次), 『全國全没者追悼式批判』, 가게쇼보우(影書房), 2014년.

16 『自らの身は顧みず』, ワック, 2008년.

17 「'空の防人' 회상록②」, 『군사연구』, 2014년 6월호.

18 요시다 유타카, 「なぜ、いま、'戰場'を問題にするのか」, 『역사지리교육』748호, 2009년.

19 「戰後日本の戰爭責任論の動向」, 『立命館法學』274호, 2000년.

20 「「戰爭體驗」について」, 『岩波講座日本歷史 月報4』, 2014년.

21 『歷史學研究』, 921호, 2014년.

계속되는 샌프란시스코 체제 — 정치·안전보장·영토/하라 기미에原貴美惠

1 본 논문은 이하 저서 및 논문을 참고로 표제 테마에 맞춰 쓴 것이다[原2005] [Hara2007;2012;2015a]. 따라서 내용이 중복되는 부분이 있다는 점을 미리 알린다.

2 Foreign Relations of the United States 1945, Vol. VII, The Far East, China, p.530.

3 트루먼 정권은 1949년 8월 대중백서에서 장제스정권의 부패와 무능력을 비판하고 있다[若林1992, 67쪽].

4 NSC48/1 "The Position of the United States with Respect to Asia"(December 23, 1949), in Thomas H. Etzold and John Lewis Gaddis, eds., Containment: Documentson American

Policyand Strategy 1945 – 1950, New York: Columbia University Press, 1978, pp.252 – 269.; U.S. Department of Defence, United States – Vietnam Relations, 1945 – 1967, Vol. VIII, U.S. Government Printing Office, 1971, pp.256 – 257.

5 Delegation of the United States of America to the Conference for Conclusion and Signature of Treaty of Peace with Japan, San Francisco, California, September, 1951, Bureau of Public Affairs – Office of the Historian – Record Relating to the Japanese Peace Treaty, Entry 1455, box3, NA.

6 앞의 책., FO371/92588, PRO.

7 일본국 외무성·러시아연방 외무성, 『日露間領土問題の歴史に関する共同作成資料集』, 31쪽.

8 치시마는 1875년의 치시마 사할린 교환조약에서 일본 영토가 되었는데 이는 평화시에 이루어졌던 러일교섭의 결과였으며 전쟁에서 빼앗은 것은 아니었다.

9 이 점은 치시마 처리 검토에 기록이 남겨져 있다[原2005, 133 – 134, 150쪽]. 비슷한 효과는 센카쿠를 둘러싼 대중국정책에서도 살펴볼 수 있다.

10 요시다 시게루(吉田茂) 총리는 샌프란시스코 강화회의 수락연설 모두에서 다음과 같이 말하고 있다. '여기에 제시된 평화조약은 징벌적 조항이나 보복적 조항을 포함하지 않고 우리 국민에게 항구적인 제한을 부과하지도 않으며, 일본에게 완전한 주권과 평등과 자유를 회복하게 해서 일본을 자유와 평등의 일원으로서 국제사회로 맞이하는 것입니다. 이 평화조약은 복수 조약이 아닌 '화해'와 '신뢰'의 문서인 것입니다. 일본 전권은 이 공평관대한 평화조약을 흔연 수락하겠습니다(外務省条約局法規課『平和条約の締結に関する調書Ⅶ』118 – 122쪽).'

11 이 이후 1979년 조약에 이르는 제2라운드는 제2차전략병기제한교섭(SALT·Ⅱ)이라 불리운다. SALT 교섭은 1982년 이후 전략병기삭감교섭(Strategic Arms Reduction Talks, START)으로 이어졌다.

12 이 독트린은 1969년 7월에 닉슨 대통령이 괌 기자 간담회에서 표명하여 1970년 2월 외교교서에서 정식으로 공표되었다. "Informal Remarks in Guam with Newsmen, July 25, 1969", Public Papers of the Presidents of the United States: Richard Nixon,1969,Washington DC, 1971, pp.278 – 279.;"First Annual Reportto the Congresson United States Foreign Policy for the 1970's, February 19,1970", Public Papersofthe Presidents of the United States: Richard Nixon, 1970, Washington DC, 1971, pp.116 –

190.

13 위와 같음.

14 外務省情報文化局, 「尖閣諸島について」, 1972년(http://senkakujapan.nobody.jp/page065. html). 당시 대만 중화민국정부는 여전히 오키나와 영유에의 의도를 버리지 않고 있었으며 미군 주류는 지지하지만 일본에의 반환에는 반대라는 입장을 취하고 있었다.

15 예를 들면 telegram, fm AmEmbassy Tokyo to SecState WashDC 4289. [RG59, Subject Number Files 1970-73, Political & Defence, box 2571, N.A.

16 예를 들면 Chalmers Johnson and E.B. Keehn, "The Pentagon's Ossified Strategy", Foreign AffairsJuly/August1995, p.104.

17 본 논문의 필자는 헬싱키선언이나 북유럽 올란드 분쟁 해결 예로부터의 교훈에 기반한 '현상승인+α'·'헬싱키합의의 응용(동아시아) 버전'과 같은 해결안을 제창하고 있다(‘α’ 및 ‘응용(동아시아) 버전’에는 1956년 일소공동선언에서 약속된 하보마이·시코탄의 일본 인도 등 각각의 조건을 포함한다). 자세한 내용은 [Hara2012; 2015b] 참조.

II 전쟁을 전하고, 전쟁을 계승한다

역사교육 속의 아시아·태평양전쟁 — 전쟁체험을 쓴다는 의미/곤노 히데하루今野日出晴

1 『新しい憲法のはなし』, 문부성, 1947년 8월.

2 근무교, 출생 연도가 판명된 경우에는 그것을 기술한다. 세대론으로 제시하기 위해서가 아니라 전쟁체험을 주제로 하는 본고에서는 출생 연도는 중요한 의미를 지닌다. 또한, 『カリキュラム』지는 1948년에 결성된 코어·커리큘럼 연맹의 잡지로 커리큘럼 개조운동에 큰 영향력을 지녔다. 1953년에 일본생활교육연맹(이하, 일생련)으로 개칭한다. 전후 민간교육 연구단체에 대해서는 오쓰키 다케시(大槻健)의 『戰後民間教育運動史』(아유미[あゆみ]출판, 1982년) 참조.

3 「單元「太平洋戰爭」から單元「世界の國ぐに」へ」, 『カリキュラム』제11권 9호, 1959년.

4 「平和敎育におけるリアリズムの欠如とその克服」, 『敎育』 제19권 제2호, 1969년.

5 평화교육이라는 시점에서는 니시오 오사무(西尾理)가 교연 레포트와 민간교육 연구단체의 기관지 등을 대상으로 '평화교육 실천'에 대한 검토를 더했다(『學校における平和敎育の思想と實踐』, 가쿠주쓰(學術)출판회, 2011년). 넓은 범위의 '평화교육 실천'을 대상으로 평화교육의 총체를 파악하려 한 점은 평가할 만하며, 앞으로의 연구에서 기초를 다졌다고 할 수 있다. 단지, '전쟁체험'에 관해서는 연대별로 대략적인 경향을 보여 주는 것만으로 실천 그 자체에 깊이 있는 분석은 이루어지지 않았다.

6 「平和敎育の歷史的展開(1)」, 다케우치 히사아키 편저, 『平和敎育を問い直す一次世代への批判的繼承』, 호리쓰분카샤(法律文化社), 2011년, 16쪽.

7 「平和敎育の今日的課題ー被爆體驗繼承の意義」, 『리소(理想)』 제591호, 1982년, 80쪽.

8 오사다 아라타(長田新) 편, 『原爆の子』, 이와나미쇼텐, 1951년.

9 무라카미 도시후미(村上登司文)는 이 시기를 '평화교육에 대한 정치적 규제'가 이루어진 시기로 보고 같은 양상의 사건을 기술했다(『戰後日本の平和敎育の社會學的硏究』, 가쿠주쓰출판회, 2009년, 76 - 78쪽).

10 『山形の敎育』, 야마가타 현 교원조합, 1958년.

11 무라야마 시로(村山士郎)는 이미 여기에 주목하여 소개하고 야마가타 현의 국민교육운동으로 자리매김하기는 했으나 전국적인 확산에 대해서는 언급하지 않았다(무라야마 시로, 『山形縣における國民敎育運動の展開』, 야마가타 현 국민교육연구소, 1972년, 141 - 143쪽). 또한, 『야마가타의 교육』을 비롯해 초기의 몇 가지는 57년에 일교조가 설립한 국민교육연구소에 보관돼 있던 것이다. 이러한 운영을 주도적으로 책임지고 있던 것은 우에하라 센로쿠(上原專祿, 운영위원장, 뒤에 연구회의 의장)이며, 공동연구를 통해 지역연구(이와테, 야마가타, 지바, 미야자키, 와카야마의 전신, 고치가 더해져 6개현)가 진행됐다. 그러한 의미에서 자료를 남기는 방법으로 고려할 필요가 있었고, 그 밖에도 마찬가지로 '전쟁체험기록'이 작성됐다는 것을 상상하기 어렵지 않다. 그러나 몇 가지 실수가 있었다 해도 본고에서 지적한 논점을 변경할 필요는 없다고 생각된다.

12 「敎育における戰爭體驗の繼承ー記錄·資料」, 『교육』 제18권 제1호, 1968년.

13 『교육』은 전쟁 전 이후의 교육과학연구회(이하, 교과연) 잡지로 51년에 복간됐다. 이가라시 아키라, 「전쟁교육의 기록 - '야마가타의 교육'에서」(『교육』 제8권 제10호, 1958년, 82 - 88쪽).

14 이토 노보루가 2년 전에 읽었다는 기술에서 연대를 추측해 보면 『야마가타의 교육』이
아니라 1957년 10월에 발행된 야마가타 현 교원조합 니시오키타마(西置賜) 지구지부의
『戰爭と敎育の記錄』일지도 모른다. 『戰爭と敎育の記錄』에는 21편의 작품이 게재됐
고 그 중 8편이 『야마가타의 교육』에 재개됐다. 이러한 사실을 통해서 볼 때 아마도 지
부 단계에서 문집이 만들어지고 그 속에서 선택된 것이 『야마가타의 교육』에 재게됐
다고 여겨진다. 1951년에는 이와테현 교원조합편『めばえ』가 발간되지만, 이것은 「아
이와 교사의 평화기록」이라는 부제로, 분명 이치노세키(一關) 공습과 만주에서의 귀환
등 아이들의 '전쟁의 비극적 체험'이 적혀 있기는 하나 교사의 기록은 전쟁교육을 반
성하는 것이 아니라 한국전쟁이 일어났을 때 재군비 반대를 주장하기 위한 것이었다.

15 전자는 구사가 다카히로(草賀貴弘, 덴도[天童]초등학교, 1929년생)이고, 후자는 곤노 다케조
(今野竹藏, 하기[萩]초등학교, 1915년생)의 수기이다. 둘 다 스도 가쓰조(須藤克三)·마카베 진
(眞壁仁)·모리 겐지(毛利健治) 감수, 『せんそうしないでください』(민슈샤[民衆社], 1981
년)에서 읽을 수 있다. 여기에는 '전쟁교육의 기억'에서 7편이 재록됐다. 이런 경위에
대해서는 스가이 와스케(須貝和輔)의 「평화교육·그 원칙적 시점을 – 전쟁체험·기록영
화 제작 과정에서」(『國民敎育』제55호, 1983년) 참조.

16 젠모치에 관한 자세한 연보나 저작목록이 정리돼, 그 전체상을 밝히기 위한 조건이 모
였다[야나기사와(柳澤), 2012년]. 인용한 [젠모치, 1960년]에서는 제18회 정기대회(사카
에[寒河江]대회)라고 했으나 연보에서는 1957년의 사카에대회는 제16회 대회이며 그 의
안서에서 "구체적인 평화운동의 전개"로써 "전쟁과 교육의 반성기록"을 기록하자는 제
안을 확인할 수 있다.

17 일본교직조합, 『日敎組十年史』(1958년, 419쪽). 학교백서운동은 학교기본조사 등을 근
거로 『학교백서』를 작성해 그것을 부모·지역주민에게 적극적으로 알리고 교육조건을
개선하기 위한 국민운동이었다(일교조, 『일본의 학교백서』, 1958년).

18 야마모토 노부요시(山本信良)·곤노 도시히코(今野敏彦), 『大正·昭和敎育の天皇制イ
デオロギー Ⅱ』(신센샤[新泉社], 1986년)에서는 『사이타마의 교육』에서 세 편의 수기를 인
용해 '군국주의교육의 실태'를 담았다(467쪽, 469쪽, 470쪽).

19 그 밖에도 『きび』(오카야마 현 교원조합, 1959년)에서는 임시 증간호에서 '전쟁체험기록집'
이 포함돼 50편에 이르는 아이들과 교사의 수기가 수록됐고 "그저 아이들일 뿐이었다"
며 교사가 남긴 회한의 말이 기록됐다.

20 『日本の敎育第 二四輯』, 히토쓰바시쇼보(一ツ橋書房), 1975년, 523쪽.

21 우치미 아이코(内海愛子)·오누마 야스아키·다나카 히로시(田中宏)·가토 요코(加藤陽子),

『戰後責任 アジアのまなざしに應えて』, 이와나미쇼텐, 2014년, 132쪽.

22 요시모토 다카아키·다케이 데루오,『文學者の戰爭責任』, 아와지쇼보(淡路書房), 1956
    년. 이후『요시모토 다카아키 전집4 1952-1957』, 쇼분샤(晶文社), 2014년, 326쪽.

23 「教育科學の科學性」,『教育』제7권 제10호, 1957년.

24 『國家惡』, 주오코론샤(中央公論社), 1957년.

25 무나카타 세이야(宗像誠也),『私の教育宣言』(이와나미신서, 1958년). 사토 히로미(佐藤廣美)
    는 무나카타의 '국민의 교육권론'이 스스로의 전쟁책임 추구와 불가분의 관계에 있다
    는 것, 그리고 거기에는 오쿠마 노부유키(大熊信行)의『국가악』에 대한 응답이 있다고
    지적했다(「戰後教育學と戰爭體驗の思想化」,『戰後日本の教育と教育學』교육과학연구회편, 가모가
    와(かもがわ)출판, 2014년, 33쪽). 또한, 이와는 별도로 오쿠마의 존재가『야마가타의 교육』
    에 전쟁책임의 시점이라는 측면에서 어떤 영향을 미쳤는지 하는 점도 검토해야 할 논점
    이다. 1947년 무렵에 자주적인 교육연구로 "오쿠마 노부유키를 중심으로 한 교육문제
    연구회가 있었고 요네자와와 야마가타에서 대화가 이루어졌"고, "후나야마 겐지(船山
    謙次)·하세가와 고지(長谷川浩司)·고세키 다로(小關太郎) 등이 멤버였다." 고세키는 1948
    년에 니시오키타마 교육좌담회를 발족시키고 이후로 교과연 등록 서클로서 교육연구
    에 몰두했다(『山形縣敎職員組合四十年史』, 1987년, 321쪽). 또한, 스도 가쓰조, 겐모치 세이
    이치의 구상대로 1956년에 제1회 야마가타현 청년부인문화회의가 열렸는데, 발기인
    의 이름에서 오쿠마를 찾을 수 있다(기타기와[北河], 2014년, 133쪽). 이 모두는 방증에 불과
    하지만 오쿠마의 전쟁책임론이 겐모치와 고세키 등에게 영향을 미쳤을 가능성은 높
    을 것으로 여겨진다. 아카자와 시로(赤澤史朗)는 오쿠마 등의 전쟁책임론이 전쟁책임을
    '추구는 자신에 대한 반을 포함하지 않는 성급한 전범 추구'에 대해 강한 저항 속에서
    생겨나, 전후 민중의식 속의 깊은 흐름으로 맺어졌다고 지적했다. 거기에는 "미약하지
    만 자신의 전쟁협력에 대한 반성이 보이고", "전후 민중의식이 전개됨에 따른 어떤 종
    류의 가능성을 보여 준다"고 전망했다(「知識人の戰爭責任論-大熊信行と中野好夫」,『歷史學硏
    究』제507호, 1982년). 교사 자신이 전쟁책임·전후책임을 추궁하는 것은 이 지점에 서려는
    것이다.

26 겐모치 세이이치,『北方の教育-運動の擴がりとそれを支えた人間群像』, 민슈샤
    (民衆社), 1974년, 70쪽.

27 야마다 도키,「十年のあゆみ」,『氣流』제42호, 1960년.

28 겐모치는『교육홋포』창간호 권두글에서, 전쟁 전의 홋포 성교육운동의 전통을 한층 발
    전시키겠다고 선언했다. 여기에서 말하는 전통이란 '전쟁 전에 빛나는 도호쿠의 아

이들'을 앞에 두고 교사들이 "행복을 위해서 무엇을 해야 하는지 추궁하"면서, "교육
을 생활 현실에 뿌리내리도록 하기" 위해서 생활작문을 해야 한다고 하면서 도호쿠의
가혹한 생활을 타개하고자 하는 의욕과 방법을 아이들에게 익히게 하려고 했다. '생활
작문'을 종용하는 교사들은 국어나 작문의 틀'을 벗어나 '생산 구조와 문화 문제로' 연
관시켜, 교육 전체의 구조를 고려하려고 했다(「タカマガハラ敎育と"北方性"」, 『敎育北方』제1
호, 1957년, 뒤에 『劔持淸一敎育論集 第一卷 敎科の思想』, 민슈샤[民衆社], 1973년)[우스이(臼井), 2013
년]).

29 겐모치 세이이치,「제5차 교육연구집회를 뒤돌아보며」,『야마가타의 교육 – 제5차 교육
    연구보고집』, 1955년, 264쪽.

30 『ことごとくの聲あげて一戰爭敎育の記錄特集號』, 최상지부청년부 부보11호,
    1961년.

31 히다카 로쿠로,『戰後思想を考える』, 이와나미신서, 1980년, 32 – 34쪽.

32 「戰爭敎育の記錄運動」,『敎育評論』제106호, 1961년.

33 나가야마 이치로(永山一郎)는 시집『땅속의 이국(地の中の異國)』(1956년, 2012년 재판,
    LEGENDS)을 간행하는데 1964년 오토바이 사고로 사망한다(향년 29세). 본고에서 인용
    한 것은 모두『永山一郎全集』(도쥬샤[冬樹社], 1970년)에 수록된 것이다.

34 1949년부터 교사로 일하던 야타가와 가즈오(谷田川和夫, 1928년생)의 발언[역사교육자협
    의회, 1997년, 351쪽].

35 오구시 준지(大串潤兒),「國民的歷史學運動の思想・序說」,『歷史評論』(제613호, 2001년).
    근래에는 국민적 역사학운동과 생활기록운동에 대한 새로운 관심에서 검토가 진행되
    고 있다. 나리타 류이치,「當事者性と歷史敍述一1950年代前半の經驗から」(『歷史學
    のポジショナリティー歷史敍述とその周邊』, 아제쿠라쇼보[校倉書房], 2006년), 기지마 아쓰시(鬼
    嶋淳),「1950年代の歷史敍述と學習方法一「昭和史」・歷史敎育・生活記錄」(오카도 마
    사카쓰[大門正克]편,『昭和史論爭を問う一歷史敍述することの可能性』, 일본경제평론사, 2006년), 고
    쿠니 요시히로(小國喜弘),『戰後敎育のなかの〈國民〉』(요시카와고분칸[吉川弘文館], 2007
    년) 등이 있다.

36 『石間をわるしぶき一國民的歷史學と歷史敎育』, 지레키샤(地歷社), 1973년, 347 –
    348쪽.

37 사토 노부오(佐藤伸雄)・우메다 긴지(梅田欽治),「國民の歷史意識と歷史學」,『講座 日
    本史10』, 도쿄대학출판회, 1971년, 213쪽.

38 현대사교육연구회, 「'어머니의 역사'를 읽고」, 『역사지리교육』제8호, 1955년, 40쪽.

39 『역사지리교육』제7호, 1955년, 37쪽.

40 『歷史地理敎育』제24호, 1957년, 뒤에 『歷史學から歷史敎育へ』(이와자키쇼텐[岩崎書店], 1980년). 나중에 오에 가즈미치(大江一道)는 "역사교육운동의 입장에서도 정말 큰 역할을 해냈다"고 한 것이 이 강연이었다고 기술했다(「近·現代史の硏究と實踐」, 『歷史地理敎育』제100호, 1964년).

41 그런 의미에서 '어머니 역사'의 원형에 가까운 실천은 스가노 요(菅野與, 다무라[田村]고등학교, 1933년생)의 경우일지도 모른다. 「제2회 후쿠시마현 역교협연구집회 보고」(『歷史地理敎育』제32호, 1958년)에서 소개됐는데 스가노는 다무라고교의 여학생 반을 담당하면서 가족제도 속에서의 '어머니 해방'과 여학생의 미래를 함께 보면서 '어머니의 역사'에 대해서 쓰게 했다(스가노 요, 『「母の歷史」と「成長の記錄」—昭和30年代·田村高校敎育實踐の記錄(Ⅰ)』, 레키시슌쥬[歷史春秋]출판, 2011년).

42 이에나가 사부로·마루키 마사오미, 『歷史敎育と人間形成—變革をめざす歷史認識』(메이지도쇼[明治圖書], 1958년). 마루키의 「中學校の實踐」(나가즈 가즈지[長洲一二]편저, 『戰爭をどう敎えるか 平和敎育の新しい展開』, 메이지도쇼, 1963년)도 참조할 것. 「戰爭を敎えた記憶(檢討素材)」, 『生活敎育』(제201호, 1965년)에서는 "민족의 전쟁체험에 결절시키며 지도한다"고 했다.

43 『ひき裂かれて—母の戰爭體驗』, 지쿠마쇼보, 1959년.

44 교연레포트는 종이 폭의 관계 때문에 보고연도와 보고자의 소속 단위노동조합, 이름만 기술한다. 원문자 숫자는 분과회.

45 시부야 다다오, 「太平洋戰爭」(향토교육전국협의회, 『生活と敎育』제93호, 1967년, 뒤에 『地いきからの目—奧丹後の社會科敎育』, 지레키샤[地歷社], 1978년). 시부야의 저작목록·연표 등은 「시부야 다다오 교육실천자료집」에 실려 있다[우스이, 2013년].

46 본고에서 소개한 교연레포트 내용을 짧게 정리한 것으로, 니야 세이노스케, 「父母の戰爭體驗と高校生—平和の思想と歷史敎育の基礎」(『敎育』제18권 제1호, 1968년)이 있다.

47 전쟁체험자가 감소하는 상황에서 '묘지 조사'는 이후 하나의 표준이라고 할 정도로 다루어지며 조사방법을 포함해 교과서에 게재되고 있다. 그 형태를 만든 것이 와타나베 아키라(渡邊明)의 뛰어난 실천, 「小學校3年で戰爭をどう敎えたか—地域との取組で」(『歷史地理敎育』제219호, 1973년)와 「「お墓調べ」から入る戰爭學習」(『歷史地理敎育』

제687호, 2005년)이 있는데 한자와도 이미 이 시점에서 무덤 조사에 주목하고 있다. 한자와의 〈역사교사〉로서의 자리매김은 [곤노, 2014년]을 참조할 것.

48 『福島市淸明學區の歷史』, 총 435쪽, 후쿠시마 시립 세이메이 초등학교 부모와 교사의 모임, 1970년.

49 가와오카 쓰토무(川岡勉), 「地域史の課題と歷史科學運動一篠崎勝·黑田俊雄の業績を手がかりに」(『歷史科學』제164호, 2001년). 원래는 에히메의 지역사회사론을 검토해야겠으나 지면 폭의 관계로 생략이 불가피하다. 『篠崎勝著作選集-地域社會史論の形成と展開』(긴다이시[近代史]문고, 2001년), 후루야 나오야스(古谷直康), 『ここに生きて』(사가[私家]판, 2004년) 참조.

50 『敎師の戰爭體驗の記錄』, 이와테(岩手)현 이치노세키 국민교육연구회편, 노동순보사.

51 그 뒤에 이 연구회의 중심적 멤버였던 시미즈 세이이치(淸水淸一)는 이러한 태세를 인지하고 정말로 그러한 '전쟁체험'이 후배들을 위해 길을 열어줄 것인지에 대해서 지속적으로 생각한다. 그리고 지역의 '전쟁체험'을 발굴하는 것이 단순하게 전쟁 중의 체험을 기록하는 것이 아니라 기록되지 않은 '저항'을 발굴하는 것이야말로 의미가 있다고 했다. 여기에서 발굴한 것이 '아카나와'(유골이 든 하얀 나무상자를 붉은 끈으로 묶어서 되돌아온 것, 불경죄·치안유지법 위반·육군형법 위반 등)이다(시미즈 세이이치, 「"あかなわ"をどう敎えたか」, 『季刊平和敎育』제2호, 1976년).

52 나가사키현 피폭교사 모임/평화교육자료편집위원회편, 『ながさきの平和敎育Ⅲ-계속해서 원폭을 가르치며』, 1977년, 12-13쪽.

53 나가사키 현 교직원조합 나가사키 총지부/나가사키 시 원폭피폭교사의 모임편, 로도준보샤, 1970년. 여기에는 조잔(城山)초등학교의 아라카와 히데오(荒川秀男)를 비롯해 11명의 체험과 증언이 게재돼 있다.

54 『未來を語りつづけて-原爆體驗と平和敎育の原点』, 노동순보사, 1969년.

55 이시다 아키라(石田明), 『被爆敎師』(히토쓰바시쇼보[一ッ橋書房], 1976년, 274-280쪽), 후나바시 요시에(舟橋喜惠), 「廣島の平和敎育一その1」(『廣島平和記念資料館資料調査研究會』제5호, 2009년, 52-53쪽).

56 『私たちの江東區紙』, 고토쿠 중학교 사회과연구회.

57 『炎の街-東京空襲三月十日』, 하토노모리쇼보(鳩の森書房), 1971년.

58 네기시 이즈미, 「東京大空襲」(도쿠타케[德武]·야마시타[山下], 1972년)과 「"東京大空襲"を
どう敎えるか」(『歷史地理敎育』제193호, 1972년) 등을 참고로 정리했다. 그리고 1971년에
공습·전재(戰災)를 기록하는 모임의 전국연락회의가 발족했다.

59 하나오카 사건에 관해서는 노조에 겐지(野添憲治)를 비롯해 많은 조사연구가 있다. 여
기에는 주요한 교육실천이 수록되었고, 권말에 교육실천자료목록에 대해서 하나오카
의 연고지·일중불재전우호비(日中不再戰友好卑)를 지키는 모임편『花岡事件六十周年
記念誌』(사가판, 2005년)을 제시했다.

60 「戰爭認識をどう深めるか」, 『역사지리교육』제177호, 1971년.

61 가해자 의식 문제에 관련해서는 현재 실천의 단계까지를 검토 대상으로 더했다[곤노,
2014년b]. 특히 구로하 기요타카(黑羽淸隆)의 「加害者になるところまで苦しめられ
追いつめられた被害者」(『歷史地理敎育』제362호, 1984년)라는 관점은 중요하다.

62 교토 부립 기타쿠와다(北桑田) 군 미야마(美山) 정립 하치가미네(八ヶ峰)중학교편, 무라
야마 시로·구도미 요시유키(久富善之)·미카미 가자오(三上和夫) 해설, 『平和を語る學
校ー學びがいある中學生活』(로도준보샤, 1986년), 나카무라 게이코(中村惠子), 「「平和
を語る學校」で得たもの」(『作文と敎育』, 1987년 1월호). 구체적인 작품으로는 「海の木の
一の枝」(지도: 야마우치 다카시[山內崇])『作文と敎育』, 1982년 7월호 임증(臨增)호, 「聲な
き號泣」(지도: 나카다 노리코[中田範子])『作文と敎育』, 1983년 7월 임증호, 「富實夫の
シャツ」(지도: 나카무라 게이코)『作文と敎育』, 1984년 7월호 임증(臨增)호. 또한, 고우타
에이코(古宇田榮子)는 이들 작품을 문장 표현이라는 시점에서 정성껏 읽어냈다(「戰爭と
平和、そして生き方を學ぶ聞き書き學習」, 『月刊國語敎育』, 2010년 10월호).

63 『きょうという日を生きてー敎師·父母·生徒が考える「戰爭と敎育」』(로도준보샤
[勞動旬報社], 1970년).

64 『子どものしあわせ』, 1969년 8월호.

65 야카비 오사무, 『沖繩戰、米軍占領史を學びなおすー記憶をいかに繼承するか』,
세오리쇼보(世織書房), 2009년, iii항.

66 다구치 히로시(田口裕史), 『戰後世代の戰爭責任』, 기노하나샤(樹花社), 1996년, 92쪽.

코메모레이션의 행방ー전쟁의 기억과 미술관/스즈키 가쓰오鈴木勝雄

1 『역사학연구』330호, 특집 '메이지 100주년제' 비평ー현대 파시즘의 사상과 운동, 1967

년, 34쪽.

2 『日本史シリーズ21 太平洋戰爭』, 세계문화사, 1967년 3월 간행.

3 「메이지 백년과 역사 붐」, 『이코노미스트』, 1967년 6월 27일호, 79쪽.

4 「被接收文書の返還等について」, 『국립공문서관연보』, 1972년, 37 – 43쪽.

III 끝나지 않은 전쟁

오키나와전의 기억이 현재에 호소하는 것은 무엇인가/도베 히데아키戶邊秀明

1 '집단자결' 문제의 자세한 경과와 오키나와를 둘러싼 역사수정주의의 동향에 관해서는
   [이시야마, 2008, 岩波書店, 2012, 沖縄タイムス社, 2008]을 참조하길 바란다.

2 『沖縄ノート』, 이와나미신서, 1970년.

3 그래서 본 논고에서 다루지 않는 1990년대 이전의 오키나와전 인식의 변천에 관해서는
   구체적으로는 전기문학과 전쟁체험기[도리야마, 2006년, 나카호도, 1982년, 요시하마,
   2000년], 민중문화의 위령·추도[기타무라, 2009년]에 관한 각각의 세부연구를 참조하
   길 바란다. 또한 오키나와에서 오키나와전 연구나 박물관전시 시도가 민중의 전쟁체험
   을 이어받아 대항 기억의 형성에 얼마나 기여해 왔는가에 관해서는 오시로 마사야스(大
   城將保)의 자기검증이 중요하다[시마, 1983년].

4 〈기억의 장〉이라는 개념이 동아시아 현대사에서 가지는 유효성에 관해서는 [사카가키
   외, 2011년]을 참조.

5 아니야, 2008년, 오키나와 현 나병 증언집편집총무국, 2006 – 2007년, 오키나와여성사를
   생각하는 모음, 2013년 등.

6 또한 본고에서는 본서 전체의 과제 설정에 따라 '집단자결' 연구의 시점과 방법에 특화
   하여 검증한다. 연구상 구체적 사실 해명과 관련된 과제와 달성에 관해서는 졸고[도베,
   2009년]에 보다 자세히 지적하고 있으니 참조하기 바란다.

7 야카비의 오키나와전 인식의 아이덴티티론의 변천에 관해서는 졸고[도베, 2013년]를 참조해 주었으면 한다.

8 류큐호(역주: 남큐슈에서 대만에 이르는 호상 열도)를 기록하는 모임 제작, 「島クトゥバ(시마쿠토바: 류큐 방언)で語る戰世」.

9 『軍神』, 中公新書, 2007년.

10 이러한 야카비의 사상과 연관된 것으로 오키나와에서 누구보다 젊은 저자의 진지한 모색[미야히라, 2014년]이 있음.

11 물론 이러한 정신의 릴레이에 '연좌농성' 현장을 초월해 연계하고 확장시키는 역할을 해내는 매체의 존재는 빼놓을 수 없다. 1993년 이후 20년 넘게 잡지 『케시카지(けーし風)』 발행이라는 운동이 칭송이나 부정을 넘어, 일본의 주요 미디어가 소비하고자 하는 '짜증내는 오키나와인'과는 별도로 저항하는 오키나와상을 계속적으로 전달하고 있다[도베, 2013년].

12 아리쓰카, 2014년, 일한공동「일본군위안소」, 미야코지마 조사단, 2009년, 다이라 외, 2007년 등.

식민지 책임론 — 대만을 중심으로/마루카와 데쓰시丸川哲史

1 「日華平和条約(일본국과 중화민국 사이의 평화조약)」データベース『世界と日本』日本政治·国際関係データベース, 東京大学東洋文化研究所, 1952년 4월 28일 서명, 조약집 제30집 제56권에서.

2 三谷太一郎, 『近代日本の戦争と政治』岩波書店, 1997년, 76-77쪽.

3 杜繼平, 「反サービス貿易運動への批評(一)―反サービス貿易運動、グローバリゼーション、階級問題(評反服貿運動之一:反服貿運動、全球化與階級問題)」, 『批判與再造(復刊版)』참조.

4 시바 료타로의 기행문집『街道をゆく』제40권에 수록됐다. 『週間朝日』1993년 7월 2일호에서 1994년 3월 25일호까지 연재되었다. 단행본은 1994년 발행되었다(朝日文庫版은 1997년 6월 1일 발행).

5 신인물왕래사판『아시아의 고아』가 발행되기 전에 우쳐류의 일에 주목했던 사회사상사(社会思想社)는 1972년, 우쳐류가 전쟁 전의 궤적을 소설화한 『진창에서 살다(泥濘に生き

る)』 및 전후 대만의 2·28사건을 포함한 혼란상황의 그린 「무화과(無花果)」도 포함되어
있는 자전적 에세이 『동틀 녘(夜明け前)』을 출판했다. 이 시기가 우줘류가 일본 소개된
일종의 절정기라고도 볼 수 있을 것이다. 또한 2.28사건이란 1947년 2월 28일 담배 암
시장을 감독하려던 일본군이 상인에게 실탄을 발포한 것이 시발점이 되어 발생한 폭력
소요 사건으로, 국민당 정권은 군대를 파견해 반란을 진압했다. 피해자 수는 정확히 확
정되지 않았으나 현재 본성인(1945년 이전부터 대만에 거주했던 사람들)과 외성인(1945년 이후에
중국대륙에서 건너가 대만에 거주하게 된 사람들)과의 대립을 그린 에스닉적 관점도 존재하기는
하지만, 국민당정권의 정치적 무능에 대한 반발 때문에 대륙 중국에서도 같은 성격의
사건이 발생하고 있기 때문에 2.28사건은 오히려 「국민당정권VS대륙 + 대만 민중」이라
는 구조로도 그릴 수 있다.

6 1963년에 발간된 평론집『近代文學の傷痕』(普通社,一九六三年)수록 논문. 많은 이에 의
해 회자되는 「大東亞文學者大會」, 「大東亞共同宣言と二つの作品 -「女の一生」,
「惜別」-」, 「台湾文学についての覚書」 등의 논문과 함께 수록되어 있다.

7 「決戰下の台灣文學」, 『近代文學の傷痕』普通社, 1963년, 163 - 164쪽.

8 『アジアの孤児』新人物往来社, 1973년, 223 - 224쪽. 『아시아의 고아』는 어디까지나
소설이라고 하는 형식으로 문제제기를 하고 있으나 이 작품이 중국대륙을 하나의 무
대로 설정하고 있다는 점에서는 역시 다른 소설에서 볼 수 없는, 마치 내면에서 용솟음
치는 충돌을 분출시키는 것 같은 독자적인 구성을 하고 있다. 그 가운데에서도 가장 눈
에 띄는 것은 통역관이 된 후타이밍이 중국전선에서 파견되는 과정에서 항일중국인병
사 「테러 대장」이 처형되는 장면이다. 「테러 대장」이라는 말이 상징하는 바와 같이 이
장면에서 통역관 후타이밍은 주체로서의 자기 자신의 시점이 어디까지나 일본 측에 위
치하고 있었다는 것을 깨닫게 된다. 그리고 후타이밍은 마지막 처형 장면에서 정신을
잃는다. 바로 이 부분이야말로 대만인의 역사적 아이덴티티의 위기 그 자체를 명확하
게 표현하고 있는 것이 된다.

9 「日本統治と台灣知識人 -某教授の死と再出發 -」, 『暖流』第五號, 一九六四年二
月所收. 後に大幅に加筆して戴の單著『日本人との対話』, 『新しいアジアの構図』,
『台灣と台灣人』, 『戴國煇著作選 I 客家・華僑・台灣・中國』에 수록.

10 「日本統治と台灣知識人 -某教授の死と再出發一」, 『戴國煇著作選 I 客家・華
僑・台灣・中國』みやび出版, 2011년, 19 - 20쪽.

11 前掲, 『戴國煇著作選 I 客家・華僑・台灣・中國』, 22쪽.

12 「孤兒の歷史、歷史の孤兒一『アジアの孤児』試論(孤兒的歷史, 歷史的孤兒一試評『亞細

亞的孤兒」)」(初出: 一九七六年 十月 雜誌『台灣文藝』第五三期), 『陳映眞文集』中國友誼出版
社, 1998년, 155쪽 인용.

13   前揭, 『陳映眞文集』, 165쪽 인용.

14   자전적 에세이 「뒷길」에 다음과 같은 백색테러 시대의 기억이 기술되어 있다(필자 번역).

> 1950년 여름 그는 초등학생 6학년이 되어 있었다. 담임선생님이 진학클레스의 수업에
> 서 『중앙일보』를 가져와 한국전쟁 소식을 이야기해 주었다. 또 그해 가을 남양과 중국전
> 선을 거쳐 복귀한, 폐병으로 안색이 나빴던 교사―그는 같은 반의 어느 소작농의 아들
> 에게 따귀를 맞은 일도 있었다―우(吳)선생은 새벽녘에 군용지프에 실려 끌려갔다. 그
> 릇 장수였던 모친은 홀로 남겨져 가만히 어두운 집 안에서 눈물지으며 살아갔다. 그리
> 고 겨울, 그의 집 뒤에 살았던 외성인 루(陸)누님과 그의 형, 그리고 여동생도 뿔뿔이 앵
> 전(鶯鎭)과 타이난(台南)의 제당공장으로 끌려가고……백색테러와 숙청의 냉랭한 공기가
> 여기저기에 흘러넘치고 있었다. 1951년 그는 타이페이에서 중학생이 되었다. 매일 아
> 침 타이페이역의 개찰구를 나올 때 군용트럭이 멈춰서 있는 것이 보였다. 두 명의 헌병
> 이 내려서 큼직한 공지사항을 역 게시판에 붙이는 것이었다. 그 공지에는 이름 리스트
> 가 열거되어 있었는데 이름 위에 붉은색 먹으로 사람을 때려 부수기라도 할 듯한 「∨」
> 가 일렬로 표기되어 있었다.

15   「山路」, 『文季』第三期, 1983년. 인용은 『陳映眞代表作』河南文藝出版, 1997년, 376
쪽. 흥미롭게도 위에서 언급한 河南文藝出版을 포함하여 대륙 중국의 혁명에 대한
의심(疑義)이 기입되어 있는 이 편지 내용을 포함한 「山路」가 대륙 중국에서 천잉전의
저작집에 그대로 게재되어 있다.

16   마쓰나가 마사요시가 쓴 천잉전론인 「台灣文學の現在 - 陳映眞の場合」(『凱風』凱風
社, 1984년 수록) 중에 다음과 같이 「산길」의 의의에 대해 논하고 있는 구절이 있으나 이
는 천잉전의 의도를 잘 파악하여 소개하는 비평이다.

> 생각해 보면 사르트르가 "수많은 승리 중에 가장 인간적인 승리"라 칭한 중국혁명
> 은 이른바 최고도의 모럴을 체현하는 혁명인 듯이 보인다. 문학자로서의 천잉전도
> 또한 '중국'을 그 모럴상으로 받아들였고 바로 그렇기 때문에 지금 그런 물음을 되
> 물어야 된다는 절박감을 갖게 된 것은 아니었을까. 또한 중국혁명의 변질과 그것
> 을 강하게, 그것을 허락하는 소비사회의 현실(다국적기업으로 특징되는 '근대' 자체)에 직
> 면하면서 "혹여 대륙의 혁명이 타락한 것이었다면…"이라는 물음을 들었을 때, 천
> 잉전은 이른바 중국 전체의 미래와 그것을 담당해야 할 모럴 형성 등을, 그 고립하
> 는 일신으로 받아들인 것이 된다.

17   구체적인 후지이 · 마쓰나가 논쟁의 출전을 소개하면 다음과 같다.

① 藤井, 「陳映真氏に反駁する一拙著『台湾文学この百年』への誹謗中傷をめ
ぐって」, 『東方』281호, 東方書店, 2004년 7월.

② 松永, 「台湾にとっての日本の意味一藤井省三氏への意義」前掲『東方』285
호, 2004년 11월.

③ 藤井, 「誹謗中傷の容認は東アジアの言論自由を脅かす」前掲『東方』288호,
2005년 2월.

④ 松永, 「台湾を考えるむずかしさ」292호, 2005년 6월.

⑤ 藤井, 「東アジアの学問自由を脅かす"正直者学者"たち一陳映真・松永正
義・『文芸報』三者の""文学台独"大批判"をめぐって」

*이 중 ②와 ④가 마쓰나가의 저서 『台湾を考えるむずかしさ』(研文出版, 2008년.)
에 수록되어 있다.

IV 화해는 가능한가

'위안부' 문제가 드러내는 일본의 전후/이와사키 미노루岩崎稔 · 오사 시즈에長志珠絵

1 『「慰安婦」問題を/から考える一軍事性暴力と日常世界』, 이와나미쇼텐, 2014년.

2 이와사키 미노루, 스테피 리히터(Steffi Richter), 「歴史修正主義」, 『岩波講座アジア・太
平洋戰爭 1』, 이와나미쇼텐, 2005년.

3 和田春樹, 『慰安婦問題の解決のために一アジア女性基金の經驗から』, 헤이본샤
신서, 2015년.

4 정부위원은, 1990년 6월 6일의 답변 "정부위원(시미즈 쓰타오[清水傳雄] 군) 종군위안부라
는 것에 대해서는 (중략) 역시 민간업자가 그런 분들을 군과 함께 데리고 다녔다"는 내
용에 대해서 1991년 4월 1일 같은 참의원 예산위원회에서 '조선인 종군위안부에 대한
조사'와 관련해, "당시 후생성 근로국도 국민근로동원서도 조선인 종군위안부에 대해
서는 전혀 관여하지 않았다", "조선인 종군위안부에 대해 조사해야겠기에 노력했습니
다만, 그 경위 등 전혀 상황은 알 수 없고 단서가 없다"고 정부의 책임을 부정했다.

5 1962년 4월 11일, 중의원 사회노동위원회에서 일본사회당의 고바야시 스스무(小林進)

중의원 의원의 발언. 전체 문맥은 원호법 적용 범위와 관련한 논의였다. 1968년 4월 26일에도 원호법 개정을 둘러싸고 같은 위원회에서 마찬가지의 논의가 전개돼, "대동아전쟁 당시, 제1선 등, 이른바 전장으로 위안부가 상당히 파견됐다"고 위원은 대답했다. 그리고 준 군속으로서 "과거에 5,60명 (원호법을) 적용됐다"는 인식을 드러냈다. 군대의 말단 존재로, 국가와의 고용관계 및 그 죽음까지를 포함한 군에 대한 공헌도를 고려할 때, 국가보상배분의 가능성과 관련한 논의가 있었다는 사실을 알 수 있다. 이러한 군 '위안부' 제도와 그 존재를 전제로 한 논의는 1952년 이후, 국회 논의 속에서 복수 확인할 수 있으나 주로 사회보장이나 원호법 적용의 문맥에서였으며 거기에서 상정된 것은 '일본인 위안부'였을 것이다.

6 요시미 요시아키, 「戰爭記憶、戰爭記「從軍慰安婦」關係記錄の問題を例として」 국문학연구자료관사료관편 『アーカイブズの科學(上)』, 가시와쇼보(柏書房), 2003년.

7 1973년 6월 27일 중의원 법무위원회, 1973년 7월 4일 같은 위원회, 아카마쓰 이사무(赤松勇) 위원.

8 『私の戰爭犯罪』, 1983년. 한국판『나는 조선사람을 이렇게 잡아갔다』, 청계연구소출판국, 1989년.

9 1985년 2월 14일 중의원 예산위원회. 이 문제는 3월 8일 예산위원회 제1분과회에서도 공명당 의원의 주도로 논의가 이루어졌다. 단, 2월을 포함해 전체 문맥을 보면 조선인 강제연행과 징용공 유골 문제에 대한 문제제기가 이루어졌다.

10 『아사히신문』, 1984년 11월 2일 석간.

11 야스마루 요시오(安丸良夫), 「「慰安婦」問題と歷史學—安丸良夫氏に聞く」(청취자/나리타 류이치·이와사키 미노루·오우치 히로카즈[大內裕和]) 일본의 전쟁책임자료센터편, 『シンポジウム ナショナリズムと「慰安婦」問題』, 아오키쇼텐(靑木書店), 1998년.

12 원문은 http://www.mofa.go.jp/mofaj/area/taisen/kono.html.

13 "종합적으로 판단해서, 분명히 그들의 의지에 반해서 위안부가 된 사람들이 16명 중에 있다는 것은 틀림없습니다." "그 조사단의 보고를 기초로 정부의 강제성이 있었다고 인정한 것입니다."(「인터뷰 이시하라 노부오」위안부문제 여성기금 디지털기념관, http://www.awfor.jp/pdf/k0003.pdf, 인터뷰 일시, 2006년 3월 7일, 지방자치연구기구회장실에서)

14 후지나가 다카시, 「「失われた二十年」の「慰安婦」論爭」, 역사학연구회·일본사연구회 편『「慰安婦」問題を/から考える—軍事性暴力と日常世界』, 이와나미쇼텐, 2014년.

15 일본어역, 『戰場の性』, 이와나미쇼텐, 2015년.

16 나가타 고조(永田浩三), 『NHK、鐵の沈黙はだれのために―番組改變事件10年目
    の告白』, 가시와쇼보(柏書房), 2010년.

17 미디어의 위기를 호소하는 시민 네트워크편, 『番組はなぜ改ざんされたか－
    「NHK・ETV事件」の深層』, 이치요샤(一葉社), 2006년.

18 上野千鶴子, 『ナショナリズムとジェンダー』, 세이도샤(青土社), 1998년.

19 사토 히사시(左藤久)역, 『和解のために－教科書・慰安婦・靖國・獨島』, 헤이본샤,
    2006년. 한국판, 『화해를 위해서』, 뿌리와이파리, 2005년.

20 『帝國の慰安婦―植民地支配と記憶の鬪い』, 아사히신문출판, 2014년. 한국판, 『제
    국의 위안부』, 뿌리와이파리, 2013년.

21 山下英愛, 『ナショナリズムの狹間から－「慰安婦」問題へのもう一つの視座』, 아
    카시쇼텐(明石書店), 2008년.

22 더욱이 기존의 개인보상을 막는 근거로 여겨져 온 1965년의 '한일청구권협정'이 타당
    한지와 한일회담 내용이 공개됐는지에 대해서는 오타 오사무(太田修), 「日韓會談文書
    公開と「過去克服」」(『歷史學研究』908호, 2013년) 참조.

23 우에무라기자응원대 편간『『ねつ造記者』ではない―不當なバッシングには屈しな
    い』, 2015년. 또한, 비난의 대상이 된 우에무라의 1991년 7월 17일 기사에서는 요시다
    세이지의 증언은 언급하지 않았다. 그리고 우에무라는 그간의 비난 피해 당사자로서
    아오키 오사무의 인터뷰에 응해, 요시다를 취재한 사실도 없다고 말했다(아오키 오사무.
    『抵抗の據點から―朝日新聞「慰安婦報道」の核心』, 고단샤, 2014년). 도대체 과거의 간행물이기
    도 한 「요시다 세이지」증언(『私の戰爭犯罪―朝鮮人强制連行』, 산이치쇼보(三一書房) 1983년)을
    1991년이라는 역사적 단계에서 참조할 필연성은 없었다.

24 『산케이신문』, 1991년 12월 6일 오사카판, 석간.

25 『산케이신문』, 1991년 12월 7일 오사카판.

26 후지나가, 앞 논문.

27 『산케이신문』, 1993년 8월 31일 오사카판.

28 니시노 루미코(西野瑠美子)・오노자와 아카네(小野澤あかね)편, 『日本人「慰安婦」―愛
    國心と人身賣買と』, 겐다이쇼칸(現代書館), 2015년 참조.

29 예를 들어 중일전쟁 때 일본군의 성폭력 피해자가 그 뒤에 가부장제 사회에서 받은

폭력에 대해서는 이시다 요네코(石田米子)·우치다 도모유키(內田知行)편,『黃土の村の性暴力』(소도사, 2004년)에 자세히 나왔다.

30 또한, 아사히신문 제3자위원회 보고 중 하나인 하야시 가오리(林香里)의 논문이 그것을 훌륭히 밝힌 것처럼 미국이나 유럽 신문 미디어에서 비판적으로 언급되는 '종군위안부 문제' 기사건수를 비약적으로 늘린 어휘는 근래에 들어서는 Hashimoto이며 Abe였다(하야시 가오리,「データから見る「慰安婦」問題の國際報道狀況」아사히신문 HP. 더욱이 보도검증 그 자체의 의미부여에 대해서는 하야시의「「報道檢證」はジャーナリズムによくするか—朝日新聞社第三者委員會委員の仕事を終えて」,『世界』, 2015년 5월호 참조).

31 이와사키 미노루,「歷史學にとっての記憶と忘却の問題系」, 역사학연구회편『現代歷史學の成果と課題1980—2000年 I 歷史學における方法的轉回』, 아오키쇼텐, 2002년.

전후사 속의 '화해' — 끝나지 않은 식민지지배 청산/우쓰미 아이코內海愛子

1 西松安野友好基金運営委員会編·発行『西松安野友好基金和解事業報告書』二〇一四年. 杉原達「中国人強制連行·西松安野和解事業とその意義 -『和解報告書』の刊行によせて」『歴史学研究』九三一号、二〇一五年、参照。(니시마쓰 야스노 우호기금 운영위원회편찬·발행,『니시마쓰 야스노 우호기금 화해사업보고서』, 2014년. 스기하라 도루,「중국인 강제연행·니시마쓰 야스노의 화해 사업과 그 의의 -『화해보고서』의 간행에 대해」, 역사학연구 931호, 2015년. 참조) 대법원의 부언(付言)에 있는「전기의 보조금」이란 패전 후인 1946년 3월 상공대신(商工大臣)의 지시로 중국인을 연행한 각 사업소에 국고에서 지급한 약 5,700만엔의「국가보상(國家補償)」을 말한다. 그리고 그 외 후생성(厚生省)도 일본건설 공업통제조합에 대해 보조금을 교부하였는데 이처럼 국가에 의해 기업에 지급된「보조금」을 말한다.

2 1942년 1월 1일 영·미의 대서양헌장에 의거하여 만들어진「연합국 공동선언」에는 1945년 3월까지 47개국이 서명했다. 이 선언은 각국이 가지고 있는 모든 물적·인적자원을 추축국(枢軸国)에 대한 전쟁 수행에 할당할 것. 독일, 일본, 이탈리아와 단독으로 휴전 또는 강화하지 않을 것 등을「선언」하였다. 중화민국도 이에 서명하였다. 아르헨티나는 이「공동선언」에는 서명하지 않았지만 1945년 3월 27일 일본에 선전포고하고 강화회의에 참가하고 서명하였다. 대한민국임시정부도 일본에 선전을 포고하였지만「공동선언」의 서명국은 되지 못하였다.

3 細谷千博,「サンフランシスコ講和条約と国際環境」, 와타나베 외, 1986년, 2쪽.

4 마에하라 미쓰오(前原光男),「紛争の解決、最終条項、不講和国との関係」, 국제법학
　　회, 1952년, 하단 121쪽.

　　마에하라는 "인도네시아, 파키스탄, 스리랑카(실론) 그리고 미얀마 등은 일본과 전쟁상
　　태에 들어가지 않은 이상 대일평화조약에 서명하는 것이 편의적으로 처리되었다지만
　　이론상은 이해할 수 없다"고 했다. 이론상 '이해할 수 없는' 이 국가들이 참가했다. 또한
　　미얀마는 강화회의에 참가를 거부해 서명국에 들어 있지 않다.

5 제1차 세계대전의 패전국인 독일에 대해 1919년의 베르사유 조약은 1,320억 마르크라
　　는 거액의 배상액을 결정했다. 이 천문학적인 배상액에 독일 경제는 피폐해져 나치의
　　대두로 연결되었다. 독일의 배상은 83억 7,820만 마르크로 협상되었다.

6 외무성조약국법규과,『平和条約の締結に関する調査Ⅲ』, 1962년.

7 조선인 전범은 2015년 지금도 일본정부에게 사죄와 보상을 요구하는 운동을 계속하고
　　있다.[内海二〇〇八、同一九九九]参照:[우쯔미 2008, 동1999] 참조.

8 外務省編,『初期対日占領政策 朝海浩一郎報告書 上』毎日新聞社、一九六八年。
　　永野真一郎、近藤正臣編『日本の戦後賠償アジア経済協力の出発』勁草書房、
　　一九九九年。村井吉敬編著、『徹底検証ニッポンのODA』コモンズ、二〇〇六年、
　　参照。: 외무성편,『초기대일점령정책 아사카이 고우이치로우 보고서 상』, 마이니찌 신
　　문사 1968년. 나가노 신이치로우, 콘도우 마사오미 편,『일본의 전쟁배상 아시아 경제
　　협력의 출발』, 케이소우 쇼우보우 1999년. 무라이 요시노리 편저,『철저 검증 니뽄의
　　ODA』, 코몬즈 2006년 참조.

9 사회 사상사를 연구하는 나카노 토시오(中野敏男)는 냉전에 의한 동아시아의 재편성이
　　「새로운 식민지 주의의 폭력과 국민화·주체화에 대한 충돌이 겹겹이 겹치는「새로운
　　지배」의 구도를 생산하였다」라고 하였으며 계속되는 식민지 주의를 지적하였다(中野敏
　　男編,『継続する植民地主義』青弓社、二〇〇五、一二 - 二一頁。: 나카노 토시오 외 편,『계속되는 식민
　　지주의』, 세이큐 출판, 2005. 12 - 21쪽).

10 중화국민과의 배상에 대해서는 [殷燕軍一九九六]参照: [은연군 1996] 참조.

11 한·일회담문서는「한·일회담문서전면공개를 요구하는 모임: 日韓会談文書全面公
　　開を求める会」사무국장 이양수 씨의 정보공유이며 일본 측의 문서는 문서 번호뿐
　　이며 문서명이 없다. 본 논문의 문서명은 오오타 오사무(太田修) 씨 외「もとめる会」
　　의 비공식적인 것이었지만 내용을 숙지한 후 중요하다고 판단되었기에 기재하였다.

12 7월 18일 델레스는 매스컴에 대해 (영)한국은 제2차 세계대전 중 일본과 정식적인 전

쟁상태가 아니었다. (러)한국은 전쟁 중 일본의 일부분이었으며 일본의 군사력에 기여하는 등의 이유를 설명하였다(UPワシントン発。日韓会談日本側文書一八六一、一三三頁:UP위싱턴 발. 한·일회담일본 측문서, 1861, 133쪽).

13 이 논쟁의 하나로 「「한국병합」 100년 한·일 지식인공동선언:「「韓国併合」一〇〇年日韓知識人共同宣言」이 있다. 「동 선언문」은 「한국병합에 있기까지 과정이 불의·부당한 것과 같으며 한국병합조약도 불의·부당한 것」이라고 이야기하고 있다[和田他二〇一三、四四-四九頁]: [와다 외, 2013, 44-49쪽].

14 2015년 4월 1일 「同進会結成六〇年集会」(衆議院第二議院会館):「동진회결성 60년 집회」(중의원 제2의원회관)에서 이봉래 씨의 발언

참고·참조문헌

I 문제의 관점視座 — '전쟁론'과 '전후론'

현대사회 속의 전쟁상과 전후상/나리타 류이치成田龍一

太田修「二つの講和条約と初期日韓交渉における植民地主義」李鐘元ほか編『歴史としての日韓国交正常化Ⅱ』法政大学出版局、二〇一一年。

北原みのり・朴順梨『奥さまは愛国』河出書房新社、二〇一四年。

渋谷望『魂の労働―ネオリベラリズムの権力論』青土社、二〇〇三年。

田中宏巳『マッカーサーと戦った日本軍―ニューギニア戦の記録』ゆまに書房、二〇〇九年。

波多野澄雄『国家と歴史―戦後日本の歴史問題』中公新書、二〇一一年。

林博史『戦後平和主義を問い直す―戦犯裁判、憲法九条、東アジア関係をめぐって』かもがわ出版、二〇〇八年。

樋口直人『日本型排外主義―在特会・外国人参政権・東アジア地政学』名古屋大学出版会、二〇一四年。

ヘイトスピーチと排外主義に加担しない出版関係者の会編『NOヘイト！出版の製造者責任を考える』ころから、二〇一四年。

マイク・モチズキ「未完の課題としての歴史和解」菅英輝編者『東アジアの歴史摩擦と和解可能性―冷戦後の国際秩序と歴史認識をめぐる諸問題』凱風社二〇一一年。

吉田裕『日本人の戦争観』岩波現代文庫、二〇〇五年。

吉田裕・森茂樹『戦争の日本史23アジア・太平洋戦争』吉川弘文館、二〇〇七年。

吉見俊哉『ポスト戦後社会』岩波新書、二〇〇九年。

冷泉彰彦『「反米」日本の正体』文春新書、二〇一五年。

渡辺治編『安倍政権論―新自由主義から新保守主義へ』旬報社、二〇〇七年。

계속되는 샌프란시스코 체제 — 정치·안전보장·영토/하라 기미에原貴美恵

浦野起央『南海諸島国際紛争史―研究・資料・年表』刀水書房, 1997년.

菅英輝『米ソ冷戦とアメリカのアジア政策』ミネルヴァ書房, 1992년.

小林泉『アメリカ極秘文書と信託統治の終焉—ソロモン報告・ミクロネシアの独立』東信堂, 1994년.

東郷和彦『北方領土交渉秘録—失われた五度の機会』新潮社, 2011년.

戸谷由麻『東京裁判—第二次大戦後の正義の追求』みすず書房, 2008년.

原貴美恵『サンフランシスコ平和条約の盲点—アジア太平洋地域の冷戦と「戦後未解決の諸問題」』渓水社, 2005년.

細谷千博『サンフランシスコ講和への道』中央公論社, 1948년, 131쪽.

若林正丈『台湾—分裂国家と民主化(東アジアの国家と社会2)』東京大学出版会, 1992년.

Dower, John W., "Occupied Japan and the American Lake", in Edward Friedman and Mark Selden eds., America's Asia, New York: Vintage, 1971, pp.146 — 197.

Hara, Kimie, JapaneseSoviet/Russian Relationssince1945: A Difficult Peace, Routledge, 1997.

——— , Cold War Frontiers in the Asia — Pacific: Divided Territories in the San Francisco System, Routledge, 2007.

——— , "The San Francisco Peace Treaty and Frontier Problems in The Regional Order in East Asia: A Sixty Year Perspective", The Asia — Pacific Journal, Vol10, Issue17, No.1, April 23, 2012.

——— , "Introduction: the San Francisco System and its legacies in the Asia — Pacific", in Hara ed., The San Francisco Systemand Its Legacies: Continuation, transformation and historical reconciliation in the Asia — Pacific, Routledge, 2015a.

——— , "13. Preparing ideas for the future: envisioning a multilateral settlement", in The San Francisco Systemand Its Legacies, 2015b.

Valencia, Mark J., Jon M. Van Dyke, and Noel A. Ludwig, Sharing the Resources of the South China Sea, Honolulu: University of Hawai'I Press, 1997.

II 전쟁을 전하고, 전쟁을 계승한다

역사교육 속의 아시아·태평양전쟁 — 전쟁체험을 쓴다는 의미/곤노 히데하루今野日出晴

臼井嘉一監修『戦後日本の教育実践—戦後教育史像の再構策をめざして』三恵社、二〇一三年。

北河賢三『戦後史のなかの生活記録運動—東北農村の青年・女性たち』岩波書店、

二〇一四年。

劔持清一「教師の教育運動一教員組合と教育研究」真壁仁編『新しい教師集団』三一
　　新書、一九六〇年、のち、『劔持清一教育論集2巻 わたしの教師像』民衆社、一九七三
　　年。

今野日出晴「歴史を綴るために一〈歴史教師〉という実践」『思想』二〇一〇年八月号。

今野日出晴「平和教育のなかの「戦争体験」」竹內久顕編者『平和教育を問い直す一次
　　世代への批判的繼承』法律文化社、二〇一一年。

今野日出晴「〈歴史教師〉の不在一なぜ「歴史教育」なのか」『歴史学研究』第九二四号、
　　二〇一四年a。

今野日出晴「日本と中国、戦争認識をどう深めるか」歴史教育者協議会『歴史教育・社
　　会科教育年報二〇一四年版』三省堂、二〇一四年b。

徳武敏夫・山下国幸編者『戦争と教育』鳩の森書房、一九七二年。

福島在行「歴史教育運動の中の「戦争体験」一日本の平和博物館前史として」『新しい
　　歴史学のために』第二六八号、二〇〇八年。

古谷博『十五年戦争学習の実践と総括』ルック、一九九四年。

古谷博「戦場体験と歴史教育一歴教協の研究・実践を中心に」『歴史地理教育』第
　　七四八号、二〇〇九年。

柳澤みどり編者『北方の教育運動一その継承と発展 劔持清一・資料集』北方出版、
　　二〇一二年。

歴史教育者協議会『地域に根ざす歴史教育の創造』明治図書、一九七九年。

歴史教育者協議会編『歴史教育五〇年のあゆみと課題』未来社、一九九七年。

코메모레이션의 행방一전쟁의 기억과 미술관/스즈키 가쓰오鈴木勝雄

アスマン、アライダ『想起の空間一文化的記憶の形態と変遷』安川晴基訳、水声社、
　　二〇〇六年。

岩崎昶「兵隊の足と元師の目」『朝日新聞』一九六八年八月一五日夕刊。

大島辰雄「戦争から遠く離れて」『三彩』二三五号、一九六八年。

大島渚『体験的戦後映像論』朝日新聞社、一九七五年。

金子淳『博物館の政治学』青弓社、二〇〇一年。

金子淳「歴史展示の政治性一「歴博」の前身・国士舘計画の事例をもとに」国立歴史民
　　俗博物館編『歴史展示とは何か一歴博フォーラム 歴史系博物館の現在・未来』ア

ス・プロモーション、二〇〇三年。

鹿野政直『「鳥島」は入っているか―歴史意識の現在と歴史学』岩波書店、一九八八年。

小関隆「コメモレイションの文化史のために」安部安成ほか編『記憶のかたち―コメ
モレイションの文化史』柏書房、一九九九年。

佐藤卓己『増補　八月一五日の神話―終戦記念日のメディア学』ちくま学芸文庫、
二〇一四年。

仙波輝之「狂気と人形について―「日本のいちばん長い日」『映画評論』二四巻一〇号、
一九六七年。

高橋三郎『「戦記もの」を読む―戦争体験と戦後日本社会』アカデミア出版会、
一九八八年。

竹山昭子」「メディア・イベントとしてのニュース映画」津金澤聰廣ほか編『戦時期日
本のメディア・イベント』世界思想社、一九九八年。

中村政則『近現代史をどう見るか―司馬史観を問う』岩波ブックレット、一九九七年。

橋本文雄「明治洋風建築の保存」『日本歴史』二九五号、一九七二年。

針生一郎「戦争画批判の今日的視点」『みづゑ』七五三号、一九六七年。

針生一郎「戦後の戦争美術―論議と作品の運命」針生一郎ほか編『戦争と美術
1937 ― 1945』図書刊行会、二〇〇七年。

平瀬礼太「戦争と美術コレクション―そこにあってはならないもの」木下直之編『講
座日本美術史6美術を支えるもの』東京大学出版会、二〇〇五年。

福間敏矩「米国の国会図書館に保管された日本映画の返還について」『東京国立近代
美術館年報』一九七二年。

ボドナー、ジョン『鎮魂と祝祭のアメリカ―歴史の記憶と愛国主義』野村達朗ほか訳、
青木書店、一九九七年。

本間正義「かえってきた戦争絵画について」『現代の眼』一八八号、一九七〇年。

征木恭介「原爆と敗戦の意味―「河　あの裏切りが重く」、「日本のいちばん長い日」『新
日本文学』二二巻一〇号、一九六七年。

吉田裕『日本人の戦争観―戦後史のなかの変容』岩波現代文庫、二〇〇五年。

＊本稿執筆にあたり、川崎市市民ミュージアムの濱﨑吉治氏より大島渚のドキュメ
ンタリーに関する教示を賜りました。心より御礼を申し上げます。

III 끝나지 않은 전쟁

오키나와전의 기억이 현재에 호소하는 것은 무엇인가/도베 히데아키戸邊秀明

秋林こずえ「ジェンダーの視点と脱植民地の視点から考える安全保障―軍事主義を
　許さない国際女性ネットワーク」日本平和学会編『「安全保障」を問い直す〈平和研
　究43〉』早稲田大学出版部, 2014년.

安仁屋政昭「沖縄戦を記録する」『歴史評論』695호, 2008년.

阿部小涼「「集団自決」をめぐる証言の領域と行為遂行」新城郁夫編『沖縄・問いを立
　てる3　攪乱するシマー―ジェンダー的視点』社会評論社, 2008년.

阿部小涼「繰り返し変わる―沖縄における直接行動の現在進行形」『政策科学・国際
　関係論集』13호, 2011년.

蟻塚亮二『沖縄戦と心の傷 ―トラウマ診療の現場から』大月書店, 2014년.

石原昌家「「援護法」によって捏造された「沖縄戦認識」―「靖国思想」が凝縮した「援
　護法用語の集団自決」」『沖縄国際大学社会文化研究』10권1호, 2007년.

石山久男『教科書検定―沖縄戦「集団自決」問題から考える』岩波ブックレット, 2008
　년.

板垣竜太・鄭智泳・岩崎稔編著『東アジアの記憶の場』河出書房新社, 2011년.

岩波書店編『記録・沖縄「集団自決」裁判』岩波書店, 2012년.

上原こずえ『一九七〇 ― 八〇年代の沖縄・金武湾闘争―「近代化」を問う民衆運動
　とその「生存」思想』東京大学大学院総合文化研究科地域文化研究専攻提出博士論
　文, 2014년.

内海愛子・石田米子・加藤修弘編『ある日本兵の二つの戦場―近藤一の終わらない
　戦争』社会評論社, 2005년.

大野光明『沖縄闘争の時代1960／70―分断を乗り越える思想と実践』人文書院, 2014
　년.

岡野八代『フェミニズムの政治学―ケアの倫理をグローバル社会へ』みすず書房,
　2012년.

沖縄県ハンセン病証言集編集総務局編『沖縄県ハンセン病証言集』全三巻(資料編・沖
　縄愛楽園編・宮古南静園編)、沖縄愛楽園自治会・宮古南静園入園者自治会, 2006―
　07년.

沖縄女性史を考える会編『沖縄と「満洲」―「満洲一般開拓団」の記録』明石書店, 2013

년.

沖縄タイムス社編『挑まれる沖縄戦―「集団自決」・教科書検定問題報道総集』沖縄タイムス社, 2008년.

親川志奈子「ディスコネクトされた歴史と私を繋ぐ」『Ｎ27―「時の眼―沖縄」批評誌』2호, 2013년.

女たちの戦争と平和資料館編刊『軍隊は女性を守らない―沖縄の日本軍慰安所と米軍の性暴力』2012년.

加藤千香子「〈国民の歴史〉の越え方」西川長夫・大野光明・番匠健一編著『戦後史再考』平凡社, 2014년.

川満信一・仲里効編『琉球共和社会憲法の潜勢力―群島・アジア・越境の思想』未来社, 2014년.

北村毅『死者たちの戦後誌―沖縄戦跡をめぐる人びとの記憶』御茶の水書房, 2009년.

國森康弘『証言 沖縄戦の日本兵―六〇年の沈黙を超えて』岩波書店, 2008년.

国立歴史民俗博物館・安田常雄編『歴博フォーラム 戦後日本の大衆文化―総合展示第6室〈現代〉の世界3』東京堂出版, 2010년.

坂本昇「「集団自決」教科書検定問題の経過」『歴史地理教育』727호, 2008년.

櫻井よしこ「中国が台湾の次に狙うのは沖縄だ」『正論』435호, 2008년.

澤田佳世『戦後沖縄の生殖をめぐるポリティクス―米軍統治下の出生力転換と女たちの交渉』大月書店, 2014년.

嶋津与志『沖縄戦を考える』ひるぎ社, 1983년.

謝花直美『証言 沖縄「集団自決」―慶良間諸島で何が起きたか』岩波新書, 2008년.

新城郁夫「聴く思想史―屋嘉比収を読みなおす」『沖縄文化研究』38호, 2012년(이후 [新城2014]에 수록됨).

新城郁夫『沖縄の傷という回路』岩波書店, 2014년.

新城郁夫・丸川哲史「〈対談〉「世界史の中の沖縄」を考える―「死の共同体」からいかに引き返すか, どう逃げるか」『図書新聞』3180호, 2014년.

平良次子・仲田晃子・上間かな恵・山内健治・岡本由希子「沖縄戦の記憶と記録, その継承」『写真0年 沖縄』photographers' gallery, 2007년.

土井智義「米軍統治下の沖縄における出入管理制度と「非琉球人」」冨山一郎・森宣雄編著『現代沖縄の歴史経験―希望, あるいは未決性について』青弓社, 2010년.

土佐弘之「ジオボディ・ポリティクスの超克―アジアの政治的地脈におけるＣＳＳ

の試掘」日本平和学会編『「安全保障」を問い直す〈平和研究43〉』早稲田大学出版部, 2014년.

戸邉秀明「「沖縄戦」認識の再検討―いま、本当に問われていること」『日本歴史学協会年報』24호, 2009년.

戸邉秀明「現代沖縄民衆の歴史意識と主体性」『歴史評論』758호, 2013년.

冨山一郎「沖縄戦「後」ということ」歴史学研究会・日本史研究会編『日本史講座10 戦後日本論』東京大学出版会, 2005년.

鳥山淳「沖縄戦をめぐる聞き書きの登場」『岩波講座 アジア・太平洋戦争6 日常生活の中の総力戦』岩波書店, 2006년.

仲程昌徳『沖縄の戦記』朝日新聞社, 1982년.

日韓共同「日本軍慰安所」宮古島調査団(洪玧伸編)『戦場の宮古島と「慰安所」』なんよう文庫, 2009년.

林博史『沖縄戦と民衆』大月書店, 2001년.

林博史『沖縄戦 強制された「集団自決」』吉川弘文館, 2009년.

林博史『沖縄戦が問うもの』大月書店, 2010년.

林博史『米軍基地の歴史―世界ネットワークの形成と展開』吉川弘文館, 2012년.

樋口直人『日本型排外主義―在特会・外国人参政権・東アジア地政学』名古屋大学出版会, 2014년.

松浦篤「沖縄独立論の陰に中国あり」『中央公論』129권 2호, 2014년.

松島泰勝『琉球独立―御真人(うまんちゅ)の疑問にお答えします』琉球館ブックレット, 2014년.

宮城晴美『母の遺したもの―沖縄・座間味島「集団自決」の新しい証言』高文研, 2000년.

宮城晴美『新版 母の遺したもの―沖縄・座間味島「集団自決」の新しい事実』高文研, 2008년a.

宮城晴美「座間味島の「集団自決」―ジェンダーの視点から(試論)」屋嘉比収編『沖縄・問いを立てる4 友軍とガマ―沖縄戦の記憶』社会評論社, 2008년b.

宮城晴美「消えない「心の傷」―戦争PTSDと向き合う人々」『N27―「時の眼 ― 沖縄」批評誌』3호, 2014년.

宮平あい「「フェンス」の撤去は可能か―知念ウシと石川真生に見る「沖縄」のまなざし」『情況』4기3권6호, 2014년.

目取真俊・宮城晴美「〈対談〉終わらない「集団自決」と、「文学」の課題」『すばる』29권2

호, 2007년.

森啓輔「沖縄社会運動を「聴く」ことによる多元的ナショナリズム批判へ向けて―沖縄県東村高江の米軍ヘリパッド建設に反対する座り込みを事例に」『沖縄文化研究』39호, 2013년.

森宣雄·鳥山淳編著『「島ぐるみ闘争」はどう準備されたか―沖縄が目指す〈あま世〉への道』不二出版, 2013년.

屋嘉比収「ガマが想起する沖縄戦の記憶」『現代思想』28권7호, 2000년(이후 屋嘉比2009a에 수록됨).

屋嘉比収「追悼する地域の意思―沖縄から」『現代思想』33권9호, 2005년(이후 屋嘉比2009a에 수록됨).

屋嘉比収「沖縄のアイデンティティを語ること、そして語りなおすこと―「沖縄研究」の現在について」新崎盛暉·比嘉政夫·家中茂編『地域の自立 シマの力』下巻、コモンズ, 2006년.

屋嘉比収「戦後世代が沖縄戦の当事者となる試み―沖縄戦地域史研究の変遷、「集団自決」、「強制的集団自殺」」屋嘉比収編『沖縄·問いを立てる4 友軍とガマ―沖縄戦の記憶』社会評論社, 2008년(이후 屋嘉比2009a에 수록됨).

屋嘉比収『沖縄戦、米軍占領史を学びなおす―記憶をいかに継承するか』世織書房, 2009년a.

屋嘉比収「山城の作品は私たちの身体を通ったか?―「沖縄戦の継承」を想像しなおすための重要な第一歩」『LP』7호, 2009년b.

山室建徳「後世の価値観で沖縄戦の意味を歪めてはならない」『諸君!』40권4호, 2008년.

吉浜忍「沖縄戦後史にみる沖縄戦関係刊行物の傾向」『史料編集室紀要』25호, 2000년.

IV 화해는 가능한가

전후사 속의 '화해'―끝나지 않은 식민지지배 청산/우쓰미 아이코内海愛子

荒井信一『歴史和解は可能か―東アジアでの対話を求めて』岩波書店、二〇〇六年。

殷燕軍『中日戦争賠償問題』御茶の水書房、一九九六年。

内海愛子「平和条約と戦犯の釈放」『年報·日本現代史5講和問題とアジア』現代史出

版、一九九九年。

―――『日本軍の捕虜政策』青木書店、二〇〇五年。

―――『キムはなぜ裁かれたのか―朝鮮人BC級　戦犯の軌跡』毎日新聞出版、
　　二〇〇八年。

太田修『日韓交渉―請求権問題の研究』クレイン、二〇〇三年。

外務省訳『サンフランシスコ会議議事録』一九五一年。

外務省条約局法規課『平和条約の締結に関する調査』I―Ⅶ、一九五九 ― 七〇年。

外務省戦後外交史研究会編『日本外交三〇年―戦後の軌跡と展望』世界の働き社、
　　一九八二年。

康成銀『一九〇五年 韓国保護条約 植民地支配責任』創史社、二〇〇五年。

国際法学会編『平和条約の綜合研究(上下)』有斐閣、一九五二年。

国立歴史民俗博物館『「韓国併合」一〇〇年を問う―二〇一〇年国際　シンポジウム』
　　岩波書店、二〇一一年。

小菅信子、ヒューゴ・ドブソン編著『戦争と和解の日英関係史』法政大学出版局、
　　二〇一一年。

杉原達「帝国との向き合いかた―中国人強制連行の戦後」歴史学研究会編『帝国への
　　新たな視座』青木書店、二〇〇五年。

田中宏、内海愛子、石飛仁『資料 中国人強制連行』明石書店、一九八九年。

ダワー、ジョン・W、G・マコーマック『転換期の日本へ ―「パックス・アメリカー
　　ナ」か「パックス・アジア」か』NHK出版新書、二〇一四年。

西村熊雄『サンフランシスコ平和条約・日米安保条約』中公文庫、一九九九年。

賠償庁、外務省共編『対日賠償文章集』第一巻、一九五一年。

三浦陽一『吉田茂とサンフランシスコ講和(上下)』大月書店、一九九六年。

村川一郎『ダレスと吉田茂 ― プリンストン大学所蔵ダレス文書を中心として』国書
　　刊行会、一九九一年。

吉川洋子『日比賠償外交交渉の研究』勁草書房、一九九一年。

和田春樹他編『日韓 歴史問題をどう解くか―次の一〇〇年のために』岩波書店、
　　二〇一三年。

渡辺昭夫、宮里政玄編『サンフランシスコ講和』東京大学出版会、一九八六年。

히토쓰바시대학
한국학연구센터
번역총서 — 02

KIOKU TO NINSHIKI NO NAKANO AJIA · TAIHEIYO SENSO

-IWANAMI LECTURE SERIES AJIA · TAIHEIYO SENSO SENGOHEN-

Copyright © 2015 by Ryuichi Narita and Yutaka Yoshida

First published 2015 by Iwanami Shoten, Publishers, Tokyo.

This Korean edition published 2020

by Amoonhaksa., Seoul

by arrangement with the Proprietor c/o Iwanami Shoten, Publishers, Tokyo

기억과 인식

일본은 아시아 · 태평양전쟁을 어떻게 기억하고 인식하는가

초판 1쇄 발행일 2020년 9월 1일

기획·옮김 히토쓰바시대학 한국학연구센터
엮은이 나리타 류이치, 요시다 유타카
펴낸이 박영희
편집 박은지
디자인 최소영
마케팅 김유미
인쇄·제본 제삼인쇄
펴낸곳 도서출판 어문학사
　　　　서울특별시 도봉구 해등로 357 나너울카운티 1층
　　　　대표전화: 02-998-0094/편집부1: 02-998-2267, 편집부2: 02-998-2269
　　　　홈페이지: www.amhbook.com
　　　　트위터: @with_amhbook
　　　　페이스북: www.facebook.com/amhbook
　　　　블로그: 네이버 http://blog.naver.com/amhbook
　　　　　　　　다음 http://blog.daum.net/amhbook
　　　　e-mail: am@amhbook.com
　　　　등록: 2004년 7월 26일 제2009-2호

ISBN 978-89-6184-957-9 94910
　　　978-89-6184-450-5(세트)

정가 26,000원

이 도서의 국립중앙도서관 출판예정도서목록(CIP)은 서지정보유통지원시스템 홈페이지(http://seoji.nl.go.kr)와
국가자료종합목록 구축시스템(http://kolis-net.nl.go.kr)에서 이용하실 수 있습니다. (CIP제어번호 : CIP2020030606)